사장의 탄생

경제적 자유와 인생의 가치를 위해 도전한 사람들의 비밀

사장의 탄생

데이비드 색스 지음 | 이승연 옮김

THE SOUL OF AN ENTREPRENEUR

어크로스

"내가 내 이야기를 더 이상 믿지 못한다면,

이 사업은 내일 중단되겠지.

우리가 우리 안에 있는 중요한 것을 진실로 믿지 못한다면,

뭔들 믿을 수 있겠어?"

차례

1부
월급을 포기하고 내 사업을 시작하기로 결심하다
무엇이 그들을 창업의 길로 이끌었나

어떤 사람에게 물고기 한 마리를 준다면, 그 사람을 하루만큼 먹여 살린 것이다. 어떤 사람에게 물고기 낚는 법을 가르쳐준다면, 그 사람을 평생 먹여 살린 것이다.

-작자 미상

일자리를 잃고 사업을 시작해야 한다면, 일론 머스크의 전기를 읽어봤자 쥐뿔도 배울 게 없다.

-마이클 색스

완전히 다른 사고방식

박상현(칼럼니스트, 《아날로그의 반격》 옮긴이)

　미국의 도시에서 이민자들이 창업한 식당의 이름을 보면 일정한 패턴이 있다. 예를 들어 한식을 파는 식당이 딱 하나밖에 없는 중서부의 작은 도시라면 그 식당의 이름은 '서울식당'일 가능성이 높다. 그 도시에 태국 음식을 파는 식당이 있다면 그 이름에 '방콕'이 반드시 들어가고, 인도 식당이 있다면 '인디아' 혹은 '뭄바이(봄베이)'라는 단어가 반드시 들어간다.

　이유는 이렇다. 세탁소나 편의점처럼 특정 문화와 상관이 없는 서비스나 물건을 파는 곳이라면 모를까, 음식은 반드시 그 문화를 대표해야 하고, 그 식당에 찾아오는 사람들이 금방 알아볼 수 있어야 한다. 한식당이 하나밖에 없는 도시라면 손님들 중에는 한국 교포가 아닌 사람들이 더 많을 거고, 그렇다면 그들이 아는 이름이어야 한다. 가령 '한일관'이라는 이름을 사용하면 손님들은 그게 무슨 음식인지 짐작도 못 한다. 그렇기 때문에 미국에 '한일관'이라는 음식점이 있다면 거기는 한인들이 많이 사는 대도시일 가능성이 높다.

하지만 (어쩌면 당연한 일이겠지만) 미국 작은 도시에 있는 각 나라의 수도 이름이 들어간 식당의 음식은 대개 맛이 없고, 서비스는 어설픈 경우가 많다. 요리를 전문적으로 배우지 않은 이민자들이 집에서 만들던 솜씨로 창업을 하기 때문이다. 그렇게 식당을 연 사람들은 '창업'이라는 말을 쓰지 않는다. 그저 '장사'를 시작했다고 한다. 창업이라는 말은 너무 거창하게 들리기 때문이다. 그런데 이 책《사장의 탄생》에서 데이비드 색스는 그들을 창업가(entrepreneur)라 부른다. 색스도 책 말미에서 설명하지만 세상에서 돈을 버는 사람들은 월급을 받는 사람과 자기 사업을 하는 사람으로 나뉜다. 둘은 완전히 다른 사고방식을 가진 사람들이다. 월급날이 기다려지는 사람들이 고용된 사람들이고, 월급날이 두려운 사람들이 창업가, 사장들이다.

데이비드 색스의 첫 책《아날로그의 반격》을 번역한 후에 저자가 다음 작품으로 이들 사장의 이야기를 다룬 책을 썼다는 말을 듣고 처음에는 고개를 갸우뚱했다가 원고를 읽으면서 고개가 끄덕여졌다. 전작에서 '아날로그가 반격하는' 예로 등장한 많은 사업들이 그들이 만들어낸 결과물이었기 때문이다. 첫 책을 위해 취재하는 과정에서 이런 일을 과감하게 추진하는 '사람들'의 이야기를 쓰고 싶었을 게 분명하다. 그가《사장의 탄생》을 쓰기로 한 건 그런 의미에서 아주 당연한 결론으로 보인다.

나는 지난 몇 년 동안 스타트업에 투자하는 일을 하면서 동료들과 '어떤 스타트업에 투자해야 하는가'라는 질문을 두고 많은 이야기를 나눴다. 아이디어가 참신한지(이건 중요하지 않다), 시장성이 있는지(중요하다), 팀 구성원들은 어떤지(중요하다) 등등의 많은 기준이 있지만, 결국 대표 창업자가 어떤 사람이냐가 우리의 결정을 크게 좌우한다는 사실을 깨달았다. 하지만 전형적인 '창업가의 성격'이라는 건 존재하지 않는다. 활발하고 사교성이 뛰어난 사람이 있는가 하면, 말수가 적고 조용한 사람도 있고, 일을 정신없이 벌이는 스타일이 있는가 하면 모든 걸 차근차근 추진하는 성격도 있다.

하지만 '투자할 만한 창업가의 성격'이라는 건 없어도 성공적으로 창업을 하는 사람들이 반드시 갖게 되는 자질은 있다. 어려운 시기를 버티고 통과하게 해주는 (끈기나 근성이라는 말은 사용하기 싫고) 상황적, 성격적 요소가 있다. 힘든 시기에 운 좋게 큰 투자를 받아서 버티는 사람도 있고, 팀원들의 단합으로 버티는 곳도 있다. 그리고 주어진 옵션이 그것뿐이라서 버티는 사람들도 있다. 나는 이 사람들을 존경한다. 가령 이 책의 7장에 등장하는 니치키가 그렇다.

창업가로서, 세스 니치키는 분명히 성공한 것도 그렇다고 실패한 것도 아니었다. 자기 사업을 시작하는 대부분의 사람들처럼, 그는 자기가 정말로 좋아하는 일을 하고 있었고, 그것으로 생계를 유지했다. 하지만 한편으로 어떻게 앞으로 나아가야 할지 분명한 길이 보이지 않고 꼼짝달싹 못 하는 기분이었다.

그들의 근성이 훌륭하다거나, 사업 수완이 좋다는 게 아니다. 나는 세상에서 먹고사는 문제를 해결해야 하는 인간으로서 '꼼짝달싹 못하는' 상황을 버텨내고 있는 그들에게서 동지애 같은 걸 느낀다. 빨리 기업을 팔아 큰돈을 쥐는 것을 목표로 하는 스타트업들이 대세가 되어버린 실리콘밸리의 창업가들에게서는 느낄 수 없는 감정.

누구나 먹고사는 문제를 초월하고 싶어 하지만 인류의 대부분은 평생 이 문제를 고민하면서 산다. '창업가'라는 말을 들으면 다들 실리콘밸리를 떠올리는 세상에서 먹고살기 위한 보통의 창업자들의 이야기는 정말 신선하다. 남들이 놓치고 지나가는 현상을 발견해서 짚어내는 재주가 있는 색스가 아니었으면 찾아내기 힘든 소재였다는 점에서 그의 감각에 다시 한 번 감탄하게 된다.

당신은 창업가인가? 그게 아니라면 뭔가?

몇 년 전에 목격했던 두 가지 덕분에 인생을 대하는 법이 바뀌었다. 첫 번째 계시는 몬트리올 공항, 허드슨 뉴스(Hudson News) 매장의 잡지 코너에서 눈에 들어왔다. 스포츠 잡지, 시사 잡지, 요리 잡지 사이에서 〈맥심(Maxim)〉 표지가 내 발길을 멈춰 세웠던 것이다. 그 잡지는 45세 독일인 슈퍼모델 하이디 클럼(Heidi Klum)의 상반신 누드 흑백사진으로 뒤덮여 있었다. 클럼은 유혹하듯 시선을 내리깔고 있었고, 완벽한 가슴 위로 흘러내린 금발이 유두를 살짝 가리고 있었다.

하지만 내 시선을 사로잡아 휴대전화를 꺼내고 사진을 찍게 만든 것은(내가 얼마나 혐오스럽게 보였을지와는 상관없이) 클럼의 맨살이 아니라 사진 위에 쓰인 문구였다. 모델의 가슴을 가로지르며 선명한 붉은 글씨로 대문짝만 하게 쓰인 제목은 다음과 같았다.

하이디 클럼

독보적인 창업가

  며칠 후에 토론토 집으로 돌아와 있던 나는 장인어른의 여덟 번째 기일을 맞아 아내 로렌과 함께 차를 몰고 묘지에 갔다. 잠시 장인어른의 묘지 앞에 서 있다 보니, 그 뒷줄에 묻힌 프리먼이란 사람의 묘비가 눈에 띄었다. 묘비에는 흔히 그렇듯 인적 사항이 세세히 적혀 있었다. 그의 탄생일, 사망일과 함께 그가 헌신적인 남편이자 아버지이자 할아버지였고, 그가 있었기에 세상이 더 나은 곳이 되었다는 말이 적혀 있었다. 하지만 그 아래, 검정 화강암판에 새겨진 문장 때문에 나는 휴대전화를 다시 꺼내들었다.

  죽는 날까지 뛰어난 세일즈맨이자 창업가였다.

  지금까지 나는 스스로 일했다. 이야기와 책을 썼고, 강연료를 준다고 하면 어디에서든 강연을 했다. 반바지나 추리닝 차림으로 집에서 일했다. 약속이 없으면, 일주일에 한 번만 면도했다. 다음 수입이 어디서 생겨날지 모르고, 올해 얼마를 벌게 될지도 모른다. 이 책을 마치고 나면 무슨 일을 하고 있을지 모른다. 1999년 여름에 인턴으로 잠깐 일했던 보잘것없는 사무직 일자리를 끝으로, 꼬박꼬박 급여를 받아본 적도 없고 일을 시키는 상사가 있었던 적도 없다. 그 외에 이력서에 적을 만한 경력은 스키 강사와 캠프 진행자(1980년대 코미디 프로에 나올 법한 역할들이다)로 일했던 것이 전부다. 이후에도 나 말고 다른 누군가를 위해 일하지 않을 게 틀림없다.

이게 나의 현실이다. 나는 나 자신에게 일을 시키는 상사다. 프리랜서다. 자영업자다.

나는 창업가다.

몇 년 전만 해도 내게 창업가란 말을 쓰는 것이 주저되었다. 나는 직원을 두지 않았고, 아무것도 발명한 적이 없으며, 아무런 혁신도 하지 않았다. 하지만 슈퍼모델 클럽의 가슴 위와 프리먼 씨의 묘비에 똑같은 말이 쓰여 있는 것을 보고는 뭔가 변화가 일어났다.

창업가에 관해 뭔가 중요한 일이 일어나고 있음을 자각하게 되었던 것이다. 창업을 대하는 이 두 가지 극단적 관점이 이런 사실을 암시했다. 한편에는 패션쇼, 광고, 텔레비전에서의 성공을 발판 삼아, 아기 옷부터 속옷까지 여러 개의 의류 브랜드를 론칭하여 백만장자 모델에서 억만장자 창업가로 변신한 유명인이라는, 대중적으로 섹시한 이미지의 창업이 있었다. 다른 한편에는 가족이나 지인 말고는 아무도 기억하지 못하는 80대 창업가의 무덤이 있었다. 그는 내가 사는 도시를 포함한 전 세계에 수없이 많은 창업가들 중 한 명이었다. 사업가란 이름으로 많은 부분이 규정되고, 무덤에까지 그 이름이 따라붙는 사람들. 여기 무명 창업가의 무덤이 있었다.

우리 주위엔 언제나 창업가가 있었다

언제나 나는 창업가에게 매혹되었다. 오랫동안 내가 썼던 기사들은 자기 일을 하는 사람들에게 거의 전적으로 집중되었다. 금융업에 종사하다가 금융 위기 때 창업한(요가 스튜디오, 로봇 장난감 회사, 태양광 투자 회사 등을 시작한) 젊은 층이나, 매일 아침 브루클린 카페에서 노트북을 펼치는 프리랜서족들. 내 책들은 모두 창업가에 대한 이야기였다.《델리를 구하라(*Save the Deli*)》는 유대인 델리카트슨(델리카트슨 혹은 델리는 유럽에서 이민 온 유대인들에 의해 널리 퍼진 식품점이다. 미리 만들어놓은 샌드위치나 샐러드 등을 팔거나 간단한 식재료를 판매하는 상점, 또는 주문을 받고 각종 음식을 만들어주는 카페테리아까지 여러 형태가 있다–옮긴이)의 흥망성쇠를 기록한 책으로, 파스트라미 샌드위치에 대해서뿐만 아니라 샌드위치에 창업을 시작한 사람들에 대해서도 지면을 할애했다.《취향 전파자들(*The Tastemakers*)》은 음식 트렌드에 관한 책으로, 자신들이 운영하는 컵케이크 가게, 푸드 트럭, 새로운 품종의 사과가 사람들의 식습관을 바꿀 거라는 열렬한 신념에 찬 몽상가들의 시각으로 풀어 썼다.《아날로그의 반격》에는 아마존과 대결을 벌이는 용감무쌍한 책방 주인부터, 가동이 중단된 필름 공장을 되살리기 위해 반미치광이처럼 매달리는 두 명의 이탈리아인에 이르기까지 온통 아날로그 창업가들 투성이다.

　나는 대기업이나 대형 조직에 관해 글을 쓴 적은 거의 없지만, 혹시라도 그런 내용을 쓰고 나면 후회하곤 했다. 그들은 차갑고 비인간

적이었고, 거기서 일하는 사람들은 말실수를 할까 늘 걱정했다. 나는 자꾸만 창업가들에게 되돌아갔다. 거기에는 그들의 들끓는 열정과 활기찬 부산함, 자아와 밀착된 직업 생활, 자기 일에 대한 목적의식 등이 있었다.

그게 놀라운 일이었던가? 생각할수록 그리 놀라운 일이 아니었다. 사실 나는 창업가의 후예였다. 100년 전에 몬트리올로 흘러 들어와 의류상에서 한자리를 차지한 이민자 조상들도 그렇고, 친할아버지와 외할아버지 모두 자영업을 하셨다. 친할아버지인 파파 샘 색스는 여러 차례 구제옷 가게를 내셨지만 크게 성공한 적은 없었다. 외할아버지 스탠리 데이비스는 작은할아버지와 함께 공구 회사를 차리고는 캐나다 전역에 드라이버, 펜치 등을 계속 공급했다. 아버지는 로스쿨 졸업 후 평생 변호사이자 투자가로서 자기 사업을 운영하셨다. 그리고 어머니도 절친한 친구인 파울라 아주머니와 함께 거의 20년 동안 우리 집 지하실에서 1년에 두 번 여성복 도매를 부업 삼아 하셨다.

아내 로렌의 가족도 다르지 않았다. 폴란드 이민자였던 장인어른 가족은 트럭 부품을 유통하는 회사를 설립했고, 홀로코스트 생존자였던 장모님의 부모님은 무일푼으로 캐나다에 와서 문방구부터 깃털 수집까지 이것저것 손대지 않은 일이 없었다. 사랑하는 장모님 프랜은 캐나다 MBA를 취득한 첫 여성 세대였음에도 병원에서, 또 벼룩시장에서 접이식 카드 테이블을 펴놓고 마크라메(macramé, 13세기 서아프리카에서 시작된 서양식 매듭 공예 - 옮긴이) 화분걸이, 등나무 가구, 중국의 저임금 공장에서 대량으로 찍어낸 싸구려 여성 액세서리 등 온

갓 물건을 판매했다.

정규직을 그만두고 브랜딩 회사, 법률 사무소, 소프트웨어 스타트업, 양탄자 가게, 카페, 바이크 매장, 요가 스튜디오 등을 차리는 친구들이 매달 있었다. 내 동생 대니얼은 최근에 부동산 담보대출 중개 회사를 그만두고 부동산 투자 회사를 직접 차려서 활황인 캐나다 대마초 시장(캐나다 트뤼도 총리는 대마초 합법화를 총선 공약으로 내세웠고 2018년 10월부터 이를 시행했다. 이에 따라 전국에 대마초 소매점이 문을 열 것으로 예상되었다-옮긴이)에 투자했고, 아내 로렌은 10년 동안 다녔던 헤드헌팅 회사를 나와 자신의 커리어 코칭 사업을 시작했다.

대중문화가 떠받드는 억만장자 영웅들

내 지인들 외에도, 창업가들에게 뭔가 더 중요한 일이 일어나고 있었고, 그것이 내 호기심을 자극했다. 창업가들 사이에는 이미 무시할 수 없는 활기가 감돌았다. 카페들은 자신의 아이디어를 실현하겠다는 꿈을 안고 노트북을 들여다보는 사람들로 북적였고, 온갖 프리랜서와 신생 회사들을 수용하는 코워킹 공간이 여기저기 생겨났으며, 정규직이 감소하는 가운데 밀레니얼 사이에서는 자기 사업을 하겠다는 열망이 커졌다. 이런 스타트업 열풍은 실리콘밸리 바깥으로도 퍼져나가서 전 세계적으로 수백만 명이 창업했다. 전례 없는 일이었다.

창업가가 사회에 기여하는 방식에 뚜렷한 변화가 생기면서 사람들이 창업가들에게 갖는 생각도 바뀌었다. 창업가들은 멋있었다. 창업가들은 탁월했다. 창업가들은 인기 있었다. 창업은 시대정신의 핵심으로 부상했고, 이는 경제계만이 아니라 대중문화라는 불모지에서도 부각되었다.

신문과 잡지는 창업가의 사진을 크게 싣고는, 그들의 사업적인 변신과 자극적인 생활 방식을 흥미진진한 이야기로 엮어냈다. 미디어들은 주목해야 할 최고의 창업가 목록을 끊임없이 업데이트했다. 급성장한 창업가들, 영감을 불러일으키는 창업가들, 세상을 바꿀 창업가들, 20대 이하 20명의 창업가들, 30대 이하 30명의 창업가들 등. 기사 제목들을 보면, 창업가들을 섹시함의 끝판왕이나 신예 록스타라도 되는 것처럼 떠받들었다. 실제로 상반신을 노출하고 자세를 취한 것도 아닌데 말이다.

가장 유명한 창업가들의 영웅담이 베스트셀러 목록을 휩쓸었다. 일론 머스크(Elon Musk), 리처드 브랜슨(Richard Branson), 스티브 잡스(Steve Jobs), 피터 틸(Peter Thiel), 제프 베저스(Jeff Bezos), 나이키의 필 나이트(Phil Knight) 등의 전기가 그런 책들이었다. 공항 구내서점은 창업을 다룬 '~하는 방법'류의 책들로 특집 코너를 꾸몄다. 온라인 와인 판매상에서 동기부여 구루(힌두교, 불교, 시크교 등의 스승 – 옮긴이)로 거듭난 게리 바이너척(《크러쉬 잇! SNS로 열정을 돈으로 바꿔라》와 《크러싱 잇! SNS로 부자가 된 사람들》이라는 책을 썼다)이나, 좀 덜 알려지긴 했지만 미디어에 단골 출연하는 뉴욕 스타트업 현장의 미키 아그라왈(Miki Agrawal) 등도 있었다. 그는 피자 전문점, 속옷 회사, 비데 회사를 창업했을 뿐만 아니라 《끝내주는 짓거리를 하라: 하던 일을 때려치우고 자기 사업을 시작하라. 그리고 내내 행복하게 살아라》라는 책을 통해 창업이라는 꿈을 모두에게 대놓고 팔았다.

누군들 '끝내주는 짓거리'를 하고 싶지 않을까. 특히 아그라왈 같은 인플루언서들이 영감을 불어넣는 글귀와 조언을 인스타그램에 올리고, 창업에 필요한 조건들(바로 지금 당신에게 필요한 성장을 해내는 다섯 가지 비법!)을 링크드인(LinkedIn)에 설명하고, 차 안에서 촬영한 동영상을 스냅챗에 올리면서, 해시태그들이 계속 이어지고 사람들을 계속 부추기고 있다면 말이다. 해시태그 중에는 #스타트업_생활(#startuplife), #창립자(#founder), #창업가(#entrepreneur)가 있고, 좀 더 구체적인 것으로는 #나홀로_창업가(#solopreneur), #연속_창업가(#serialentrepreneur), #엄마_창업가(#mompreneur)가 있다. 아니면 힘든 일을 헤쳐 나가라고 창업가들을 격려하는 의미를 담은 #그만두지_않겠어(#wontstop), #자기사업을하라(#beyourownboss)도 있다. 그밖에도 끝없이 활용되는 #악착같이_벌어라(#hustle) 또는 덜 강경하면서도 거의 유사한 #부업으로도_벌어라(#sidehustle) 같은 해시태그도 있다.

팟캐스트는 어떤가? 〈스타트업(Startup)〉, 〈창립(The Foundation)〉, 〈내성적인 창업가(The Introvert Entrepreneur)〉, 〈결국엔 백만장자(Eventual Millionaire)〉, 〈올인(All In)〉, 〈야심만만 창업가 쇼(Ambitious Entrepreneur Show)〉, 〈눈부시게 성공한 창업가(Entrepreneur on Fire)〉 등 수천 종류의 팟캐스트가 있다. 텔레비전을 켜면 케이크를 만드는 창업가, 결혼 중개업 창업가, 개인 물품 보관으로 돈을 버는 사람들, 현상금 사냥꾼 등이 사업을 키워가는 프로그램을 밤새도록 볼 수 있다. 리얼리티 프로그램 〈덕 다이너스티(Duck Dynasty)〉의 주인공 윌리 로버트슨(Willie Robertson)은 《미국인 창업가(*American Entrepreneur*)》라는 책에서, 오리 사냥용 피리를 만드는 가족 사업 경영인의 시각으로 미국의 창업 역사를 풀어냈다. 한편 〈4차원 가족 카다시안 따라잡기(Keeping up with the Kardashians)〉에서 인기를 얻은 카일리 제너(Kylie Jenner)는 자신이 창업한 화장품 회사의 성공에 힘입어, 〈포브스(*Forbes*)〉 지가 선정한, '자수성가'한 가장 젊은 여성 억만장자가 되었다. 당시 그녀의 나이는 21세였다.

그리고 창업 관련 리얼리티 프로그램인 〈드래곤즈 덴(Dragons' Den)〉(13개국 이상에서 방영)의 미국판 〈샤크 탱크(Shark Tank)〉가 있다. 신생 창업가들이 공격적인 투자자들로 구성된 패널 앞에 나와 사업 아이디어를 설명하고 투자를 받는 프로그램이었다. 브로콜리 와드(Broccoli Wad)라는 머니클립을 제프 폭스워디(Jeff Foxworthy)에게 설명하는 정도의 프로그램이 아니다(이탈리아 마피아 역할을 주로 하는 영화배우 비니 패스토어와 조니 게나로가 〈샤크 탱크〉에 출연하여 머니클립 관련 아이디어를 설명해서 상품화되었다. 해당 에피소드에 미국의 유명 스탠드업 코미디언 제프 폭스워디도 투자자로 출연했다 – 옮긴이). 이 프로그램이 크게 성공하게 되자 바버라 코코란(Barbara Corcoran)과 크리스 사카(Chris Sacca) 같은 '샤크'들은, 할리우드 배우 조지 클루니나 제시카 알바처럼 누구나 아는 유명인이 되었고, 이제 자기들이 직접 테킬라나 기저귀를 판다. 그리고 가수 드레이크는 자신의 레이블 브랜드인 오보

(OVO)로 의류를 판매할 뿐만 아니라 캐나다에서 가장 큰 은행과 공동으로 창업 콘퍼런스(매년 전 세계에서 비슷한 콘퍼런스가 수천 개쯤 열린다)를 주최한다.

창업가들은 대중의 마음속에서 세상에 이로운 세력으로 자리 잡았다. 창업가들은 혁신과 와해를 초래함으로써, 경제가 경쟁력을 갖추게 하고, 양적 성장을 거부하고, 일자리를 창출하고, 스타트업 '생태계'를 탄생시켰다. 창업가들은 창의적이고 기민한 존재로서, 고정관념을 허물어뜨릴 수 있고, 자금과 경험이 충분한 현직 사업가들보다 효율적이고 결단력 있게 어떤 문제든 해결할 수 있는 존재로 묘사되었다. 내가 이런 문화적 흐름에 대해 물었을 때 하워드 스티븐슨(Howard Stevenson) 하버드 대학교 교수는 이렇게 농담을 했다. "문제가 뭔지 모를 때도 그 해법은 창업입니다." 그건 최근 몇 년간 그가 목격한 현실이었다. 어떤 면에서는 그가 옳았다. 창업가는 인간 본성에서 가장 고결한 부분을 상징하게 되었다.

사회경제적 불평등, 노사 관계, 기아, 노숙자, 대중교통, 난치병, 기후 변화, 망가진 학교교육, 총기 사고……. 가장 똑똑한 정치 지도자들과 단체들을 끈질기게 괴롭혀왔던 이런 까다로운 난제들을, 젊고 열정적인 창업가들이 가장 멋지게 해결했다. 그들은 노고에 합당한 칭찬을 받았다. 몇 년 전에 대회의장 복도를 걸어가다 이런 흐름을 느꼈다. 그곳에는 리더들의 초상화와 그들의 명언을 담은 액자가 걸려 있었다. 알베르트 아인슈타인, 윈스턴 처칠, 마더 테레사, 마틴 루서 킹의 사진 옆에, 마크 저커버그(Mark Zuckerberg), 제프 베저스, 일론 머스크, 피터 틸이 나란히 자리하고 있었다. 창업을 장려하고 창업가를 떠받들수록, 우리는 경제적으로, 사회적으로, 정치적으로, 그리고 무엇보다 개인적으로도 더 나아질 것이다.

창업 관련 학과는 이미 교육과정을 바꾸는 중이었다. 대학들은 앞다퉈 창업 과정을 신설하고 확장하면서 중요한 연구 결과를 더 많이 내놓는 한편, 교내 벤처 투자자 네트워크로부터의 투자, 인큐베이터, 액셀러레이터, 이노베이션 존(innovation zone, 스타트업에 공간 제공) 등을 활용해 창업하라고 학생들에게 권하고 있다. 중·고등학교나 초등학교에서 창업 관련 과목들을 가르치기도 한다. 그것만으로는 동기부여가 충분하지 않다면, 아이들을 '젊은 창업가' 연구실로 보낼 수도 있다. 거기서는 길에서 레모네이드를 파는 것보다 훨씬 혁신적인 사업을 시작하는 방법을 가르쳐준다. 그러고 나서 아이들을 Camp Inc.의 여름학교에 보내면, 그곳에서 아이들은 마시멜로를 구울 수도 있고 사업계획서를 쓸 수도 있다!

비영리 단체와 예술 단체부터 정부 기관에 이르기까지, 창업가처럼 행동하고 생각하고 일하는 것만이 성공과 실패를 가르는 유일한 방법이라는 소문이 전국으로 퍼져나갔다. 링크드인을 창업한 라이드 호프만(Reid Hoffman)은 모든 직업을 자신만의 스타트업으로 생각해야 한다고 말했다. 이전에는 창업가들과 대척점에 있는 듯했던 회사들이 스타트업의 특성을 열렬히 받아들였다. 회사들은 개방형 사무실이 처음 등장했을 때처럼 활기 있어 보였다. 갑자기 제너럴모터스 (General Motors)나 딜로이트(Deloitte) 회계법인 같은 우량 회사들이 공식적으로 창업가라는 직위(사내 창업가, 혁신 담당 임원)를 만들고, 그에 걸맞은 사무실과 행정적 지원 그리고 급여를 제공했다.

나는 이런 문화적 흐름의 의미를 이해했다. 클라우드 컴퓨팅, 스마트폰, 공동 사무실, 크라우드 펀딩, 해외 제조, 소셜미디어 등의 등장으로, 지금은 역사상 그 어느 때보다도 쉽게 자기 사업을 시작할 수 있다. 테크놀로지 덕분에 다양한 도구가 모든 사람에게 주어졌고, 어떤 회사든 시장 진입에 드는 시간과 비용이 획기적으로 낮아졌다. 더불어 정규직의 매력이 급속히 사그라졌다. 주로 2008년 경기 침체 이후 10년 동안 벌어진 일이었다. 고용 안정성은 옛말이 되어버렸다. 이동성, 수당, 인게이지먼트 면에서 기존 일자리들은 최소한으로 쪼그라들고 있었다. 밀레니얼 세대가 사상 가장 많은 창업가를 배출하는 세대가 될 거라는 예측이 널리 퍼진 것도 당연하지 않은가?

에릭 리스는 베스트셀러 《린 스타트업》에서 "오늘날에는 역사상 그 어느 때보다도 많은 창업가들이 활동하고 있다"고 했고, 크리스 길아보는 《사이드 프로젝트 100》에서 "부업(side hustle)은 새로운 형태의 고용 안정성"이라고 했다. 게리 바이너척은 《크러쉬 잇! SNS로 열정을 돈으로 바꿔라》에서 "충분한 수입, 인내심, 큰 꿈만 갖는다면 누구에게나 더없는 기회가 펼쳐지는 시대"라고 썼고, 다음 책 《크러싱 잇! SNS로 부자가 된 사람들》에서는 "어른의 세계에서 큰 돈벌이"(사업)를 움켜쥐려면, "거쳐야만 하는 고생을 감수하라"고 썼다. 더 좋은 타이밍이란 없기 때문에, (기다리다가) 해치워버려야 한다! 프리랜서 연합(Freelancers Union)은, 2027년쯤이면 직종에 상관없이 대다수의 미국인 노동자가 프리랜서가 될 거라는 전망을 내놓았다. 우리는 창업가들의 황금기를 살고 있고, 나는 그걸 기록하고 싶었다.

슬로건이 아니라, 해시태그가 아니라

하지만 데이터를 들여다보고 창업을 연구하는 학자들과 이야기를 나눠본 결과, 내가 예상했던 모든 것과는 정반대였다. 요새는 20년 전이나 30년 전보다도 자기 사업을 하는 사람들이 줄어들었다. 레이건 정부 시절에는 열 명 중 두 명의 미국인이 어떤 직종에서든 자기 일을 했다. 오늘날 그 숫자는 10분의 1로 줄어들었다. 이것은 공식적으로 사업자 등록을 하고 회사를 설립하는 사람들뿐만 아니라 (나처럼) 사업자 등록 없이 자영업을 하는 개인들까지 포함한 숫자다.

그렇다면 밀레니얼 세대는 어떤가? 알고 보니, 마크 저커버그를 배출한 이 세대는 거의 100년 만에 창업이나 자영업 비중이 가장 낮은 세대다. 이 현상을 두고 미국 중소기업청은 "잃어버린 밀레니얼 세대(The Missing Millennials)"라는 제목의 보고서를 냈다. 2017년 석박사 학위를 취득한 졸업생들이 직원 10인 이상의 회사를 창업하는 경우가 1992년에 비해 절반으로 떨어졌다는 사실을 밝힌 연구도 있었다. 사실 미국 전역에서 스타트업 밀도(일정 기간 창업된 신규 사업체가 기존 사업체 1000개당 몇 개인지로 표시)는, 이 통계가 처음 집계되었던 1977년에 비해 절반 이상 떨어졌다. 이 데이터는 갖가지 불완전한 정보 투성이인데다가, 관련 연구는 서로 모순을 드러내는 경우가 많았다.

하지만 최선의 시나리오를 보더라도 창업은 미국을 비롯한 선진국에서 나아질 줄을 모르고 있었다. 창업은 상승세가 아니었다. 사실 창업은 감소하고 있었고, 한두 해 그런 게 아니었다.

창업의 황금기를 기대했던 나는 이제 훨씬 더 복잡한 것을 헤아려 보게 되었다. 창업이 어떻게 더 찬양받고 이상화되었을까, 어떻게 경제·정치·문화 전반에서 더 많은 가치를 갖게 되었을까? 수치상(자기 사업을 시작하는 사람의 수처럼) 창업이 정체되고 많은 영역에서 사라지는 듯이 보이는 이 시기에 말이다. 어떻게 우리는 창업을 그리도 높이 떠받들게 되었으면서도, 그것을 오해해왔을까?

우선 학계 전문가들을 만나 창업에 관해 묻기 시작했다. 하지만 몇 번의 인터뷰 만에, 나는 여러 대화의 출발점에서부터 뭔가가 내 호기심을 자극하는 것을 알아차렸다. "창업가란 말을 무슨 뜻으로 쓰시는 건데요?" 그들이 내게 물었다. 이 단어에 대한 보편적 정의가 하나도 없다는 점을 알고 나는 놀랐다. 넓은 의미에서 창업가는 자기 스스로 일하는 사람이라고 설명될 수 있다. 구체적으로는 직접 고안한 혁신의 기술을 바탕으로 사업을 설립한 사람일 수도 있다. 여기에 더해 직원 수가 최소 몇 명 이상이고 성장률은 몇 퍼센트이며 특정한 재무구조를 갖춰야 한다는 조건이 붙을 수도 있다. 창업이란 자영업과는 별반 관계가 없다고 믿으면서 직장 등을 다니며 얼마든지 할 수 있는, 연이은 활동으로 설명하려는 사람들도 있다. 그야말로 사업을 통해 세상을 구하는, 전형적인 현대 자본주의의 영웅 역할을 창업가에게 맡기려는 사람들도 있다.

나는 금세 깨달았다. '창업가란 무엇인가?'라는 단 하나의 질문이야말로 우리가 창업가들에게 품은 장밋빛 환상과 그들의 숫자가 줄어드는 더욱 복잡한 현실 간의 괴리를 이해하는 핵심이라는 것을.

이 질문에 대한 대답들을 듣고서 나는 다른 경제 영역에 존재하는 부와 기회의 불평등이 여기에서도 반복된다는 사실을 깨달았다. 상층부에는 그렇게 많은 "창업가 포르노(entrepreneur porn, 2014년 〈하버드 비즈니스 리뷰(*Harvard Business Review*)〉에서 사용한 용어로서, 미디어가 창업가들을 현실과는 동떨어진 이상화된 일종의 라이프스타일로 그려낸 것을 지칭한다)"를 양산한 대중적인 이미지의 창업이 있다. 이는 이미 정의된 역할, 규칙, 투자, 성공의 경로를 따라 창업이 원활하게 이루어지는, 실리콘밸리의 스타트업 신화였다. 이 신화가 미디어의 대대적인 보도로 이어지면서, 대중을 사로잡았고, 신화 속의 우상들은 모두가 아는 이름이 되었다.

스타트업 신화는 미디어, 기관, 정부, 학계에서 다루어지는 창업가에 대한 논의를 지배했고, 창업가들이 어떤 모습으로 비춰지는지, 어떻게 행동하는지, 어떤 일을 하는지를 점차 정의하게 되었다. 창업가들은 젊고 똑똑하고 대개 고학력인 백인 천재 남성들로 그려졌다. 전격적인 벤처 자본의 투입에 힘입어 파괴적 경제 혁신을 이뤄내면서 산업을 뒤바꾸고 어쩌면 세상마저 뒤바꿀 탁월한 혁신에 유별나게 집착하다 보니, 대학을 중퇴하는 경우도 흔했다. 창업가들은 단기간에 가장 뛰어난 경제적 이익과 일자리를 창출하고, 투자 수익을 내고, 새로운 업종을 탄생시킬 유망한 인물들로 여겨졌다.

하지만 하이디 클럼의 '포샵'한 표지 사진처럼, 실리콘밸리의 창업은 내가 아는 대다수 창업가들의 현실과는 동떨어져 있었다. 내가 아는 창업가는 우선 사업 규모가 천차만별이다. 그들은 모든 업종에서 사업을 시작한 사람들로서 개인적인 성향을 지녔다. 내 아버지, 조부모, 친구들, 이웃들의 창업이 그런 것이었다. 대개는 스스로 자금을 댔고, 사업의 성장 속도도 저마다 달랐다. 장기간에 걸친 창업이었고, 때로는 대물림되었다. 그건 슬로건이나 해시태그로만 담아낼 수 있는 것이 아니었다.

그중 누구도 실리콘밸리의 협소한 창업가 정의에 들어맞지 않는다. 여성, 소수자, 이민자, 시니어 등이 운영하는 사업은 여기에 해당되지 않는다. 시골 지역에서 자기 손으로 뭔가를 만들어 지역 사람들에게 제공하는 사람들도 아니다. 사업 규모를 작게 유지하면서 매일 오후 아이들을 학교에서 데려오고 가족을 부양하며 가치를 실현하거나, 또는 자신의 일을 하고 싶다는 욕구를 자기만의 방식으로 해소하는 사람들도 아니다. 그게 문제였다. 실제로는 여전히 이런 넓은 범위의 창업가들이 자기 사업을 시작하는 사람들의 압도적 다수를 차지하고 있었다. 그들은 비가 새는 우리 집의 지붕을 고쳤고, 내가 먹는 빵을 구웠고, 내 웹사이트를 디자인했고, 내 자동차의 타이어를 교체했고, 내 머리를 손질해주었다. 프리먼 씨 같은 사람들에게, 그리고 상대적으로 조용히 갖가지 사업을 운영하면서도 죽을 때까지 자기 자신을 창업가라고 정확하게 인식하지 못하는 전 세계 수억 명의 사람들에게, 창업가가 된다는 것은 더욱 깊이 있고 의미 있는 진실을 담고 있으며, 대중적인 신화는 이를 놓치고 있다.

　나는 창업가를 정의하는 방식에 의미가 있다는 점을 깨닫게 되었다. 이를 통해 경제적 기회에 내재한 가능성을 스스로에게 납득시키고, 성공을 측정하는 기준을 세우게 된다. 그 정의가 점점 좁아지고 세밀해져서 이 세상에서 자기 사업을 하는 사람들 대다수를 몰아낸다면, 불평등한 창업만이 남게 된다. 그로 인해 창업가가 되는 것은 접근하기도, 실현하기도, 바라기도 어려운 일이 되어버린다. 이 시스템은 조작과 배제로 얼룩진다. 창업의 이득과 영광은 상층부를 차지한 창업가들에게로만 쏠리고, 그 아래로는 위태로운 분노가 쌓인다. 경제적 기회라는 환상은 가망 없는 현실에 자리를 내준다. 이른바 황금기는 겉치레에 그친다.

　몇 달간 학계 전문가들과 대화를 나눈 뒤, 창업가가 된다는 것에 대한 나만의 생각이 자리 잡혀갔다. 내 아내 로렌은 마침내 커리어 코칭 사업을 시작했다. 처음으로 온전히 자기가 꾸린 사업이었다. 나는 억대 연봉을 받던 직원이 맨주먹의 창업가로 변신하는 과정을 지켜보았다. 아내는 집에서 일하는 첫 주에, 더는 컴퓨터에 붙어 앉아 정어리 통조림을 까먹을 필요가 없다는 사실을 깨우쳤다(자영업자의 첫걸음: 점심 식사는 신성한 일이다). 같은 시기에 내 동생 대니얼은 재정적 위험도와 불확실성이 훨씬 큰 업종에서 자기 사업을 시작했다. 나는 두 사람이 창업 초창기의 흥분되는 순간들을 잘 헤쳐 나가는 모습을 지켜보았다.

　그리고 나도 있었다. 20년 가까이 나는 독립적으로 일해왔다. 여전히 다음 수입이 어디서 나올지 확실하지 않다. 일이 없지는 않을까, 아니면 일에 치여 스트레스 받지는 않을까 전전긍긍하느라 속이 울렁거릴 지경이다. 하루가 멀다 하고 "도대체 난 뭘 하면서 사는 걸까?"라는 성가신 질문이 따라다녔다. 그리고 지금은……. "나는 정말 창업가일까? 그게 아니라면, 나는 뭐지?"

창업가, 그들은 누구이고 무엇을 하는가

이 책을 통해 나는 창업가 정신의 과거와 현재를 알아보려 했다. 독자가 창업가이거나 창업가의 가족이거나 아니면 창업에 관심 있는 사람이라면, 창업가 정신은 어떤 모습인지, 어떤 형태일 수 있는지, 각양각색의 창업을 아우르는 창업가 정신을 발전시키는 일이 결정적으로 중요한 이유를 알아차리기 바란다. 왜냐하면 어떤 유형의 기업가든, 그러니까 부업형 창업가든 업종 내의 대표적인 창업가든 상관없이 창업은 정신을 추구하는 끊임없는 과정이기 때문이다.

창업에 관한 수많은 책들과 달리, 나는 방법(창업가가 되는 방법, 회사를 시작하는 방법, 또는 부자가 되는 방법)이 아닌, 이유에 관심이 있다.

왜 창업가들은 창업을 하는가? 엄청난 역경 속에서 날마다 개인을 희생하면서도, 눈앞에 파산의 위험이 닥쳐도 그들은 왜 끝끝내 버텨내는가? 창업가, 아니 다양한 유형의 창업가들이 왜 중요한가. 우리가 그들의 가치를 알아보지 못한다면, 무엇이 위태로워지는가.

창업가 정신을 찾아다니면서, 나는 창업의 모든 면을 다루는 듯한 산더미 같은 책과 기사와 연구 보고서를 읽었을 뿐만 아니라 전 세계 수많은 전문가들을 인터뷰했다. 하지만 핵심은 지난 2년 동안 200명 이상의 창업가들과 전화로, 사업장에서, 집에서 나누었던 대화였다. 사업이 잘되는 경우도 있고 안 풀리는 경우도 있었다. 내가 이들을 골랐던 것은 그들의 삶과 경험이 실로 다양한 배경, 업종, 경제적 상황을 망라하고 있었기 때문이다. 이 책은 그들을 찾아다녔던 여정의 결과물이다.

물론 모든 창업가에게는 자기만의 이야기가 있다. 난 창업에 대한 개개인의 생각이 각자의 정체성과 긴밀히 연결되어 있다는 점을 알게 되었다. 창업에 대한, 나의 정의는 이 책의 자료 조사 과정에서 진화했으며, 나는 그 경험을 책에 그대로 담아내려 했다. 이 책에서 설명하는 첫 번째 창업가 그룹은 출발점에 선 사람들이다. 새로운 인생을 시작하는 이민자 이야기, 사업이 아닌 자신이 원하는 삶을 중심으로 창업한 여성의 이야기, 자신의 성공을 공동체에 환원한 사람의 이야기가 그것이다. 두 번째 창업가 그룹은 사업을 성장시키기 위해 어려움과 맞서고 있었다. 그들은 사업을 시작하고 한참 후에야 자신에게 중요한 것이 무엇인지 깨달았거나, 여러 세대 동안 물려받은 유산을 이어나가고 있거나, 창업에 따르는 대가를 치르기 위해 자기 자신과 주변 사람들을 희생시키고 있었다. 마지막으로 자신의 아이디어를 세상에 내놓는 것이야말로 자기 삶의 의미라고 생각하는 사람을 찾아냈다. 결국 그것은 도처에 있는 모든 창업가에게 해당되는 정의였다.

그러나 난 얼마 지나지 않아 깨닫게 되었다. 창업에 대한 집단적 강박관념을 구성하는 단 하나의 서술, 즉 실리콘밸리의 스타트업 신화를 다루지 않고서는 이 이야기들을 이해하기 힘들다는 사실을 말이다. 이 신화는 창업가는 누구이고 무엇을 하는지에 대한 사람들의 이해를 몹시 왜곡하고 있기 때문에 우리는 그 본질을 보지 못하게 되어버렸다. 실리콘밸리를 넘어서는, 보다 심오한 창업가 정신에 다다르기 위해서는 먼저 스타트업 신화에 정면으로 맞서야 했다. 나는 그 신화가 어떤 모습이고 왜 그토록 눈에 띄게 커졌으며 어떤 폐해가 있는지, 이 신화와 실제 기업 경영 사이의 불균형이 왜 중요한지 이해하고자 했다. 그래서 창업이 특별한 평판과 의미를 지니고 고유한 모델과 영웅들에 의해 정의되는 실리콘밸리에서 여정을 시작했다. 그곳에서는 창업가가 되는 변신의 행위를 그냥 '스타트업을 한다'고 말한다.

1부

월급을 포기하고 내 사업을
시작하기로 결심하다

무엇이 그들을 창업의 길로 이끌었나

1장

자본주의 사회에서
가장 똑똑한 사람들

아주아주 빨리 성장하기,
결과에 대해서는 생각하지 말고

실패를 하더라도 투자자의 돈이 날아갈 뿐, 창업자의 개인 재산이 줄어드는 경우는 거의 없었다. 아무도 자기 집을 잃어버리지는 않을 것이다. 모험은 '실패를 무릅쓰는' 위대한 이야기이고, 이력서상에서 스타트업 경력은 멋있어 보이므로, 그들은 아이비리그 졸업장을 가지고 어디서든 훌륭한 일자리를 쉽게 얻을 수 있을 것이었다.

"이런, 서둘러야겠어." 니킬 아가르왈은 절친한 친구인 앤드루 치즈워와 함께 스탠퍼드 대학교 엔비디아 강당(NVIDIA Auditorium)으로 가다가 강당 입구에 빼곡히 들어찬 수백 대의 자전거를 보았다. "자리가 있어야 할 텐데." 그들은 너무 늦었다. 강연장의 342개 좌석은 이미 꽉 차 있었기 때문에 우리 셋은 로비에서 강연을 중계하고 있는 대형 텔레비전 앞 테이블에 재빨리 자리를 잡았다. 5분도 채 지나지 않아 수백 명의 학생이 우리를 에워싸고 바닥에 앉았다. 벽에 기대 선 학생들도 있었다.

아가르왈과 치즈워는 스킴(Scheme)이라는 스타트업을 공동 창업했다. 스킴은 학생들을 여러 회사(대부분은 실리콘밸리 테크 스타트업이다)의 인턴십에 연결해주는 새로운 소프트웨어 플랫폼이었다. 그들은 매주 열리는 '창업가적으로 사고하는 리더들(ETL, Entrepreneurial Thought Leaders)' 강연에 가능하면 참석하려고 했다. 20년 동안이나 실리콘밸리 최고의 창업가들이 스탠퍼드 대학교에서 해온 강연이었다. "중요한 건 사고방식이죠. 이 세상에는 수많은 창업과 혁신이 진행 중이고, 이 강연은 그에 관해 긍정적으로 이야기하는 자리입니다." 공학부의 기업 경영 교수 톰 바이어스(Tom Byers)는 이 강연을 이런 말로 소개했다.

오늘의 연사인 40대 초반의 창업가 모린 팬은 스탠퍼드 출신으로 가상현실 애니메이션 회사인 바오밥 스튜디오(Baobab Studios)를 공동 창업했다. 검은색 가죽 재킷을 입은 팬은 무대에 올라 자신이 해온 일들을 이야기하며 청중을 휘어잡았다. "창업가가 되기까지 제가 걸어온 길을 여러분에게 들려드리겠습니다. 사실 저는 제가 창업가가 될 거라곤 생각지도 못했습니다." 팬이 말했다.

팬은 그다지 좋아하지 않았던 컴퓨터공학을 전공하다가 애니메이션에 빠져들기까지의 여정을 풀어내며, 은근슬쩍 자기 자랑을 빠르게 늘어놓았다. '호랑이 부모(tiger parents)'였던 중국인 부모가 "꿈을 좇는다면 가난하고 궁핍해질" 거라고 강하게 반대했지만, 그는 아랑곳하지 않고 야간 전문대에서 애니메이션을 공부했다. 팬은 할리우드에 가고 싶었지만, 부모는 그를 이베이(eBay)에 취직하게 했다. 그러고 나서 하버드 경영대학원에서 MBA를 취득한 덕분에 픽사(Pixar)에 취직하게 되었고, 그곳에서 재무관리직이 아닌 〈토이스토리3〉 팀에서 일했다.

"중요한 것은 항상 여러분이 원하는 것을 구하는 거예요. 사람들은 대개 여러분을 행복하게 해주고 도와주고 싶어하니까요." 팬이 말했다. 이 대목에서 아가르왈과 치즈워는 자신들의 노트북으로 눈을 돌렀다. 그들은 반쯤은 강연을 들으면서, 엑셀 스프레드시트(경제학 과제)와 구글독스(스킴의 초기 사용자가 될 만한 회사들에 보낼 이메일 서식 작성)를 왔다 갔다 했다.

팬은 하버드 대학원을 졸업한 후 게임 회사인 징가(Zynga)에서 일했다. 그곳에서 성공작 팜빌(FarmVille) 게임을 관리했고 부사장이 되었다. 밤에 네 시간씩 자고 일한 덕분이었다. "정신적인 충격을 입긴 했지만, 창업가가 된다는 것이 어떤 의미인지를 배웠어요. 결국 회사를 차리게 되었죠. 경영대학원에서는 특정한 유형의 리더가 되는 법을 배우지만, 스타트업 리더에게 필요한 것은 그와는 많이 다릅니다." 팬이 말했다.

팬과 픽사의 몇몇 친구들은 주말에 단편 영화를 만들었고, 아카데미상을 수상했다. 하지만 애니메이션과 가상현실에 대한 열정을 독자적인 사업으로 실현할 수 있을지는 여전히 미지수였다. 팬은 드림웍스 애니메이션의 공동 창업자의 아내와 친구가 되면서 그를 멘토로 삼았고, 픽사의 공동 창업자를 크레이프 가게에서 만나 가상현실의 파워를 보여주고서 그를 조언자로 삼았다. "그러니까 끈기 있게 부단히 구하라는 겁니다." 모린 팬은 자신이 어떻게 사업 자금을 마련했는지를 말했다. 영원처럼 길었던 4주가 지난 후에야 연결 고리가 생기면서 600만 달러의 투자 시리즈 A(스타트업이 주로 시제품 개발부터 본격적인 시장 공략 직전까지의 기간에 받는 투자를 일컫는다 - 옮긴이)를 받았고, 그다음으로 몇몇 인맥(스탠퍼드 대학교, 하버드 경영대학원, 징가의 옛 상사, 샌프란시스코만 지역에서 테크업에 종사하는 대만 출신 디아스포라 공동체)을 통해 유명 벤처 투자자인 피터 틸에게까지 연결되었다.

"여러분은 내 이야기를 듣고 있는 것만도 영광으로 여겨야 해요." 팬은 그 자리의 청중에게 말했다. 그는 잠재적 투자자들을 설득하던 때를 재연이라도 하듯이 자신만만한 어조였다. "내게 돈을 투자할 수 있는 걸 영광으로 여기세요!"

치즈워는 크게 웃으며 내게 말했다. "아이고, 우리가 그랬더라면, 투자자 사무실에서 비웃음을 사고 쫓겨났을 거예요."

팬은 자기 회사가 고작 3100만 달러밖에 투자받지 못해 '가난했다'고 농담을 했다.

"아니, 가난한 건 우리지." 아가르왈은 노트북에서 눈도 떼지 않은 채 치즈워에게 말했다. 팬은 끈기, 인맥, 스탠퍼드의 영향력으로 이야기를 이어가다가, '개자식'이란 단어를 쓰고는 잠시 말을 끊고 사과를 했다. 그러고는 성공한 창업가들일수록 욕을 많이 쓴다는 연구 결과도 있다면서, 욕을 하는 건 괜찮다고 했다.

"우리 회사의 최종 사명은 사람들이 자기 안에 내재한 다섯 살짜리 자아를 되찾게 하는 거예요. 경이감을 살려내고 다시 꿈꾸고 싶게 만드는 겁니다." 팬은 이렇게 말하면서, 자기 회사에서 제작한 가상현실 애니메이션 동영상을 틀었다. 강당 밖에 있는 텔레비전으로는 볼 수 없었지만, 안쪽에서 사람들이 내지르는 탄성 소리가 들렸다. "그러면 사람들은 모두 자신의 꿈에 매달리고, 자신의 잠재력을 깨달을 테니까요. 꿈을 이룰 수 없을 거라는 두려움을 품지 말고 실제로 맞붙어보세요. 모두가 정말로 자신의 꿈을 좇는다면 세상은 엄청 멋진 곳이 될 겁니다. 고맙습니다."

실리콘밸리라는 시스템

열광적인 박수갈채, 큐.

"매번 똑같아요." 아가르왈이 이렇게 말하면서, 치즈워와 함께 백 팩을 쌌다. "성공담을 들으면 자극이 되죠. 하지만 다른 창업가들이 그들 앞에 놓인 링을 통과할 방법을 어떻게 떠올렸는지 알게 된다면 훨씬 만족스러울 거예요." 스킴이 순조롭게 출발하기까지 두 사람 앞에는 통과해야 할 링이 많이 남아 있었다. 그래서 그들은 스타벅스로 향했다. 그곳에서 몇 시간 동안 자기들의 회사와 관련된 일을 할 것이었다. 그들의 회사는 그날 실리콘밸리에서 탄생할 수많은 스타트업 중 하나에 불과했다.

대부분의 사람들은 창업가들이라고 하면 으레 실리콘밸리를 떠올린다. 실리콘밸리는 컴퓨터에 기반한 특정 산업을 가리키는 유행어지만, 이제는 우리의 경제적, 개인적 생활의 거의 모든 측면을 건드린다. 또한 실리콘밸리는 그 산업이 작동하는 방식을 상징하는 말로도 쓰인다. 하나의 사고방식. 회사들과 그들의 핵심 테크놀로지를 만들어내고 평가하는 방식, 그러면서 또한 그 회사들을 조직하고 자금을 조달하고 운영하는 제반 시스템으로, 이제 전 세계 모든 업종에서 새롭게 전개되는 모델이다. 실리콘밸리는 또한 캘리포니아 북부, 샌프란시스코에서 새너제이까지의 지역이기도 하다. 이곳에는 이어지는 마을, 도시, 교외 지역 사이로 고속도로와 상업 지구가 간간이 끼어 있고, 멋진 자연이 점점이 흩어져 있다. 실리콘밸리의 지리적, 재정적, 정신적 중심부에는 스탠퍼드 대학교의 광활한 캠퍼스 발치에 세워진 도시 팰로앨토가 있다.

실리콘밸리가 스탠퍼드 대학교이며, 스탠퍼드 대학교가 실리콘밸리다. 스탠퍼드 캠퍼스와 그 주변에 서서히 생겨난 세상은, 오늘날 우리가 생각하는 창업가들을 규정한다. 스탠퍼드 대학교에서 구축된 창업 모델에는 역사와 영웅, 사상과 규칙, 성과와 결점이 풍부하게 내재되어 있다. 이 모든 것이 모여 실리콘밸리의 스타트업 신화와 특정 유형의 창업을 둘러싼 서사의 핵심을 이룬다. 이런 서사는 실리콘밸리를 훨씬 뛰어넘어, 창업에 대한 우리의 생각을 지배해왔다. 이 신화의 기원과 진화는 물론, 거기 내재된 사업 모델과 그에 따르는 문제들을 이해하기 위해 나는 스타트업의 모태가 되는 스탠퍼드 대학교를 출발점 삼아 창업가 정신을 조사하기로 했다.

치즈워와 아가르왈이 처음 스킴을 구상한 것은 2017년 말의 일이었다. 당시 그들은 대학교 2학년이었고, 남학생 기숙사에서 함께 살고 있었다. 스타트업을 창업하는 학생들이 주로 컴퓨터공학 전공자라는 것을 생각하면 두 사람은 창업가의 전형에 해당되지는 않는다(치즈워의 전공은 정치학, 아가르왈의 전공은 경제학이다). 두 사람 모두 스탠퍼드 입학 당시만 해도 창업에 관심이 없었다. 둘 다 학교 성적이 좋았고(그렇다고 특출한 정도는 아니었다), 사교 활동을 했으며, 동아리에도 흥미가 있었고(치즈워는 토론 동아리 회장이었다), 장래 커리어는 경제계에서 쌓을 계획이었다. 그들은 내가 쓰는 책에서 '사악한 테크 브로(tech bros, 기술 산업에 종사하는 부유한 청년 실업가 - 옮긴이)'로 소개되고 싶어하지 않았다('사악한 테크 브로'는 치즈워가 말한 것이다). 그렇게 소개하기엔 그들은 사려 깊고 신중한 젊은이였고, 자신들의 세상에 강한 회의를 품고 있었다. 말하자면, 두 사람은 마지못해 창업에 뛰어들었다.

"저는 스탠퍼드 대학에서 창업자가 되고 싶지는 않았어요. 지금도 마찬가지예요!" 치즈워는 말했다. 하얀 얼굴에 주근깨가 있는 그는 시카고의 유대인 집안에서 자랐다.

"고등학생들조차도 스탠퍼드에 대한 고정관념이 있어요. 스탠퍼드에서는 모두가 창업을 꿈꾼다는 거죠." 아가르왈이 말했다. 인디애나주 포트웨인의 인도 가정 출신인 그는 치즈워보다 살짝 키가 컸다. "저는 회사를 차리고 싶지 않았어요. 모두가 회사를 차리고 있었으니까요."

대부분의 스타트업과 마찬가지로, 스킴도 창업자들이 개인적으로 겪었던 어려움에서 시작되었다. 그건 바로 경쟁률이 높은 여름 인턴십이었다. "내년 여름엔 어떤 일이 줄줄이 기다리고 있어?" 2학년 여름 방학이 끝나고 학교에 돌아오자 첫 주부터 친구들이 물었다. 내년 여름이라고? 이제 9월인데? 치즈워는 헤지펀드에서, 아가르왈은 팰로앨토의 소프트웨어 개발 회사에서 인턴십을 막 마친 때였다. 하지만 스탠퍼드의 많은 학생들이 내년 여름에 하게 될 최고의 인턴 자리를 이미 확보해두었다. 치즈워와 아가르왈은 어떻게 지원하는지도 몰랐을뿐더러, 그런 것이 있는지조차도 몰랐던 인턴 자리들이었다.

이 게임에서 앞서 나가던 학생들에게는 스탠퍼드 대학교에 또는 인턴 자리를 제공하는 바로 그 회사에 강력한 네트워크가 있는 가족이 있었다. "초경쟁이죠. 여기에선 연줄 있는 아이들 모두가 일찌감치 자리를 차지해요." 아가르왈이 말했다. 불공정해 보였지만, 또한 놓치는 기회도 엄청나게 많아 보였다. 학생들에게는 쓸 만한 일자리 경험이 필요했고, 회사들(특히 소규모 스타트업들)에는 회사 성장에 도움이 될 젊은이들의 재능이 필요했다. 많은 회사들에 이미 인턴 자리가 있었고, 아직 없는 곳은 자리를 만들고 싶어했다. 하지만 스탠퍼드 학생들을 끌어들일 수단이 부족했다. 아가르왈과 치즈워가 인턴 자리를 얻고자 하는 학생들과 일자리를 주고 싶어하는 회사를 연결해준다면, 모두에게 좋은 일이 아니겠는가?

"이 문제를 해결하는 게 기회였죠." 아가르왈이 말했다. 그들은 밤 늦도록 이 아이디어에 대해 이야기를 나누었고, 학생들과 회사들을 조사했고, 대략적인 사업 계획을 만들었다. 그리고 회사 이름을 생각해냈다('스킴'은 누군가를 소개해서 연결시켜준다는 뜻의 속어이고, 치즈워와 아가르왈은 일자리에 연결해준다는 의미에서 회사 이름을 스킴으로 정했다). 재빨리 앤드루 치즈워와 니킬 아가르왈은 학생들과 설립자들(실리콘밸리가 스타트업 창업가들에게 붙인 이름)을 만나러 다녔다.

누더기에서 갑부로

스타트업 신화에 대한 자세한 설명을 하기 전에, 어떻게 신화가 생겨났는지 알아보는 것이 중요하다. 창업가들은 새로 나타난 현상이 아니다. 근대 문명의 발판이 되었던 고대 바빌로니아, 수메르, 그 밖의 시장경제 사회들에도 상인, 무역업자, 부동산 투기꾼, 개인 사업자가 있었다. '창업가(entrepreneur)'란 단어는 프랑스어에 기원을 두고 있으며, 13세기에 쓰인 '어떤 일을 하다'라는 뜻의 동사에서 비롯되었다. 이 말은 (거의 문자 그대로는) 착수하는 사람(동사 'undertake'는 '어떤 일에 책임을 맡고 착수하다'라는 뜻이지만, 명사 'undertaker'는 '장의사'란 뜻으로 주로 쓰인다. 여기에서는 동사의 의미에 해당하는 일을 하는 사람으로 쓰임-옮긴이), 전쟁터의 사령관, 음악 공연의 감독 등 온갖 일을 하는 사람들에게 널리 쓰인다(프랑스어 동사 'entreprendre'는 착수하다undertake, 시작하다commence라는 뜻을 갖고 있으며, 영어로 장의사는 'undertaker', 사령관은 'commander'다-옮긴이). 아일랜드계 프랑스인 경제학자 리샤르 캉티용(Richard Cantillon)이 1730년대에 처음으로 창업가란 단어를 사용한 것으로 알려져 있다. 캉티용이 말한 창업가는 제조업자, 상인, 소농민, 제빵사 등 다양한 사업자들을 포괄했다. 캉티용이 말한 창업가들은 업종에 상관없이 재정적인 위험을 개인적으로 떠안았다는 공통점이 있다. 그들은 돈을 언제 얼마나 벌게 될지, 아예 이익을 낼지 손해를 볼지도 알 수 없었다. "창업가들의 수입은 일정하지 않았던 반면에, 창업가가 아닌 사람들은 일이 있는 한은 고정 임금을 받았다." 캉티용은 사후에 출간된 책 《상업론(*An Essay on Economic Theory*)》 13장에 이렇게 썼다(프랑스어 제목은 《*Essai sur la Nature du Commerce en Général*》이다).

미국에서 창업가는 건국 신화에 들어갔다. 미국을 정의하는 특징은 귀족적이라기보다는 상업적이다. 캉티용이 썼던 것처럼, 풍족한 런던 사람들부터 가난한 네덜란드 어부들에 이르기까지 다양한 사람들이 보상에 대한 기대감과 위험 부담을 똑같이 안은 채로 대서양을 가로질렀다. 미국 건국의 아버지들(벤저민 프랭클린, 존 핸콕같이 그중 다수가 창업가였다)은 창업의 중요성을 미국 법에 한 조항으로 집어넣었다.

미국의 창업가 신화는 국가의 성장과 더불어 성장했으며, 뉴잉글랜드의 근면한 상인들과 부를 좇은 서부의 개척자들로 대표되었다. 19세기 중반 이후 P. T. 바넘(Barnum)(《돈을 어떻게 벌어요?*The Art of Money-Getting*》의 저자) 같은 자기 홍보의 대가부터 '누더기 소년 딕(Ragged Dick)'에 이르기까지 미국의 창업가는 대중문화에 단골 소재로 등장하게 되었다. 허레이쇼 앨저의 동명 소설 《누더기 소년 딕》(1867년작)은 뉴욕의 사랑스러운 구두닦이 소년이 열심히 일해서 마침내 부유한 젊은이와 친구가 되고, 그의 도움으로 풍족한 삶을 살게 된다는 이야기다.

"딕, 너만큼 밑바닥에서 시작했지만 존경받는 훌륭한 인물로 성장한 소년들이 많이 있었단다. 하지만 그렇게 되기 위해 정말 열심히 일해야 했지." 딕의 후원자는 딕을 거리에서 구해내 새 옷을 사주며 이렇게 말한다.

"저는 기꺼이 열심히 일하겠어요." 딕은 이렇게 말하고는 빠르게 가난을 떨치고 일어나 중산층이 되었다. 딕 만세!

앨저가 묘사한, 자수성가하여 벼락부자가 되는 미국인에 대한 환상은 물론 신화였다. 딕 같은 불쌍한 거리의 부랑아들은 그런 불평등의 '황금기'에 거리의 부랑아로 죽어가기 십상이었다. 하지만 앤드루 카네기(Andrew Carnegie), 코닐리어스 밴더빌트(Cornelius Vanderbilt), 존 D. 록펠러(John D. Rockefeller) 같은 강도 남작들(robber barons, 19세기 미국에서 과점 또는 불공정한 사업의 직접적인 결과로, 각각의 산업을 지배하여 막대한 재산을 축적한 사업가와 은행가—옮긴이)이 어려운 환경에서 성장했다는 사실 때문에 창업가의 무한한 가능성에 대한 미국 특유의 '동화'는 더욱 공고해졌다.

"이 기간에 젊은 미국인 남성들의 주된 목표는 '자수성가한 사람'이 되는 것이었다." 예일 대학교 역사학자 나오미 라모로(Naomi Lamoreaux)는 썼다. 사업으로 출세한 사람들이 너무나 강력한 본보기여서, 창업가가 되지 않으면 인생을 낭비하는 것처럼 보일 지경이었다고도 썼다. 열심히 일해서 성공하는 것이야말로 어떤 사람의 도덕적 가치를 보증하는 확실한 징표였다. "19세기 말에는 (아무리 고상한 사무직일지라도) 직원이 되는 것이 삶을 저버리고 '종속' 상태가 되는 일이었고, 그 자체로 도덕적인 실패였다"라고 라모로는 썼다. 창업은 아메리칸 드림의 핵심이 되었다.

20세기가 개막되면서 아메리칸 드림은 시험대에 올랐다. 경제 위기는 고용 불안으로 이어졌고, 불평등과 빈곤이 대두되었다. 1차 세계대전의 고통 분담, 대공황으로 인한 참담한 가난, 2차 세계대전의 대중 동원이 이어지면서, 미국의 창업가 신화는 유보되었다. 이 기간에도 유명한 창업가들이 등장했지만, 창업 신화는 점차 공허하게 울렸다. 집단적 성취와 희생이 이를 대신했다. 그중에는 여성의 참정권 운동 같은 정치 운동, 수소 폭탄부터 가루 주스 탕(tang)에 이르기까지 끔찍하고도 멋진 물건들을 내놓을 군산 복합체의 탄생도 포함되었다. 이 시기는 포드, IBM, GE, 웨스팅하우스, 벨연구소 등의 시대, 빳빳한 정장을 차려입은 전문 경영인들의 시대, 효율성과 성과를 개선하는 과학적 방법론의 시대였다. 혁신은 대학의 연구소들과 기업들의 영역이었다. 창업가들은 외톨이나 부적응자로 밀려났다.

창업가 세계의 3대 성인

현재의 창업가 신화는 그런 곳에서, 특히 스탠퍼드 대학교에서 시작되었다. 1939년 스탠퍼드 대학교 공과대학 학장 프레더릭 터먼(Frederick Terman)은 빌 휴렛(Bill Hewlett)과 데이비드 팩커드(David Packard)를 독려해, 캠퍼스 부근 차고에서 전자 산업을 시작하게 했다(HP는 실리콘밸리 스타트업의 원조 격이었다). 그리고 1951년 터먼은 대학 부지를 신생 하이테크 기업들에 빌려주어 스탠퍼드 산업 단지 조성에 기여했다. 이 회사들은 종종 미국 국방부로부터 자금을 지원받았다. 많은 회사들이 전파 탐지나 항공 우주 분야에서 냉전 시대의 과학 기술을 발전시켰다. 그중에는 컴퓨터와 컴퓨터에 전원을 공급하는 실리콘 반도체 기술도 포함되었고, 실리콘밸리라는 말은 거기에서 비롯되었다.

1970년대 말쯤 팀, 연구소, 정부를 중심으로 움직이던 실리콘밸리는 점차 개인 창업가들에게 집중되어갔다. 그러면서, 실리콘밸리의 스타트업 신화가 등장했다. 그 신화의 핵심 약속은 경력이나 배경에 관계없이 누구든 미래를 창조하고 그에 대해 보상을 받을 수 있다는 것이었다. 그들에게 적정한 발명이나 아이디어가 있고, 그것을 끝까지 밀고 나갈 의지력만 있다면 말이다.

이 신화의 영웅들은 이름은 저마다 달라도 같은 특성을 공유한다. 그는 두드러지게 뛰어난 개인으로서, (오직) 창안하고 영감을 불러일으키는 힘과 불가능한 일을 가능하게 만드는 의지력, 그리고 약간의 비사교적인 면이 있다. 그는 고독한 천재다. 창조자이자 창업가다. 다른 모든 창업가들의 본보기다. 그는 젊은 남성이다. 그는 부적응자다. 그는 스탠퍼드 대학교 같은 명문대에 입학했지만, 졸업은 하지 않았다. 그는 규정 따위는 신경 쓰지 않는다. 그에게는 뭔가 보여줄 게 있고, 방해자 앞에서도 절대 물러서지 않는다.

《원스어폰어타임인 실리콘밸리(Valley of Genius)》의 저자인 저널리스트 애덤 피셔(Adam Fisher)에 따르면, 실리콘밸리 창업가의 전형은 비디오게임 회사 아타리(Atari)의 공동 창업자 놀런 부슈널(Nolan Bushnell)이었다. 피셔는 말했다. "그는 대중문화의 창업가였죠. 대중문화에 영향을 끼치고 싶어했고 실제로도 영향을 끼쳤던 실리콘밸리 출신의 첫 번째 창업가였습니다. 그전에는 나사(NASA)에서 일하는 짧은 머리에 반팔 셔츠를 입고 주머니에 필기구를 잔뜩 꽂은 사람들이 실리콘밸리에서 판을 치고, 그곳에서 군수품에 들어갈 부품을 만들어내고 있었죠." 부슈널이 이를 바꾸었다. 가장 강력한 기술을 개발하거나 가장 돈을 많이 벌거나 경쟁사보다 오래 살아남은 덕분이 아니라, 퐁(Pong)과 팩맨(Pac-Man)이라는 게임을 만든 덕분이었다. 그로 인해 모두가 컴퓨터에 실제로 관심을 기울이게 되었다.

부슈널의 등장 이후 40년이 지나도록 많은 창업가들이 이 전형적인 영웅에 빠져들었다. 그들 중에는 마이크로소프트의 빌 게이츠(Bill Gates), 오라클의 래리 엘리슨(Larry Ellison), 아마존의 제프 베저스 등, 부, 테크놀로지, 사업, 일상생활에 엄청난 영향을 미친 거물들이 수두룩하다.

스티브 잡스 "완벽을 향한 열정과 격렬한 투지로 불타는 창의적인 창업가가 지닌 지독하도록 강인한 인성이 개인 컴퓨터, 애니메이션, 음악, 스마트폰, 태블릿 컴퓨터, 디지털 출판 등의 여섯 분야에 혁신을 일으켰다." 월터 아이작슨은 줄기차게 베스트셀러 자리를 지키고 있는 《스티브 잡스》에 이렇게 썼다. 실리콘밸리 키드였던 잡스는 부슈널의 추종자였다. 그는 환각제를 복용했고, 극도로 절제된 식단을 유지했으며, 히피의 반문화적 태도를 일본적 미감과 결합하여 컴퓨터에 개성을 부여했다. 잡스는 '현실 왜곡장(reality distortion field)'을 방출함으로써 사람들이 불가능한 일을 해내도록 설득했다. 잡스는 실리콘밸리 최초로 진짜 유명인이 되었고, 그에 관한 영화가 네 편이나 만들어졌다. 잡스는 자기가 설립한 회사에서 해고되었다가 복귀해서 우리에게 아이폰을 선사했다. 그는 죽었다가, 아이작슨의 책을 인용하자면, "우리 시대의 가장 위대한 사업가"로 부활했다. 검은색 터틀넥. 헐렁한 청바지. 동그란 테의 안경. 회색 뉴발란스 운동화. 스티브 잡스는 창업가의 메시아다.

일론 머스크 "우리 시대의 가장 대담한 창업가." 베스트셀러 《일론 머스크, 미래의 설계자》의 저자 애슐리 반스는 이렇게 표현했다. "그는 누구도 해보지 못한 가장 원대한 탐험에 집요하게 사로잡힌 천재다." 머스크는 더없이 영민한 발명가로서 직접 전자상거래(페이팔)를 가능하게 만들었고, 전기 차(테슬라)의 부흥을 이루었으며, 우주 개발(스페이스X) 경쟁을 재점화했다. 머스크는 우리를 화성에 보내고 하이퍼루프(2013년 여름에 공개한 초고속 진공 튜브 캡슐 열차 - 옮긴이)에 태우고 싶어할 뿐만 아니라 더 나아가 인류를 구원하고자 한다. 머스크는 미디어가 사랑하는 인물로서, 로버트 다우니가 연기한 '아이언맨'에 영감을 주었다. 그는 시간을 극도로 효율적으로 쓰기에, 책상 아래에서 잠을 자고 3초 만에 작은 볼일을 해결한다. 머스크의 광적인 팬들(머스키터라는 별명이 있다)은 온라인에서 그를 비판하는 사람들을 공격하고, 그의 얼굴을 문신으로 몸에 새긴다. 블랙 티셔츠. 딱 달라붙는 청바지. 마법같이 다시 자라난 머리칼. 일론 머스크는 후배 창업가들의 수호성인이다.

마크 저커버그 기숙사의 해커는 자기 군단에게 "빠르게 움직이고 낡은 것을 파괴하라"는 지령을 내렸다. 저커버그는 소셜미디어 시대와 이후 스타트업의 물결을 일으킨 프로그래머였다. 저커버그는 비사교적인 은둔자에 가까웠다. 20대에 억만장자가 된 저커버그는 자선사업, 교육, 커뮤니케이션, 그리고 세상을 바꾸고자 했다. 저커버그는 영화 〈소셜네트워크〉의 반영웅적 주인공으로, 억만장자가 실제로 백만장자보다 훨씬 더 멋지다는 생각을 한 세대에게 심어주었다. 저커버그는 "정말로 빠르게 변하고 있는 세상에서, 반드시 실패하기 마련인 유일한 전략은 위험을 감수하지 않는 것입니다"라고 말했다. 저커버그는 개인의 프라이버시와 민주주의를 희생시켜서 세상을 연결했다. 청바지. 운동화. 후드 티. 마크 저커버그는 창조적 파괴의 선지자다.

창업자가 되려는 사람 중에 얼마나 많은 수가 앞의 '세 성인'을 자신의 영웅으로 삼았을까? 얼마나 많은 수가 빈약한 책장에 그들의 전기를 꽂아두고 있을까? 얼마나 많은 수가 그들의 이미지를 흉내낼까? 그들의 버릇, 극단적인 식단, 옷차림, 행동거지를 따라 하고, 직원을 질책하고, 규범(그리고 법)을 어기고, 그들의 틀에 자기를 맞추어 그들이 내세운 역할을 수행하고자 할까?

비밀과 거짓말

"실리콘밸리에서는 스티브 잡스의 이름을 빌린 범죄가 가장 많이 저질러졌습니다." 팟캐스트 〈벤처라는 것(Something Ventured)〉을 진행하는 프랜스터(Friendster)의 전직 CEO 켄트 린드스트롬의 말이다. "그의 개성의 편린들을 끄집어내는 것은, 그러니까 '사람들에게 소리를 질러야겠어. 잡스도 그랬으니까. 아니면 검은색 터틀넥을 입어야지'라고 생각하는 것은 정신이 나간 일이죠. 내가 스티브 잡스를 만나봤다고 해서 스티브 잡스가 되는 건 아니잖아요." 그가 말했다.

역사학자 레슬리 벌린(Leslie Berlin)은 실리콘밸리와 관련된 스탠퍼드의 기록물을 살펴보고, 고독한 천재 창업가라는 신화가 의도적으로 창작된 것임에 주목했다. 대부분의 디지털 테크 회사들과 그들의 발명은 산업 간, 국가 간의 경계를 넘나드는 집단적 노력의 산물이다. 하지만 수완 좋은 PR 회사들, 기자들, 대중은 복잡하고 이질적인 테크놀로지를 한 개인과 연관 지으면 더욱 쉽게 이해할 수 있다는 점을 깨달았다. "허레이쇼 앨저 식으로 하는 거죠. 분투해서 보상받는 개인이라는 관념이 완벽하게 딱 들어맞잖아요." 팰로앨토에서 점심을 먹으면서 벌린이 말했다.

실리콘밸리의 밑바닥에서부터 대중이 상상하는 최상층까지 오른 기업가들은 공통적으로 유사한 특징을 보인다. 그들은 쉽고 친숙한 이미지다. 실제로는 불가사의할 만큼 지능이 뛰어나거나 사교에는 서툴기만 한데도 말이다. 그들은 젊다. 젊음과 미모와 스캔들은 흥미를 유발한다. 게다가 그들은 부유하고 유명하다. "큰 차이가 있습니다. 이곳의 창업가들은 엄청나게 성공한 사업가들이었어요. 스티브 잡스만 해도 처음 애플을 그만두기 전에는 그랬죠. 하지만 2011년 작고했을 무렵 스티브 잡스는 셀럽이었어요. 그 정도로 유명해진 사람은 없었죠. 아무도 고든 무어(인텔의 창업자)의 사진을 벽에 붙여두진 않잖아요." 벌린이 말했다. 난 내 룸메이트 애덤이 침대 머리맡에 걸어두었던 스티브 잡스의 대형 사진이 떠올랐다. 일론 머스크가 여배우나 록스타와 데이트를 했다는 것, 마크 저커버그가 텔레비전 프로그램 〈새터데이 나이트 라이브(Saturday Night Live)〉에 게스트로 출연했다는 것도 생각났다.

실리콘밸리가 테크 개발보다도 더 열을 올리는 것은 신화 창조다. 실리콘밸리는 상거래와 과학 관련 이야기를 퍼뜨린다. 거기에 있는 사람들은 엔지니어와 경영자들만이 아니다. 그들은 꿈꾸는 사람, 비전을 제시하는 사람, 사상적 리더들이다. 또한 누구든 사업을 시작하기만 한다면 될 수 있는 존재이기도 하다. 벤처 투자자 팀 드레이퍼는 남부 샌프란시스코에 창업을 가르치는 사립 대학교를 개설했다. 그가 대학교 이름을 드레이퍼 영웅 대학교(Draper University of Heroes)라고 붙였을 때, 아무도 놀라지 않았다. 하지만 다른 모든 멋진 이야기들처럼, 실리콘밸리의 창업 우화는 대개 신화일 뿐이다.

"스티브 잡스와 일론 머스크 모델은 이 업종의 대표적인 사례로 여겨지죠. 실은 아주 아주 작은 한 부분일 뿐인데 말이죠. 현실 왜곡장을 만들어내는 사람들은 대부분 현실에서 너무 벗어나는 바람에 멍청한 짓거리로 나자빠지죠." 유명한 벤처 투자자이자 경제학자인 케임브리지 대학교 교수 빌 제인웨이가 말했다.

그런데도 실리콘밸리의 스타트업 신화는 끈질기게 이어진다. 너무 유혹적이기 때문이다. 사람들은 기숙사 방에서 미래를 만들어내는 신동 이야기를 너무 좋아한다. 알렉산드라 울프는 자신의 저서《피터 틸의 벤처 학교》에서 틸의 이름을 붙인 장학금인 틸 펠로의 첫 장학 생들에 대해 썼다. 20세 이하 똑똑한 젊은이들을 선발하여, 대학 입학을 미루고 실리콘밸리에서 회사를 창업하고 차세대 '청년 CEO'가 되게 했다. 틸 펠로에서 배출한 첫 번째 유명 인사는 동그랗고 새하얀 얼굴의 영국 청년 제임스 프루드였다. 그는 소행성의 광물을 채굴하겠다고 장담했고, 4000만 달러 이상을 털어 넣어 수면 추적 장치를 만들었다. 그 회사의 가치는 2억 5000만 달러 이상을 기록했지만 사실 그 장치는 아무 짝에도 쓸모가 없었다. "창업가가 되려는 젊은 이들은 전적으로 특이한 라이프스타일에 매료되었다. 그들은 할리우드에서 아카데미상을 노리던 선셋 대로(할리우드에서 비버리힐스로 이어지는 거리 이름으로, '할리우드 명예의 거리'로 알려져 있다-옮긴이)의 웨이터와 웨이트리스의 새로운 버전이다." 울프는 실리콘밸리의 스타트업에 대해 썼다.

그 결과는 종종 대중문화에서 패러디의 소재가 된다. HBO의 〈실리콘밸리(Silicon Valley)〉 같은 드라마가 너무나 완벽하게 패러디한 것처럼. "거기엔 하이브마인드(hive mind, 지식이나 의견을 공유하고 무비판적 화합이나 집단지성을 산출하는 개념적 실체-옮긴이) 식의 사고방식이 깔려 있죠." 소프트웨어 플랫폼 '베이스캠프(Basecamp)'를 공동 창업했고 지금은 허구로 만든 스타트업 부자(Vooza)를 통해 실리콘밸리의 스타트업 신화를 꼬집는 코미디언 매트 루비(Matt Ruby)의 말이다. 루비는 베이에어리어 일대의 '스타트업 생태계'에서 생각, 행동, 생활을 지배하는 컬트적인 분위기를 목격했다. 젊은 테크 기업 창업자들은 똑같은 옷차림(올버즈 운동화와 스키니진 그리고 티셔츠에, 스타트업 로고가 박힌 후드 또는 파타고니아 집업)과 똑같이 괴상한 식단에 (소이렌트 대체식과 건강 보조 식품에 극소량의 환각제를 섞은 '뇌를 해킹하는' 칵테일), 다른 창업자들과 함께 살면서 버닝맨 페스티벌(Burning Man, 미국 네바다주 블랙록 사막에서 1년에 한 번, 일주일간 개최되는 축제 - 옮긴이) 에 함께 가고, 비슷비슷한 회사들을 같은 무리의 벤처 투자자들에게 같은 말들로 세일즈하고, 똑같은 기술과 시장을 살짝 비틀어서 조합한다("이건 빅데이터 기반의 인공지능이 전력을 공급하는 전기 스쿠터 블록체인 솔루션입니다"). 그들이 이렇게 하는 것은 스타트업 신화가 창업은 이런 것이라고 지령을 내렸기 때문이다. 결국 어디에도 새로운 것은 없었지만. "언제든 다수의 사람들이 뭔가에 대해 완전히 동의하게 된다면, 그건 혁신이나 반직관과는 전혀 관계가 없는 겁니다." 매트의 설명이다.

150년 전의 강도 남작들과 마찬가지로, 대부분의 실리콘밸리 스타트업 신화는 천문학적인 재산에 뿌리를 두고 있었다. 스티브 잡스는 신기록을 수립한 애플의 기업 공개 이후 누구나 아는 이름이 되었고, 일론 머스크도 페이팔의 지분 투자 회수 후에 같은 일을 겪었다. 마크 저커버그가 돈을 싹 쓸어 담은 것은 그 후의 일이었다. "누군가 23세에 억만장자가 되었다면, 그 문화는 방향을 그쪽으로 틀겠죠. 하지만 넝마주이가 갑부가 되는 것은 불가능한 이야기죠." 피셔가 말했다. 하지만 매년 자고 일어나 보니 부자가 되었다는 새로운 이야기가 재생산된다. 우버 창업자 트래비스 캘러닉(Travis Kalanick), 인스타그램과 스냅챗을 만든 스탠퍼드 졸업생 등등. 전 세계 상위 0.1퍼센트의 부자에 갑작스럽게 진입한 사람들이 줄줄이 흥미진진한 동화 속의 주인공이 되어가는데, 누가 그들의 이야기를 거부할 수 있을까?

실리콘밸리 스타트업 신화의 유혹적인 힘을 가장 잘 담아낸 것은 아마도 엘리자베스 홈스 이야기일 것이다. 홈스가 세운 사기 기업인 테라노스(혈액 검사 회사)는 몰락 전까지 7억 달러 이상의 투자금을 끌어 모았다. 홈스는 널리 악명을 떨쳤고, 그녀의 이야기는 사람들이 믿고 싶어하는 창업 신화와 현실 사이의 간극을 경고하는 이야기가 되었다. 하지만 내가 팰로앨토의 에어비앤비에서 존 캐리루의 책《배드 블러드: 테라노스의 비밀과 거짓말》을 읽었을 당시, 가장 눈에 띈점은 홈스가 19세에 스탠퍼드를 중퇴한 뒤 모두가 듣고 싶어하는 창업 신화 외에는 아무것도 없이, 얼마나 교묘하게 존재하지도 않는 테크놀로지를 세상에 팔았는지였다.

홈스는 어린 시절부터 스티브 잡스를 숭배했고, 자기 인생의 모델로 삼았다. 캐리루에 따르면, 테라노스 직원들은 홈스가 잡스의 어느시기를 흉내 내고 있는지를 보고 아이작슨의《스티브 잡스》중 어느부분을 읽고 있는지 정확히 찾아낼 수 있을 정도였다고 했다. 검은색터틀넥, '미니 연구소'의 디자인, 애플이 좋아했던 광고 회사 샤이엇데이(Chiat/Day)와의 작업, 녹차 다이어트, 자신의 '기대에 어긋난' 사람들을 맹렬히 비난하는 방식. 몇몇 사람들만이 홈스의 가식을 알아차렸다. 하지만 팀 드레이퍼와 같은 거물 벤처 투자자들, 로버트 크래프트(Robert Kraft), 칼로스 슬림(Carlos Slim), 루퍼트 머독(Rupert Murdoch) 등 재계의 거물들, 의료 센터 클리블랜드 클리닉(Cleveland Clinic)과 드러그스토어 월그린스(Walgreens) 같은 회사의 고위층 등 부유한 투자자들은 알아채지 못했다. 그리고 홈스의 얼굴을 잡지 표지에 실었던 전 세계의 거의 모든 뉴스 미디어도 마찬가지였다. 그들이 홈스에게서 알아본 것은 실리콘밸리의 스타트업 신화에서 배운 모든 것이었다. 오바마 대통령조차도 홈스를 미국 창업가의 글로벌 대사로 지명했다.

테라노스가 무너졌을 때, 세상 사람들은 경악했다. 어떻게 이런 일이 일어났지? 어떻게 그토록 많은 똑똑하고 성공한 사람들이 이런 속임수에 넘어갔지? 하지만 생각해보면, 홈스는 자신이 약속했던 상품을 정확히 선보였다. 그녀가 약속했던 것은 소형 혈액 검사기가 아니라 모든 이가 원했던 영웅적 창업가였다. 혁신적이고, 젊고, 매력적이고, 대담하고, 당당한. 그런 면에서 엘리자베스 홈스는 자신의 무모하기 짝이 없는 꿈을 넘어서는 성공을 거두었다. 홈스의 이야기는 제니퍼 로렌스(Jennifer Lawrence) 주연으로 영화화될 예정이다. 홈스는 허레이쇼 엘저 상까지 받았다. 누더기 소년 닉마저도 경탄할 지경이다.

자본주의 사회에서 가장 똑똑한 사람들

"스탠퍼드에서 창업가가 될 사람은 누구나 알아보죠." 아가르왈은 이렇게 말했다. 우리는 모린 팬의 강연이 있었던 다음 날에 치즈워와 함께 학생회관 밖에서 만나, 근처 취업박람회장 쪽으로 걸음을 옮기는 중이었다. 크고 작은 회사들이 대학 구내 서점 부근의 통로를 둘러싸고 작은 부스와 텐트를 차려놓았다. 치즈워와 아가르왈은 각각의 부스와 텐트를 돌아다니면서 인턴십 자리가 있는지 물어보고, 스킴에 얼마나 관심을 보이는지도 알아볼 작정이었다.

"자, 이제 흩어져서 나중에 연락할 회사의 이름들을 적어보자." 아가르왈이 말했다.

치즈워는 소형 자율주행 배달 로봇을 만드는 '로비(Robby)'의 텐트로 다가갔다. 그 회사는 선구적인 스타트업 인큐베이터인 Y콤비네이터 출신인 스탠퍼드 졸업생이 세운 것이었다. Y콤비네이터에서는 젊은 창업가들이 회사 지분 일부를 내놓는 대신 사무실, 경험 많은 투자자들의 조언을 제공받았다. 치즈워는 로비의 창업가에게 인턴십 채용 과정을 묻기 시작했다. "인터뷰는 어떻게 하시나요? 후보자는 어디서 찾으세요? 팀은 몇 명이나 되지요?" 그는 치즈워에게 왜 그런 것을 궁금해하느냐고 물었고, 치즈워는 자기와 친구가 회사들의 채용 문제를 해결하려 한다고 설명했다.

"어떤 문제 말이죠?"

"인턴십 문제요." 치즈워는 기대 어린 미소를 지었다.

"당신들의 회사 이름은 뭐죠?"

"스킴이에요."

"아, 우리는 벌써 다른 회사랑 그런 일을 하고 있는데." 그가 말했다.

치즈워는 미소를 잃지 않았다. "멋져요! 그렇다면 연락처를 받을 수 있을까요?"

스킴은 캠퍼스의 인턴십 문제를 다루는 최초의 회사가 아니었다. 오늘 이곳을 찾은 이유 중에 하나는 스킴이 이 시장의 어느 지점을 공략해야 할지 알아보려는 것이었지만, 어려운 일이었다. 치즈워와 아가르왈에게는 아직 명함도 없었다(티셔츠 몇 장을 찍어놓긴 했지만). 그리고 그들이 정말 원하는 것이 뭔지 (그리고 그들에게 공대 박사학위가 없다는 사실을) 알고 나면, 사람들은 그들을 대수롭지 않게 대하거나 대놓고 무시했다.

"아 굉장하네! 마침 채용 과정을 혁신할 사람을 찾고 있었거든. 하하하!" 남부 캘리포니아에서 반도체 회사를 경영하는 남성이 아가르왈에게 말했다. 그는 인턴들이 하는 일에 비해 돈을 많이 가져간다고 했다.

"음, 우린 특정 업종에 집중해요. 테크가 아닌 다른 사업이오. 우리의 전제는 작은 회사의 인턴십도 가치가 있다는 것이거든요." 치즈워가 말했다.

두 사람은 나중에 스타벅스에서 다시 만나 수집한 정보에 대해 이야기했다. "우리 프로세스를 어느 정도 검증한 것 같아. 하지만 검증 후에는 핵심적인 사항에 집중해야 한다고." 아가르왈이 말했다.

"그래, 우리가 실리콘밸리만 보는 건 아니잖아. 스타트업과 스탠퍼드만 보는 것도 아니고. 다른 회사들과 대학들까지도 보는 거지. 엘리트를 위한 일자리들만이 아니고." 치즈워가 말했다. 모든 유형의 사업체가 여름 인턴십을 활용할 수 있다. 가령 회계학을 전공하는 학생이 지역 레스토랑에서 장부를 정리할 수도 있다. 스킴은 명문대나 유명 회사들 밖으로도 인턴십을 확장할 수 있다. 그러면 모든 학생이 배울 기회를 얻고, 모든 사업체가 필요한 도움을 받을 수 있을 것이다.

치즈워와 아가르왈에게는 스킴을 무제한으로 도와줄 자원이 있었다. 스탠퍼드는 저널리즘, 환경, 공학, 법, 의학 등 다양한 분야에서, 단기 자격증부터 석사 학위에 이르기까지 창업에 필요한 수십 가지 프로그램을 제공했다. 교내에 인큐베이터들과 액셀러레이터들이 있어서, 학생들은 사무 공간, 경험 많은 창업자들의 조언, 각종 벤처 기금, 심지어는 자칭 '인큐베이터들을 위한 인큐베이터'라는 것도 지원받았다. 학생들은 점점 숫자가 늘어나고 있는 창업 동아리에 가입해서, 마음 맞는 동료들, 교수들, 외부인과 만날 수 있었다. 그중에는 이미 창업한 회사를 100만 달러 이상에 매각해본 학생들만 모인 동아리도 있었다. 아니면 2002년에 세워진, 창업을 주제로 하는 e-기숙사에 살면서, 정기 강연에 참석하고 이웃들의 스타트업을 도울 수도 있었다. 더 나아가 어떤 학생들은 교수들과 함께 사업을 시작해, 대다수가 캠퍼스 밖에서 창업가로 성공했다. 어떤 학생이든 스탠퍼드에서 수업을 듣고, 강연에 참석하고, 창업 관련 미팅에 참여할 수 있었다. 게다가 그런 것들로 충족되지 않는다면, 아무 제재 없이 몇 년이고 휴학을 하고 자신의 스타트업에 전념할 수도 있었다.

놀랍게도 이같이 집중된 창업 교육은 스탠퍼드뿐만 아니라 전 세계 대학교들에서 비교적 새롭게 시작된 현상으로, 학교 내외부에서 실제로 성과를 거두며 스타트업 신화를 퍼뜨리는 데 한몫했다.

미국에서 처음 개설된 창업 관련 과목은 1947년 하버드 경영대학원의 마일스 메이스(Myles Mace) 교수가 진행한 '신생 기업 경영(The Management of New Enterprises)'이었다. 그는 해외에 파병되었던 군인들이 귀국 후에 창업을 하도록 돕고자 했다. "메이스는 이렇게 말했죠. '이 사람들에게 생계를 꾸려갈 방법을 가르쳐야 해요'라고요." 이 프로그램의 개설을 도왔던 하버드 경영대학원 명예 교수 하워드 스티븐슨의 말이다.

당시에는 창업가들에게 부정적인 인식이 따라다녔다. "사람들이 회사에서 최대한 승진을 하고 자리를 지키다가 은퇴하는 그런 시대였죠." 스티븐슨이 말했다. 하버드 경영대학원의 교육과정도 전문 경영인 양성에 중점을 두었다. 경영대학원들은 자금을 대고, 연구 과제를 맡기고, 졸업생들에게 일자리를 제공하는 대기업들과 밀접한 관계를 맺고 있었기 때문에 소규모 사업에 대해 공부한다는 개념은 재고할 가치도 없는 일이었다. 창업가들은 파괴적이고 믿을 수 없고 고독한 부적응자, 사기꾼, 하찮은 사람 등으로 여겨졌다. 《세일즈맨의 죽음》에 등장하는 윌리 로먼을 생각해보라. 그는 괜찮은 회사에서 자리를 잡지 못한 얼간이였다. 창업가들은 특이한 성격을 타고나기 때문에, 창업을 가르치는 것은 불가능한 일이라고 여겨졌다.

"1970년대 말 내가 창업을 연구하기 시작했을 때, 동료 교수들은 이렇게 말했습니다. '자네는 기본적으로 싸구려 양복을 입은 사람들을 연구하는 걸세. 창업 연구는 자네 이력을 망칠 걸세.'" 보스턴 외곽의 뱁슨 대학 교수 윌리엄 가트너가 말했다. 이 학교는 오로지 창업 과정에 전념했다. "돈이라고는 없었죠. 연구도 전무했고요."

1980년대 중반 상황이 바뀌기 시작했다. 미국은 불황을 겪고 있었다. 인플레이션, 일본 기업과의 경쟁, 침체된 분위기에 타격을 입어, 한때 천하무적으로 여겨졌던 미국 기업이 장악했던 문화는 사라져갔다. 동시에 개인용 컴퓨터와 함께 거대 테크 스타트업 붐이 일어나면서, 새로운 유형의 창업자가 이끄는 마이크로소프트와 애플 같은 회사들이 급격하게 성장했다. 레이건 대통령은 1983년 국정 연설에서 실리콘밸리의 디지털 창업가들을 미국의 '미래를 개척하는 사람들'이라고 추켜세웠다. 대학들은 부유한 창업가들이 돈줄이며, 그들이 미래의 창업가들을 키우는 교육에 기꺼이 자금을 대리라는 갑작스러운 깨달음을 얻었다.

재원이 늘어나면서, 창업 연구 분야는 점차 실리콘밸리의 스타트업 신화를 받아들여, 핵심에 새겨 넣었다. 창업가 정의에 중요한 변화가 일어났다. 리샤르 캉티용은 창업가가 (소상공인들까지 망라하여) 미래의 잠재적 보상을 얻기 위해 위험을 무릅쓰는 사람이라고 정의했다. 하지만 캉티용의 광범위한 정의는 이제 좀 더 좁은 의미로 바뀌었다. 창업 연구 분야는 조지프 슘페터의 저작에서 학문적 기반을 찾았다. 오스트리아의 정치경제학자이자 실패한 은행가였던 그는 나중에 하버드에서 가르쳤고 1950년에 생을 마감했다. 슘페터의 핵심 사상은 창업가는 '정적인 사람(Static Person)'이 아니라 거대한 에너지로 평형 상태를 탈피하여 사상과 발명의 '새로운 조합'을 만들어내고, 그로써 경제 발전을 새로운 단계로 이끄는 '활동가(Man of Action)'로서, 자본주의의 주요한 변화 동력이라는 것이었다. 하지만 그가 말년에 내놓은 '창조적 파괴' 이론이야말로, 창업가들에 대한 인식과 창업 관련 연구를 오래도록 형상화했다.

"이 '창조적 파괴'야말로 자본주의의 근본적 진실이다." 슘페터는 1942년 주요 저서인 《자본주의, 사회주의, 민주주의》에 이렇게 썼다. 기업가의 역할은 "생산 양식을 개혁하고 혁신하는 것이다. 발명품이나 신제품을 개발하거나, 아니면 기존 제품을 새로운 방식으로 생산하거나, 새로운 원료 공급원 또는 새로운 제품 판로를 가능하게 하거나, 산업 구조를 재편하거나, 그 밖의 여러 방법들로." '창조적 파괴'는 혁신에서 비롯되었다. 혁신은 요동치듯 격렬한 변화를 가져왔고, 새롭게 승자와 패자를 가름했고, 결국에는 모두를 앞으로 나아가게 했다. 창업가의 사상은 중요하지 않았다. 정말 중요한 것은 행동, 또는 슘페터가 엘비스만큼이나 유창하게 표현한 대로 "일을 처리하는 것"이었다.

창업가에 대한 이런 정의는 시시각각 엄청난 변화를 겪었다. 그것은 주인 의식과 위험 감수에서, 과정 지향으로 패러다임이 바뀌었다. 창업은 이제 혁신과 파괴에 중점을 둔다. 그러므로 혁신과 파괴를 하는 사람은 누구라도 창업가다. 대기업에서 고정 급여를 받는 관리직과 연구직 직원들도 이에 해당한다. 그들은 개인적인 위험을 거의 감수하지 않고도 보상을 받았다. 창업가는 비전을 품은 특출한 개인이 되었고, 이로써 이전에 자기 자신을 창업가라고 생각해왔던 사람들 대부분은 배제되었다.

"슘페터는 영웅을 만들어냈습니다. 사람들은 영웅이나 영감을 주는 리더들을 원합니다. 강력한 전문성과 대중성을 겸비한 인물을요." 존스홉킨스 대학교에서 경영사를 연구하는 루이 걸럼버스가 말했다. 슘페터의 사상은 1980년대와 1990년대에 경제학의 신보수주의 사상과 교묘하게 어우러지면서 광범위한 지지를 얻었다. "대처, 레이건, 시카고학파 모두……. 슘페터는 이들에게 딱 들어맞습니다." 걸럼버스가 말했다. 슘페터의 이론은 창업가들이 중요한, 아니 특정한 창업가들이 중요한 이유를 설명해주는 완벽한 방법론으로 빠르게 지지를 얻었다. 상점을 운영하는 사람이나 지방에서 시멘트 회사를 경영하는 사람은 연구 대상이 될 만한 창업가가 아니었다. 창업가들은 자본주의사회에서 가장 똑똑한 사람들로 특출한 비전을 품고 대담한 행동에 나서서 엄청난 결과를 가져왔고, 결국 더 나은 세상을 만들었다. 슘페터는 이 신화를 공고히 했다.

이후 창업 관련 과목은 전 세계 대학교에서 폭발적으로 증가했다. 1985년에는 미국 대학교들에서 제공하는 창업 강좌가 250개쯤 되었다. 2008년에는 5000개 이상의 강좌가 개설되었다. 현재 이 숫자는 기하급수적으로 늘었다. 전 세계적으로도 마찬가지였다. 비판받는 특이한 학문 분야였던 창업 과목은, 모든 면에서 연구 결과가 끊임없이 쏟아져 나오는 학문 분야로 성장했다(구글 검색을 기준으로, 연간 1만 5000편 이상의 논문이 발표된다). 이란의 어느 도시에 워터파크를 지으려면 어떤 조건들이 갖춰져야 하는지 창업자들을 대상으로 설문 조사한 논문부터, 톡소플라스마(고양이 배설물에서 발견되는, 마음을 통제하는 기생충)에 감염된 사람들이 그렇지 않은 사람들보다 사업을 시작할 가능성이 높다는 주장을 펼친 논문(콜로라도 대학교에서 대대적으로 홍보했다)에 이르기까지 각양각색이었다. 농담이 아니고 정말이다.

실패한 사람의 강연을 듣고 싶어요

영감을 얻기 위해 고양이 변기에 손을 집어넣기 전에, 이런 갑작스러운 유행에 대해 비판이 없지 않다는 점을 먼저 알아야 한다. 창업 교육은 새로운 학과목으로 부상하면서 오히려 부실해졌다. 그리고 결국에는 MIT 창업 센터의 빌 올레트가 〈블룸버그 비즈니스위크(*Bloomberg Businessweek*)〉 기사에서 '음악 감상(Clapping for Credit)'이라고 지칭했던 상태에 이르렀다. 수업 시간에 학생들은 성공한 부유한 기업가의 인생 역정을 듣는다. 그리고 나서 이를 자신들의 벤처에 어떻게 적용할지 각자 배움을 얻는다. 창업에 대한 많은 강의가 규범적이고 다양한 방법론에 따라 설계된 단계들에 집중한다(이 단계들은 창업에 성공하기 위해 필요한 것으로 여겨진다). 에릭 리스(예일 대학교를 중퇴하고 스킴과 유사한 회사를 창업했다)의 베스트셀러에 기반한 '린 스타트업'도 그런 단계에 해당한다. 그 결과, 창업을 하기 위해 그리고 창업가가 되기 위해 공식대로 한 단계씩 밟아가는 경우가 너무나 흔하다.

이 때문에 아가르왈과 치즈워는 엄청난 좌절에 빠졌다. "글쎄, 창업의 상당 부분은 딱 잘라 말할 수 있는 게 아니라니까요." 아가르왈이 말했다. 취업박람회가 있던 날 밤에, 셋이 함께 팰로앨토 시내의 붐비는 인도 음식 레스토랑에 가는 길이었다.

"대학교에서 배우는 거라고는 이런 것들뿐이에요. 피치덱(pitch deck, 5분 이내에 사업 모델 등을 투자자 앞에서 소개하기 위한 짧은 발표 자료 - 옮긴이)을 만들어라, 사업 계획을 세워라, 포기하지 마라 등. 모두가 똑같은 걸 말하죠. 열심히 해라, 실패는 불가피하고 오히려 이로운 거다, 모든 일이 잘 풀릴 거다. 제 생각에 그건 진공상태에서나 좋은 조언이죠. 사람들에게 실패에 굴하지 말라고 말하는 것만으론 도움이 되지 않아요." 치즈위는 스탠퍼드 대학교의 창업 교육에서 배운 것들을 이렇게 설명했다.

"저는 실패한 사람의 강연을 듣고 싶어요. 그들이 왜 망했는지를 듣고 싶다고요. 그 사람들과 일대일 인터뷰로요. 수업에서 말고요." 아가르왈이 말했다. Y콤비네이터가 운영하는 스타트업 스쿨에서도 그들은 비슷한 경험을 했다. 스킴은 몇 주 전부터 스타트업 스쿨에 등록되었다. 그날 아침, 두 사람은 Y콤비네이터의 샌프란시스코 사무실에서, 모바일 결제 회사 스트라이프(Stripe)의 CEO 패트릭 콜린슨의 강연을 들었다. "그분은 행운에 관해 이야기하지 않았어요. 자신을 성공으로 이끈 요인이었지만 자신이 제어할 수는 없었던 것들에 대해서도요. 어떻게 스트라이프 창업에 2년이 걸렸는지 이야기했죠. 그러고는 이렇게 말했어요. '아, 하지만 여러분은 최대한 빨리 창업해야 합니다.' 그런 건 우리한테 도움이 안 돼요." 아가르왈이 말했다.

"다들 Y콤비네이터와 스탠퍼드가 성공적인 스타트업 창업에 필요하다고 정해둔 모델에 맞추려고만 하죠." 아가르왈이 말했다.

"여기에선 창업 경로가 표준화되어버렸어요." 치즈워가 말했다.

표준화된 스타트업 창업 과정이 스탠퍼드와 실리콘밸리 바깥으로 퍼져나가면서, 어떤 창업자들이 연구 대상으로 가치가 있으며, 어떤 형태의 창업이 가르칠 가치가 있는지, 어떤 창업가들을 금전적으로 지원해야 하는지 기준이 정해졌다. 창업을 연구하는 신설 대학원들과 싱크탱크 연구소들은 거의 전적으로 스타트업 모델에만 매달렸다. 대학들과 정부들은 똑같이 열린 공간 콘셉트의 가구 배치와 색상 조합을 활용하여 인큐베이터와 이노베이션 존을 조성했고, 모든 것이 언론 앞에서 진행되는 제품 시연일에 끝나도록 계획했다. 스타트업들의 미인 대회와도 같은 제품 시연일에는 투자자들과 기자들이 방을 가득 채운 가운데 창업가들이 차례로 무대에 올라 자신들의 아이디어가 어떻게 세상을 바꾸게 될지를 5분 동안 설명한다. 자신의 아이디어가 그들에게 팔리기를 바라면서 말이다.

실리콘밸리의 스타트업 신화는 창업을 그에 따르는 그 어떤 일보다도 숭배했다. 수업에 등장하는 창업은 사업을 시작하고, 외부 투자자에게 자금을 조달하고, 사업을 최대 규모로 빠르게 성장시키는 과정이었다. 다른 형태의 창업, 말하자면 라이프스타일과 관련된 사업이나 자기 자본으로 서서히 성장해 나가는 사업은 거의 다뤄지지 않았다. 1985년 스탠퍼드 경영대학원에 창업연구센터(Stanford

Graduate School of Business Center for Entrepreneurial Studies)를 설립한 어브 그루스벡(Irv Grousebeck, 성공한 사업가이자 보스턴 셀틱스의 구단주이기도 하다)에게, 이 모델이 좀 더 광범위한 창업의 경험 중에 극히 일부만을 보여주는 것은 아닌지 물었다.

"맞습니다. 하지만 우리 탓이 아닙니다. 그건 우리 일이 아니에요." 그가 말했다. 스탠퍼드 경영대학원은 세계 최고의 MBA 코스였다. 부유하고 영향력이 크긴 하지만, 학생들을 가르칠 자원과 시간에는 한계가 있었다. 그 때문에 "어머니의 옷가게를 물려받을 사람"은 포함시키지 않았다고 그는 거만하게 말했다. 스탠퍼드는 창업 과정 학생들에게 어느 한 가지만 팔지는 않았다는 것이다. 하나의 모델도, 하나의 메시지도, 하나의 처방전도 강요하지 않았다는 것이다. 그곳 졸업생들은 온갖 종류의 사업을 시작했다. 테크 분야에서 슘페터 식의 파괴적 혁신을 하거나 아이스크림 회사를 차리기도 했다. "나는 인디애나에서 원가 계산을 가르치는 것이 아니라 실리콘밸리에서 창업을 가르치는 겁니다. 여기서는 장차 영웅이 되는 일도 식은 죽 먹기죠! 이곳 환경이 그걸 요구하니까요." 그가 말했다.

내가 일주일 동안 스탠퍼드에서 인터뷰했던 많은 교수와 학생들은 재학 중에 실제로 창업하는 학생의 수는 그리 많지 않아, 아마 5퍼센트 미만일 거라고 강조했다. 하지만 그들의 분위기와 학교의 홍보 방식 탓에, 창업은 교내에서 엄청나게 큰 부분을 차지하는 듯했다. "제 생각에는 미혹이야말로 중요한 것 같아요. 하지만 이들 세계가 분명히 이곳에 녹아들어 있죠." 치즈워가 말했다. 교수들은 자신들이 창업가로서 얼마나 성공했는지 자주 떠벌린다. 그런 주장은 자신을 정당화하려는 듯, 대개는 과장되었다. "스탠퍼드의 다른 과들은 세계적으로 유명한데도(심리학과는 세계 1위다), 학생들한테 무시당해요." 치즈워의 말은 인문학부 학과장 데브라 사츠의 말을 그대로 되풀이하는 것 같았다. 데브라 교수는 인문대 입학생 수가 줄어든다고 했다. 경영학, 공학, 컴퓨터공학처럼 "창업이랑 연관되지는 않기 때문이다".

학교, 직장, 학생, 학부의 경계는 이미 희미해졌다. 학생들이 교수들과 함께 회사에 공동 출자하거나 교수들을 자기 회사 이사회의 자문으로 임명하는 경우도 자주 있다. 수많은 팰로앨토의 벤처캐피털 회사들은 교내의 학생 '스카우트들'을 통해 학생들에게 공짜 술이나 저녁을 사주거나 트레버 노아(Trevor Noah) 같은 코미디언의 쇼를 공짜로 보여주면서, 잠재적인 투자처를 발굴하려 했다. 몇몇 벤처 자본가들은 유망한 학생 창업자들을 비행기에 태워 주말 동안 라스베이거스 파티에 데려가기도 했다. 치즈워와 아가르왈은 스탠퍼드에 계속 다니면서 스킴을 운영하기 위해 최선을 다했지만, 쉽지 않았다. "창업에는 중독성이 있어요. 사람들은 그걸로 연명할 수 있어요. 그것만으로 사회적 에너지를 얻을 수 있죠." 아가르왈이 말했다.

벤처캐피털이라는 불량식품

나와 만나기 몇 달 전에, 아가르왈과 치즈워는 어떻게 스킴의 자금을 마련할지 계획을 세우고 있었다. 첫째, 그들은 에인절 투자자들로부터 초기 자본을 확보해서 플랫폼을 만들고, 초기 고객들에게 인정을 받고 벤처 투자자들에게 피칭을 해서 다음 단계의 자본을 마련할 것이었다. 두 사람은 친구들과 교수들은 물론, 해당 분야의 멘토들에게서 끝없이 벤처 투자자들을 소개받았다(당시 그들은 두 명의 공동 창업자가 회사를 설립하는 것을 도왔다. 한 명은 근처에서 일하고, 다른 한 명은 중국에 살았다). 여전히 그들은 시간을 들여서 제대로 해나가길 바랐다. 나는 스킴이 아직 실제 사업체가 아니지 않느냐고 지적했다. 고객도 이용자도 수입도 없었다. 사실 그들은 고객들에게 얼마를 받아야 할지 또는 언제 그들에게 돈을 받아야 할지조차 몰랐다. 중요한 것은 아이디어와 자금 마련이었다.

한 달 뒤에, 그러니까 우리가 이야기를 나누던 시점에, 치즈워와 아가르왈은 창업에 필요한 5만 달러를 마련하기 위해 노력하고 있었다. 그로부터 한 달 뒤에 그들은 벤처 투자자들에게 프레젠테이션을 하는 한편, 다른 노련한 벤처 투자자에게 자문을 받고 있었다. 어떻게 고객을 모을지, 어떻게 자신들의 가정을 입증할지를 보여주라는 등 자문은 뻔한 것이었다. 하지만 가장 중요한 것은 좀 더 큰 그림을 보는 것, 다시 말해 스탠퍼드 대학교나 스타트업의 인턴십뿐만 아니라 수십억 달러의 잠재 가치가 있는 시장을 보는 것이었다. 그래야 수백만 개에 이르는 미국 내의 사업체들이 수백만 명의 학생들을 인턴으로 확보하기 위해 돈을 지불할 것이며, 연간 1억 달러의 잠재 가치가 있는 사업이 탄생할 것이었다. 그들은 투자자들에게 그렇게 말했지만 이 모두는 장밋빛 시나리오에 근거한 이론에 불과했다. 우리가 팰로앨토에서 만났을 당시, 스킴은 학생 한 명에게 인턴십 자리를 구해주었을 뿐이었다.

벤처캐피털과 벤처 투자자들은 실리콘밸리 스타트업 신화의 핵심이자 가장 큰 문제점이기도 하다. 이런 벤처캐피털의 창업 투자 모델이 테크 산업을 지배하고 있으며, 심지어 다른 산업(식품, 유통, 소비재)에도 점차 전파되고 있기 때문에 창업 관련 용어, 방법론, 지표 등이 벤처 투자자들의 요구에 맞게 점차 표준화되고 있다. 벤처 투자자들에게는 자금 마련이 가장 중요한 일이다. 그것이 생산 수단이며, 성공 지표다. 자금 마련은 업종 내에서, 언론에서, 경쟁자들이나 소비자들에게서 인정받는 일이다. 실리콘밸리는 물론, 전 세계 창업자들에게 자본금 조달에 대한 논의("우리는 자금을 마련했어. 당신들은? 얼마나 모았지? 누가 투자했어? 평가액은 얼마지?")가 사업 모델이나 테크놀로지에 대한 논의보다 훨씬 더 우세하다. 그리고 여기에 편승한 사업가에게는 자금 마련에 들인 시간이 실제 사업에 들인 시간보다 훨씬 많은 경우가 흔하다. 사업을 위해 자본금을 마련하는 것인데도 말이다.

"벤처 자금은 창업자에게 축복이죠. 투자를 받고, 비전을 널리 알리고, 자존감을 확인하고, 사람들에게 영웅으로 숭배받고……." 독립 벤처 투자자인 브라이스 로버츠가 말했다. 그는 솔트레이크시티에서 오라일리알파테크벤처스(O'Reilly AlphaTech Ventures)를 운영한다. "마치 단걸 먹은 것처럼 일시적인 흥분 상태가 됩니다. 일종의 불량식품 같은 겁니다. 금세 사라져버리지만요."

로버츠를 비롯하여 이 업계(수많은 현재와 과거의 벤처캐피털들)에서 점차 늘어가는 회의적인 목소리들은 투자금 마련이 실제로는 창업의 성공을 보장하지 못한다고 지적한다. 그건 사업이 얼마나 잘 운영되는지, 얼마나 많은 수입을 올리는지, 이익을 얼마나 남기는지와는 전혀 관계가 없다. 전적으로 창업자가 투자자들을 얼마나 잘 설득해서 투자금을 끌어들이느냐의 문제다. 여기에 폰지 사기의 요소가 있다. 투자금을 많이 모을수록 기업의 가치도 높아진다. 따라서 기업가들은 회사의 가치를 높이기 위해 더 많은 투자금을 모으려고 하고 이를 위해 더 많은 투자 수익을 보장하려고 한다. 테라노스는 시제품을 만들거나 1달러의 수입도 내지 못한 상태에서, 7억 달러를 투자받았고 회사 가치를 100억 달러로 평가받았다. 놀라운 성공이었다. 사기 행각이 드러나기 전까지는 말이다. 2019년에 기업 공개가 예정되었던 10여 개의 유니콘들(10억 달러 이상의 가치를 가진 스타트업들) 중에 딱 한 곳만 이익을 냈다. 우버, 리프트, 위워크, 스포티파이, 스냅, 드롭박스 모두 이익을 내지 못했다. 오히려 많은 손실을 내면서도 여전히 우리 세대의 가장 위대한 사업적 성공으로 여겨지고 있다. 이것이 사람들이 숭배하고 있는 창업 신화이며, 그 중심부에 있는 벤처캐피털의 기본적인 문제점이다.

"고객이 벤처캐피털이라면, 그들에게 팔려는 상품은 사업 계획인 거죠." 팀 오라일리가 말했다. 그는 실리콘밸리의 유명한 기업가이자 투자자이자 작가다. 그는 실리콘밸리 스타트업 모델의 가장 터무니없는 신화들이 계속 생명력을 갖는다면, 이런 상황이 더욱 악화될 것이라고 예상했다.

벤처캐피털은 암 치료제나 마이크로칩 설계처럼 돈이 되려면 몇 년씩 걸리는 뛰어난 아이디어와 기술 개발에 필요한 자금을 마련하는 중요한 투자원이다. 문제는 벤처캐피털이 일종의 게임이 되어버렸다는 것이다. 게임의 방법을 익힌다면, 창업의 성패와는 상관없이 공짜 자금을 투자받을 수 있다. 그것도 여러 번. 벤처캐피털 게임에서는 열정보다 책략이 중요하다. 창업자들과 벤처캐피털들은 6개월간의 추이를 좇은 뒤에 그대로 따라간다. 이런 이유로 주세로(Juicero) 같은 회사들이 나타난다. 주세로는 비닐에 담긴 주스를 컵에 옮겨 담아주는 화려한 기계를 만들어냈다(4년 동안 1억 2000만 달러를 투자받았다). 반조리 식품 배달 서비스, 소셜미디어 플랫폼, 전동 스쿠터, 스마트워치 등 결국 실패할 무수한 모방 아이디어들이 똑같은 자금원을 좇아다닌다. 열정은 단기간에 집중된다. 기대 또한 단기간에 집중되기 때문이다. 이건 그저 틀에 박힌, 창업 정신이 빠져 있는 창업이다.

"'스타트업 창업'이 본질이 되어버렸죠." 블룸버그 베타(경제 정보 전문 회사인 블룸버그 L.P.에서 벤처캐피털 부문을 다룬다)를 운영하는 로이 바하트(Roy Bahat)가 말했다. 세부 시장을 정의하고, 돈을 쏟아붓고, 최대한 빨리 독점적 지위를 차지하는 것. 본질은, 땅따먹기다. "실리콘밸리에서 필요한 기술은 테크놀로지라는 딱지가 붙어 있지만, 사실은 아주아주 빨리 성장하는 것입니다." 그것도 제한 없이, 결과에 대해서는 생각하지 말고.

그 결과들은 실리콘밸리 스타트업 신화에 가려져서 좀처럼 알려지지 않았지만, 나를 괴롭히는 핵심적인 문제였다. 첫 번째 결과는 창업가 정신을 정의하는 '자립'이었다. "남의 도움이 있어야 한다면, 기업가가 된다는 것이 무슨 의미가 있을까요?" 제이슨 프리드가 물었다. 그는 시카고의 웹 개발 소프트웨어 회사인 베이스캠프(Basecamp) CEO이자 《리워크》를 포함한 여러 권의 베스트셀러 저자다. "다른 사람에게서 돈을 받아오는 순간, 그들을 위해 일하게 되죠." 베이스캠프는 개인 자본으로 운영되고, 재정적으로 독자 생존이 가능하며(매년 수천억 달러의 이익을 낸다고 한다), 혁신적이었지만(루비 온 레일즈Ruby on Rails라는 표준 웹 디자인 소프트웨어를 만들어냈다), 벤처캐피털의 투자는 전혀 받지 않았다. "우리는 우리 돈을 벌죠. 우리는 물건을 팔고, 사람들이 물건 값을 내죠." 프리드가 말했다. 실제로 그의 사업은 다수 회사들과 다를 바가 없는데도, 그가 유별나 보인다는 점에 그는 경악했다. 일을 해라. 돈을 벌어라. 다음 투자 라운드나 투자금 회수에 대해서는 생각하지 마라.

두 번째 문제는 실리콘밸리 스타트업 모델이 불평등하다는 점이다. 대부분의 벤처캐피털 자금은 스탠퍼드나 하버드 출신 백인 남성에게 주어진다. 그 이유는 놀랍지도 않다. 미국 벤처 투자자들은 대부분 스탠퍼드나 하버드 출신의 백인 남성이고 같은 업종에서 배출되었다. 그들은 같은 규칙으로 움직이고, 같은 행동에 보상을 준다. 2018년 여성 창업자에게는 불과 2.2퍼센트의 벤처 자금만이 돌아갔다. 소수자 창업자들이 받은 투자 자금도 비슷한 액수였다. 투자 자금이 가장 많이 쏠리는 곳은 샌프란시스코의 베이에어리어이고, 그 다음은 뉴욕, 보스턴 등의 몇몇 도시들이다. 마이크로소프트와 아마존의 고향인 시애틀만 해도, 2017년에 벤처캐피털 투자금의 고작 2퍼센트만을 받았다. 동부 해안 지역의 엘리트를 비판하던 업종이 오히려 더욱 강력하고 불공평한 엘리트 집단으로 거듭난 것이다. 그러면서 브룩스브라더스(Brooks Brothers)의 정장이 파타고니아(Patagonia)의 조끼로 바뀌었다.

세 번째, 스타트업 신화의 핵심에 있는 '누더기 소년에서 갑부'로의 변화는 허레이쇼 앨저가 지어낸 이야기만큼이나 공허하다. 실제로 실리콘밸리 스타트업 창업자들은 혼자 힘으로 일어선 것이 아니라 모든 것을 연줄에 맡겼다. 다수는 취미 삼아 스타트업에 손을 대본 정도였다. 그것이 상대적으로 위험 부담 없이 더 빠르게 훨씬 더 부자가 될 수 있는 방법이기 때문이다. 실패를 하더라도 투자자의 돈이 날아갈 뿐, 창업자의 개인 재산이 줄어드는 경우는 거의 없었다. 아무도 자기 집을 잃어버리지는 않을 것이다. 모험은 '실패를 무릅쓰는' 위대한 이야기이고, 이력서상에서 스타트업 경력은 멋있어 보이므로, 그들은 아이비리그 졸업장을 가지고 어디서든 훌륭한 일자리를 쉽게 얻을 수 있을 것이었다. 치즈워와 아가르왈도 다음 여름에 스킴이 출범하지 못할 경우에 대비해, 골드만삭스(Goldman Sachs)와 액센츄어(Accenture)에서 유급 인턴십을 보장받았다.

"우리는 커리어에 타격을 입어도 상관없어요." 아가르왈은 자신과 치즈워가 스탠퍼드 학생으로서 스킴을 시작하는 경우에는 위험 부담이 비교적 낮다는 사실을 인정했다. "실전에 나서려면 아직 멀었죠." 모린 팬이 희망에 부푼 200명의 스탠퍼드 창업가들에게 이 시스템에서 벗어나서 하고 싶은 일을 하라고, 규칙을 따르지 말라고 말하는 것을 듣고는 치즈위가 믿지 못하겠다는 듯 머리를 내저었다. "웬만한 특혜 없이는 그럴 수 없을 걸요." 그가 말했다.

"모든 벤처캐피털들이 입을 모아 말하죠. '초기 자본금은 친구와 가족에게서 모으라'고요. 뭐, 친구나 가족이 부자라면, 자본금을 충분히 모을 수 있겠죠!" 아가르왈이 말했다. 하지만 아가라왈과 치즈위는 플랫폼을 만드느라 자신들의 돈을 4000달러나 써버렸다(토론을 코칭하고, 개인 과외를 하고, 여름 인턴으로 일해서 모든 돈이었다). 비용이 커지면서 그들의 두려움도 커져갔다. 첫 수입은 몇 달이 더 지나야 나올 것이었다. 그럼에도 그들은 괜찮을 것이다.

99.9퍼센트의 다른 종

그리고 벤처캐피털의 부적절한 영향력과 과대평가된 중요성도 문제였다. 벤처캐피털을 둘러싼 근거 없는 믿음들과는 달리, 기업가들에 대한 벤처캐피털의 재정적 지원은 여전히 엄청나게 드물었다. 예를 들면, 2018년 벤처 투자자들은 미국 내에서 약 9000건을 투자했다. 많다고? 절대 그렇지 않다. 어느 시대든 미국에는 3000만 개 이상의 사업체가 운영되고 있으며, 미국의 벤처캐피털 투자(초기 단계의 스타트업 투자와 어느 정도 자리 잡은 회사들에 대한 투자를 모두 합쳐서)는 국내총생산

(GDP)의 0.5퍼센트도 되지 않는다. 말 그대로 새 발의 피다. 하지만 다른 나라들에서는 이보다도 훨씬 적다.

2017년 노스캐롤라이나 대학교 채플힐 캠퍼스의 사회학 교수 하워드 알드리치(Howard Aldrich)와 듀크 대학교의 마틴 루에프(Martin Ruef)가 발표한 논문에 따르면, 미국 회사들의 1퍼센트도 되지 않는 회사들만이 벤처캐피털의 투자를 받았고 그보다 적은 숫자가 주식 시장에 상장되었다. 그럼에도 1990년대부터 현재까지 이 두 가지 주제만 집중적으로 다루는 창업 관련 논문이 극적으로 증가했다. 일부 창업 잡지에 실리는 기사들의 거의 절반가량을 차지할 정도로 말이다.

"학계의 시간과 자금은 제한된 자원입니다. 그럼에도 학계는 고속 성장을 하고 주식 상장에 나서는 극소수의 스타트업에만 관심을 기울입니다. 그리고 그 옆에서 힘겹게 버텨내는 수백만 개의 스타트업들을 이해하는 데에는 거의 노력을 하지 않습니다."

알드리치는 생물학 분야에 빗대어, 매년 발표되는 생물학 논문의 절반이 지구상의 생물 다양성을 이루는 99.9퍼센트의 다른 종들(개미나 벼룩부터 플랑크톤이나 미생물에 이르기까지)은 무시한 채로 코끼리만 다루면 어떻겠느냐고 물었다. 그러면서 "이런 창업의 패러다임을 밀어붙이는 것은 믿을 수 없을 정도로 바보 같은 모델이죠"라고 말했다.

2013년에 발표된 카우프만 재단(미국에서 어느 단체보다 열정적으로 창업을 교육하고, 창업을 지지하고, 벤처캐피털을 장려해왔다)의 보고서는, 점점 벌어지는 창업의 이론(스타트업 신화)과 현실 간의 위험한 괴리에 주목했다. "교육자들은 창업 관련 학문이 오히려 창업을 편협하게 만들까 봐 우려한다." 보고서에는 이렇게 적혀 있다. "인생 자체보다는 스타트업과 벤처캐피털의 틀에 따라 성공을 정의한 탓이다." 그러면서 창업가 정신을 회복하라고 호소한다.

테크 스타트업들과 창업 관련 학계가 몇 년째 의견을 나누는 동안 나는 경험 많은 창업자들, 교수들, 심지어 유명한 벤처 투자자들이 같은 목소리를 내는 경우를 더 자주 보게 되었다. 그들은 실리콘밸리의 스타트업 신화와 그 신화가 영속시키는 모델과 그 모델이 만들어내는 문제점들에 대해 의문을 제기하기 시작했다. 몇몇은 벤처캐피털과는 다른 형태의 자금원을 통해 보다 광범위하고 다양한 창업가들에게도 기회를 주는 등의 대안들을 실험 중이었다.

"사업 모델은 메시지입니다." 마라 제페다가 말했다. 마라는 스위치보드(Switchboard)라는 커뮤니티 플랫폼 소프트웨어를 운영하면서 주로 여성이나 소수자인 여러 창업자들과 함께 2017년에 얼룩말 동맹(Zebras Unite, 하얀 유니콘의 이미지가 백인 남성 중심의 스타트업 생태계를 상징한다면, 얼룩말은 유색 인종과 여성 등 모든 계층이 어우러진 스타트업을 지향한다. 또 유니콘은 상상 속의 동물일 뿐이지만, 얼룩말은 실제 생태계에서 제 역할을 하는 동물이라는 의미도 담겼다. 얼룩말 기업은 점진적인 성장, 지속 가능한 경영, 건강한 경쟁, 사회 전체의 편익 확대, 정보와 기술의 공유 등을 추구한다. 이는 유니콘 기업이, 폭발적인 성장, 빠른 자본 회수, 승자 독식, 투자자 이익 극대화, 정보와 기술의 독점 등을 추구하는 것과 정반대다 – 옮긴이)을 시작했다. 이들은 전통적인 실리콘밸리 스타트업 신화에 대한 대안을 널리 알린다. "스타트업 문화가 폭발적인 성장, 자본 회수, 투자 이익에 최우선의 가치를 둔다면, 영웅 숭배, 제로섬 게임에서 유리한 위치를 차지하는 능력, 민주주의 규범의 약화 등의 문제가 발생하게 되고, 결국에는 그것들이 어떤 문화를 이루게 됩니다. 그런 문화는 암 덩어리처럼 반복적으로 증식합니다."

제페다와 이야기를 나눈 창업자들은 이런 편협한 문화가 그려내는 것보다도 훨씬 더 사업 경영이 중요하다고 보았다. 그들에게 사업 경영은 본질상 개인적인 것이었다. 또한 사업가들은 출신 면에서든 경로 면에서든 훨씬 더 다양했다. 이것이야말로 내가 마음속에서 깨달은 사업 경영이며, 내가 실리콘밸리 너머에서 좇으려는 사업 경영이다.

아가르왈과 치즈워가 스킴을 세우고 자신들의 새로운 벤처가 끌어낸 의문들을 헤쳐나가는 것을 지켜보면서, 내가 포착한 것도 바로 이런 사업 경영이었다. 샌프란시스코와 실리콘밸리 주변의 벤처 투자자들과 여름 내내 끝없이 프레젠테이션 미팅을 이어가면서 치즈워와 아가르왈은 스타트업 신화가 내세우는 약속들에 대해 의심을 품게 되었다. 그들이 얘기를 나누었던 벤처 투자자들은 극히 일관성이 없었다. 어떤 미팅에서 스킴의 가능성을 단번에 부인했던 투자자들이 6개월 후에 연락해서 어떻게 되어가고 있느냐고 묻고는 다시 몇 달간 연락을 끊어버리는 식이었다. 이 벤처캐피털은 스킴이 만들려는 사업의 의미는 생각하지도 않고 마구잡이로 투자처를 찾고 있는 듯했다.

"제 생각에 여기는 의식 구조가 문제인 것 같아요." 치즈워가 말했다. 우리는 강의 없는 시간에 만나 함께 커피를 마시러 가는 길이었다. "스타트업은 투자금으로 스스로를 증명하죠. 그렇다고 제품까지 증명되는 것은 아니죠. 그저 누군가가 그 창업자에게 긍정적인 느낌을 가졌음을 증명할 뿐이죠. 우리가 깨달은 건 이래요. 투자자들은 주저합니다. 당연히 그래야 하고요. 제품이 증명되지 않은 사업에 돈을 쏟아부으려면 말이죠."

"그래서 우리는 수준을 낮췄어요. 제품이 나오기 전에는 투자금을 끌어오지 않기로 거의 결심했어요. 그냥 고객을 모으는 일에 집중하려고요." 아가르왈이 말했다.

욕구가 아이디어를 낳고 아이디어가 사업이 되어, 이제 막 어른이 된 두 사람을 사업가의 세계로 밀어 넣었다. 이후 몇 달 동안 그들은 데이터베이스를 구축하고, 사업 계획서를 작성하고, 투자자에게 프레젠테이션을 하고, 시장 조사를 하고, 친구들이나 낯선 사람들과 협업하는 방법 등 엄청나게 많은 것을 배웠다. 그들은 잠과 파티를 비롯해 젊은이에게 주어진, 진정으로 자유로운 몇 년의 시간을 포기하고, 훨씬 원대한 뭔가를 추구한다. 그렇다고 무지개 끝자락에 걸린 황금을 찾아 나선 것이 아니라(솔직히 그들은 황금이 거기에 있는지조차 확실히 알지 못했다) 다른 중요한 것들을 좇는다. 다시 말해 스킴의 공동 창업자로 함께 일하면서 더욱 돈독해진 우정, 학생들과 고객사들에게 제공하려는 가치, 스타트업이 그들의 인생에 새롭게 가져온 목적의식을 추구한다. 그들의 경험은 사업의 본질을 실제 사례로 증명한다. 이 프로젝트의 본질은 그것에 활기를 불어넣는 사람들, 그들이 맺은 관계, 그들이 겪은 고군분투에 있었다. 과장된 스타트업 신화는 스타트업 주변에 넘쳐나는 어마어마한 자본과 더불어, 이런 본질을 가렸다. 아니, 적어도 오랫동안 본질에 집중하기 어렵게 했다. 하지만 치즈워와 아가르왈이 본질을 파악한 순간이 있었다.

그들은 그해가 거의 끝나갈 무렵 한 벤처 투자자로부터 처음으로 수표를 받았다. 아마도 불가피한 일이었을 것이다. 그들을 둘러싼 문화가 그들을 그쪽으로 몰고 간데다 손에 들어온 돈을 모른 체하기는 어렵다. 결국 그들은 자신들의 사업 일부를 팔아넘긴 것을 후회하게 될까, 아니면 실리콘밸리의 차세대 영웅들이 될까? 어떻든 간에, 스 킴을 시작함으로써 그들은 창업이 무엇인지 이해하게 되었다. 창업 은 활기를 가져오고 그들을 사회의 일원이 되게 하는 신나고 푹 빠져 들게 하는 일이었다. 그들은 앞으로 닥쳐올 시련을 알고 있었음에도 단념하지 않고 계속 나갔다. 그들은 창업을 맛보았다. 되돌릴 수는 없었다.

2장

시리아 이민자 가족의 베이커리

과거를 잃은 사람이
새로운 땅에 뿌리 내리는 법

고도의 자격을 갖춘 사람 중 일부는 관련 분야에서 일을 찾기도 하지만, 엔지니어, 건축가, 응급의학과 의사가 다른 모든 가능성이 그들에게 닫혀 있음을 깨닫고는 택시 운전을 하거나 레스토랑을 운영하는 경우를 종종 만나게 된다. 가장 불만스러운 점은 많은 캐나다 이민자들이 본국에서의 특별한 경력과 교육 덕분에 영주권을 받았는데도, 캐나다에 발을 들이는 순간 전혀 인정받지 못한다는 것이다. 그렇기 때문에 이민자들은 창업으로 내몰린다. 다시 시작하는 것이 최선이기 때문이다.

2017년 초여름 토론토에서 동네를 산책하다가 선명한 노란색 간판을 보았다. 예상했던 일이었다. "'수피네'가 곧 찾아옵니다. 시리아로부터 사랑으로." 2016년 초 캐나다가 시리아 난민을 받아들이기 시작한 이후, 나는 우리 동네에 시리아 음식점이 연달아 생겨날 거라고 짐작했다. 수피네는 이민자 창업가 공동체의 부상을 알리는 긍정적인 신호탄이었다.

토론토처럼 주민의 절반 이상이 다른 나라에서 태어난 경우 이민자 창업은 피할 수 없는 일이다. 특정한 거리나 동네에 생겨나는 소수민족 거주지에서는 더더욱 그렇다. 이글링턴 웨스트(Eglinton West, 캐나다 토론토의 요크 지구에 있는 소수민족 거주지로, 리틀 자메이카라고도 부른다 - 옮긴이)에 있는 북적대는 이발소, 레게 스타일의 옷가게, 저크치킨(자메이카식 닭고기 요리 - 옮긴이)을 굽는 연기와 냄새가 자욱한 노점들. 당장 무너질 듯한 브램턴 상점 거리에 늘어선 펀자브인의 보석가게, 과자점, 알록달록한 옷감 매장. 미시소거의 평범한 건물에 자리한 러시아식 증기 사우나들. 티슬타운 한쪽에 몰려 있는 자그마한 동아프리카식 정육점들. 토론토 인근에 자리한 여섯 개의 차이나타운 가운데 하나인 마컴에서 수타면과 마오이즘 관련 책에서부터 아파트와 고급 승용차에 이르기까지 뭐든 파는 초대형 중국 쇼핑몰.

항상 다니던 길에서 가장 먼저 마주치는 상점은 중국인 가족이 운영하는 과일 가게이고, 그 옆에는 한국인 가족이 운영하는 초밥집이 있다. 우리 동네는 리틀 이탈리아로 알려져 있지만, 그전에는 유대인들이 모여 살았고 지금은 대부분 포르투갈풍이다. 각 집단은 상점가에 눈에 띄는 흔적을 남겼다. 이를테면 동네 정육점 그레이스 미츠(Grace Meats)에서는 따끈따끈 신선한 리코타 치즈와 향미가 강한 카퍼콜로 살라미(이탈리아식 전통 돼지고기 가공육으로 돼지고기 목살, 어깨살을 소금에 절여 숙성시켜 만든다 - 옮긴이)를 라트케(유대인 전통 요리로 감자를 갈아 만든 감자전에 사우어크림이나 애플소스를 얹어서 뜨겁게 먹는다 - 옮긴이)와 할라빵(땋은 모양의 유대 전통 빵 - 옮긴이)과 함께 판다. 도서관 옆의 프랑스식 카페가 이제는 베네수엘라 커피숍으로 바뀌어, 칠레식 엠파나다(밀가루 반죽에 고기나 채소를 넣은 스페인과 남미의 전통 만두로, 나라마다 재료나 크기가 조금씩 다르다 - 옮긴이)를 팔고 있는 것을 오늘에야 알게 되었다. 이렇게 눈에 띄는 가게들 말고도 우리 옷장을 만들어준 폴란드인 목수, 열 집 건너에 사는 네덜란드 암스테르담 출신 부동산 투자자, 모퉁이 가게에서 소프트웨어 스타트업을 키우는 뉴요커도 있다.

실리콘밸리 창업가가 신규 사업에 끌린다면, 이민자 창업가는 다시 시작할 결의를 다진다. 이민자들은 고향과 역사, 가족과 친구, 경력과 평판, 사업과 재산을 남겨두고 떠나왔다. 그것들을 새롭게 시작할 기회와 맞바꾸었던 것이다.

이민자 창업가에게는 자신만의 영웅 신화가 있다. 이곳 북미에서는 특히 그렇다. "위대한 공화국의 시민이 되는 것, 다른 나라의 다른 상황들로부터 떠나온 4000만 명의 후예임을 깨닫는 것, 이곳 미국으로 건너와 새로운 인생을 개척하는 것, 자기 자신과 자녀들을 위해 새롭게 기회를 만들어내는 것, 그것은 자랑스러운 특권입니다. 그건 이 나라가 200년 동안 지켜온 바이며, 앞으로도 계속 지켜나갈 바입니다." 존 F. 케네디 대통령은 죽기 얼마 전에 이렇게 말했다.

이런 희망 어린 생각은 여러 정치인들을 거치면서 성쇠를 거듭했다. 미국과 캐나다는 수십 년간 일부 이민자 집단(유럽의 기독교도)을 기꺼이 받아들이면서도 다른 집단(유대인, 아랍인, 아시아인)은 거부했다. 최근에 미국과 서구 세계 곳곳에서 원주민 보호주의가 고개를 쳐들고(캐나다에서도 커지고 있다) 있지만, 이민자 창업가에 관한 가장 중요한 신화는 여전히 굳건하다.

미국을 비롯한 부유한 국가들에서 이민자들은 토박이 주민들보다 더 많이 창업하는 경향이 있다. 2016년에 핀란드의 노동경제학자 사리 페칼라 커와 그녀의 남편이자 경영학 교수 윌리엄 커는 전미경제연구소(NBER, National Bureau of Economic Research)에서, 이 현상에 대해 계량화를 시도한 논문을 발표했다. 논문에 따르면, 미국 인구의 15퍼센트에 불과한 이민자들이 창업가들 가운데 차지하는 비율은

1995년 17퍼센트였다가 2012년 28퍼센트로 급증했다. 캐나다의 경우 이민자 창업가들은 통계적으로는 본토박이 창업가들과 비슷한 비율인 것으로 보인다. 이민자 창업가들의 성공 또는 실패 비율은 평균값과 유사하지만, 그들은 온갖 종류의 사업을 만들어낸다. 법인화하지 않고 1인이 운영하는 청소 업체나 가드닝 서비스가 있는가 하면, 덤프트럭들을 소유하고 수억 달러의 투자 펀드를 운용하는 등 무엇이든 하는 복합 기업도 있다. 2019년 캐나다 통계청의 발표에 따르면, 전체 회사의 17퍼센트에 불과한 이민자 창업가들의 회사가 민간 부문 신규 일자리의 4분의 1을 창출했다.

이민자 창업가들의 경제적 성과가 이들을 둘러싼 논의에서 종종 언급되지만, 내가 여기에 관심을 두는 이유는 이들이 창출하는 재화나 일자리 수가 본토박이 창업가들을 훨씬 뛰어넘기 때문이다. 내게 이민자 창업가는, 모든 창업가들이 마음속 깊이 경험하는 근본적인 희망, 즉 과거와는 상관없이 사업을 통해 새로운 인생과 정체성을 만들어갈 수 있다는 희망을 대표한다. 그건 창업가로서 언제든 다시 시작할 수 있다는 희망이다.

수피네에 오신 걸 환영합니다

바샤르 알아사드(Bashar al-Assad, 시리아의 17~19대 대통령으로, 2000년 아버지 하페즈 알아사드 전 대통령이 죽은 후에 대통령직을 세습받아, 2대에 걸친 독재를 이어가고 있다-옮긴이)의 독재에 항거하는 첫 시위가 시작된 2011

년 봄 이후 삽시간에 내전에 빠져든 시리아에서 도시들은 폐허로 바뀌었고, 50만 명 이상이 목숨을 잃었으며, 그보다 훨씬 많은 사람들이 부상을 입었고, 500만 명 이상이 망명길에 올랐다. 2015년 봄 시리아 난민을 태운 보트가 에게해에서 뒤집히고 터키 해변에서 세 살배기 알란 쿠르디(Alan Kurdi)의 주검이 사진에 찍힌 순간, 그들의 비참한 상황이 널리 알려졌고 이후 독일을 비롯한 유럽 국가들이 그들을 이민자로 받아들이게 되었다.

2015년 가을 캐나다에 쥐스탱 트뤼도 총리와 자유당 정부가 출범하면서 캐나다 정부는 시리아 망명자를 받아들이겠다는 선거 공약을 신속히 이행하기 시작했다. 난민 캠프로 직원들을 보내, 망명 신청서를 심사했고 개인이나 단체가 시리아인들을 사적으로 후원할 프로그램을 만들었으며(내가 속한 유대인 회당도 한 가족을 후원했고, 몇몇 친구들도 후원에 동참했다) 연말까지 2만 5000명의 시리아인들을 캐나다에 정착시키겠다고 서약했다. 2015년 말 시리아 난민을 태운 첫 항공기가 캐나다 공항에 착륙했을 때, 트뤼도 총리는 공항에서 직접 그들을 맞이했다. 여러 주일 동안 매일 밤 뉴스 마지막에, 시리아 아이들이 스케이트를 타는 장면이 나오면서, 그들은 곧바로 뜨거운 쟁점이 되었다.

몇 달 후, 미국 대통령 후보였던 도널드 트럼프가 뜻밖의 흥행몰이를 하며 백악관에 입성하자, 캐나다의 시리아 난민 수용은 새로운 의의를 갖게 되었다. 트럼프는 무슬림의 미국 입국을 전면 금지하는 동시에 모든 형태의 미국 이민을 제한하겠다는 공약을 내세웠다. 미국은 전 세계에서 난민이 가장 많은 나라였다가 이제는 가장 적은 나라가 되었다. 2019년 미국에 정착한 난민들은 1977년 이래 가장 낮은 숫자인 1만 8000명을 간신히 넘는 정도였다. 그중 시리아인은 정말 몇 명 되지 않았다. 트럼프가 무슬림 인구가 다수를 차지하는 국가들로부터의 이민을 금지했기 때문이다.

2019년 초반에는 6만 명 이상의 시리아인이 캐나다에 정착했다. 그중 다수는 필연적으로 곧 사업가가 될 것이었다. 시리아인 이민자들에게 창업은 단순히 밥벌이의 문제가 아니었다. 그것은 문화, 기술, 자원, 그리고 가장 중요한 희망 덕분에 가능해질, 새로운 인생으로 향하는 디딤돌이었다.

수피네는 2017년 8월에 가게 문을 열었다. 그 레스토랑은 작고 환했다. 위로 들어올린 창문은 분주한 퀸스트리트를 향해 열려 있었고, 인스타그램에 맞춤한 인테리어는 유광 세라믹 타일, 시리아의 시장을 찍은 오래된 사진들, 칠판에 쓴 메뉴, 잡다한 장식들로 완성되었다. 장식 중에는 악기, 빨간 페즈 모자(일부 이슬람 국가에서 남자들이 쓰는 챙이 없고 위쪽이 평평하게 생긴 모자 - 옮긴이), 화분, 터키식 커피포트, 가족사진 등이 있었다. 이스트, 수마크(옻), 자타르(중동 요리에 널리 쓰이는 향신료 - 옮긴이) 향내가 늦여름의 공기 중에 걸려 있었다. 창문에 걸린 '시리아로부터 사랑으로'라는 슬로건이 메뉴판에 크게 쓰여 있었고, 문, 테이크아웃 포장, 밝은 노란색의 직원 티셔츠에는 맨 끝에 달린 하트 그림과 함께 적혀 있었다.

수피네는 소박한 레스토랑이었다. 메뉴는 테이크아웃 위주로 가짓

수가 많지 않았고, 셀프 서비스 방식에 테이블 몇 개가 드문드문 놓여 있었다. 텁수룩하게 수염을 기르고 엄청나게 숱이 많은 머리에 토론토 블루제이스(Blue Jays) 야구팀의 모자를 덮어쓴 젊은 남성이 커피 머신 뒤에서 꿈꾸듯 먼 곳을 바라보고 있었고, 활짝 웃는 얼굴의 젊은 여성(나중에 알고 보니, 남자의 여동생이었다)이 내게 다가와 인사를 건넸다. "안녕하세요. 수피네에 오신 걸 환영합니다. 저는 잘라예요."

스물세 살인 잘라 알수피는 토론토 대학교에서 건축학과 심리학을 복수 전공하고 1년 전에 학교를 졸업했다. 잘라는 2012년에 학생 비자로 캐나다에 왔고, 3년 뒤에 부모와 오빠와 남동생이 뒤따라 들어왔다. 알수피 가족은 난민이 아니었다. 시리아의 다마스쿠스와 홈스 출신인 그들은 1995년부터 사우디아라비아의 제다에 살았다. 토목기사인 잘라의 아버지 후삼은 제다에서 홍해에 인접한 비치 리조트를 관리했으며, 그 리조트를 일부 소유하고 있었다. 후삼의 아내 샤나즈 베이렉다르는 그래픽 디자이너와 사회복지사 교육을 이수했지만, 10년 동안 일하지 않았다. 사우디아라비아가 여성에 대해 보수적인데다 그곳에서 풍족한 생활(고급 승용차, 가정부, 사교 모임, 요트)을 누렸기 때문이었다. 잘라, (여전히 커피 머신 뒤에서 허공을 응시하고 있는) 잘라의 오빠 알라, 아직 고등학생인 남동생은 거의 사우디아라비아에서 자랐고, 여름이면 다마스쿠스와 홈스로 돌아가 친척들과 함께 지냈다.

내전이 시작된 뒤로는 아무도 시리아에 들어간 적이 없었다. 하지만 내전 때문에 사우디아라비아에서의 생활도 위태로워졌다. 후삼은

20년 동안 그곳에서 일했지만 가족이 사우디 시민권을 얻는 것은 불가능했다. 다시 말해 그들은 언제든 시리아로 돌려보내질 수 있었다. 후삼은 캐나다에서 기술 이민을 허가받았고 가족이 토론토에 도착하자마자, 이곳의 치열한 부동산 시장에 뛰어들어 주택을 사고 개조하고 되파는 일을 하기로 했다. 그는 제다에 있는 사업 파트너들이 자신의 몫을 보내주기만을 기다렸다. 그러나 그런 일은 절대 일어나지 않았다.

"아버지가 여기로 이주하자마자, 사업 파트너들은 아버지의 뒤통수를 쳤죠. 그들은 아버지의 회사 지분을 주지 않았어요." 잘라가 말했다. 외국인들은 사우디아라비아에서 권리가 거의 없기 때문에 후삼은 자신의 지분을 찾을 방법이 거의 없었다.

이들 가족에게는 선택의 여지가 없었다. 후삼이 시리아에서 딴 공학 학위는 캐나다에서 인정받지 못했고, 샤나즈는 여전히 영어를 배우는 중이었다. 잘라는 아버지의 좌절감이 커져가는 한편 가족의 저축이 줄어드는 것을 지켜보았다. 그녀는 이미 석사 과정에 합격했지만, 레스토랑을 열기로 하고 부모와 의논을 했다. 수백 개의 레바논 팔라펠(병아리콩 또는 누에콩을 갈아 둥글게 빚어 튀긴 요리 - 옮긴이) 가게, 이스라엘 레스토랑, 아프간 제과점 등의 중동 음식점들이 이미 있었지만, 토론토에서 시리아 식당을 본 적은 없었다. 시리아인들이 밀려들면서 토론토에서 시리아 문화에 대한 관심이 높아진데다 매일 공항에는 시장을 키울 잠재 고객들이 속속 도착하고 있었다. 그들도 시리아 음식이 얼마나 그리운지 얘기하지 않았던가? 어쩌다 만난 마나

키시(밀가루 반죽 위에 치즈, 다진 고기 등을 얹어서 구운 빵 - 옮긴이)나 달달한 치즈 카나페 디저트는 매번 너무 실망스럽지 않았던가?

"우리는 시리아 레스토랑이 없다는 걸 알았어요. 우린 시리아 음식임을 강조하고 싶었어요. 일반적인 '중동' 음식에 가려져서 시리아 음식은 찾아볼 수가 없었어요. 오롯이 시리아 레스토랑이 되려고 했죠." 잘라가 말했다. 그들이 함께라면 가능한 일이었다! 샤나즈는 요리 솜씨가 좋았고, 레시피도 개발할 수 있었다. 후삼은 요식업을 이해했고, 늘 레스토랑을 소유하고 싶어했다. 알라는 잘생기고 매력적인데다, 손님 응대에 능숙했다. 잘라는 마케팅에 관심이 있었다. 그들에게 집밖에서 할 일이 생겼다. 그들의 레스토랑은 프랜차이즈로 성장할지도 모른다. 재미있겠다!

"그거 좋지. 적어도 사우디아라비아에 있는 내 돈을 되찾을 때까지만이라도." 후삼은 레스토랑 뒤편 파티오에서 줄담배를 피우면서 어깨를 으쓱였었다.

가족은 부동산업자(우연히도 내 처남이었다)에게 연락해서, 트렌디한 지역인 트리니티벨우드에서 장소를 물색했다. 임대료는 비쌌지만, 잘라는 도심을 벗어난 쇼핑몰 안에 다른 아랍 이민자 가게들 옆에 레스토랑을 열고 싶지는 않았다. "시리아 음식이나 중동 음식에만 방점을 찍고 싶진 않았어요. 우린 도심에 가게를 열어 시리아의 문화와 분위기를 전 세계에서 온 모든 이들과 나누고 싶었거든요." 그녀가 말했다.

개점을 몇 달 앞두고, 후삼은 아침 7시면 온 집 안을 돌아다니며 외쳤다. "일어나렴, 수피들아! 일하러 갈 시간이야!" 잘라는 대학 친구들에게 인테리어 디자인을 도움받았다. 이후 몇 달 동안 가족 모두가 하루 열다섯 시간씩 일하면서 인테리어 공사를 거들었다. 피곤했지만 신나는 일이기도 했다. "쉽지 않았죠." 샤나즈가 말했다. 편안했던 사우디아라비아 시절과 비교해보면 특히 그랬다. 하지만 그녀는 지금까지 그들이 함께 이루어낸 일을 엄청나게 자랑스러워했다. "여기서 저는 뭐든 해요." 샤나즈는 미소 띤 얼굴로 말했고, 잘라가 영어로 통역했다. "하지만 행복합니다."

　수피네의 메뉴는 시리아의 대표적인 길거리 음식 두 가지를 중심으로 짜였다. 첫째는 수주크(매운맛의 다진 소고기)부터 삶은 시금치(수마크와 레몬향으로 풍미를 더했다)와 구운 염소젖 치즈까지 다양한 토핑을 얹은, 갓 구운 마나키시. 둘째는 여러 겹의 얇은 필로(페이스트리 등에 쓰는 얇은 밀가루 반죽-옮긴이)에 쫄깃한 구운 치즈를 얹고 진한 장미향과 시럽으로 풍미를 더한 따뜻한 디저트 카나페. 샤나즈는 가족의 레시피, 오래된 요리책, 유튜브 동영상을 참고로 레시피를 만들어냈다. 잘라는 코코넛 캐러멜, 바나나, 타히니(껍질을 벗긴 참깨를 곱게 갈아 만든 페이스트로 중동 지역, 지중해 연안, 아프리카 북부에서 널리 이용되는 식재료-옮긴이)로, '바노페'라는 채식 카나페를 만들기도 했다. 잘라가 정말 좋아했던, '바나나'와 '토피(설탕, 당밀, 버터, 밀가루로 만든 과자-옮긴이)'를 혼합한 1970년대 디저트 바노페 파이에서 착안한 것이었다. 알수피 가족은 젊은 시리아 난민들을 요리사로 채용했다.

이민자, 그들이 할 수 있는 일

시리아 레스토랑 열풍을 기대했던 이 도시의 미식가들은 처음으로 시리아 음식을 선보이는 가게들 중에서도 특히 크라운 페이스트리즈(Crown Pastries)에 기대를 걸었다. 2015년 스카버러 동부 외곽에 있는 스트립몰(대형 주차장을 앞에 두고 상점이 일렬로 늘어서 있는 형태의 노천 쇼핑센터-옮긴이)에 작은 제과점으로 문을 열었다. 서브웨이와 할랄 치즈 스테이크 가게 사이에 끼여 있는 크라운 페이스트리즈는 이 도시에서 최고로 손꼽히는 시리아 디저트 가게로 입소문을 탔다. 이 가게의 멋진 페이스트리는 사람들에게 극찬을 받았고 가게는 점차 확장되었다. 통나무처럼 쌓아놓은 시가 모양의 페이스트리, 피라미드처럼 포개놓은 삼각형의 페이스트리, 새둥지 모양의 면 위에 피스타치오가 새 알처럼 자리한 페이스트리, 세몰리나(듀럼밀을 제분한 거칠고 오톨도톨한 가루-옮긴이) 반죽에 커스터드와 치즈를 채워 넣은 달콤한 할라위 지벤, 피스타치오·아몬드·캐슈너트를 잔뜩 얹은 초콜릿 브라우니(초콜릿 마프로케라 불린다) 등 다양한 크기와 모양의 바클라바(아랍의 전통 파이-옮긴이)가 수북이 쌓여 있었다.

크라운 페이스트리즈는 알레포 출신의 라술 알살하와 이스마일 알살하 형제가 운영한다. 내가 그들 형제를 처음 만났을 당시 전쟁은 최고조에 달해 알레포는 철저히 파괴되고 있었다. 그들의 할아버지는 1980년부터 자말(Jamal)이라는 제과점을 운영했고, 라술은 그곳에서 필로를 늘이거나 버터와 견과류의 양을 조절해 당도를 맞추는 기술을 익혔다. "시리아식 바클라바에서는 그게 제일 중요하거든요. 버터랑 견과류 맛이 나야 하잖아요. 레바논 바클라바나 그리스 바클라바처럼 시럽 맛이나 단맛이 강해서는 안 되고요." 그가 말했다. 2008년에 할아버지가 돌아가시자 삼촌이 가게를 물려받았고, 라술은 자기 가게를 차리기로 했다.

"제 가게를 내고 싶었어요." 그는 버릇대로 팔짱을 끼고는 작은 매장의 테이블에 앉아, 내게 말했다. "그건 제 꿈이었어요. 제과점을 내는 거요." 라술은 텁수룩한 검은 눈썹과 짧게 자른 헤어스타일에, 반죽을 치대는 사람다운 튼튼한 팔을 가졌다. 그의 태도는 조용하고 신중했다. 라술은 시리아에 있을 때, 친구와 함께 크라운 페이스트리즈 본점을 열었다. 2008년 여름, 알레포의 구도심 중심가에 2만 달러를 투자한 가게였다. 당시 그는 겨우 스물한 살이었다. 사업은 순조로웠지만, 손님들의 관심을 끌기는 어려웠다. 그저 알레포에 바클라바 가게가 하나 더 생긴 것이었기 때문이다.

이스마일은 당시 열아홉 살이었고, 런던에서 공부하고 있었다. 그때 이 가족에게 뭔가 일이 생겼지만 이 형제들은 그 일에 대해서는 말하지 않았다. 전쟁은 2년 뒤의 일이었지만, 그들은 심각한 위험에 처해 있어서, 결국 2주 만에 온 가족이 토론토행 비행기를 타게 되었다. "우린 그저 어딘가 안전한 곳으로 빠져나가고 싶었어요." 이스마일은 말했다. 환하게 웃는 그는 형보다 키가 약간 더 컸고, 옆머리는 짧게 쳤다. 그들은 옷가지와 라술의 주머니에 든 20달러 말고는 아무것도 없이 토론토에 도착했다. 자신들의 제과점은 알레포에 있는 동업자에게 맡겼다. 하룻밤 새에 크라운 페이스트리즈를 포기하고 떠나온 기분이 어땠냐고 묻자, 라술이 대답했다. "혹독한 일이죠. 꿈을 이뤄가고 있었으니까요." 이스마일은 곧바로 학교에 들어갔다. 전문대에 입학해서 서비스 경영을 공부했다. 라술은 레바논 제과점에 취직해 가족을 부양했다.

"일주일 만에 느낌이 왔어요." 라술이 말했다. 그는 토론토에 크라운 페이스트리즈를 다시 열기로 했다. 그저 시간 문제였다. 하지만 그는 1년 동안 아무 말도 꺼내지 않았다. 이스마일에게조차도. 그는 묵묵히 뼈 빠지게 일했다. 새벽 5시에 일어나 두 시간씩 대중교통을 이용해 출근했다. 그리고 최저 시급을 받으면서 하루 종일 밀가루 반죽을 밀고, 털고, 접고, 구웠다. 집에 돌아와서는 허겁지겁 밥을 먹고 기진맥진해서 잠들었다. "저는 제 실력을 알아요. 그리고 정직하게 일하는데도 정당한 대가를 받지 못했고요." 그가 말했다.

사람들은 라술에게 가게를 내고 집을 사고 정착을 하려면, 여러 해, 아니 수십 년이 걸릴 수도 있다고 했다. 그는 오랫동안 꿈을 미뤄둘 수밖에 없었다. 전쟁은 그의 과거를 앗아갔다. "우리가 알고 지내던 사람들은 모두 살해되었거나 이주했어요." 라술이 말했다. 알레포의 크라운 페이스트리즈는 버려져 황폐해졌다. 그는 그 꿈을 다시 일굴 수밖에 없었다. 2015년 그는 저축해둔 2만 5000달러에 신용카드로 대출받은 2만 5000달러를 더해 이스마일과 함께 토론토에 크라운 페이스트리즈를 다시 열었다. 이 가게는 포장 용기와 봉투의 모양, 입구에 붙인 모자이크 타일, 금색 왕관 로고에 이르기까지 알레포의 원래 가게를 철저하게 재현했다.

나는 알살하 형제에게 그들이 토론토에서 쌓아온 삶을 몽땅 걸고 제과점을 열었을 때의 기분이 어땠느냐고 물었다. "굉장했죠. 제 꿈이 이제 실현되려는 것 같았어요." 라술이 말했다. 이스마일은 형을 보면서 거의 잔소리처럼, 처음 몇 달 동안 그들이 겪었던 스트레스를 생각해보라고 말했다. 하루에 세 시간씩 자면서 인·허가를 받고 공사를 하고 끝없이 이어지던 비용을 처리하느라 얼마나 머리가 아팠는지 떠올려보라는 것이었다. "사업을 시작할 때는 과거와 미래, 저축과 대출을 모두 한곳에 걸어야 하죠." 라술은 그렇게 말하고는 손을 뻗어 작은 제과점 전부를 훑었다. "인생 전부를요. 무시무시하죠. 모두 다 여기에 있어요."

"이 가게는 우리 아기나 마찬가지죠. 가족의 한 명 같아요." 이스마일은 형의 어깨를 두드렸다.

크라운 페이스트리즈는 캐나다에서 재탄생한, 유일한 시리아 음식점은 아니었다. 이삼 하드하드는 1986년 다마스쿠스에서 만들던 하드하드(Hadhad) 초콜릿으로 중동 지역에서 가장 큰 초콜릿 회사를 키웠다. 2002년에 하드하드는 거대한 공장을 세웠다. 유럽을 비롯해 점점 늘어나는 해외시장 수출 물량을 맞추기 위해서였다. 하지만 2012년 9월 한순간에 회사는 끝을 맞았다. 시리아 정부의 공습으로 공장이 파괴되었던 것이다. 폭발로 인한 사망자는 없었지만(근무시간이 막 끝난 참이었다) 사업은 완전히 무너져버렸다.

"전쟁은 모든 걸 파괴합니다." 이삼의 아들 타리크 하드하드의 말이다. 그는 정규교육을 마친 의사다. "전쟁으로 인한 파괴는 내 편 네 편을 가르지 않습니다." 이들 가족은 폭발이 있고도 6개월 동안이나 다마스쿠스에 머물렀다. 어디로 가야 할지 무엇을 해야 할지 모르는, '망망대해의 물고기' 같은 심정이었다. 그들의 과거, 그들이 아는 사람들, 그들이 투자한 것들, 그들의 인생⋯⋯ 모든 것이 시리아에 있었다. "우리는 그곳이 우리 땅이고 우리나라라고, 전쟁은 곧 끝날 거라고 생각했어요. 시리아에 남아 있으려고 최선을 다했죠." 그가 말했다. 어느 날 타리크와 남동생이 집으로 걸어가는데, 로켓 미사일이 바로 옆에 떨어졌다. 아무도 다치지는 않았다. 두 사람은 무너져 내린 돌무더기 틈에서 일어나 집으로 달려가 가족들을 불러 모았다. "장사를 하고 있을 때가 아니에요. 살아남아야 할 때예요." 장사는 결딴났지만 그들은 살아남았다. 그들은 국경을 넘어 레바논으로 탈출했다.

2015년 개인 후원자들의 도움으로 그들은 노바스코샤주의 안티고니시로 오게 되었다. 주민이 5000명도 안 되는 소도시였다. 하드하드 가족은 나중에 토론토나, 적어도 핼리팩스(노바스코샤의 주도－옮긴이)로 가게 될 거라 생각했다. 하지만 집과 겨울옷을 제공받는 등, 지역 공동체의 환대를 받은 그들은 보답하고 싶어졌다. 그래서 그들은 그들이 할 수 있는 일을 하기로 했다. 바로 초콜릿을 만드는 일이었다. "사람들이 우리를 여기에 데려온 것은 뭔가를 만들어보라는 거였어요. 이 마을에는 의사가 필요합니다. 하지만 그들에게는 일자리도 필요합니다." 타리크가 말했다. 우리는 전화로 이야기를 나누었다.

"우린 다른 사람의 일자리가 탐나서 여기 온 것이 아니었어요. 우린 정부의 지원을 바라지도 않았습니다. 우린 이미 기술과 경험을 갖추고 있었고, 우리 힘으로 뭔가를 이룰 수도 있었습니다. 오로지 필요했던 것은 기회뿐이었죠."

2016년 그들이 집 주방에서 부업처럼 시작했던 일이 빠르게 성장하면서 도심에 작은 공장이 세워졌다. 그들은 자신들이 만든 초콜릿에 '피스 초콜릿'이란 이름을 붙였다. 그들에게 가장 소중한 것이 바로 평화(Peace)였기 때문이다. "평화 없이는 사업을 할 수 없습니다." 엄청나게 많은 돈과 평생 일궈온 일을 어떻게 순식간에 잃는지 우리는 압니다. 바로 그겁니다. 그게 부서지기 쉬운 평화예요. 평화야말로 귀중한 겁니다." 타리크가 말했다. 2018년 피스 초콜릿은 캐나다 전역으로 빠르게 판매를 확장해갔다. 연간 300만 개의 초콜릿을 생산하면서 안티고니시 주민 35명이 초콜릿 공장에 취업됐다. 2018년 1, 2월에는 2개월 만에 2017년의 연간 판매량만큼의 초콜릿을 팔았고, 미국에도 수출하기 시작했다. 어느 캐나다인 우주 비행사는 국제 우주 정거장에 피스 초콜릿바를 가져가기도 했다.

캐나다 어디에서든, 시리아인 창업가들은 음식을 요리하고 팔았다. 예를 들면, 캘거리에는 샤흐바 샤와르마(Shahba Shawarma) 푸드 트럭이, 뉴펀들랜드주 세인트존에는 중동 카페(Middle East Café)가, 밴쿠버에는 피스타치오 케이터링(Pistachio Catering)이, 온타리오주 피터버러에는 오아시스 지중해 그릴(Oasis Mediterranean Grill)이, 서드베리의 북부 광산 마을에는 다마스쿠스 카페 앤 베이커리

(Damascus Café & Bakery)가 있었다. 나는 2017년 여름에 온타리오 주 미퍼드의 어느 직거래 장터에서 접이식 테이블을 놓고 음식을 팔고 있던 시리아인 가족을 봤었다. 두 형제가 알 셰이어 케이터링(Al Sheayer Catering)을 운영했고, 형제의 아내들은 포도잎에 싼 양념 밥이나 구운 가지로 만든 바바 간누즈(baba ghanoush) 같은 시리아 전통 음식을 요리했다. 내가 그들을 처음 만났던 여름에는 한 여성만이 간단한 영어를 구사했고, 손글씨 간판은 구글 번역으로 긁어온 것이었다. 다음 해 여름에 그들은 자체 제작한 포장 용기에 다양한 메뉴를 담아 팔았다. 형제 한 명은, 자기들이 이제 일주일 내내 여러 직거래 장터를 돌아다니며 음식을 팔고 있다면서 곧 레스토랑을 열 거라고 했다.

시리아 이민자들이 어디에 정착했든 비슷한 이야기가 펼쳐졌다. 시리아 레스토랑, 식료품점, 출장 요리 회사, 전문 식품점이 미국 신시내티, 스웨덴 스톡홀름, 브라질 상파울루, 팔레스타인 가자 지구에 이르기까지, 전 세계 구석구석에 불쑥 나타났다. 전쟁 이후 100만 명 이상의 시리아 난민들이 밀려든 독일에서, 그들은 온갖 유형의 식품 사업을 시작했다. 간단히 샤와르마(양념한 쇠고기, 닭고기, 양고기를 불에 구워 채소와 함께 빵에 싸먹는 아랍과 레반트 지역의 음식 - 옮긴이)와 팔라펠만 파는 가판부터 다마스쿠스 출신의 유명 셰프가 개장한 고급 레스토랑에 이르기까지 각양각색이었다. 한 시리아인 요리사는 수프 전문점을 열어서 독일인 홈리스에게 식사를 제공하기도 했다.

이들 창업가가 가장 집중된 곳은 시리아 접경 국가들이었다. 이 나라들은 전쟁으로 인한 엄청난 수의 난민들에게 거처를 제공했다. 요르단의 암만, 터키의 이스탄불, 앙카라, 레바논의 베이루트, 이라크의 바그다드에서 시리아 창업가들은 지역 주민들과 자신들 같은 처지의 난민들에게 음식을 팔았다. 이런 모습은 요르단에 있는 거대한 자타리(Zaatari) 난민 캠프에서 가장 확연하게 드러났다. 자타리는 최고 15만 명 이상의 시리아인들을 수용하면서, 요르단에서 네 번째로 큰 도시가 되었다. 메마른 사막 평원에 끝없이 늘어선 칙칙한 텐트와 판잣집들에는 인구 과밀과 불결함, 범죄와 절망 등 난민 캠프에 일반적으로 나타나는 문제들이 만연했다. 하지만 그곳은 창업으로 활력을 얻었다. 자타리의 번화가는 '샴젤리제(Shams-Elysees)'라는 별명을 얻었다. 유명한 파리의 쇼핑가 이름에 시리아의 아랍어 이름을 합성한 것이었다. 거주민들은 텔레비전과 위성 접시 안테나, 컴퓨터와 휴대전화, 옷과 화장품 등 샴젤리제에서 사고 싶었던 것은 거의 무엇이든 살 수 있었다. 하지만 노점에서 가장 많이 파는 것은 먹거리였다. 피자와 케밥은 물론, 캠프의 난민들이 함께 만든 온실에서 재배한 신선한 농산물도 있었다.

"우리는 이걸 생존 창업이라고 부릅니다. 처음부터 위기를 안고 시작하죠. 당신이 시리아를 떠날 수밖에 없고, 자격증이나 졸업장 등을 챙길 시간도 없는 상황이라면, 본국에서 무슨 일을 했는지 누가 알아주겠어요. 어느 나라든 이민자와 난민들에 대해 비판적입니다. 당신은 수입이 있어야 하고, 요리 솜씨를 가지고 있어요. 사실 사람들 입맛은 비슷비슷합니다. 그러니 이 일 저 일 하다가 결국 사업을 하게 되는 겁니다." 난민 문제가 정점이었던 2016년부터 2017년까지 터키에서 UN 난민 기구를 이끌던 오잔 카크막이 말했다.

하지만 창업은 계획된 것도 아니고, 법적으로 허가받지 못하는 경우도 많다. UN이나 NGO 프로그램이 캠프에서 난민들의 창업을 돕긴 하지만, 대부분 하루 장사다. "바클라바 같은 음식을 판다는 아랍어 간판을 어디서든 볼 수 있습니다. 그게 쉽고 빠른 해결책이죠." 카크막이 말했다. 아무도 이런 장사로는 부자가 되지 못하고, 투자자의 도움을 받지도 못한다. 이건 그저 생계일 뿐이다. 아무도 난민 캠프에는 1분도 더 머물려고 하지 않기 때문에 이 가게들은 대부분 다음 난민들에게 팔아넘겨진다.

어떤 형태로든 재정적인 생존이 필요했기 때문에 많은 이민자가 창업에 나서게 된다. 그래서 재정적인 생존 필요성을 창업의 기본 동기인 추동(push) 요인이라 부른다. 그대로 사장시키기에는 너무나 매력적인 아이디어이기 때문에(이는 스타트업 신화의 이상화된 핵심이다) 견인(pull)되는 것과는 다르다. 이민자들은 필요에 의해서, 대개는 나은 대안이 없어서, 이민자를 괴롭히는 문제가 있어서 창업에 나서게 된다. 이민자들은 캐나다에서 처음 10년 동안은 실업 상태일 가능성이 높다. 2013년 정부 보고서에 따르면, 최근 캐나다로 들어온 이민자의 3분의 1 이상이 빈곤하게 살고 있다. 특히 외국에서 태어난 사람들이 인구의 절반을 차지하는 토론토와 밴쿠버 같은 도시가 그렇다고 한다. 대졸 이민자들은 본토에서 출생한 고졸 캐나다인보다도 실업 상태일 가능성이 높다. 일자리를 찾은 이민자들 중에도 4분의 1

만이 교육받은 분야에서 일하고 있다. 캐나다에서 태어난 국민의 60 퍼센트 이상이 교육받은 분야에서 일하는 것과는 대비된다. 정책 담당자들은 이민자의 지적 재능이 허비되는 이런 현상을 두뇌 낭비(brain waste)라고 부른다.

리틀 시리아

캐나다의 이민자들이 일자리를 찾기 힘든 이유는 여러 가지다. 우선 이민자들에게는 직업적, 사교적 인맥이 없다. 언어는 물론, 지역 시장이나 관행에 대한 지식도 당연히 제한적이다. 많은 직업이 조합이나 협회에 의해 보호받기 때문에 새로운 인력이 진입하기 힘들다. 내게는 멕시코와 이스라엘에서 각각 성공한 변호사 친구 두 명이 있다. 하지만 이곳으로 이주한 뒤에 그들의 경험은 캐나다 법조계에서는 그다지 가치가 없었다. 25세 젊은이들과 신입 자리를 놓고 경쟁하기 위해, 두 사람은 40대의 나이에 거액을 들여 로스쿨에 다시 다녀야 했고, 그러면서 어린 자녀들도 키워야 했다. 의료 인력 부족은 캐나다 시골의 고질적인 문제인데도, 외국에서 태어나 캐나다로 옮겨온 의사의 절반 이상이 타리크 하드하드처럼 의사로 일하지 못하고 있다. 이처럼 고도의 자격을 갖춘 사람 중 일부는 관련 분야에서 일을 찾기도 하지만, 엔지니어, 건축가, 응급의학과 의사가 다른 모든 가능성이 그들에게 닫혀 있음을 깨닫고는 택시 운전을 하거나 레스토랑을 운영하는 경우를 종종 만나게 된다. 가장 불만스러운 점은 많은 캐나다 이민자들이 본국에서의 특별한 경력과 교육 덕분에 영주권을 받았는데도, 캐나다에 발을 들이는 순간 전혀 인정받지 못한다는 것이다.

그렇기 때문에 이민자들은 창업으로 내몰린다. 다시 시작하는 것이 최선이기 때문이다. 우리 가족도 그랬다. 그들은 19세기와 20세기에 서서히 사라져간 오스트리아-헝가리의 유대인 마을을 떠나 몬트리올로 건너왔다. 옛 마을에서 그들은 담배를 팔고 옷을 지으면서, 그 도시에서 유대인들의 헌옷 사업이 성장하는 동안 함께 근근이 생계를 꾸려나갔다. 폴란드에서 아내의 외할아버지 외할머니는 홀로코스트에서 살아남은 후에 그렇게 살았었다. 이후 세벡과 마리샤(샘과 메리)는 토론토의 길모퉁이 가게를 사서 팔 수 있는 것이라면 뭐든 팔았다. 그러다가 그 가게를 팔고 문구점을 샀고, 샘은 픽업트럭을 사서 농장을 돌아다니며 농부들에게서 거위털과 오리털을 샀다. 그 다음에는 고철을 사고파는 일로 옮겨갔다.

어느 것도 사람들이 칭송하는 실리콘밸리의 스타트업 신화와는 상관이 없었고, 그들 중 누구도 이런 사업으로 특별히 부자가 되지 못했다. "그건 생계였지." 아내의 외할머니 메리가 이디시(중동부 유럽의 유대인 문화 – 옮긴이) 특유의 몸짓으로 어깨를 으쓱하면서 내게 말했다. 창업 덕분에 그들은 집과 의복을 살 수 있었고, 두 아이를 키울 수 있었고, 플로리다에서 휴가를 보낼 수 있었고, 여섯 손주를 볼 수 있었다. 그리고 죽을 때는 한 푼의 빚도 저축도 남기지 않았다. 다시 말해, 아우슈비츠에서 가족을 잃은 두 사람이 창업한 덕분에 중산층으로의 신분 상승이라는 꿈을 이루었다. 그 꿈이야말로 거의 모든 이민자가 대양을 건너게 만드는 힘이다.

이민자 창업가들이 온갖 사업을 시작하는 동안 음식이 이들의 창업에서 중요한 역할을 맡았던 데에는 주요한 이유들이 있었다. 누구든 먹어야 산다. 그러니 좀 더 맛있는 끼니를 차려낼 수 있는 사람이라면 최소한의 성공 요건을 갖춘 셈이다. 같은 문화권에서 온 이민자들이 있다면, 그들이 형성하는 시장이 출발점이 된다. "요식업은 쉽게 시작할 만하죠." 토론토 라이언스 대학교의 사회학 교수 무스타파 코크(Mustafa Koç)가 말했다. 터키 출신인 그는 음식과 이민의 접점을 연구하고 있다. "이곳 이민자들 다수가 자기들에게 어떤 서비스가 필요한지 늘 생각합니다. 그들은 자기들의 생활에 빠져 있고, 만만하게 할 만한 일을 찾고 있어요. 큰돈 없이, 노동을 집약하면 할 수 있는 일이 뭐가 있을까요? 그래서 이민자들이 요식업을 하게 되는 겁니다. 그들은 많은 이민자들이 자기들과 마찬가지로 문화적으로 친숙한 음식을 찾고 있음을 압니다. '내가 시리아 식료품점을 열어보면 어떨까?' 이런 식으로 시작되는 겁니다. 그들이 잘해낸다면, 다른 사람들은 이러겠죠. '이거 돈이 되는군!' 그러고서 근처에 또 다른 가게를 여는 겁니다."

잘라 알수피가 제대로 만든 시리아식 마나키시를 애타게 먹고 싶었다거나, 라술 알살하가 이 지역에서 파는 바클라바를 불만스러워했다거나 하는 것처럼, 개인적인 갈망에서 리틀 시리아가 시작되었다. 코크는 이런 일이 토론토 전역에서 일어나는 것을 지켜보았다. 1940년대 유럽 출신 유대인들이 델리카트슨, 베이커리, 코셔 레스토랑을 스파이다이나 거리에 줄지어 열었고. 1950년대에는 디아넥스에서 헝가리 사람들이, 1970년대에는 댄퍼스 일대에서 그리스 사람들이, 1980년대에는 차이나타운에서 베트남 사람들이 비슷한 일을 계속해왔다. "이 현상은 대규모 난민 유입과 특히 맞물려 있죠. 그들은 주로 대단위로 들어와 시장을 형성합니다. 2만 명의 시리아인이 토론토로 들어왔습니다. 시장이 만들어진 겁니다! 이들을 손님으로 맞이한다면, 생계를 꾸려나갈 수 있습니다. 필요한 것은 그저 인간이 기본적으로 갖춘 기술들, 애정 어린 따뜻한 보살핌, 그리고 장시간의 고된 노동뿐이고요. 이들은 이런 걸 갖추고 있어요. 진입 장벽이 낮습니다." 그가 말했다.

어느 나라에서 첫 이민자가 들어오면 몇 년 안에 이민자 창업가들이 서로 연결되는 경제가 지역사회에 출현한다. 덕분에 각각의 사업이 갖는 모든 욕구가 충족될 수 있게 되며, 그에 따라 다음 세대 이민자들이 스스로 창업가가 될 기회가 확대된다. 새로 개업하는 레스토랑에는 특정 제품이 필요하므로, 누군가는 수입업, 유통업을 시작한다. 레스토랑이나 가게를 지어야 하기 때문에 지역 공동체의 다른 이민자는 건설 회사를 시작한다. 이는 상업 용지를 매각하거나 임대하는 부동산업으로 이어지고, 여기에는 금융이 필요해진다. 그렇지만 지역 은행이 새로운 이민자에게는 대출을 안 해주기 때문에, 대출 기금이 조성되어 다른 이민자 창업가들이 사업 자금을 확보하도록 돕는다. 수피네나 크라운 페이스트리즈가 다른 시리아인들을 고용한 것처럼, 이 사업들은 새로운 이민자들에게 일자리를 마련해준다. 그리고 직원들 다수가 결국에는 그 거리의 다른 쪽에서, 그 도시의 다른 구역에서, 아니면 아예 그 나라의 다른 지역에서, 자기 사업을 시작해야겠다고 결심한다.

"초기 개척자들은 다른 창업가들이 활동할 생태계를 만듭니다." 토론토 대학교 식문화사 교수 제프리 필처(Jeffrey Pilcher)가 말했다. 우리는 스카버러에 있는 남부 인도 음식 전문 레스토랑 수비크샤 푸드(Subiska Foods)에서 바삭한 도사(dosa, 쌀과 우드라콩을 갈아 발효시킨 반죽을 구운 것 ─ 옮긴이)를 수북이 쌓아놓고 이야기를 나누었다. 그곳은 크라운 페이스트리즈에서 그리 멀지 않은 곳이었다. 이런 것이 영웅적인 일이라거나 특별한 자선 행위가 아니라는 점에 필처 교수는 주목했다. 어디에서나 착취가 횡행했다. 보통은 안정적으로 자리 잡은 이민자들이 갓 이민 와서 물정을 모르는 풋내기 이민자들을 이용해 먹었다. 때로 이런 네트워크는 원활하게 작동되었다. 대표적으로 미국 전역의 중국 식당 중개업은 맨해튼 브리지 아래에서 사무실을 운영하고 중국 본토에서 밀수를 할 만큼 확장되었고, 그 과정에서 제몫을 챙겼다. 하지만 대개는 이 네트워크가 커지면서 모두에게 이득이 되었다고 필처 교수는 말했다. "이런 디아스포라 네트워크는 기회를 찾아 몰려다닙니다. 이 복잡한 생태계는 무엇보다도 이런 질문을 던지죠. '우리가 사회적 단위 또는 확장된 가족으로서 어떻게 하면 가장 잘할 수 있을까?'"

이런 창업가 네트워크는 지리적으로는 외부로, 경제적으로는 위로 확장되고, 여러 세대를 거치면서 더욱 강화된다. 결국 이민자 창업가들은 여러 산업 분야에서 경제적으로 중요한 역할을 하게 되었고, 외부자의 신분에서 지역의 일원으로 성공 신화에 흡수 병합되었다. 동아프리카 전역에 자리한 레바논인 이스마일파(이슬람교 시아파의 한 분파-옮긴이) 가게 주인들, 런던의 그리스 레스토랑 점주들, 미국 전역의 구자라트 출신 모텔 소유주들, 토론토 주변의 이탈리아인 부동산 개발업자들을 생각해보라.

이건 부업이 아니에요

토론토의 시리아인 이민자들을 위한 행사에서 나는 캐나다 이민국 장관인 아마르 하센(Hmar Hassen, 10대 때 소말리아 난민으로 캐나다에 들어왔다)에게 캐나다에서 이민자 창업가가 갖는 의의에 대해 물었다(아마르 하센 장관은 2017년 1월부터 2019년 11월까지 재임했다-옮긴이). "그들은 정말 중요합니다. 특히 여기서 이민자들이 시작한 크고 작은 사업체들이 중요합니다. 연구 결과에 따르면, 이민자들은 캐나다에서 위험을 무릅쓰고 열렬히 사업을 일으킵니다." 그가 말했다. 그러더니 하센 장관은 정부가 준비한 테크 스타트업 프로그램을 알리고 이민자들에게 참여를 권하는 연설을 시작했다.

연설의 내용은 기술 이민을 지지하는 사람들이 특히 좋아할 만한 것이었다. 거기에는 실리콘밸리 기업의 거의 절반 정도는 공동 창업자가 이민자이고, 구글의 세르게이 브린과 테슬라의 일론 머스크도 이민자라는 것도 언급됐다. 서구 세계에 종족 민족주의가 판치는 이 시대에, 돈에 기반해서 이민을 옹호하는(이민자들이 사업을 시작하고, 일자리를 창출하며, 우리 사회에 동화되는 데 드는 비용보다 실질적으로 더 많은 돈을 벌게 해주므로, 그들을 받아들여야 한다는) 주장을 펼치는 것은 솔깃하게 들릴 수도 있다. 하지만 이 이야기에는 터무니없는 면이 있다. 이민을 반대하는 사람들에게 노동 공급과 관련된 이성적인 논거가 있는 것은 아니다. 그들은 단지 '특정' 그룹의 이민자들이 마음에 들지 않아서, 이민에 반대할 뿐이다. 일반적으로 자기들과 다른 외모에, 다른 신을 섬기고 다른 언어를 쓰기 때문이다. 대다수 사람들은 그런 것을 인종 차별이라고 부른다.

이민은 경제적인 생산 단위의 변화 이상을 의미한다. 이민자 창업가들은 해당 국가에서 태어난 창업가들보다 더 많은 일자리를 창출한다거나 부유한 나라들이 겪는 인구 고령화 문제를 해결한다거나 하는 차원에서만 판단되어서는 안 된다. 이민자 창업은 기본적으로 인간이 변화하고 자율권을 획득하는 과정이며, 그로써 우리에게 돈벌이보다는 창업가 정신에 대해 훨씬 많은 것을 가르쳐준다. 그리고 그 시작점은 창업자를, 자기 환경을 넘어서는 중요한 존재로 변모시키는 역량이다.

"그건 경제적 욕구 못지않은 사회적 욕구입니다." 성공한 소프트웨어 창업가이자 학자인 비벡 워드와(Vivek Wadhwa)의 말이다. 그는 카네기 멜론 대학교 교수로, 실리콘밸리에서 이민자 창업에 대해 강연하고 기고한다. 워드와는 1970년대 말 가난하고 굶주린 채로, 인도에서 클리블랜드로 들어왔다. 그는 YMCA에서 기거했지만 결국 엄청난 성공을 거두었다. 그렇지만 초라한 출발은 그의 머릿속에서 떠나지 않았다. "늘 뭔가 증명해야 했습니다. 늘 열등감을 느꼈어요. '어디 출신이에요?'라고 묻는 사람들이 지긋지긋했어요. 외국인 이민자에게는 정착한 곳이 미국이든 캐나다든 일본이든 탄자니아든 중요하지 않습니다. 어떤 면에서, 인간보다 조금 열등한 존재로 여겨지거든요. '넌 다르게 말하고 외모도 다르네.' 하지만 이민자의 마음속에는 다시 일어선다거나 한술 더 떠서 성공하고 싶다는 욕망이 활활 불타고 있어요. 위험 요인에 대해서는 생각하지 않아요. 그저 다시 일어서려는 동기가 있을 뿐이죠." 그가 말했다.

수피네가 개업 8개월이 되었을 때, 나는 가게에서 커피와 카나페를 먹으면서 잘라와 이야기를 나누었다. 그녀는 여전히 여름에 만났을 때처럼 명랑했지만, 머릿속엔 생각이 많은 듯했다. 잘라는 내내 잠을 잘 이루지 못하고, 사업의 압박감이 점점 더 강해진다고 말했다. "아버지는 긴장을 풀라고 말씀하시지만, 제 머릿속에서는 이 가게를 성공시켜야 한다는 경고음이 늘 울리고 있어요. 이 사업은 우리 가족의 새로운 출발점이에요. 아버지는 사우디아라비아에 남겨둔 사업의 지분을 되찾기 위해 싸우느라 여전히 과거에 머물러 계세요. 제겐 이 가게를 성공시키는 것만이 우리 가족이 이미 견뎌낸 손해를 만회하는 길이에요." 잘라가 말했다.

"'절박함'이 저를 몰아붙이는 힘이에요." 잘라는 평소처럼 부드러운 목소리지만 선명하고 날카롭게 '절박함'을 강조했다. "이 가게를 잘되게 하는 것만이 제게 주어진 유일한 선택지예요. 우린 새롭게 시작했어요. 이민자들은 계속 열심히 일하다 보면 잘될 거라는 새로운 희망을 품고 새로운 나라에 왔다는 점에서 구별됩니다. 하지만 그런 상실감 때문에 뭔가를 되찾고 싶어지기도 하죠. 제 생각에 부모님이 그냥 여기에 이주했고, 우리가 돈을 일부만 투자했다면, 아마 스트레스가 덜했을 거예요. 하지만 우리는 상황 때문에 어쩔 수 없이 지금 이곳에 있게 된 거예요. 이건 부업이 아니에요. 이 일이 잘되지 않으면, 다른 선택지가 없어요. 그러니 우린 계속해나가야 해요."

소속되어 있다는 느낌

지난 몇 년간 시리아인 창업가들과 이야기를 나눌 때마다, 세계 곳곳에서 이민자 레스토랑 주인들과 인터뷰할 때마다 나는 그런 간절한 열망과 마주쳤다. 그들은 확실한 삶을 뒤로하고 캐나다에 와서 다시 시작했다. 그들은 창업을 단순한 생계 수단이 아닌, 자신을 증명할 수단으로 생각했다. 아무리 크게 성공했다 해도 그런 욕구는 사라지지 않았다. 캐나다에서 가장 유명한 아랍 사업가인 모하마드 파키도 마찬가지였다. 그는 부진한 샤와르마 가게를 글로벌 제국으로 탈바꿈시켰고, 캐나다, 미국, 영국, 레바논, 파키스탄에 '패러마운트'란 이름으로 50개 이상의 레스토랑과 식품점을 비롯해 여러 사업체를 갖고 있다.

고향인 레바논을 떠나 캐나다에 처음 도착했을 때, 파키는 난방도 안 되는 추운 아파트 지하층에서 지내며, 낮에는 보석상에서, 밤에는 도넛 가게에서 일했다. "울면서 지냈습니다. 너무 추운데다 변변한

코트도 없었거든요." 15년이 지난 지금 파키는 맞춤 양복을 입고 손목에는 롤렉스시계를 차고는 이렇게 말했다. 바깥에는 벤츠 S클래스가 주차되어 있었다. 하지만 성공에도 불구하고, 혹은 성공 때문에 파키는 여전히 뭔가 증명해야 한다고 느꼈다. "여기가 내 자리임을 세상에 계속 정당화해야 합니다. 20년을 살았고 2000명 이상의 직원을 고용했음에도 여전히 제자리를 정당화해야 할 것 같아요. 마땅히 그럴 만하다는 것을 입증해야 합니다. 이민을 하면, 뭔가를 잃어버리게 되죠. 가족 의식이랄까, 어딘가에 소속되어 있다는 느낌 말입니다. 그걸 메워야만 합니다." 그가 말했다.

어느 날 아침, 나는 제자푼(Zezafoun)이라는 작은 가게에 들렀다. 내가 다녔던 토론토 도심의 초등학교 근처 오래된 프랑스식 카페가 있던 자리에서 장사를 시작한 지 한 달 된 시리아 레스토랑이었다. 나는 아랍 유행가가 흘러나오는 지하층으로 내려갔다. 그곳에서는 (엄마 욜라, 언니 마르셀과 함께) 공동 창업자인 31세의 디알라 알이드가 탱크톱에 반바지와 반짝이 샌들 차림으로 양파를 썰고 있었다. 그녀의 부모는 다마스쿠스에서 교사였다. 그리고 자매는 런던과 아랍에미리트에서 영화와 방송 일을 했었다. 언니가 이미 토론토 근교에 살고 있었기 때문에, 2014년 가족 모두가 토론토에 와서 망명을 신청했다.

그때부터 디알라는 몬트리올의 몇몇 텔레비전 제작사에서 저임금 제작 보조를 했고, 자동차 대리점에서 경리로 일했다. 그러다 여러 달 동안 "집에서 하는 일 없이 저축을 축내며 지냈다". 시리아에서 미술 선생님이었던 엄마는 직업 교육을 받고 미용사가 되었지만 그일을 싫어했다. 가장 단순한 판매직에서조차 일자리를 구하지 못하는 일이 거듭되자, 결국 디알라는 우울증에 빠졌다. "결국 이렇게 말하게 되었죠. '안 될 것 같아. 내 나이에 갑자기 직업을 바꿀 수는 없잖아.'" 디알라는 10대 때 품었던 꿈, 영화나 문화를 사랑하는 사람들이 모이는 레스토랑을 만들겠다고 했던 꿈을 다시 떠올리고는 꿈을 이룰 비옥한 토양을 토론토에서 찾을 수 있음을 깨달았다. "뭔가를 실현할 때가 되었던 거죠."

그렇게 보리수나무꽃의 이름을 붙인 작은 레스토랑 제자푼이 탄생했다. 알이드 자매와 엄마는 파슬리를 자르고, 파투시 샐러드에 넣을 피타칩을 바삭하게 굽고, 무잣다라(갈색 렌틸콩을 끓이다가 쌀이나 부르굴, 소금과 향신료를 넣고 함께 익힌 다음 볶은 양파를 올린 요리 - 옮긴이)에 넣을 양파를 튀기고, 가게에서 가장 인기 있는 메뉴인 구운 샤와르마에 사용할 닭다리살을 커민, 강황 등의 향신료들을 섞은 양념에 재워두는 등 하루 온종일 일했다. 조그만 레스토랑에서 힘들고 고되게 일했던 것이다. 그들은 테이블 여덟 개짜리 식당과 지하 주방 간의 의사소통을 위해 무전기를 사용했다. 그들은 차로 두 시간 떨어진 곳에 살았다. 돈은 부족했고 미래는 불확실했다. 하지만 이 가족은 다마스쿠스의 삶을 이곳에서 일부 재건하면서 자존심을 회복했고 사업가로 재탄생했다.

"사업가는 가만히 있으면 성에 차지 않는 사람이죠." 디알라는 이렇게 말하고는 플라스틱 그릇에 담긴 물을 단숨에 들이켰다. 사업가는 나눔을 좋아해야 한다. 가게를 연다는 것은, 특히나 세상 사람들의 입맛을 사로잡을 다음 음식을 끊임없이 찾는 도시에서 이민자가 레스토랑을 연다는 것은, '그 동네에 새로운 정신'을 불어넣는 일이다. 이 때문에 이민자 창업가들은 유일무이한 존재가 된다. 그 정신이 그들을 둘러싼 환경과 한데 엮이기 때문이다. 디알라는 토론토 곳곳에 새로 개점한 레스토랑이 거대 자본과 투자자들로부터 자금을 지원받아 값비싼 인테리어로 치장하고 영혼 없는 인스타용 음식을 내놓는 것을 보았다. 그 와중에 알이드 가족은 저축과 노력에 자기들만의 정체성 외에는 아무것도 없이 제자푼을 열었다.

"아무것도 없이 이 일을 해내면서, 개인적으로는 재능과 열정과 비전만으로도 뭔가 해낼 수 있다는 신념을 회복하게 되었어요." 디알라는 이렇게 말하면서, 한 손으로는 부르굴(듀럼밀을 비롯한 몇몇 밀을 데쳐서 빻아 만든 곡류 - 옮긴이), 양파, 잣을 채운 토마토 한 판을 오븐에 밀어 넣고, 다른 팔로는 이마를 쓱 닦았다. "제겐 그게 진정한 창업이에요. 맨손으로 뭔가를 시작하는 것 말이에요." 가게를 열기 전까지 디알라는 빈털터리에 우울증을 앓았고, 아부다비의 미디어 업계에서 일했던 예전 생활로 얼른 되돌아가고 싶었다. 그녀는 무력했다. 그런데 지금은? "부활한 것만 같아요. 다시 태어난 기분이죠. 저는 정말 좋아하는 일을 하고 있어요. 다른 어디에도 가고 싶시 않아요! 그냥 이 일을 더 잘하고 싶어요. 이제 드디어 정착한 느낌이에요. 몇 년 만에 처음으로요. 저한테는 정말 소중한 느낌이에요."

위층에서는 마르셀이 재치와 애교에 가벼운 농담을 곁들여, 계속 이어지는 점심 손님들을 상대했다. 마르셀은 그들의 '집'이자 그들의 작은 '시리아'에 들어서는 모든 사람들을 환대했다. 그리고 그들이 여기에서 무엇을 만드는지, 왜 렌틸 수프가 최고인지, 카운터에 놓인 가지 피클의 이름이 무엇인지(마크두스makdous)를 설명했다. "키베 (kibbeh, 양고기로 만든 완자 - 옮긴이) 드실래요?" 마르셀은 정장 차림의 남성에게 다그치듯 말했다. "정말 맛있는 키베가 있거든요!" 가게가 조금 한가해졌을 때, 나는 동생에게 던졌던 질문을 그녀에게도 했다. 사업가가 된다는 것은 어떤 느낌인가요, 특히 이민자로서요?

"이제야 소속되었다는 기분이 들어요. 새로운 곳에서 제 능력을 입증하려다 보면 자존감이 쪼그라들거든요. 하지만 이제는 저만의 거점을 만들었죠." 마르셀이 말했다. 마르셀은 팔라펠을 포장해서 근처 가게로 배달 가려는 참이었다. 그녀는 빗속을 뚫고 달려 나가려다 뒤돌아 외쳤다. "이제 여기가 제 왕국이에요. 이제 제가 규칙을 만들어요!"

상점마다, 가게마다, 음식마다, 내가 토론토에서 만났던 시리아인 사업가들은 그들이 잃어버린 시리아를, 자신만의 고유한 형태로 복원하고 있었다. 이 과정에서, 종교별, 인종별, 종파별로 이질적이었던 개인 집단들이 손님과 동료로 만나 화해를 이루었다. 이 식당들의 주방에서 기독교도와 무슬림이 함께, 드루즈파나 야지디스파가 시아파나 수니파와 함께, 부유한 다마스쿠스 사람들이 가난하고 문맹인 시골 사람들과 함께 일했다. 예를 들어 뉴커머 키친(Newcomer Kitchen)은 시리아 여성들이 공동 창업한 레스토랑이다. 한 여성은 오빠가

ISIS에 총살당하는 것을 보고 깊은 마음의 상처를 입었지만 이제는 뉴커머 키친에서 다른 여성들과 함께 음식을 만들며 치유되었다고 말했다.

시리아인 사업가들은 레스토랑이나 베이커리 또는 음식 노점을 운영하면서, 자신들의 파괴된 세계를 치유하고 있었다. 크라운 페이스트리즈의 라술과 이스마일 같은 사람들에게는, 진짜 시리아의 맛을 수천 킬로미터 떨어진 곳에서 최대한 구현하는 일이 곧 치유였다. 그들은 엄격한 기준을 계속 지켰고, 최고의 재료만을 사용했다. 밀수꾼들에게 수백 달러를 쥐여주면서까지 시리아의 수많은 위험을 뚫고 카다멈향의 커피 원두와 선홍색 장미향수를 구해왔다. 그들이 이곳에서 이룬 모든 것은 파괴된 세계로 이어지는 다리였기에, 뭔가 모자란 점이 있다면 그들이 남기고 떠나온 세계에 대한 기억을 모독하는 일이었다. 전쟁이 끝나더라도 아마 다시는 보기 어려울 세계 말이다.

이것이 잘라 알수피의 가족이 수피네를 당당한 시리아 레스토랑으로 성장시킨 이유다. 그들이 또 하나의 '중동' 음식 레스토랑이 되어, 특정 고객층에게 맞춘 서구화된 음식(팔라펠과 치킨 샤와르마)을 제공하는 편이 훨씬 쉬웠을 텐데도 말이다. 그리고 그것이야말로 그들이 폭력적으로 빼앗긴 소중한 것을 되찾는 방법이었다. "사람들에게 시리아 하면 뭐가 생각나는지 물어보면, 대부분 '전쟁'이나 '난민'을 말하겠죠." 잘라가 말했다. 우리는 레스토랑 뒤편의 파티오에서 가족들과 함께 담소를 나누고 있었다. 어느 따뜻한 가을 오후였다. "시리아에 대한 일반적 태도는 부정적이죠. 그래서 우리는 의식적으로 시리아를 브랜드로 내세웠어요. 밝고 쾌활하게요. 시리아의 상황이 너무나 불행하다 해도 시리아의 문화, 음악, 미술, 음식을 긍정적으로 보여주는 게 중요하다고 생각했어요."

"우리가 단순한 피해자가 아니라는 걸 보여줘야 했어요." 잘라의 엄마 샤나즈가 말했다. 이제 그녀의 영어는 유창했다.

마침내 우리 인생을 살고 있어요

1년간 수피네는 성장했다. 하지만 아직 이익을 내지는 못했다. "모두들 이렇게 말했어요. 요식업은 힘들다고, 계속하기 어려울 거라고요. 그 말이 옳았습니다." 후삼은 이렇게 말하고는 어깨를 으쓱하고 담뱃재를 털었다. 사실 그들이 개업한 첫해 여름에 라마단 기간이 겹치면서 실제로 판매에 타격을 입었다. 그들은 대략 32만 5000달러를 가게에 투자했다. 그럼에도 다양한 지역으로 확대하고 양적으로 성장하려는 계획을 늘 갖고 있었다. 그래서 후삼은 기죽지 않았다. 그는 뭔가를 증명해야 했다. 사우디아라비아에 있는 그의 재산을 갈취한 파트너들에게, 가족들에게, 새로 정착한 나라에, 그리고 자기 자신에게도. 이가게가 실패한다면, 그들은 RV차량을 사서 요리하고 캠핑(그가 새롭게 찾은 큰 즐거움이다)하며 차로 이 나라를 떠돌아다닐 거라고 농담처럼 말했다. 내가 일자리를 찾을 수도 있지 않느냐고 말하자, 후삼이 큰 소리로 웃었다.

"일자리라고 했어요?" 그가 테이블을 내리치면서 담뱃재가 날렸다. "내가 여기에 왔을 때만 해도, 구직에 나설 거라고는 한 번도 생각한 적이 없어요!"

사실상 "직원으로 고용되는 건 일보 후퇴하는 겁니다." 알라가 말했다.

"반드시 필요한 경우가 아니라면, 나는 일자리를 구하지 않을 거예요." 후삼이 말했다.

나는 시리아인 사업가들이 이런 식으로 말하는 것을 여러 번 들었다. "절대 다른 사람 밑에 들어가 직원으로 일하지는 않을 거예요." 소규모 출장 요리 업체 베레아 키친(Beroea Kitchen)을 아내 누르와 함께 운영하는 아미르 파탈의 말이다. 그는 시리아를 떠나던 순간부터 자수성가하기로 결심했다. 처음에는 이스탄불에서 다른 난민들을 대상으로 하는 호스텔과 어학원을 세웠고, 지금은 베레아 키친을 운영하고 있다. 그는 캐나다에서 새롭게 시작한 자기들의 인생에서 사업은 빼려야 뺄 수 없는 조건이라고 여겼다. "우리는 여기 남의 일이나 해주러 온 것이 아니라 스스로를 발전시키기 위해 온 겁니다. 우리 아이들에게 가르치는 것도 그겁니다. 자기 생각을 갖고 자기 사업을 하라고요. 성공한다면 자기 주머니가 두둑해질 테고, 실패한대도 자기 주머니에서 빠져나가는 거니까요."

일리가 있었다. 사업은 무엇보다도 자유를 의미했다. 이 자유는 경험과 복잡하게 얽혀 있었다. 하나의 세계를 떠나올 때, 이민자는 가족, 친구, 재산, 일자리, 과거 등 많은 것을 잃는다. 이민자가 무엇을 얻을지는 대개 불확실하다. 경제적으로 이민자 사업가들은 자기 지역에 기반을 둔 다른 사람들보다 더 크게 성공하지 못했다. 대부분은 자원과 인맥이 부족하고, 해당 지역의 비즈니스 문화나 환경에 대한 지식도 빈약한 상태로 시작했다. 그들에게 불리한 가능성이 잔뜩 쌓여 있었다. 처음 몇 해 동안은 더더욱 그랬다. 모든 게 그들이 벌인 사업과 엮여 있었기 때문에, 사업이 실패할 경우 모든 게 처참히 파괴되었다.

"사업으로 먹고살 수 없다면, 이민자들의 소외감은 더 악화될 겁니다." 토론토의 요크 대학교 교수 릴리 조(Lily Cho)가 말했다. 그녀는 캐나다 곳곳에서 중국 음식점을 운영하는 여러 가족의 경험에 대해 저술한 적이 있었다. "자기에게 다른 공간이 없을 경우 어떤 공간을 잃어버렸을 때의 상실감이 더욱 크죠." 조는 이것을 직접 경험했기에 잘 알았다. 조의 아버지는 잔혹한 중국의 문화대혁명으로부터 탈출해 평생 벤처들을 연달아 창업했지만 성공하지 못했다. 그중에는 유콘의 레스토랑, 캘거리의 보석상을 비롯해, 차고에서 친칠라를 사육하려는 계획도 있었다. 조의 아버지는 실패할 때마다 매번 우울증에 빠졌고, 저임금 일자리로 되돌아왔다. 70대인 조의 어머니가 여전히 일하고 있는, 위험하고 고단한 공업 지역의 빨래방 같은 종류의 일이었다. 이민자들에게 사업은 그런 일자리로부터 벗어난다는 뜻이었다.

하지만 대부분의 이민자 사업가들에게, 그런 위험은 여전히 감수할 만한 가치가 있었다. 사업은, 경제적 이득보다 훨씬 심오한 뭔가의 가능성을 제공했다. 나는 어느 오후 미시소거 근교의 작은 창고에서 이것이 어떤 의미인지 자각하게 되었다. 높이 쌓인 소고기 키베 재료, 라브네 요거트, 양념에 굴린 샨클리쉬 치즈, 뭉근히 끓인 소시지, 피클, 올리브, 기타 맛있는 음식들이 정리되어 있는 테이블이 그곳에서 나를 맞이했다.

그곳 주인인 케빈 다히는 시리아 서부 홈스 부근의 기독교 공동체에서 태어나, 지난 10년간 토론토에서 광고 일을 했다. 하지만 2019년 캐나다 재료로 중동의 술인 화이트 스피릿(White Spirits)을 출시하기 위해 광고 일을 그만두었다. 돈이 되는 일이었지만 말이다. 그는 아라크(중동의 레반트에서 널리 마시는 증류주로, 이라크, 시리아, 레바논, 요르단, 이스라엘, 팔레스타인의 전통주 – 옮긴이) 전문이었다. 아라크는 여러 가지 메제(mezze, 중동, 발칸, 그리스, 북부 아프리카 등지에서 식전주 등 술과 곁들여 내는 여러 가지 전채 요리 – 옮긴이) 요리와 함께 마시는 아니스향의 브랜디로, 그는 그것을 몹시 그리워했다. 우리는 먹고 마시고 또 먹고 마셨다. 그때 다히는 왜 안정적인 직업과 확실한 미래를 포기하고 창업을 했는지 내게 설명했다.

"나는 이 나라에 내 아이들을 위한 뭔가를 만들고 싶었어요. 여기가 이 아이들의 본거지가 되도록 말입니다. 그러면 애들은 이 나라를 떠날 생각을 하지 않게 되겠지요. 그래서 이곳에서 편안함과 안정감을 느꼈으면 합니다." 그가 말했다. 다히는 선배 이민자들(이탈리아인들, 자메이카인들, 중국인들, 에티오피아인들)을 살펴보고는 그들이 이 땅에 깊이 뿌리내렸다는 사실을 깨달았다. 그 뿌리들이 그들의 자손들을 이 땅에 묶어두고 있었다. "저는 제 아이들이 시리아로 되돌아갈 생각을 하지 않기를 바랍니다. 여기가 제가 계속 살고 싶은 곳입니다. 제 생전에 사업을 성공시켜서 이곳에서 일어설 겁니다. 어쩌면 제 아이들 대에야 가능할지도 모르지만 어쨌든 애들이 뭔가 갖게 되겠지요." 그가 말했다.

당시 다히의 자녀들은 갓 초등학교를 졸업했다. "이건 뿌리를 내리는 일입니다! 집, 학교, 그런 것들은 중요하지 않습니다. 가장 중요한 것은 수입원입니다. 뭘로 돈벌이를 하느냐죠. 생계 수단이 여기에 있다면, 떠날 마음을 품진 않겠지요." 그가 말했다. 그는 시리아에 살던 시절에 친구들과 가족들을 보면서 이런 사실을 알게 되었다. 현지에서 사업을 하는 사람들은 대개 마지막까지 떠나지 않으려다가 공장이 파괴되거나 공장을 빼앗기고 나서야 그곳을 떠나왔다. 물론 그토록 오래 죽지 않고 살아남을 만큼 운이 좋았던 사람들에게 해당되는 이야기지만. "제 아이들을 여기에 가둬두려는 게 아닙니다. 그저 제 방식대로 아이들을 뿌리내리게 하려는 거죠."

시리아인 사장들은 사업 규모나 야심의 크기는 제각각이어도 전 세계 곳곳에 뿌리내리고 있었다. 주말에 직거래 장터에서 가판을 깔고 쿠키를 파는 여성들도 있었고, 모하마드 파키에 대적할 만한 대기업을 꿈꾸는 사람들도 있었다. 2018년 9월에 이스마일과 라술 알살 하는 공항 근처에 두 번째 크라운 페이스트리즈 가게를 냈다. 거대한 왕궁을 본뜬 크고 멋진 가게였다. 20명이 앉을 수 있는 좌석이 있었고, 메뉴도 확장되었다. 개점 몇 주 후에 그곳으로 찾아갔을 때, 이스마일은 자부심으로 활짝 웃고 있었다. 형제는 마침내 약혼녀들을 터키에서 데려왔고, 최근에 합동결혼식을 올렸다. 어울리는 암청색 턱시도를 입고서였다. 9개월 후에 이스마일의 딸과 라술의 아들이 12시간 간격으로 태어났다.

이제 그들은 시리아인 공동체와 이 도시 전체에 바클라바의 왕으로 알려졌다. 사람들은 그들을 모스크에 불러내 사업에 대해 정기적으로 조언을 구했다. 그들은 커져가는 시리아인 사업가 공동체의 기둥과도 같았다. "제 생각에 우리는 목표에 도달했어요." 이스마일이 말했다. 내가 이제는 마음이 편한지 물었을 때였다. 더 많은 가게들과 기회들이 생겨날 것이었다. 하지만 첫 번째 베이커리를 개업한 지 3년밖에 지나지 않았지만("정말 기나긴 3년"이었지만), 그들은 마침내 정착한 기분이 들었다.

알수피 가족도 마찬가지였다. 2019년 여름 무렵, 그들은 커져가는 배달 사업에 걸맞게 두 번째 가게 자리를 찾기 시작했고, 캐나다 전역의 슈퍼마켓에서 판매할 포장 제품(오일, 양념)을 생산할 준비를 했다. 후삼은 이제 사우디아라비아에 있는 자기 요트도 그립지 않다고 했다(그가 찾은 새로운 즐거움은 할리 데이비슨 바이크를 타는 일이었다). 자신의 엔지니어 경험을 살려서 오랫동안 지속 가능한 가정집 설계라는 별도의 사업을 준비하고 있었다.

"우린 흑자로 돌아섰어요. 단골손님들도 생겼고요. 정말 행복해지기 시작했어요. 마침내 우리 인생을 살고 있으니까요." 후삼은 담배를 깊게 빨아들였다. "그리고 모든 게 좋아졌습니다."

2019년 10월 알라는 캐나다 선거 기간 동안 극우 반이민 정당의 행사장 바깥에서 항의 시위에 참가했다. 그 정당의 지지자들과 수많은 동조자들이 동영상에 나온 알라가 누구인지 확인하고는 알라와 알라의 가족과 수피네 가게를 협박하기 시작했다. 협박은 온라인으로, 전화로, 메일로 맹렬하게 이어졌다. 심지어 레스토랑으로 직접 찾아오는 사람도 있었다. 엄청난 증오와 언어 폭력이 끊임없이 이어졌다. "머릿속에서 가장 쉽게 떠오르는 단어는 '악몽'입니다. 그게 우리 생활을 완전히 바꾸어놓았습니다." 후삼이 말했다. 인종주의자들과 안티파시스트들 간의 싸움 중심에 놓인 지 일주일이 지나자, 생명을 위협하는 장면들이 속출했다. 가족들의 목숨과 직원들의 안전이 걱정된 후삼은 수피네 레스토랑을 즉시, 그리고 영원히 닫겠다고 공표했다. 그는 창문을 가리고 문을 잠그고 그곳을 떠나버렸다.

즉시 과격한 반응이 터져 나왔다. 지역 미디어, 전국 미디어, 심지어 국제 미디어에서 이 이야기를 다루면서 증오를 훨씬 넘어서는 지지가 쏟아졌다. 캐나다 전역과 전 세계에서 날아온 수백 통의 이메일과 편지가 가게를 다시 열라고, 힘껏 버티라고, 인종차별주의자들에게 지지 말라고 간청했다. 꽃다발, 손으로 만든 간판, 동물 인형들이 셔터를 내린 가게 앞에 모여들어, 마치 추모비처럼 보였다. 그 덕분에 자발적인 폐점 이틀 만에, 놀라운 발표가 있었다. 모하마드 파키와 그의 패러마운트 팀이 트라우마에 빠진 알수피 가족을 도와 수피네 레스토랑을 재개장하고 이후 경영을 지원하겠다는 것이었다(알수피 가족은 온전한 소유권을 유지할 것이며, 수익도 전부 갖게 될 거라고 했다). 파키는 레스토랑에 모여든 기자들에게 이렇게 발표하여 마치 즉

석 기자 회견이 열린 듯했다. 파키는 창업 당시 겪었던 이슬람 혐오 인종차별주의에 맞서기 위해서라도 자신이 마땅히 이 일을 해야 한다고 했다. 자신도 그런 차별 때문에 캐나다에 정착할 수 없을 듯한 절망을 느꼈다면서 말이다.

기자 회견 후에 가게 뒤편 파티오에 섰을 때, 파키의 손은 여전히 떨리고 있었다. 후삼 알수피는 여전히 가게의 재개장을 확신할 수 없다고 털어놓았다. 위협은 계속 진행 중이었고(알라는 안전을 위해 대학교를 휴학할지 고민하고 있었다), 그는 가족이 다시 주목받는 것을 걱정했다. 하지만 이 악몽 탓에 그는 사업가로서 자신의 위치가 그냥 가게 주인이 아니라, 그 이상을 의미한다는 점을 깨달았다. "개점 당시 우린 사람들에게 이 레스토랑에 고향의 일부를 가져다놓았다고 말했었지요. 이 레스토랑에서 우리는 고향 같은 편안함을 느끼게 되었어요. 가게 덕분에 우리는 많은 캐나다 사람들과 인사를 나누었습니다. 엄청난 스트레스와 무시무시한 노동이긴 했지만, 우리는 가게를 사랑했어요. 왜냐고요? 이 사회의 구성원으로 살게 되었으니까요. 이 가게를 열기 전까지는, 이 나라에 사는 이방인이라고 느꼈습니다. 우리는 경계에 있었죠. 하지만 가게를 열고부터 겉돌았던 사회에서 진짜 친구가 생기기 시작했어요. 그건 정말 좋았습니다. 가장 멋진 일은 레스토랑 덕분에 토론토와 캐나다가 우리 고향이 되었다는 겁니다." 그는 말을 멈추고 담배를 길게 한 모금 빨았다. 고향이란 느낌은, 벽에 붙여놓은 사랑과 지지가 담긴 편지들에서, 다시 문을 연 레스토랑 바깥에 구불구불 늘어선 줄에서, 낯선 사람들의 너그러운 태도에서, 분명히 드러났다. 이웃의 한 여인이 알라에게 지지를 표현하기 위해 진수성찬을 대접한 적도 있었다. "저는 앞으로도 싸울 거예요. 숨지 않겠습니다. 하지만 솔직히 마음이 왔다 갔다 합니다." 그가 말했다. 그 말을 들으니, 1년 전에 잘라와 나누었던 대화가 떠올랐다. 창업가가 된다는 것이 어떤 느낌이냐고 물었을 때, 잘라는 이렇게 말했다. "내가 정말 창업가라고 생각한 적은 없었어요." 잘라가 생각하기에, 창업가는 새로운 앱이나 제품 같은 엄청난 아이디어를 제시하는 사람이었다. 잘라는 창업가의 예로 마크 저커버그, 일론 머스크, 스티브 잡스를 떠올리고는 창업가란 타이틀을 자신에게 붙이는 것이 어색하다고 했다. 자신은 그저 가게를 열어서 가족들을 돕고 있을 뿐이라고. "되돌아보니, 우리가 창업가 가족이네요. 우리는 토론토에 새로운 걸 들여왔어요. 바로 시리아 식당과 시리아 문화죠." 잘라가 말했다. 그에게 창업가가 된다는 것은 모든 이민자 창업가들이 겪는 것처럼 정신을 재창조하는 과정이었다. 이주 후에 맨땅에서 뭔가를 만들고, 다시 시작하는 것, 그것도 매일매일.

"창업은 과정입니다. 끝없는 과정이죠. 그 결과는 현재 진행형이고요." 잘라가 말했다.

3장

평생 처음 자신을 위해 시작한 일

요구 사항도, 허락 구하는 일도 없지만, 나머지는 모두 내 몫

창업가들의 동기는 모두 다르기 때문에 쉽게 특징짓기는 어렵다. 하지만 모든 창업가들은 자유를 중요하게 여긴다는 공통점이 있다. 2017년 개빈 카사르 교수가 발표한 "돈, 돈, 돈?"이란 제목의 논문에 따르면, 창업가가 어떤 직업을 선택하는지를 설명해주는 가장 중요한 단일 요일은 독립성이다. 그다지 놀랍지는 않다. 결국 자유는, 성공 여부와 상관없이 창업이 보증해주는 하나의 가치다. 사람들이 쟁취해낸 모든 종류의 자유와 마찬가지로, 창업가들이 이 자유를 포기하는 것은 상당히 어렵다.

　　　　　새벽 4시 30분, 트레이시 오볼스키의 머리맡 알람이 울렸다. 남편 앨릭스 셰니츠키와 그들의 퍼그종 애완견인 페니는 계속 잠들어 있었지만, 오볼스키는 수영복과 잠수복을 입고 침실 옆방(말 그대로 '물담배방bong room'이다)에서 물담배를 빠르게 한 모금 빨고는 서핑보드를 들고 문밖으로 걸어 나갔다. 반 블록을 지난 후에 오볼스키는 맨발로 모래사장 위를 걷고 있었다. 작은 파도가 해안으로부터 수백 미터까지 부서지고 있었고, 보랏빛 수평선 너머에서 태양이 모습을 드러내기 시작했다.

　오볼스키는 여명을 넘어 물속으로 걸어 들어가서, 바다표범들과 돌고래들과 함께 물결을 탔다. 날씨가 좋아질 것같이 그림자가 먼바다에서 손짓할 때까지. 그녀는 몇 번 강하고 힘있게 양팔을 저어서, 보드를 해안 쪽으로 돌렸다. 다리를 차고 튀어오르자 큰 바다가 그녀의 앞에 펼쳐졌다. 어두운 녹색의 물이 떠오르는 태양빛에 핑크 색조를 띠었다.

6시 30분 바다 위로 태양이 솟아오를 무렵, 오볼스키는 물에서 나와 잠수복을 벗었다. 빠르게 샤워를 하고 시리얼을 먹은 다음 잠들어 있는 개와 남편에게 키스하고 나면 이제 14킬로그램 정도 무게가 나가는 크루저 바이크를 끌고 계단 두 층을 내려갈 시간이었다. 오볼스키는 해안이 내려다보이는 콘크리트 길을 따라 바이크를 몰고, 10분 정도(스케이트보드를 탄다면 13분 정도) 물결 옆으로 달린 다음, 로커웨이비치 베이커리(Rockaway Beach Bakery)에 바이크를 세웠다.

오볼스키는 크록스를 갈아 신고 탱크톱과 청반바지 위에 앞치마를 두른 다음 일을 시작했다. 오븐을 켜고, 원두를 갈고, 창고와 냉장고에서 재료들을 꺼냈다. 크루아상 도우를 밀어서 펴고 치대고 붓질한 다음 돌돌 마는 힘든 과정(반죽 작업과 서핑 덕분에, 오볼스키는 파이터 같은 어깨를 가졌다)을 시작하기 전에, 오볼스키는 음악을 틀었다. 낡은 서핑보드를 깎아서 만든 스피커에서 밥 말리(Bob Marley), 홀 앤 오츠(Hall and Oates), 그리고 모타운(Motown)의 음악이 흘러나왔다. 기분 좋은 음악. 플라스틱 병에서 콜드브루 커피를 따라 마시면서, 오볼스키는 수십 개의 빵을 구울 준비를 했다. 당근과 밀겨 머핀, 다양한 스콘들, 시나몬 번, 과일 파이, 키시(달걀, 우유에 고기, 채소, 치즈 등을 섞어 만든 파이의 일종 - 옮긴이), 천연 발효 빵, 포카치아 빵, 구아바와 치즈 데니시, 케이크, 컵케이크, 쿠키……. 뭐가 되었든 이 여름날 토요일 그녀가 굽고 싶은 빵들을.

7시 30분, 절친한 친구이면서 간간이 일도 돕는 메러디스 서튼이 문을 두드렸다. 곧바로 음악 소리가 커졌고, 이야기꽃이 피어났다. 그들은 도우를 빚고, 과일을 자르고, 음료를 만들고, 개점 준비를 서두르는 동안에, 파도 이야기, 술자리 농담 등 무슨 이야기든 나누었다. 7시 50분, 트레이시는 햇살이 내리쬐는 바깥으로 나가서, 셔터를 올리고 보행로에 입간판을 세웠다. 입간판에는 '베이커리 영업 중', 그리고 그 위에는 '불행한 날은 없다'라고 쓰여 있었다. 오볼스키가 가게 안으로 들어가기도 전에, 첫 손님이 기다리고 있었다. 천국에서의 새로운 날이 막 시작되었다.

오볼스키에게 천국은 로커웨이비치다. 이곳은 뉴욕시의 해안 끝자락에 있는 400미터 너비에 18킬로미터 길이의 시멘트와 모래 반도다. 대서양과 자메이카베이 사이에 끼어 있는 이곳은 비행기를 타고 JFK 공항으로 들어올 때 맨 처음 보게 되는 육지로, 1분에 한 번씩 비행기가 머리 위로 큰 소리를 내며 지나간다. 로커웨이비치는 퀸스의 일부지만 육지와는 분리되어 여러 개의 다리가 놓여 있으므로, 기본적으로는 섬이나 마찬가지다.

나는 뉴욕에 살고 있던 2008년에 처음 이곳을 알았다. 내가 살던 브루클린의 아파트에서 지하철 A선을 타면 종점이 비치 90번가였다. 거기에서 두 블록 정도 걸어가면 서핑용품을 파는 보더스(Boarders)가 있었다. 걸걸한 목소리의 가게 주인 스티브 스태디스가 내게 서핑보드를 대여해주었다. 다시 두 블록을 더 걸어가면 보행로 너머 바위 방파제로 파도가 철썩대며 왼쪽으로 돌아나가는 해변이었다. 나는 1년에 몇 번이고 그곳에 갔다. 여름 휴양객들이 붐비는 틈에서도 서핑을 했고, 크리스마스에도 눈을 헤치고 터벅터벅 걸어가서 눈을 맞으며 물속으로 들어갔다.

당시만 해도, 서핑 후에 먹을 거라고는 모퉁이 잡화점에서 파는 네모난 조각 피자나 수상한 샌드위치가 고작이었다. 하지만 처음 그곳에서 서핑을 했던 때로부터 10년이 지난 이후, 특히 초대형 태풍 샌디가 로커웨이를 강타했던 2011년 11월 이후 창업 열풍을 타고 이지역은 갑작스럽게 바뀌어버렸다. 2018년 여름, 로커웨이비치에 갔던 나는 대로를 따라 새 가게가 늘어선 것을 보고 깜짝 놀랐다. 레스토랑, 바, 수제 맥주 가게, 커피숍, 서핑용품 가게, 의류를 취급하는 부티크 등이 네일살롱, 환전소, 보석 보증인(bail bondsmen, 법정에서 피고인에 대한 보증인 역할을 하고 돈이나 재산을 보석금으로 약속하는 사람으로, 미국과 필리핀에만 있는 제도다 - 옮긴이) 사무소, 작은 가게와 뒤섞여서 뉴욕시 외곽 자치구의 창업 풍경을 명확히 드러내고 있었다.

새로워진 창업가 공동체가 로커웨이비치를 조성했다. 하지만 로커웨이의 창업가들은 거대한 사업을 일으키거나 세상을 바꾸거나 산업을 파괴하려는 것이 아니었다. 대대수는 부자가 아니었고, 그들의 성공은 성장률이나 규모로 측정되지 않았다. 그들이 사업에 뛰어든 이유는 비치 주변에서 생활을 꾸려나갈 수 있었기 때문이었다. 그들은 출구 전략이 아니라 파도를 좇고 있었다. 로커웨이의 창업가들은 생활을 유지할 정도로만 돈을 버는 라이프스타일 사업을 시작했다. 생활이 그들의 궁극적인 목표였기 때문이다.

그건 라이프스타일 사업 같네요

라이프스타일 사업은 여러 모순된 의미를 담고 있는 말이다. 하지만 본질적으로는 사업 주체로서 생활비를 충당하면서 생활을 유지하겠다는 목표로 작동되는 사업이다. 이 용어 자체는 뉴햄프셔의 창업 과정 교수 윌리엄 웨첼(William Wetzel)이 1987년에 만들어냈다. 그는 외부 투자자들에게 수익을 가져다줄 만큼 대규모로 운영되지 않는 사업을 라이프스타일 사업이라고 불렀다. "라이프스타일 벤처는 대개 독립적으로 사업을 하려는 사람들이 운영합니다. 하지만 그들은 또한 수입을 얻는 것도 목적으로 합니다. 실제로, 라이프스타일 창업가들은 조금 다릅니다. 주로 부의 축적을 추구하는 사람들과는 다른 시각으로 성공을 바라봅니다." 웨첼이 한 인터뷰에서 이렇게 말했다.

이는 시간제 일자리부터 수십 명의 직원을 고용하는 법인 사업체에 이르기까지, 창업 활동의 상당히 넓은 범위를 차지하고 있다. 대부분의 사업은 라이프스타일 사업이다. 내가 사는 도로 끝자락에 있는 과일 가게, 그 건물을 소유하고 있는 건물주, 그 건물 위층의 요가 스튜디오, 그 과일 가게에 과일과 채소를 대는 회사들, 대륙을 횡단하여 농산물을 운반하는 화물 운송 회사, 중개상, 선적업체, 농부들, 포장업체 등 이 세상에서 실질적인 사업 활동의 대다수를 다루려면 끝도 없다.

라이프스타일 사업은 독립적으로 일하고 자신의 재능을 적절한 곳에 쓰며 매일 자신이 하려는 일을 하고 스스로 심은 것을 거두며 그런 꿈을 중심으로 생활을 꾸려가는, 창업가 정신의 가장 본질적인 희망을 담고 있다. 사업이 크든 작든 그건 상관없다.

이런 생각은 실리콘밸리, 학계, 그리고 광범위한 문화권에서 공격받았다. 그들은 라이프스타일 사업과 그 창업가들에게는 야심이 부족하여 성장에 초점을 맞추지 못하고 생산성도 최대로 끌어올리지 못하며 경제가 진정 필요로 하는 것을 오히려 방해한다고 단언했다. 실리콘밸리 스타트업 신화에서 '라이프스타일 사업'이란 말은 확장 가능한 사업이 갖춘 원대한 비전이 결여되어 있기 때문에 투자 가치가 없는 아이디어를 경멸하는 용어로 쓰인다. 벤처 투자자에게 사업 설명을 하는 창업가들로서는 "그건 라이프스타일 사업 같네요"라는 말을 듣는 것은 거의 최악이다. '라이프스타일'이란 말 앞에는 '쓰레기같이 작은'이란 말이 생략되어 있다.

이것이 내가 벤처 투자자나 창업 관련 학자들을 인터뷰할 때 여러 차례 마주쳤던 정서다. 앞에서 언급한 대로, 나는 창업가를 정의해 달라는 말로 모든 인터뷰를 시작했다. 그러면 그들은 모두 아주 넓은 의미로 창업가를 정의했다. 하지만 대화가 진행되면 그들은 하나같이 모든 부류의 소규모 자영업자들에게 창업가란 호칭을 쓰는 것은 그리 적절치 않다고 일축했다. 누군가는 세탁소는 아니라고 말했고, 누군가는 빵집도 아니라고 했다. 또는 '지루한 상자 공장'의 소유주도 아니라고(뭐, 흥미진진한 상자 공장이라도 있단 말인가?) 했다. 그들은 '진짜' 창업가가 아니라고 했다. 그들은 라이프스타일 사업이나 영세 사업, 또는 지루하고 고리타분한 사업을 운영할 뿐이라고. 그들을 이

례적으로 뛰어난 영웅적 창업가와 함께 뭉뚱그리는 것은 창업가라는 호칭을 무시하는 처사라고. 혹시 그들에게 가치가 있다면, 그것은 무엇이었냐고 물었다.

로커웨이비치의 트레이시 오볼스키 같은 창업가들이 세계에서 가장 비싸고 경쟁적인 도시에 서퍼들의 천국을 개척했다는 것은 이런 주장에 반하는 사실이다. 콘크리트 정글이 해변과 맞닿는 곳, 뉴욕 거리의 분주함이 다음 파도를 기다리는 떠들썩한 분위기와 충돌하는 그곳에서 로커웨이의 가게 주인들이야말로 창업 분야에서 칭송받지 못하는 라이프스타일 사업의 가치와 모든 창업가 정신의 핵심에 있는 자유를 보여주는 사례다.

평생 처음 자신을 위해 시작한 일

"안녕, 트레이시!" 구릿빛으로 심하게 그을린 중년 여성이 자전거를 끌고 가게 안으로 들어섰다.

"잘 지내요, 마사? 이번 주는 어때요?" 오볼스키가 활짝 웃으며 말했다.

마사는 오볼스키에게 무릎 위로 10여 바늘 꿰맨 자국을 보여주었다. 그날 아침 서핑보드 핀에 베었다고 했다.

"으, 이럴 수가!" 오볼스키는 이렇게 말하면서 크루아상 도우를 계속 치댔다. 마사는 이 베이커리의 대표 메뉴인 에브리싱베이글 토핑을 뿌린 햄치즈 크루아상과 커피를 주문했다.

"최근에 나가봤어요?" 마사가 물었다.

"전 지난 5일 내내 서핑을 했어요. 이번 여름 제 최고 기록이죠!" 오볼스키가 대답했다.

서핑지에서 서퍼들은 언제 어디에서 서핑했는지, 어떤 기분이었는 지, 다음에는 언제 서핑할 건지 등 기본적으로 쉴 새 없이 서핑 이야 기를 한다. 로커웨이비치 베이커리에 자주 오는 서퍼들에게, 그 가게 에서 나누는 그런 이야기들은 그저 경험의 일부다. 하긴 서퍼들에게 만 그런 것은 아니다. 오볼스키는 로커웨이비치의 작은 구역을 책임 지며, 이곳을 쾌활함으로 채운다. 문 안에 들어서는 모두에게 활짝 미소 지으면서 "안녕!" 하고 인사한다. 친한 지역 주민, 동료 서퍼 창 업가들, 그들의 아이들(하나하나 이름을 부르면서 개구쟁이 곰 인형 포지베 어를 들고 "워카 워카!"라고 말하며 즐겁게 킥킥대고 환영 인사를 건넨다), '며 칠만 서퍼' 또는 줄여서 DFD(Down for the Days)라 불리는 수많은 방문객들에게도. DFD들은 브루클린 부티크에서 산 값비싼 '서핑 옷'을 차려입고 약간 얼떨떨한 상태로 돌아다닌다.

몇 개 안 되는 테이블에 앉아, 모두가 수제 스콘과 함께 커피와 베 이컨 에그 치즈 샌드위치를 주문하고, 오볼스키의 유명한 크루아상 사진을 찍어 인스타그램에 올린다. 오볼스키는 이 베이커리를 직접 설계하고 지은 다음, 지역 여성 서퍼들의 사진, 중고 가게에서 구한 이런저런 물건들, 남편 셰니츠키의 턴테이블과 레코드로 장식하고는 널찍한 뒤편 테라스에는 해먹을 걸었다. 가게 전체가 밝은 빛깔의 아 쿠아마린색으로 칠해졌다. 그리고 셰프 모자를 쓰고 크루아상 파도를 서빙하는 여인이 그려진 오볼스키 로고는 재미있고 행복한 가게, 그리고 그 가게의 사장을 완벽히 포착하고 있다. 그녀의 인생은 하나의 큰 물길 '그리고' 빵굽기('그리고' 서핑)로 이루어져 있다.

우리가 만난 당시 37세였던 오볼스키는 뉴저지에서 자랐고, 전업 주부인 엄마와 트럭 기사인 아버지를 두었다. 아버지는 강한 직업윤리를 딸에게 물려주었다. 오볼스키의 첫 사업은 일곱 살에 열었던 레모네이드 가판대다. 그녀는 곧 사업을 확장해서 엄마가 코스트코에서 사온 사탕을 학교 아이들에게 팔았고, 친구들의 부모님이 주문한 피자 조각을 길거리에서 행인들에게 팔았다. 또한 10대 때 아이스크림 만드는 일 등을 했다.

오볼스키는 동화책 일러스트레이터가 되겠다는 꿈을 품고 대학에서 미술을 전공했지만, 프리랜서 디자이너가 되려는 시도는 완전히 실패했다. 그녀는 고정 수입을 주는 일을 구하지 못하고 대신 맨해튼 주변의 여러 술집에서 서빙 일을 했다. 서빙하는 여자들이 노출 심한 옷을 입고서 남자 손님의 입속에 직접 술을 따르고 봉 댄스를 추는 그런 곳들이었다. "역겨운 일이었죠. 하지만 한 시간에 70달러를 벌었어요, 현금으로요." 오볼스키가 말했다. 졸업 후에 오볼스키는 미술에 대한 흥미를 잃었다. 그래서 바에서 계속 일하면서, 일하지 않는 시간에는 텔레비전 요리 프로그램을 보았다. "난 생각했죠, '이 일이라면 할 수 있겠어!'라고요." 그녀가 말했다. 그래서 요리 학교에 등록하고 페이스트리 셰프 교육을 받았다.

1년도 지나지 않아, 그녀는 셰니츠키를 만나 라스베이거스 교회에서 엘비스 대역 배우의 주례로 결혼식을 올렸다. 그리고 맨해튼 레스토랑 업계의 엘리트로 떠오르기 시작했다. 오볼스키는 최고급 레스토랑을 돌면서, 디저트와 빵을 만들었다. 급여는 보잘것없었고, 잔고는 더 보잘것없었다. "돈을 많이 벌지는 못했어요." 그녀는 그렇게 말하면서, 살구 타르트에 설탕 시럽을 발라 오븐에 넣었다. "몇 년 동안 부도 수표를 남발한 셈이죠. 그렇게 파산했어요. 약간은 돈을 빌미로 이용당한 셈이죠. 하지만 그걸 깨닫지 못했어요."

결국 오볼스키는 맨해튼 금융 지구에서 인기 있는 점심 장소로 꼽히는 노스엔드그릴 레스토랑을 그만두었다. "노스엔드그릴에서 정말 즐거웠어요." 그녀가 말했다. 팝콘 선디같이 자기가 만들어낸 디저트가 수없이 언론에 소개되었다. 그래서 셰프 어워드 후보로 지명되었고, 유명 인사들과 요리 여행도 다녀왔다. 하지만 그 레스토랑의 수석 셰프가 그만두고 에릭 코시라는 총괄 셰프가 들어오면서, 상황이 바뀌었다. "상황이 이상해졌어요." 그녀가 말했다. 오볼스키에 따르면, 코시는 욕을 퍼붓고 사납게 굴었다. 그리고 오볼스키는 그가 여성 직원들을 성희롱하는 장면을 여러 차례 목격했다. 그 때문에 그는 노스엔드그릴을 그만두고 몇 년 후에 체포되었다. 그의 성추행을 의심하는 글이 뉴욕시의 레스토랑 정보를 소개하는 '이터(Eater)' 사이트에 올라왔기 때문이다. 코시는 즉시 다음 직장을 그만두었고, 동료들을 "불쾌하게" 만든 점에 대해 사과문을 발표했다. 하지만 그 시기에 오볼스키는 환멸에 빠져들었고, 결국 해변으로 가게 되었다.

"자, 이제 달려보자고!" 오볼스키는 서튼에게 소리쳤다. 9시 30분쯤이었다. 서튼은 오븐에서 갓 구워낸 빵들로, 빠르게 비어가는 베이커리의 윈도를 채워 넣는 중이었다. 그런 여름날 토요일이면, 점심때까지 크루아상 150개쯤은 쉽게 팔려나간다. "크루아상 더 많이, 음료도 더 많이, 모든 게 더 많이 필요해!" 서튼이 말했다. 두 사람은 노스엔드그릴에서 만났다. 어느 날 레스토랑 지하의 페이스트리 전용 주방에서, 서튼(그녀는 캘리포니아에서 자랐다)은 그날 아침 로커웨이비치에서 서핑을 하고 왔다는 이야기를 했다. 오볼스키는 얼마 전 코스타리카에서 보낸 휴가 여행 때 서핑을 배웠고, 로커웨이가 어디쯤에 붙어 있는지도 몰랐다. 하지만 오볼스키는 곧바로 서튼에게 말했다. "응, 나도 서핑할래!"

"우린 1년 반쯤 빈둥댔어요. 뭘 하고 있는지 아무 생각도 하지 않았어요." 오볼스키는 회상했다. "쉬는 날, 어떨 때는 출근 전 아침에도 그곳에 가서 그냥 물속으로 들어갔어요. 파도가 밀려오면 어떻게 해야 할지만 생각하려 했어요. 우린 보드워크에서 머리를 감고는, 직장으로 갔어요. 요리사들이 생선을 씻는 싱크대에서 잠수복을 헹궈서, 지배인 사무실에 걸어놓고 말렸어요. 지배인이 우리에게 도대체 무슨 짓을 하고 다니냐고 물었을 정도였죠. 하지만 우린 좋았어요. 서핑에 홀딱 빠졌죠, 서툴렀지만요. 마음은 늘 해변에 가 있었죠."

로커웨이비치에 너무 강하게 끌린 나머지, 2015년에 오볼스키와 셰니츠키는 브루클린에서 그곳으로 이사했다. "난 뭐든 상관없었어요. 바쁘고 분주해도 괜찮았고, 우리 개가 닭뼈를 먹어도 괜찮았어요." 오볼스키가 말했다. 그들은 바다에서 60미터 정도 떨어진 곳에 새로 지어진 타운하우스 아파트를 임차했다. 노스엔드그릴까지 출퇴근하려면 지하철 A선으로 하루 두 번 45분씩 걸렸지만, 힘들지 않았다. 오볼스키는 아침에 서핑을 하고 나서 도시로 들어가 하루 종일 빵을 구웠다. 집으로 돌아오는 지하철에서는 니그로니(드라이진, 베르무트, 캄파리를 재료로 하는 이탈리안 칵테일, 주로 식전주로 마신다 - 옮긴이)를 마셨다. 그러나 코시(그는 오볼스키를 조롱조로 "인마"라고 불렀다)와의 관계는 계속 나빠졌다. 급여 인상을 요구하자, 레스토랑 측은 오볼스키에게 셰프 나이프를 주었다.

'난 이따위 칼이나 달라는 게 아니라고!' 오볼스키는 이렇게 생각하면서, 처음으로 자문했다. '이 일을 더 하고 싶은 거야?' 그녀는 급여를 좀 더 주는 대신 근무시간도 더 긴 다른 레스토랑에 일자리를 구했다. 이제 아침 7시에 로커웨이를 떠나면 새벽 1시까지도 집에 돌아오지 못하는 날이 많아졌다. 서핑도 하지 못했고, 깨어 있는 남편을 보지도 못했고, 햇빛이나 해변 등 로커웨이로 이사하면서 즐기려던 모든 것이 사라졌다. 첫 주를 근무한 후에, 이틀 휴가를 내고 서핑을 했더니 일에 전념하지 않는다는 힐난을 받았다. "먹지도 못하고, 건강도 나빠졌고, 기분도 비참했어요. 울면서 집에 돌아왔더니, 앨릭스가 이렇게 물었죠. '무슨 일이야?' 하지만 너무 기진맥진해서 대답도 못 했어요." 그녀가 말했다.

한계점에 달한 것은 엄청난 눈보라가 쳤을 때였다. 그날 밤에는 레스토랑에 손님이 거의 없을 것이 분명했다. 직원들은 어떻게 집에 돌아가고 아이들을 데려올지 고민하면서 정신없이 퇴근 준비를 했다.

그런데 레스토랑 점주는 직원들에게 그날 밤에는 배달을 해야 한다면서 모두 늦게까지 일해야 한다고 했다. "그 나쁜 자식들은 신경도 안 썼어요. 그저 돈 벌 생각밖에 없었죠." 오볼스키가 말했다. 지하철이 운행을 중단했다는 소식을 들었을 때, 주방에 있던 오볼스키는 분노로 소리쳤다. "빌어먹을. 이제 집에 갈 수도 없다고!" 오볼스키는 친구 집에서 자고 다음 날 아침 다시 일터로 돌아갔다가 그날 밤 늦게야 집으로 돌아갔다.

"그게 다였어요. 남편과 같이 있고 싶었지만, 지하철에 꼼짝없이 발이 묶여 있었어요. 우울했죠. '나 뭐 하고 있는 거지?'라는 생각이 들었어요. 그 레스토랑은 돈도 많이 주지 않았어요. 특히 여성 직원들에게는요." 그녀가 말했다.

봄이 다가왔다. 셰니츠키는 음악계에서 밴드를 스카우트하는 일을 하면서, 로커웨이비치 부근의 여러 바와 레스토랑 점주들과 친해졌지만, 그의 아내는 도시에서 일했다. 휘츠엔드(Whit's End)라는 피자 가게 주인 휘트니 에이콕은 셰니츠키에게, 낚시꾼들이 모이는 선착장에 있는 셔터가 내려진 오두막 스낵바에 대해 이야기했다. 에이콕은 오볼스키가 그 가게를 인수해서 낚시꾼들에게 빵을 만들어 팔면 어떻겠냐고 제안했다.

"마음이 이랬다저랬다 했죠." 오볼스키가 말했다. 돈이나 건강보험에 대한 두려움이 자동적으로 떠올랐다고 했다. "더구나 그건 합법적이지도 않았어요. 하지만 앨릭스가 내게 이랬죠. '알게 뭐야! 그냥 해!'" 오볼스키는 믹서기와 베이킹팬과 거품기 등을 한 번에 하나씩

사들여서, 지하철로 집에 가져오기 시작했고 마침내 필요한 물품을 모두 갖추었다. 2016년 6월 26일 오볼스키는 창업을 꿈꾸는 직장인 이라면 누구나 상상 속에서 해보는 그 일을 했다. 바로 직장을 그만 두는 것이었다.

가장 가난한 사람들부터 가장 부유한 사람들까지, 가장 야심찬 스타트업 창업가들부터 가장 소박한 부업을 하는 사람들까지, 모든 사업가들을 한데 묶는 한 가지가 있다면, 그것은 다른 사람 밑에서 일하지 않겠다는 신념이다. 그 신념은 대개 좌절에서 싹터서, 계속되는 짜증을 바탕으로 자라나다 자기 사업을 시작할 준비가 될 때쯤이면 목적의식으로 피어난다. "창업가의 특징은, 간단히 말하자면, 권위에 '굴복'하지 않고, 권위와 함께하지 못하며, 그 결과 권위로부터 벗어나려 한다는 것이다." 1964년에 발간된《기업하는 사람》이란 책에 이렇게 쓰여 있다. 이 책은 미국 최초의 창업에 관한 학문적 텍스트다. 창업의 주요 행위는 해방이다. 고용 상태라는 굴레를 떨쳐내고 자기 일을 할 자유를 품에 안는 일이다.

"평생 처음 '저 자신'을 위해 뭔가 하려는 시도였죠. 레스토랑에서는 저더러 그만두지 못하게 하더군요, 저는 그냥 이렇게 말했죠. '아뇨, 아뇨, 아뇨, 아뇨.' 그들은 10만 달러를 제안했지만, 제 대답은 여전히 '아니요'였어요. 두려웠지만 기분은 좋았어요. 물론 지금도 두려워요." 오볼스키가 말했다.

오볼스키는 레스토랑에서 일했던 마지막 날이 자기 인생이 바뀐 순간이라고 설명했다. 그녀는 저녁 시간까지 일하기로 되어 있었다. 하지만 셰니츠키가 근처에서 파티가 열린다는 메시지를 보내왔다. 그래서 그녀는 바로 앞치마를 벗어 셰프에게 건넸다. "저 가야겠어요."

"그게 다야?" 셰프는 어이없다는 얼굴로 풀어놓은 앞치마를 쳐다보았다.

"'그래요!' 난 셰프에게 이렇게 말하고 문밖으로 걸어 나왔어요. 열차를 타고 집으로 돌아오는 길은 어느 때보다도 멋졌어요. 태양이 만 위로 지고 있었죠. 이렇게 아름다운 오렌지 빛으로요. 저는 속으로 생각했어요. '난 이 일을 더 이상 할 필요가 없어! 멋지다.'" 오볼스키가 말했다.

하지만 그다음 주는 화려함과는 거리가 멀었다. 오볼스키는 인부 한 명과 함께 섭씨 35도나 되는 열기 속에서 쓰레기 투성이인 선착장에 1.2미터 깊이의 구덩이를 파내어 정화조를 묻었다. 마침내 그 오두막에 주방을 만들었지만, 전기가 들어오지 않아 집에서 빵을 구워야 했다. 그런데도 낚시꾼들은 오볼스키가 만든 크루아상을 사 먹었다. 특히 에브리싱베이글을 얹은 햄치즈 크루아상이 무엇보다도 그녀의 사업이 자리 잡는 데 도움이 되었다.

창문도 없는 지하 주방에서 셰프 가운을 입고 5년간 일한 후에 "저는 비키니를 입고 크루아상 반죽을 밀죠. 가건물에서 마리화나를 피우면서요". 그녀는 어느 곳이든 바이크를 타고 다닌다. 그리고 일주일에 한 번 필요한 것들을 사러 나갈 때 외에는 반쯤 섬인 이곳을 떠나지 않는다. 정오에는 나이 든 낚시꾼인 '프랭크 더 피시'가 잡은 물고기를 가지고 돌아와서 오볼스키를 보트에 태워준다. 이 오두막에서는 일출이 잘 보였고, A선이 만을 건너 도시로 들어서는 모습도 보였다. "돈을 많이 벌진 못했어요. 하지만 저는 월세를 내지 않았고, 앨릭스에겐 자기 일이 있었죠. 그리고 재미있었어요." 사업은 오볼스키가 상상했던 것보다 더 좋았다.

그리고 노동절(미국과 캐나다는 9월 첫 번째 월요일이다-옮긴이)이 되자, 선착장은 서늘해지고 한산해졌다. 오볼스키는 장사를 계속하려면 내륙으로 옮겨가야 한다는 것을 깨달았다. 그래서 적당한 장소를 찾아냈지만, 공사비가 300퍼센트쯤 부족했다. 평생 저축한 12만 달러 이상의 돈을 모두 쏟아붓고 대출까지 더해서 그곳을 임대하고, 증축을 하고, 시의 승인을 받았다. 그동안 오볼스키는 로커웨이비치 주변의 임시 매장에서 크루아상을 비롯한 빵들을 팔았다. 대개는 서퍼들에게 먹을거리를 파는 술집이나 맥주집 등에서였다. 그녀는 자기 빵들을 인스타그램에 올리는 프로모션을 진행했다. 오볼스키는 2017년 3월 어느 날에 베이커리를 개점했다. 성수기가 아니었는데도 오후 1시 전까지 모든 빵이 팔렸고, 금고(여전히 플라스틱 박스였다)에는 현금 1500달러가 쌓였다.

"그 일이 정말 좋았어요." 오볼스키가 말했다. 10시 30분경, 꾸준히 이어지던 주말 손님들이 뜸해질 즈음이었다. "저는 몇 시간 동안 여기 서 있어요. 모든 일을 제가 다 했죠. 가만히 앉아 있지 않고, 내 손으로 직접요. 전 이 일의 창의적인 면이 정말 좋아요. 매일 마음에 새기는 도전이 좋고, 사람들이 이 장소와 빵을 얼마나 좋아하는지 이야기하는 것을 들으면 정말 기뻐요. 정말로요. 저 잠깐만 쉴게요." 오볼스키는 잠시 밖으로 나가서 눈을 가늘게 뜨고 태양을 바라보았다. 그러고는 사람들에게 손을 흔들고 심호흡을 했다. "신선한 공기네요." 그녀는 한숨을 쉬며 이렇게 말하고는 카운터 뒤편으로 돌아와 점심시간에 몰려들 사람들을 대비해 다시 준비를 시작했다. "오늘 내가 볼일을 봤는지 아닌지도 기억이 안 나네요."

큰 것이 아름답다?

오볼스키의 경쾌한 모험담은 매력적이지만, 실제 라이프스타일 사업가는 미국 전역 그리고 전 세계에서 창업이 한창이던 시기에조차 뚜렷한 감소세를 보였다. 브루킹스 연구소(Brookings Institute)가 2016년 발표한 보고서에 따르면, 1979년 이래 거의 모든 업종에서 스타트업 비율(해당 업종에서 창업 1년이 되지 않은 신생 회사의 숫자)이 전반적으로 축소되었다. 농업, 운송업, 유통업, 금융업, 광업에 이르기까지 매년 창업하는 사람들은 점점 줄어들고 있고, 새로 시작하는 회사의 숫자도 줄어들고 있다. 건설 같은 몇몇 업종에서는 스타트업 숫자가 40년 전의 겨우 4분의 1 수준이다. 연방준비제도이사회의 보고서에 따르면, 미국에서 전 업종의 스타트업 비중은 1979년 14퍼센트에서 2016년 8퍼센트로 떨어졌다.

이런 일이 일어난 데에는 여러 가지 이유가 있다. 그중 어느 하나도 완전한 대답이 되지는 못하지만, 소규모 스타트업의 감소 요인에는 중국을 비롯한 경쟁력 있는 경제 블록의 부상, 유가와 물가의 변동, 베이비부머 세대의 부상과 구매력, 업종별 세제 정책과 규제, 공동체를 이루는 장소와 방식의 변화 등 여러 가지가 있다. 하지만 가장 큰 한 가지 요인을 꼽는다면, 시장 집중도의 증가일 것이다. 〈뉴욕타임스〉에 실린 데이비드 레온하르트(David Leonhardt)의 분석에 따르면, 1989년 이래 고용은 (1만 명 이상의 직원을 둔) 대기업들에서 가장 많이 늘어난 반면, 4인 이하 소기업에서 가장 많이 줄어들었다. AT&T, 월마트, 아마존, 페이스북, 엑손모빌 같은 초대형 기업들이 가차 없이 경쟁사를 인수 합병했고, 많은 경우 자기 업종에서 완전한 독점 체제를 구축했다. 이 기업들이 초래한 네트워크 효과, 인프라 비용, 규모의 경제 때문에 새로운 기업을 시작하여 생존시키는 일은 불가능해졌다.

미국의 중소기업(중소기업청의 기준에 따르면 직원 500명 미만 기업으로, 미국 전체 기업의 99퍼센트를 차지한다) 보호론자들은 불안한 마음으로 이런 트렌드를 줄곧 지적하며, 지난 수십 년간 창업 지원과 교육에 많은 투자를 했다(오스트레일리아, 영국, 일본 등 다른 나라들의 상황도 비슷하다). 하지만 이런 트렌드가 반드시 나쁜 것만은 아니라고 주장하는 목소리들이 점점 높아지고 있다. 2018년에 나온 책《큰 것이 아름답다: 중소기업 신화를 파헤치다》에서, 경제학자 로버트 앳킨슨과 마이클 린드는 미국의 중소기업과 중소기업 사장들이 "신성불가침의 영역에서도 가장 신성한 대상"이고, 그들의 기여도에 비해 극도로 과대평가받는다고 주장했다.

용감한 자영업자들 덕분에 유지되었던 제퍼슨식 민주주의의 이상은, 이제 낡은 이상이고 그만 사라져야 한다는 것이다. 대부분의 작은 회사들은 실패하고, 그들이 만들어낸 일자리는 소멸되며, 생존한 회사들도 계속 소규모이기 때문에 기껏 직원을 몇 명밖에 고용하지 못한다. 사장들이 라이프스타일 사업만 운영하려고 하기 때문에 성장에는 별 관심이 없다는 것이다. 린드와 앳킨슨은 자료를 보여주면서 대기업이 제품과 서비스를 더 많이 수출하고, 더 좋은 급여와 복리후생을 조건으로 더 많은 직원을 고용하며, 공동체를 긍정적으로 변화시키고, 낡은 것을 혁신하여 새로운 것을 발명한다고 설명했다. 심지어 인권 같은 민주주의 지표도 대기업이 중소기업보다 앞서 있다. 대기업이 취하는 조치들(이를테면 여성 직원들에게 육아 관련 복리후생을 확대하는 것)이 정치와 정책 수립에 영향을 미치기 때문이라고 그들은 주장한다.

"생산성을 향상시키는 가장 좋은 방법은 노동집약적이고 기술적으로 정체된 소규모의 구멍가게 같은 회사를, 숫자는 적더라도 역동적이고 자본집약적이며 기술 중심적인 대규모 회사로 대체하는 일에 장애가 되는 요인을 제거하는 것이다." 린드와 앳킨슨은 썼다. "정부가 중소기업을 도우려면, 지역에 피자 가게를 내려는 애슐리와 저스틴을 육성할 것이 아니라 규모를 키우려는 열망과 잠재력을 가진 스타트업에 집중해야 한다." 그들은 애슐리와 저스틴은 절대 창업가가 아니란 점을 분명히 밝혔다. 그 이유는 그들이 조지프 슘페터의 정의대로 업종을 파괴하는 혁신가가 아니기 때문이다. 미국에 필요한 것은 더 많은 스타벅스이지, 또 하나의 로커웨이비치 베이커리가 아니라는 것이다.

이는 케이스웨스턴 대학교의 창업 관련 교수 스콧 셰인의 사상을 반영한다. 그는 중소기업보다 우위에 있는 실리콘밸리 스타트업 모델의 유용성을 가장 소리 높여 주창하는 인물이다. "창업의 영향력은 대개 높은 잠재력을 가진 사업인 페이스북, 인스타그램, 렌딩클럽스 (Leading Clubs, 미국 샌프란시스코에 본사를 두고 2007년에 사업을 시작한, 세계 최대의 P2P 대출 핀테크 기업 – 옮긴이) 등의 창업에서 비롯되는 것이지, 정부 통계에서 가장 높은 비중을 차지하는 세탁소, 옷가게 등에서 비롯되는 것이 아니다." 셰인은 2018년 책 《창업은 사라졌는가?》에서, 더 많은 벤처캐피털과 에인절 투자자의 후원을 받는 기업들을 만들어내고 구멍가게 유통점을 줄이는 것이 일자리 창출과 GDP 성장에 좋다고 했다. 그리고 이어서 이렇게 말한다. "페이스북이나 구글이 몇 개 더 생긴다면 도심에 무수히 많은 옷가게가 생기는 것만큼의 가치가 있다. 그들이 훨씬 더 많은 일자리와 경제 생산량을 창출하기 때문이다."

한편에서는 중소기업을 희생시키면서까지 대기업과 (대기업이 되고자 하는) 실리콘밸리 스타일의 스타트업에만 배타적으로 집중하는 것은 큰 문제라고 주장하는 창업 연구자들이 늘어나고 있다. 그중 한 명인 인디애나 대학교의 데이비드 오드레치(David Audretsch) 교수도 이런 문제의식이 창업가의 정의와 연결된다고 말했다. 그는 학문적 문헌에 나오는 창업가는 세 가지 관점에서 정의된다고 설명했다. 첫 번째는 조직에 대한 것이다. 이 사업은 새롭고, 참신하고, 개인이 독자적으로 하는 일인가? 이 정의는 가장 범위가 넓어서 라이프스타일 사업가, 작은 가게들, 나와 내 아내 그리고 우리 가족 같은 1인 기업이나 프리랜서까지 포괄한다. 두 번째 정의는 행위에 대한 것으로, 기회를 모색하고 이를 실행하는 개인으로 규정된다. 이 정의는 회사 창업가 또는 사내 창업가를 포함하며, 창업의 주체가 되는 일보다 창업가다운 행위(새로운 아이디어, 발명 등)를 더 중요하게 여긴다. 마지막으로 성과에 근거한 창업가 정의가 있다. 어떤 사람이 혁신을 이루었는가, 그리고 그 혁신이 경제성장이나 파괴를 이끌었는가?

오드레치가 말해준 두 번째와 세 번째 정의는 1980년대 말에 시작되어, 이 분야를 지배하게 되었다. 그리고 이후 혁신, 성장 잠재력, 확장에 강박적으로 집중하는 창업 모델을 조장하면서 그 밖의 다른 것들은 모두 배제하는 결과를 낳았다. 이같이 협소한 창업가 정의가 갖는 가장 큰 문제점은 실제 창업과는 너무나 동떨어져 있다는 점이다. 실제로는 작은 가게들과 라이프스타일 사업가들이 급진적인 혁신가들보다 수적으로 어마어마하게 더 많다.

"우리는 이게 유일한 창업 유형이라고, 유일한 사업 모델이자 사회적 모델이라고, 따라서 그게 정책이 되었다고 생각한 탓에, 우리가 거둔 성공의 피해자가 되어버렸습니다. 그게 못과 망치가 되어버린 셈입니다('망치만 들고 있는 사람에게는 모든 것이 못으로 보인다'는 영어 속담이 있는데 1960년대에 심리학자 매슬로가 썼던 말이라고 알려져 있다 - 옮긴이). '어떤 문제든 내게 줘봐. 창업, 혁신, 성장으로 해결책을 내놓을 테니까.' 이런 식이죠." 오드레치가 말했다.

스타트업 창업 신화에 집중하는 이런 분위기는 학계 외부로 확대되어 실질적인 결과를 초래했다. 창업의 정의는 실리콘밸리로 옮겨가, 중소기업이나 가족 기업에 할애되었던 여러 강의, 프로그램, 자원들이 삭감되어, 테크 스타트업 육성에 집중하는 인큐베이터, 혁신 지대, 기타 프로그램에 자리를 내어주었다. 정치인들, 대학교들, 그밖에도 신속한 결과물을 원하는 사람들은 가장 가시적이고, 멋지고, 세간의 이목을 끄는 창업 형태에 끌렸고, 나머지를 희생해가면서 유니콘 기업을 좇았다.

벤과 제리의 아이스크림 회사

2016년 오드레치는 세 명의 동료 교수와 함께 이에 관한 에세이를 발표했다. 그들은 "일상의 창업—창업 다양성을 수용하는 창업 연구를 요구한다"라는 제목의 글에서 여러 종의 테크 사업에 집중된 업계를 되돌려놓아야 한다는 주장을 펼쳤다.

"우리는 대개 극소수의 아웃라이어(outlier, 보통 사람의 범위를 넘어서는 비범한 사람 - 옮긴이) 집단을 대상으로 창업에 대한 이해를 높이고자 하는 몹시 편향된 연구를 계속하고 있다. 그동안 우리가 '일상의' 창업이라고 명명한 엄청나게 큰 부분을 차지하는 다양한 창업은 흔히 간과되고 만다. ……가젤 기업과 유니콘 기업이 우리 생각만큼 중요하지 않다는 뜻이 아니라 암암리에 일상의 창업을 중요하지도 흥미롭지도 않은 것으로 규정해버림으로써 그 풍부한 다양성과 중요성을 이해하지 못하게 되었다는 것이다."

　나는 이 논문의 공저자인 독일인 여성 교수 프리데리케 벨터에게, 일상의 창업(내가 이야기를 나누었던 비판적인 학자는 이 용어가 '순 헛소리'라고 했다)이 정확히 어떤 의미인지 물었다. "포괄적인 창업을 의미합니다. 우리가 창업을 현실 그대로 광범위하게 인지한다면, 그래서 다양한 창업의 방법이 있다는 걸 실제로 인지한다면, 창업이 쉬워질 테니까요." 그녀가 말했다. 이런 포괄적 견해는 대개 중소 규모의 사업을 포함한다. 벨터의 연구는 중소기업 중에도 특히 유명한 독일의 미텔슈탄트(Mittlestand, 독일에서 종업원 300명 미만, 연 매출액 5000만 유로 미만인 강소 기업을 가리키는 말이다-옮긴이) 제조 회사들에 집중되었다. 이 회사들은 대개 소규모이고 지방에 있으며 연필, 자동차 부품, 첨단 전자 의료 장비 등 무엇이든 만든다. 미텔슈탄트 회사들은 독일 경제의 활력소이지만, 베를린이나 프랑크푸르트에 집중되어 있지 않기 때문에 테크 스타트업에 비해 사람들의 흥미를 끌지 못했다.

　"벤처 투자자들은 그건 '그냥 라이프스타일 사업'일 뿐이라고 말할 수도 있지요. '라이프스타일'이란 말을 입에 올리는 순간, 소리 내어 말은 하지 않아도 '그들은 성장하고 싶어하지 않아'라고 하는 거나 다름없어요. 글쎄요, 왜 그들이 성장해야만 합니까? 벤처 투자자의 수익을 높여주기 위해서요? 왜 벤처 투자자가 좌지우지해야 하는 겁니까?" 벨터가 말했다. 기본적으로, 창업은 사람들이 자기 생활을 책임지는 행위이고, 자기 일을 사회경제적으로 확고하게 장악하는 방법이라고, 벨터는 말했다. 거의 대부분의 창업가는 사업을 성장시키고 싶어한다. 하지만 저마다 다른 이유에서 저마다 다른 방식과 속도로 말이다. 벨터와 오드레치는 창업가들의 포부가 하나라고 생각하는 것은 어리석은 일이라면서 절대 하나가 아니라고 강조했다. 그들은 혁신적인 동시에 독립적일 수도 있고, 공동체에 집중하는 동시에 급성장할 수도 있고, 라이프스타일 사업이었다가 나중에 다국적 기업으로 성장할 수도 있다. 오드레치는 1982년 버몬트의 주유소에서 만났던 두 젊은이를 떠올렸다. 그들은 벌링턴에서 작은 아이스크림 회사를 경영한다고 했었다. 두 젊은이는 바로 벤앤제리스 아이스크림의 벤 코헨(Ben Cohen)과 제리 그린필드(Jerry Greenfield)였다. 10년 안에 벤앤제리스 아이스크림은 전 세계적으로 유명해졌고, 2000년 3억 2600만 달러에 유니레버로 매각됐다. 처음 시작할 당시만 해도 두 사람 모두 상상도 못 했던 결과였다. "애플도 라이프스타일 사업으로 시작했습니다. 페이스북도 라이프스타일 사업으로 시작했고요." 오드레치가 말했다.

모든 창업가가 큰돈을 벌겠다는 꿈을 꾸고, 많은 이들이 자신이 차세대 스티브 잡스가 될 거라는 확신을 품는다. 하지만 현실은 좀처럼 그렇게 흘러가지 않고 성공은 예측 불가능하다. 최근에 개업한 피자 가게가 도미노피자처럼 될지 누가 알겠는가? 아니면 다섯 개의 지점을 둔 지역의 피자 체인이 될지? 아니면 로커웨이비치에서 저녁 메뉴의 가짓수를 늘려줄 훌륭한 피자 가게가 될지? 같은 업종에서 같은 방식으로 시작하더라도, 타이밍이나 운, 또는 생활환경 등에 따라 아주 다른 결과를 가져온다는 이야기다. 규모가 가장 큰 사업체가 분명히 가장 많은 일자리를 창출하겠지만, 그것은 규모에 따른 현상이지, 규모의 원인이 아니다. 정치인들은 자기 지역구에 큰 공장이 들어서서 한 방에 수백 개나 수천 개의 일자리가 생겨날 거라고 발표하고 싶어하지만, 사실 그 일자리들은 그만큼 갑자기 사라질 가능성이 높다. 투자의 기초에 따르면 포트폴리오가 다양할수록 더욱 안정적이다. 지역 경제에 대해서도 같은 이야기가 성립된다.

"대기업들이 예전만큼 일자리를 제공하지 못하는 것이 현실입니다." 마이크 헤링턴이 말했다. 그는 전 세계의 창업 데이터를 정리하는 글로벌창업모니터(Global Entrepreneurship Monitor)를 운영한다. 헤링턴은 남아프리카공화국의 케이프타운에서 활동하며, 학계에 들어오기 전에 네 개의 회사를 창업했었다. 그중에는 한때 3200명의 직원을 고용한 팬티스타킹 공장도 있었다. "대기업들은 빠르게 바뀌고 있습니다. 자동화가 심화되고 기술이 발달하면서, 일자리가 없어지고 있어요. 사람들은 어떤 방식으로든 자신의 일자리를 마련해야 한다는 사실을 깨닫고 있죠." 데이터에 따르면, 가장 빈곤한 국가(마다가스카르, 카메룬, 부르키나파소는 미국, 일본, 유럽 국가들에 비해 자영업 비율이 거의 네 배나 높았다)에 창업가가 가장 많지만, '다다익선'이라는 단순한 말은 잘못된 것이다.

헤링턴은 세계 최고의 선진국들을 회원으로 하는 OECD(경제협력개발기구)의 데이터를 인용하여, 업종별 일자리 창출 비율을 보여주었다. 영세 기업이 1.5개의 일자리를, 작은 기업이 50개의 일자리를, 하이테크 업종이 250개의 일자리를 만들어냈다. "1만 개의 일자리 창출이 목표라면, 분명 '작은 기업에는 신경을 끄고 테크 기업들에 돈을 몰아줍시다'라고 말하겠죠. 지나친 단순화예요. 이 모든 것을 종합해야 합니다. 그냥 일반화해서는 안 되고요. 또 다른 구글을 성장시킬 수 있다면, 으, 그게 학계가 내세우는 논리지만요. 어쨌든 그게 세상을 꾸준히 움직이게 하는 요소는 아닙니다. 사회가 한 가지 유형의 창업 행위만을 허용해서는 안 됩니다." 그가 말했다. 중소기업이 GDP에서 엄청난 비중을 차지하는 개발도상국에서는 더욱 그렇다. 그 수치는 헤링턴의 모국 남아프리카공화국에서는 60퍼센트, 인도에서는 90퍼센트에 달한다. 요하네스버그 빈민가에 사는 사람이나, 로커웨이비치에서 한 블록 떨어진 아번(Averne) 저소득층 임대 주택 단지에 사는 사람에게는 창업할 능력이 있기 때문에 사업으로 청구서를 결제하고, 가족을 부양하고, 생활을 꾸려나가는 것은 큰 변화다. 대부분의 사람들에게는 라이프스타일 사업이야말로 그들이 바라는 창업이다.

"많은 이론가들이 현실은 모른 채로 여전히 큰 규모만을 떠받든다. 하지만 현실에서는, 편리하고 인간적이고 관리 가능한 작은 규모로 이익을 내고 싶어하는 엄청난 열망과 분투가 있다." 에른스트 슈마허가 1973년 대표적인 저작인 《작은 것이 아름답다》에 썼다. 슈마허는 일과 창업을 혁신과 창조적 파괴의 과정으로 보지 않았다. 대신 불교도들처럼 경제적 자립과 보상뿐만 아니라 즐거움과 목적의식을 함께 가져다주는 '생계 수단'을 찾아내려 했다. 사실 이것이 인간 존재의 근본이다. "일과 여가는 상호 보완적인 삶의 일부다. 따라서 일이 가져다주는 즐거움과 여가가 가져다주는 행복을 아무런 손상 없이 분리하는 것은 불가능하다."

자기 시간과 영역을 지배한다는 것

창업가들이 돈만 좇는 경우는 거의 없다. 창업가들에게 돈은 늘 불확실하기 때문이다. "라이프스타일 사업은 자신의 시간과 영역을 지배하는 일, 더 바란다면 돈을 지배하는 일과 연관됩니다. 그것은 실제로 지배하는 일입니다. 대다수 사람들이 억만장자가 되는 것보다 더욱 간절히 원하는 것이 바로 그것입니다. 사람들은 대부분 자기 일에서 목적의식을 원하고 자기 시간에 대한 지배권도 되찾고 싶어합니다." 자영업 컨설턴트인 모라 애런스멜이 말했다(그녀는 '창업 포르노'란 용어를 만들어냈다).

내 아내 로렌은 예전에 회사에서 인사 담당자로 일하면서, 이 이야기를 여러 버전으로 듣고 또 들었다. 억대 연봉을 받는 현재의 은행 일자리와 마찬가지로 우울할 거라는 사실을 알면서도, 새로운 억대 연봉의 은행 일자리를 받아들여야 할지 말지 저울질해보는 후보자들로부터였다. 그들이 진정으로 원했던 것은 사업 구상, 여행, 어린 자녀들, 시골에 민박집을 여는 일 등 자신이 정말 신경 쓰는 일에 쏟을 더 많은 시간이었다. 당시 로렌의 마음속에도 같은 생각이 있었다. 로렌은 엄청 싫어하는 불편한 출근용 신발을 신고 진창길을 헤쳐가며 사무실로 가는 길에 카페에 들렀다. 그리고 그곳에서 한낮에도 빵을 굽거나 한담을 나누는 사람들을 보며 왜 자신은 그렇게 살 수 없나 생각했다. 아내는 일주일에 닷새를 일하면서 괜찮은 급여를 받았다. 그녀는 함께 일하는 사람들을 좋아했다. 하지만 그녀는 자기 일이 결코 허락하지 않는 것을 원했다. 아내는 언제 어디에서 일할지, 무슨 일을 할지, 누구와 함께 일할지, 무슨 옷을 입을지 등, 자기 생활을 스스로 지배하고 싶어했다. 창업하면 수입이 크게 줄어들 테지만, 훨씬 많은 자유를 얻게 되리라는 점도 알았다. 이런 교환은 무릅쓸 만했다.

비교적 이해하기 쉬운 경제 관련 자료와는 달리, 돈과 관련 없는 창업의 이로움을 추적 조사하는 일은 복잡하다. 일반적으로, 연구자들은 사업주들을 상대로 일의 만족도, 전반적인 삶의 만족도, 건강 만족도와 같은 것들(한 연구자는 '정신적인 소득'이라고 부른다)을 설문 조사한다. 이 데이터가 결정적이지는 않지만, 다양한 연구 결과 창업가들은 남에게 고용된 사람들보다 자기 일에 대한 만족도가 높은 경향을 보였다. 고용된 이들이 더 많은 돈을 버는데도 말이다.

로커웨이비치에서 다양한 라이프스타일 사업가들과 이 주제에 대해 이야기를 나눴었다. 사람마다 서로 다른 데에서 일과 삶의 만족감을 느꼈다. 오볼스키는 서핑, 해변에 사는 것, 자신이 만든 베이커리 등에서 만족감을 느꼈다. 징가라 빈티지(Zingara Vintage, 의류와 장신구를 판다)를 운영하는 보헤미안 공상가 에린 실버스는 혼자 키우고 있는 딸과 가까이 지내는 것이 만족스러웠다. "제가 제 경험을 창조해냈어요. 저는 이 미친 세상에서 안전하고 멋진 장소를 찾아 온전한 자유를 누리고 있죠." 그녀가 말했다. 2014년 로커웨이로 이사한 뒤에, 실버스는 매일 딸을 학교에 데려다주고 데려올 수 있게 되었다. 그녀는 아이를 해변에 데려와 금세 사라질 딸의 어린 시절을 딸과 함께 만끽하고 있다. "최근에 제 친구가 이렇게 말했죠. '에린, 너만큼 딸하고 많은 시간을 보내는 사람은 본 적이 없어'라고요." 실버스는 이렇게 말하고는 목이 메어 바로 말을 잇지 못했다. "로커웨이가 아닌 다른 곳에 가게를 냈다면 돈은 더 벌었겠죠. 하지만 여기에서 지내는 것만으로도 수입상의 손해는 충분히 보상받고도 남아요."

젠 포이안(오볼스키는 젠을 '진짜 나쁜 년'이라 불렀지만, 그건 칭찬 같은 것이었다)은 팟캐스트 스튜디오인 '스테이블 지니어스 프로덕션(Stable Genius Productions)'을 운영하면서, 여성 창업가를 다루는 〈지그재그(ZigZga)〉라는 인기 팟캐스트를 제작했다. 동업자를 비롯한 직원들은 모두 브루클린에 살고 브루클린에서 일했지만, 포이안은 로커웨이비치에 살았기 때문에 아들과 더 많은 시간을 보내면서 아들을 해변에 데려가 서핑을 가르칠 수 있었다. "가족은 제 인생에서 큰 부분을 차지하고 있습니다." 그래서 포이안은 자기 사업의 운영 방식을 가족 중심으로 설정했다.

육아는 매일 이어지는 단조롭고 고단한 일이었다. 하지만 내 아내 로렌은 그런 단조로움과 고단함에도 불구하고 육아의 즐거움 때문에 창업가가 되었다. 로렌은 아이를 아침에 데려다주고 다시 데려오는 일을 놓치고 싶지 않았다. 주말에만 식품점 쇼핑을 하는 것도 지긋지긋했다. 휴가 여행을 가기 위해 또는 딸이 아픈 날에 하루 휴가를 내기 위해 허락을 받고 싶지도 않았다. 4년 전에 아들을 임신했을 때, 자기 사업을 시작하기로 결심하면서 그런 감정들도 막을 내렸다.

로렌이 자기 사업을 시작한 뒤에, 세 번의 여름마다 로렌과 나는 8월에는 일을 쉬고 아이들, 부모님과 시골로 가서 캠핑, 수영, 하이킹을 하며 함께 시간을 보냈다. 어제 나는 이 장, 그러니까 이 책의 3장을 쓰다가 원래 계획했던 것보다 한 시간 일찍 일을 그만두었다. 바깥에 눈이 내리는 것을 보고 아이들에게 썰매를 태워주고 싶었기 때문이다. 직장에 다녔다면 불가능한 일이었다. 두 아이는 우리의 시간과 에너지를 과도하게 빨아들이고, 우리 가계에 잠재적으로 영향을 미친다. 하지만 우리가 반드시 참석해야 하는 미팅이 있거나 내가 조사나 강연을 위해 여행해야 하는 경우가 아니라면, 우리는 아침마다 소리를 질러대는 아이들 입에 치리오스 시리얼을 넣어주고, 도보로 학교까지 데려다준다. 그리고 몇 시간 후에는 다시 데려오고, 목욕을 시키고, 재우느라 한바탕 전쟁을 치른다. 마침내 아이들의 작고 귀여운 이마에 입맞춤을 하고 나면 하루가 끝난다. 우린 이렇게 지낸다.

늘 내 일을 해왔기 때문에 솔직히 누군가 자기 시간을 완전히 지배하지 못한다는 사실이 내게는 엄청나게 낯설게 느껴진다. 내가 점심을 같이 먹자고 했을 때, 친구 스티브는 "넌 뭐, 프랑스 사람임?"이란 농담과 함께 노트북 옆의 플라스틱 통에 담긴 그다지 신선하지 않은 샐러드 사진을 보내왔다. 비슷하게 해마다 스키 여행을 함께 가는 친구들이 마흔 넘은 나이에도 이틀 휴가를 얻으려면 상사에게 6개월 전에 '허락'을 받아야 한다고 해서 너무 놀란 적이 있다. 여름에 패들보드(길고 좁은 형태의 물에 뜨는 보드로, 물에서 팔이나 손을 움직여 앞으로 나아간다-옮긴이)를 타고 싶을 때면, 친구 조시와 나는 그냥 물로 들어갔다. 조시는 기술 지원 회사를 직접 운영하고 있다. 가끔 토론토의 시내 항구 주변에서 패들보드를 탈 때면 나는 스카이라인을 이루는 사무실 건물들을 가리키면서 조시에게 우리가 햇볕 아래 있는 동안 우리 친구들은 저 안에서 책상 앞에 앉아 있겠다고 말하곤 했다. 우리 친구 댄이 우리한테 메시지를 보냈다. "너희 둘은 일도 안 해?" 2019년 7월 어느 화요일 아침 조시가 우리 둘이 패들보드를 타는 사진을 보냈을 때였다. 댄은 고속도로 휴게소에 세워둔 차 안에 앉아서, 한 손에는 치즈버거를 들고 노트북으로 고객의 계약서를 편집하고 있었다. 물론 우리도 일은 한다, 우리 조건에 맞춰서.

이런 자유로운 감정에는 구체적인 이점이 있을 수 있다. 그 한 가지가 건강이다. 10년 전에, 에이미 페빙거는 맨해튼에서 텔레비전 프로그램과 광고를 제작했었다. "저는 스트레스성 위궤양을 달고 다녔죠." 그녀가 말했다. 어느 아침, 그녀는 파도를 바라보고 스무디를 마시면서, 로커웨이 보드워크를 걷는 중이었다. 페빙거는 취미로 꽃꽂이를 시작했다가 그게 부업이 되었고, 이제 선택의 순간이었다.

"좋아. 힘내서 사업을 일으켜보자. 안 되면 회사로 돌아가 위궤양약이나 먹지, 뭐." 페빙거는 그렇게 결심하고는 연봉 14만 달러(약 1.7억 원)를 받는 직장을 그만두고 플로리스트가 되었다. 플로리스트 일을 하면서, 간간이 프리랜서로 광고도 제작했다. 그녀는 로커웨이에서 서핑을 시작했고, 결국 그곳으로 이사했다. 맨해튼과 브루클린에서 꽃 사업을 계속했지만 도시에서는 꽃을 만져도 스트레스를 받았다. 마침내 페빙거는 로커웨이와 롱아일랜드에서 결혼식 꽃에만 집중함으로써 일을 줄이는 대신 건당 비용을 높이고, 집에서 일하기로 했다. 그리고 겨울이면 두 달 동안 멕시코에 가서 서핑과 꽃꽂이를 했다. 페빙거의 생활은 완전히 바뀌었다. 위궤양은 사라졌고, 대마초를 피우지 않아도 잠이 잘 왔다. 불안도가 아주 낮아졌기 때문이다.

"이런 거죠. 저는 결혼을 하지 않았고, 아이도 없어요. 그냥 나뿐이죠. 제게 필요한 돈을 충당하고 휴가를 떠날 정도면 충분해요. 연간 30만 달러나 벌 필요가 없어요. 왜냐고요? 그 돈을 다 쓸 시간도 없을 걸요." 그녀가 말했다. 최근에 그녀는 뉴욕의 꽃 시장에서 유명 플로리스트와 우연히 만났다. 페빙거는 그녀가 얼마나 험악한 모습인지를 보고 충격을 받았다. 그녀는 페빙거에게 사업 때문에 엄청난 스트레스를 받고 있고, 점점 미쳐버릴 지경이라고 하소연했다. "우와, 우리가 이 사업을 하는 것은 정반대의 이유 때문이었어요. 전 돈을 벌려고 이 일을 하는 게 아니에요. 제 인생을 살고 싶어서죠." 페빙거는 잠시 말을 멈추고 햇살이 드리운 아침 바다를 바라보았다. 그녀는 뉴욕시에 속한 이곳에 비키니 차림으로 앉아 있었다. "지금이 제일 행복해요. 저는 잠시 이 공간에서 차분하게 긴장을 풀지요." 파도가 한 차례 몰아쳤다. "이게 제 인생이에요."

라이프스타일 사업가들에게는 종종 일 자체가 그 일 덕분에 얻은 자유만큼이나 보상이 된다. 오볼스키는 빵 굽는 일을 사랑한다. 실버스는 사람들에게 빈티지 의류를 파는 일을 사랑한다. 일은 그들에게 즐거움을 가져다준다. 페빙거는 꽃꽂이를 사랑한다. 나는 사람들을 인터뷰하는 일을 사랑한다. 원하는 사람이라면 누구와도 대화를 나눌 수 있기 때문이다. 나는 '열정'이란 단어로 이 모든 것을 설명하는 것이 싫다. 스타트업 신화가 이 단어를 가져다가 특별한 망각 상태를 가리키는 마케팅 용어로 써버렸기 때문이다. 하지만 그것이 진정한 창업 정신을 구성하는 요소라는 것마저 부인할 수는 없다. 페빙거와 만난 후에, 나는 차를 몰고 로커웨이 인근 나무가 울창한 교외 지역인 벨레하버로 갔다. 그곳에서 조 팰콘(다른 이름으로 '조이 클랩스'라고도 한다)이 어머니 집의 차고를 개조한 작업장에서 웃통을 벗은 채로, 긴 직사각형의 고밀도 발포 소재를 깎아 6피트 2인치(대략 1.88미터 - 옮긴이) 길이의 서핑보드를 만들고 있었다. 로커웨이에서 태어나 평생 이곳에서만 살아온 서퍼이자 마틴 스코세이지 영화의 주인공같이 허세를 부리는 이탈리아계 미국인인 팰콘은 10대 때 취미 삼아 서핑보드를 만들었고, 이 도시에서 다양한 직업(셰프, 주차원, 서핑용품점 판매원, 그래픽 디자이너, 패션 포토그래퍼)을 전전하다가 로커웨이로 돌아와 '팰콘 서핑보드'라는 브랜드를 내걸고 서핑보드를 만들고 있다.

"난 이 지역 공동체에 재접속하고 싶었어요. 솔직히 멍하니 지내다가 인생을 되찾은 기분이에요. 내 마음은 사진에 빠져들지 않았어요. 사진 촬영을 하면서 내가 나누었던 대화는 '영양가'가 없었어요. 그러니까 사람들은 카다시안 가족(《4차원 가족 카다시안 따라잡기》라는 리얼리티 프로그램으로 유명하며, 연예계의 화제와 논란을 몰고 다니는 인스타 인플루언서 가족이다-옮긴이)에 대해 솔직한 이야기를 나누었지만, 난 그냥 지루했다고요." 그가 말했다. 팰콘은 자신에게 손재주가 있다는 것을 알았고, 고객들과 그들이 서핑하는 파도에 맞춘 서핑보드를 제작했다. "보드 하나에 1000달러씩 받기 때문에 다른 가게처럼 많이 만들 필요가 없어요. 난 할당량을 채우느라 서핑보드를 막 찍어내지 않습니다. 세상에서 중요한 건 진실된 일을 하는 거니까요. 내가 만드는 건 영원히 살아남을 거예요. 내가 죽더라도 내가 만든 보드들은 간직될 겁니다." 팰콘이 말했다. 그는 표정 없이 심각한 얼굴로 이 일이 그에게 삶의 목적을 준다고 강조했다. "아무것도 이것만큼 내 영혼을 채우지는 못합니다. 나는 장난감 제조업자죠. 그게 제 일이에요. 나는 사람들에게 재미를 찾아주려고 이 일을 해요."

어떤 사람이 혼자 일한다면, 그 일이 바로 그 사람이 된다. 그는 사업상의 자산이나 지적 재산만 갖는 것이 아니라 평판, 업적, 실패 등 사업을 하는 과정에서 배운 모든 것을 갖는다. 항상 혼자 일하는 작가로서, 그런 배움이야말로 경제적인 불안정 속에서도 계속 책을 쓰게 만드는 힘이다. 내 책이 베스트셀러가 될 가능성은 극히 미미하고, 경제적인 보상은 대단치 않으며, 일 자체는 고통스러울 수도 있다. 하지만 가장 중요한 것은 쓰레기도 보물도 모든 것이 온전히 내 것이라는 점이다. 책을 판매한 수입이나 책 표지에 쓰인 내 이름에서 느끼는 짜릿함보다는 그것이야말로 내가 그 일에서 얻는 이득이다.

화장실 청소도 내 일이거든

모든 사업가가 라이프스타일 사업에서 이런 이득을 경험하는 것은 아니다. 확실히 이것은 일관된 경험도 아니다. 라이프스타일 사업의 신화화는 스타트업 신화만큼 강력하고, 거의 비슷할 정도로 맹목적으로 추종된다. 블로그, 소셜미디어, 인플루언서, 작가, 전문가 등의 장황한 이야기는 끊임없이 사람들에게 직장을 그만두고, 자신의 꿈을 좇고, 열정을 따라 살라고 부추긴다. 활기차게 부업을 라이프스타일 사업으로 바꾸어서 늘 하고자 했던 일을 하라고, 그것도 위워크에 월정액을 내는 유료 회원으로 하라고 부추긴다.

수많은 컨설턴트, 블로거, 작가가 자유로운 창업가, 자유로운 추월차선, 노트북 라이프스타일 전문가 같은 이름으로, 좋아하는 일을 하면서 인생을 사는 비결을 홍보하고 있다. 그들의 웹사이트에는 한때 비참한 사무직 직원이었다가 전 세계를 여행하면서 (대개는 제휴 마케팅 모델로) 돈을 버는, 충만하면서도 돈벌이가 되는 인생을 새로 시작한 운 좋은 개인의 사진들이 가득하다. 라이프스타일 사업가에 대한 맹목적 숭배를 가장 잘 드러내는 사례는 밴 라이프 운동(#vanlife)이라는, 젊고 매력적인 커플이 개조한 폭스바겐 캠핑 밴을 타고 여행하는 인스타그램 여행기다. 캘리포니아 해변의 아침 일출을 배경으로 남자는 서핑보드에 왁스를 바르고(상반신을 탈의한 채로), 여자는 (상반신을 드러낸 채로) 펜들턴 담요로 몸을 감싸고 커피를 마시는 사진들을 올린다.

내가 #밴라이프에 대해 농담했을 때, 오볼스키는 얼굴이 빨개져서 남편 앨릭스와 자기도 벨마(Velma)라는 이름의 폭스바겐 밴을 잠깐 소유했었다고 털어놓았다. 하지만 그녀는 그런 유형을 잘 알았다. 그녀는 그런 여성들이 실제로는 아무 일도 하지 않으면서 자기들이 서핑 생활을 홍보하고 있다고 생각하며 수시로 해변에서 '셀카'를 찍어 올리는 것이 너무너무 짜증났다고 했다. 성수기에 로커웨이에 매혹되어서, 아무 생각 없이 호기롭게 술집, 상점, 레스토랑을 개업하는 사람들도 있었다.

"일단 해보라고! 수요일에 가게를 열고, 금요일엔 돈자루에 돈을 쓸어담으라고." 브랜든 드리오가 농담을 던졌다. 예술가인 그는 맨해튼을 떠나 소방관 브라다시 월시와 함께 로커웨이비치 서프 클럽이라는 '해변 뒤풀이(après-beach)' 술집을 개점했다. "여기에선 1월이 시작되면, 대부분의 사람들에게 환상 같은 것은 말라비틀어지지." 7월 어느 토요일에 내가 드리오와 월시를 만났을 때 그들의 술집은 사람들로 꽉 차 있었다. 하지만 드리오는 그 술집이 사업이 되려면 그나 월시가 꼬박 1년간 예술가나 소방관으로 일하며 벌었던 돈만큼은 벌어야 한다고 털어놓았다.

대부분의 라이프스타일 사업가들의 현실에는 좋은 일, 나쁜 일, 그리고 엄청나게 재미없는 일상이 포함된다. 서핑 가게 '보더스'의 주인 스티브 스태디스는 몇 년 전에 내게 로커웨이비치를 소개했던 사람이다. 내가 창업을 라이프스타일이라는 특징으로 표현하자 그는 크게 웃었다. 2004년에 사업을 시작한 이래 보더스는 원래 규모의 두 배가 되었고, 다섯 블록 떨어진 보드워크에 두 번째 지점, 해변에 두 개의 다른 할인 매장을 열었다. 스태디스는 가스 회사를 은퇴한 후 아들의 뜻에 따라 이 사업에 뛰어들었고, 근처에 술집도 하나 더 열었다.

"이제 매일 다섯 개의 가게가 돌아가도록 해야 하지." 스태디스가 말했다. 어느 날 아침 로커웨이비치 베이커리에 잠깐 들렀을 때 그는 감기를 달고 있었다. "현충일(5월 마지막 월요일)부터 노동절(9월 첫째 월요일)까지 일주일에 7일을 일한다고." 그는 원래 로커웨이의 서퍼였지만, 지난 10년 동안 파도를 타지 못했고 해변에 앉아본 적도 없었다. 그는 너무 바빴다. "우리는 돈을 벌고 있지. 수백만 달러는 아니라도, 청구서를 감당하려면 수입이 있어야 하니까." 그는 말하면서 기침을 했다. 나는 그래도 영예를 얻지 않았냐고 농담을 건넸다. "음, 난 화장실 청소를 해. 바닥도 쓸고. 아주 영광스럽지!"

창업가가 스스로 만들어낸 수수한 라이프스타일을 생각지도 않고, 이게 전부인지 의문을 갖는다면 어떻게 될까? 하지만 내가 질문했을 때, 창업가들은 한결같이 직장에 복귀하는 것은 자기들의 목표가 아니라고 했다. 완전히 자포자기해버리는 경우가 아니라면 그런 것은 생각조차 하지 않을 거라고 했다. 그들 대부분에게는 누군가의 직원이 된다는 생각 자체가 트라우마였다.

최근에 로렌이 자신의 꿈 이야기를 해주었다. 아내는 꿈에서 옛 직장으로 돌아갔다면서 그건 준비가 하나도 안 된 상태로 발가벗고 고등학교 시험장에 들어가는 반복되는 악몽만큼 무시무시했다고 했다.

2013년에 캐나다 매니토바주에서 자영업자를 대상으로 조사한 결과, 대다수 응답자들이 사장으로서 오랜 시간 일해왔음에도 그리 많은 돈을 벌지 못했다는 사실을 인정했다. 평범한 사장들에게는 일반적인 일이다. 그들은 직장인보다 적게 번다. 하지만 거의 대부분의 사장들이 다른 사람 밑에서 일하지는 않을 거라고 했다. 왜 그럴까? 한 가지 이유는 일정 선만 넘으면, 돈으로 더 많은 행복을 살 수 없기 때문이다. 이에 대해서는 수많은 연구 결과가 있다. 그중에는 노벨상 수상자인 경제학자 앵거스 디턴(Angus Deaton)과 심리학자 대니얼 카너먼(Daniel Kahneman)이 2010년에 내놓은 획기적인 연구 결과도 있다. 그들은 미국에서 가구 소득 7만 5000달러(현재 가치로는 약 9만 달러)가 넘는 가구들의 경우 더 많은 소득을 올린다고 해도 생활 만족도는 무시해도 좋을 만큼밖에 오르지 않는다는 사실을 밝혀냈다. 전 세계 여러 나라에 대한 연구에서도 동일한 결과를 얻었다.

창업가들의 동기는 모두 다르기 때문에 쉽게 특징짓기는 어렵다. 하지만 모든 창업가들은 자유를 중요하게 여긴다는 공통점이 있다. 2017년 개빈 카사르(Gavin Cassar) 교수가 발표한 "돈, 돈, 돈?"이란 제목의 논문에 따르면, 창업가가 어떤 직업을 선택하는지를 설명해주는 가장 중요한 단일 요일은 독립성이다. 그다지 놀랍지는 않다. 결국 자유는, 성공 여부와 상관없이 창업이 보증해주는 하나의 가치다. 사람들이 쟁취해낸 모든 종류의 자유와 마찬가지로, 창업가들이 이 자유를 포기하는 것은 상당히 어렵다.

첫 책이 나오기 직전, 내게도 잡지사나 신문사에 일자리를 구해볼까 생각했던 시기가 있었다. 적당한 경험을 쌓고, 인맥을 만들고, 정기적으로 급여를 받으면 어떨까 싶었다. 그랬다면 지금쯤 내 인생은 어떻게 달라졌을까? 닳아빠진 카키색 바지에 버튼업 셔츠 차림으로 직장에 출근해서 칸막이 자리에 앉아 일하고 짬짬이 직장 동료들과 잡담을 나눈다. 상사에게 점수를 땄는지, 점심시간을 너무 길게 쓰거나 화장실에 너무 오래 있었던 것은 아닌지, 지나치게 열심히 일했거나 충분히 열심히 일하지 못한 것은 아닌지 걱정하면서 말이다. 아마도 중요한 일은 뭐든지 상사의 허락을 구했을 것이다. 휴가나 병가도 썼을 것이다. 스키를 타러 가지도 못하고, 패들보드도 즐기지 못하고. 사무실에서 야근을 해야 하기 때문에, 누군가 내가 일한 시간을 실제로 세고 있기 때문에 매일 저녁 아이들을 데리러 가지도 못했을 것이다. 얼마나 많은 돈을 받아야 이런 것들을 포기하게 될까? 연봉 2만 5000달러? 5만 달러? 그딴 것은 집어치우시지.

로커웨이비치의 라이프스타일 사업가들도 자유를 중요하게 여겼다. "그건 우리 모두가 진정으로 이해하는 가치들이지요." 젠 포이안이 말했다. 우리는 로커웨이비치 서핑 클럽에서 술을 마시며 이야기를 나누고 있었다. 자유에는 희생이 따른다. 자기 가게를 갖고 있다면, 그 가게는 쉬는 날도 없이 밤낮 그 자리에 있다. 쉽게 가게를 그만둘 수도 없다. 거기서 벗어나 신경을 끄는 것은 불가능하다. 포이안은 내게 다시 한 번 알려주었다. 더 이상 아무도 아픈 날이나 휴가에 대해 일당을 지불해주지 않는다고(오볼스키는 겨울에 일주일 동안 푸에르토리코에 가는 서핑 여행 경비가 한 달 동안 베이커리에서 버는 돈과 맞먹는다면서 그건 그럴 만한 가치가 있다고 말했다). 은퇴를 계획하고 있다고? 하! 그냥 적금을 드는 것이 좋겠군. "창업가라면 알죠." 포이안이 말했다. 창업가들이 재정적 의무와 개인의 자유 사이에서 어떻게 균형을 잡고 있는지. "창업가라면 우선순위를 알고", 그걸 중심으로 사업을 꾸려간다.

오볼스키에게는 우선순위가 명확했다. 요리사 가운은 없고, 양말도 없다. 자기만의 음악, 자기가 만든 요리가 있다. 일주일에 한 번 식재료를 사러 가는 것 말고는 운전도 없다. 가게 문을 열고 닫는 시간은 유연한 서핑 스케줄(대개 이 동네에서는 "8시부터 4시 언저리까지"라고 한다)에 맞춘다. 지난 2월에 오볼스키는 베이커리의 인스타그램 피드에, 한 서퍼가 튜브(파도가 부서질 때의 아치꼴 물마루―옮긴이)를 타는 사진과 함께 글을 올렸다. "오늘은 서핑하러 가야 해서 오후 2시에 닫아요. YOLO(인생 뭐 있어요, 한 번뿐이)잖아요." 댓글로 그녀는 가끔 "겨울 로커웨이의 재미난 정신 건강"을 위해서 빨리 가게를 닫는다고 자세히 설명하면서 #인생을즐기자(#livealittle)란 해시태그를 덧붙였다. 요구 사항도 없고, 양해나 허락을 구하는 말도 없다. 그저 서핑만 있을 뿐.

우리가 살고 있는 삶, 우리가 살고 싶은 삶

자메이카베이가 내려다보이는 레스토랑에서 점심을 먹으면서, 이 지역의 여성 사업가 갈리트 차디크는 오볼스키야말로 스스로 정한 조건에 맞춰 살고, 자기 재능으로 독립적인 생활을 한다는 점에서 대표적인 로커웨이의 라이프스타일 사업가라고 했다. 부동산 투자 회사에 다니던 차디크는 2015년에 자문 회사를 차리고 이 반도 부근의 사업가들을 도왔다. 그들이 미래의 계획을 세우고, 각자의 가게를 좀 더 지속 가능하게 운영하도록 말이다(그녀는 또한 이 지역의 상인 연합과 로커웨이비치 여성 사업가 그룹의 총무였다). "이 사람들에게는 돈이 최종 목표가 아닙니다. 나는 그들에게 그들이 원하는 삶이란 말로써 최종 목표가 뭔지 물어요. '비전이 뭔가요?'라고요." 차디크가 말했다. 그녀의 고객들 중에는 도급업자, 배관공, 아기 전문 사진작가, 개인 트레이너, 가정 간호사, 소매업자, 레스토랑 점주, 서핑 강사, 치과 의사, 의사, 요가 스튜디오 운영자 등이 있었다. 그들은 모두 월급날만 기다리면서 근근이 살아가는 삶을 그만두고, 가족을 보살피며, "자신이 원하는 삶을 살아갈 자유"를 추구했다.

차디크에 따르면, 뉴욕시의 다른 지역과는 동떨어져 있다 보니, 로커웨이비치 지역 공동체에는 라이프스타일 사업가 공동체를 형성하려는 막강한 의지가 있었다. 이곳은 매일 밤 어부들이 중고차 딜러, 식품점 점주, 보드워크의 노점상과 어울려 맥주를 마시는 곳이다. 초대형 태풍 샌디가 할퀴고 지나간 뒤에 이 지역을 재건한 사람들도 같은 창업가 공동체였다. 이들은 서로에게 공간과 돈을 빌려주고, 삽을 들어 함께 곰팡이 핀 가게들을 파냈다. 그리고 텐트를 치고 구호 활동을 함께하거나(로커웨이비치 서핑 클럽 점주들이 구호 활동을 했다), 아니면 조 팰콘처럼 차를 몰고 다니며 양말이라도 나눠주었다. 구멍가게들이 서로를 엮어 전체 그물망을 다시 짜는 가운데 로커웨이비치의 심장이 새로 뛰기 시작했다.

"그건 매우 도움이 됩니다." 비영리 단체 BALLE(Business Alliance for Local Living Economies, 지역 생활 경제 기업 연합)를 운영하는 로드니 폭스워스가 말했다. 이 단체는 작은 지역 기업들과 그들이 지역 공동체에 미치는 영향력을 활성화하는 역할을 한다. "이 기업들은 그 지역을 기반으로 삼고 있습니다. 사장들은 직원들과 실질적인 관계를 맺습니다. 그들은 직원들과 이웃입니다. 그들은 같은 장소에서 일하고 교회와 학교에도 함께 갑니다. 이를 상투적인 방식으로 측정하거나 가치를 매기기는 대단히 어렵습니다. 이 기업들은 그 지역에 기여하고 있습니다." 폭스워스가 인용한 수많은 연구 결과에 따르면, 지역 기반 기업들이 만들어내는 경제적 가치의 약 70퍼센트는 지역 공동체 안에 머물렀다. 반면 다른 지역에 기반한 기업들이 만들어내는 가치는 30퍼센트만이 지역 공동체 안에 머문다.

뉴욕시에는 거의 25만 개에 가까운 중소기업이 있다. 뉴욕시의 중소기업지원국 국장 그레그 비숍(Gregg Bishop)은 확신에 찬 어조로 이들 중소기업이 360만 명을 고용하고 있는 "이 도시의 경제 엔진"이라고 했다. 그들은 자전거 수리, 아이 돌보기, 일곱 코스의 테이스팅 메뉴 등 서비스를 제공하면서 수십억에 이르는 막대한 돈을 경제에 쏟아붓는다. "이들은 사업 자체를 즐기기 때문에 사업을 하는 사장들입니다. 사업을 하는 사람 중에는 사업체를 팔기 위해 사업을 하는 사람들이 있습니다. 하지만 이 사람들은 그렇지 않습니다." 비숍이 말했다. 비숍에 따르면 그들은 자기가 속한 공동체를 위해 뭔가 만들어내기를 갈망한다. 그들은 무엇이든 팔면서, 이 도시에서 제몫을 하고 있다. 하지만 그 이상으로, 그들은 뉴욕을 만든 사람들이었다. 그렇다, 뉴욕을.

뉴욕시의 여러 구역에서 임대료, 인허가 비용, 기타 경비가 상승하면서 라이프스타일 사업가들이 빠르게 밀려나고 있다. 내가 이런 상황을 설명하면서 그들이 없다면 이 도시가 어떻게 되겠느냐고 물었을 때, 비숍이 대답했다. "뉴욕의 정체성은 위기에 처했습니다. 이 도시의 라이프스타일 사업을 모두 없애버리고 나면, 결국 어떻게 될까요? 도시는 활력을 잃고 미국 어디에나 있는, 시민들의 다양성을 반영하지 못하는, 특징 없는 소도시가 되고 말겠죠. 아무도 진정으로 그곳의 일원이 되고 싶어하지 않는 그런 도시 말이에요. 뉴욕이 뉴욕인 이유는 이웃의 세탁소가 30년 동안 같은 자리에 있었던 덕분입니다. 그들은 아파트 12D호에 어떤 가족이 사는지 알고 있죠. 그 집 아이들이 태어났을 때부터 알았고요." 그는 말을 이었다. "그래요. 뉴욕에는 타겟(Target)을 비롯해서 대형 프랜차이즈 매장들도 있죠. 하지만 우리 도시의 구멍가게들이 갖는 경쟁 우위는 기민하게 소비자 행동에 적응한다는 것이 아니라 동네 이웃들과 적절한 관계를 맺는다는 것입니다."

비숍의 말에 나는 애슐리와 저스틴이 운영하는 말도 안 되게 멋진 피자 가게를 떠올렸다. 린드와 앳킨슨이 《큰 것이 아름답다》에서 내세우는, 진정한 창업과는 대척점에 있으며 여러 면에서 라이프스타일 사업이 지닌 경제적 무용함의 전형과도 같은 가게다. 뉴욕에서 살던 시절, 내가 사랑했던 한 가지는 작은 가게들이 꽉 들어찬 이곳저곳에서 매일 저스틴과 애슐리(또는 사라와 조일 수도 있다)가 피자 가게를 열었다는 사실이다. 이 거대한 도시에서 어느 쪽으로든 한 블록만 걸어가면 창업가들이 구워낸 다양한 조각 피자를 맛볼 수 있다는 사실은 뉴욕을 뉴욕답게 하는 기분 좋은 일이다. 피자라고는 도미노피자와 피자헛밖에 없는 뉴욕을 상상이나 할 수 있을까?

오후 2시 반쯤, 오볼스키는 잠시 일을 멈추고 남아 있는 빵 목록을 소리 내어 말했다. 작은 조각 포카치아 세 개, 사워도우 세 덩어리, 플레인 크루아상 두 개, 꿀과 말돈 소금을 얹은 크루아상(내가 제일 좋아하는 빵) 한 개. 그녀는 다음 날 일하지 못하는 것에 대비해서 크루아상 반죽을 미리 준비하기 시작했다. 다음 날 그녀는 하루 쉬고 베이커리도 닫을 계획이었다(그녀는 그날을 '일요일'이라고 불렀다, 실제로는 월요일이지만). 오볼스키는 늦잠을 자고, 서핑을 하고, 해변에 누워 있고, 친구들과 어울릴 계획을 세웠다. 로커웨이비치를 방문한 이래 내 머릿속을 계속 맴돌던 질문을 그녀에게 던져보았다. 캘리포니아나 멕시코, 하와이로 옮겨가서 베이커리를 열어보면 어때? 다른 서퍼들도 그렇게 했잖아? 시 당국은 앞으로 두 달 동안 보행로를 파헤쳐서 수도관을 교체하겠다고 공고를 냈어. 남은 여름 장사가 위험에 빠졌는데도 왜 물가 비싸고 모래 날리는 뉴욕에 버티고 있는 거야? 왜 파도가 더 멋지고, 집값은 더 싸고, 날씨도 더 따뜻하고, 물은 더 깨끗하고, 스트레스가 훨씬 덜한 어딘가 다른 곳으로 옮겨가지 않는 거야? 왜 라이프스타일을 '무한 경쟁(rat race)'이란 말로 정의하는 그런 도시에서 라이프스타일 사업을 하는 거야?

"우리 가족이 여기에 있으니까요." 오볼스키는 이렇게 말하면서, 근육질의 팔을 움직여서 막대 모양 버터를 반죽에 넣었다. "가족이 몇 주에 한번은 여기로 와요. 어린 남동생은 날 도와주고요. 게다가 뉴욕의 요식업계도 있잖아요. 그러니까 내 말은…… 여긴 틀림없는 뉴욕이라고요!" 오볼스키의 크루아상과 빵들은 〈뉴욕타임스〉 같은 매체에 소개되었다. 기사가 나온 후 더 많은 손님이 몰려왔고, 그녀가 품었던 창업가다운 야망의 불꽃에도 불이 붙었다. 베이커리는 시작점일 뿐이었다. 그녀는 주방을 확장해서, 더 많은 제품을 굽고 팔았다. 나중에는 아이스크림도 만들고 싶어했다. 언젠가 때가 되면, 오볼스키는 플로트 음료, 셰이크, 선디 등을 파는 옛날 방식의 소다수 판매점도 열고 싶다. 해변 도시에 완벽하게 어울리는 것들이니까.

"더 많은 것을 하고 싶냐고요? 네, 하고 싶어요. 하지만 지금도 정말 행복해요. 상황이 진정되면, 나는 이렇게 말하죠. '좋아, 다음엔 뭘 해볼까?' 나는 늘 바꾸고 스스로 도전할 준비가 되어 있어요." 그녀가 말했다.

네 명의 10대가 가게 안으로 들어와 남아 있는 크루아상을 싹 쓸어가고, 빵 한 덩어리만 남았다. 그녀는 그 빵을 백팩에 넣었다. 집에 가져갈 생각인 것이다. "여전히 정말 힘들어요." 그녀는 가게 밖으로 걸어 나가면서 내게 말했다. "매일 가게를 여는 건 내 인생에서 가장 힘든 일이에요. 가끔 잠에서 깨면 이렇게 말하죠. '으, 일하러 가기 싫어.' 그러고 나서 혼자 중얼거려요. '아, 바이크를 타고 보드워크를 달리면서 돌고래를 봐야지. 그렇게 햇살이 눈부시게 비치는 베이커리까지 가는 거야. 와아, 와우'라고요."

"또 일주일이 지났네." 셰니츠키는 셔터를 내리고 보행로와 이어진 자물쇠를 채웠다.

"와우 주말이다!" 오볼스키는 길을 향해 이렇게 외치고는 바로 옆에 붙어 있는 주류 판매점으로 건너갔다. 베이커리 건물주인 필 시시아의 가게였다. 오볼스키는 비치에서 마시는 하드 티(알코올이 들어간 티 - 옮긴이)인 트위스티드티(Twisted Tea, 레몬 아이스티 맛이 나는 미국 맥주 - 옮긴이) 여섯 개 들이를 골랐다. 그러고는 시시아와 장사에 대해, 그가 세무서와 벌이는 끝없는 투쟁에 대해, 그의 걱정거리인 곧 있을 거리 보수 공사에 대해 이야기를 나누었다. "뭐. 사는 게 그런 거지." 그녀가 어깨를 으쓱이며 말했다.

생계를 주 목적으로 삼는 창업은 열등한 형태의 창업에 해당한다. 이런 창업은 성장을 추구하지 않지만 그것이 경제적으로 일종의 실패나 낭비는 아니다. 그만큼 사업에 들이는 시간도 최소화하려 하기 때문이다. 우리는 대부분 풍족한 생활을 원하며, 그 이상으로, 더 나은 삶을 원한다. 혼자 일하든 다른 사람 밑에서 일하든 마찬가지다. 우리는 사업을 시작하면서, 우리가 살고 있는 삶, 우리가 살고 싶은 삶, 우리에게 열려 있는 선택지를 기준으로, 선택과 희생을 감수한다. 때로는 거기 좀 더 큰 의미를 부여하기도 하고, 때로는 좀 더 작은 의미를 부여하기도 한다.

오볼스키는 트위스티드티 캔을 따서, 자전거의 컵홀더에 놓고는 보드워크를 달리며 한 모금씩 마셨다. 그녀는 자전거 페달을 밟아 집으로 향하면서 파도를 바라보았다. 집에 도착한 지 5분 만에, 그녀는 (정해놓은 대로 마리화나를 피운 후에) 밖으로 나왔다. 잠수복을 입고 보드를 팔에 끼고는 해변으로 향했다. 오볼스키는 파도 속으로 들어갔다. 그녀는 불규칙적이고 작은 파도를 탔다. 마치 유리처럼 투명한 하와이의 물마루라도 타듯이. 짧게 파도를 타고는 매번 활짝 웃으며 주먹을 치켜들었다. 친구들은 차례로 수영하면서, 오볼스키와 베이커리에 대해 잡담을 나누었다.

오볼스키가 물속에 들어간 지 두 시간쯤 지났을 때, 태양이 아파트 건물 뒤편으로 떨어지기 시작하며 JFK 공항에서 이륙하는 비행기들에 핑크빛 노을을 드리웠다. 그녀는 한 번 더 파도를 타기 위해 보드의 방향을 바꾸었다. "음, 오늘도 나는 다섯 시간을 잤어요. 보드를 타면서 일출과 일몰을 봤고, 일출과 일몰 사이에는 일을 했고요." 그리고 파도 위로 떠오르면서 외쳤다. "괜찮은 날이었네요. 이쯤 되면 불평할 게 없을 정도로요." 내가 잘못 이해할 수도 있다고 생각했는지, 또다시 내게 말했다. "나쁘지 않아요!"

4장

미국에서 흑인 여성 창업가로
살아간다는 것

다른 흑인 여성도 함께
성공하는 모습을 보고 싶어요

"확률적으로 현재의 시스템은 내가 성공할 수 있는

구조가 아니에요. 나랑 비슷한 다른 사람들,

그러니까 요니나 모건 같은 이들에게 손을

내밀어서 그들이 일어서도록 도와야 할 의무가

내게 있죠."

제시카 뒤파르의 인내심은 거의 바닥났다. 제조업자가 '성장통'이라고 말한 것 때문에 제시카는 너덜너덜해지고 있었다. '미라클 드롭스(Miracle Drops)'는 출하되었지만 시카고 화장품점에는 도착하지 않았다. '에지 컨트롤(Edge Control)'의 주문이 두 번 들어가는 바람에 화가 머리끝까지 뻗친 오클랜드의 가게는 파손된 스타일링 젤을 '칼레이도스코프 헤어 프로덕트(Kaleidoscope Hair Products)'의 부담으로 반품시켰다. 한편 샴푸 상자들에서 나는 톡 쏘는 화학 약품 냄새는 직원들에게 두통을 일으켰다.

칼레이도스코프는 뉴올리언스 북동부 지구에서 리틀 우드(Little Woods)라는 이름의 헤어살롱으로 2012년에 시작되었다. 당시 제시카 뒤파르의 나이는 30세였다. 그로부터 6년이 흘러 내가 제시카를 찾아갔던 무렵에, 칼레이도스코프는 아프리카계 미국인 뷰티 시장에서 급속히 성장 중인 브랜드였다. 칼레이도스코프 헤어 제품은 미국 전역의 헤어살롱과 화장품점에서뿐만 아니라 캐나다, 영국, 카리

브해 지역에서도 팔렸다. 그 모든 것이 뒤파르의 끊임없는 소셜미디어 마케팅, 특히 인스타그램 활동에 힘입었다. 제시카의 인스타그램 계정(@DArealBBJUDY)은 100만 번째 팔로워 달성을 목전에 두고 있었다.

뒤파르는 150센티미터가 약간 넘는 키에, 큰 눈과 함박웃음 그리고 신경 쓴 의상 덕분에 더욱 굴곡이 두드러지는 몸매의 소유자다. 'BB'는 큰 엉덩이(Big Booty)라는 뜻으로, 뒤파르는 이 타고난 자산을 부끄러워하지 않고, 24시간 내내 사진과 동영상을 통해 적절히 활용했다. "내가 헤어 일을 하게 될 줄 알았더라면, 아마 계정 이름을 바꾸었겠죠." 뒤파르가 활짝 웃으며 말했다. 이날 아침 제시카는 아디다스 스포츠 타이즈에 'Pray Girl, Pray'라는 문구가 인조 보석으로 치장된 티셔츠를 입고, 아디다스 이지(Yeezy) 운동화를 신고 있었다. 곧게 편 검은 머리카락에(매주 번갈아 바꾸는 붙임머리 중 하나), 거의 3인치(7.62센티미터) 길이인 손톱은 금색, 보라색, 검은색의 보석 장식으로 번쩍번쩍했다.

칼레이도스코프는 최근에 폭발적으로 성장했다. 2018년 초에 월 10만 달러였던 매출은 3월 말에 100만 달러까지 늘었다. 칼레이도스코프의 제품을 제조하고 유통하는 휴스턴 소재 회사는 이런 규모의 물량과 속도를 도저히 감당할 수 없었고, 뒤파르는 짜증이 났다. "우린 실수를 용납할 여력이 없어요." 그녀가 사무실에서 말했다. 사무실은 한때 뒤파르의 헤어살롱이 있었던 상점가의 몇 개 구획을 차지하고 있었다. "실수로 일을 망치면 이제는 몇천 달러가 날아가요. 몇 달 전만 해도 몇백 달러였는데 말이죠. 회전율은 2일에서 12일로 늘어났고요." 그녀는 휴대전화 두 개와 컴퓨터를 휙휙 넘겨보면서 말했다. "젠장, 되는 일이 없어!"

뒤파르는 갈등했다. 이런 엉망진창 뒤에는 뒤파르의 사업상 멘토가 있었다. 원래 헤어스타일리스트였던 뒤파르는 뉴올리언스에서 헤어살롱을 운영하는 수많은 아프리카계 미국인 여성 중 하나였다. 그런데 멘토의 설득으로 제품 판매에 나서면서 수백만 달러 시장으로 급성장 중인 흑인 미용업계의 유명인으로 부상했다. 하지만 지금 그는 아프리카로 장기 여행 중이었고, 엉망이 되어가는 물류를 해결해 줄 사람이 뒤파르 곁에는 없었다. "내가 운송 회사에도 전화하고, 상자 회사에도 전화해야 하죠. 당연히 내가 다 할 수 있어요." 뒤파르가 말했다.

칼레이도스코프 제품에 대한 수요는 회사가 감당할 수 없을 만큼 빠르게 커졌다. 사람들은 매일 전화를 걸어대고 심지어 품절된 제품을 구하기 위해 회사 입구까지 찾아왔다. 그중 가장 인기 있는 것은 탈모와 모발 손상에 효과적인 미라클 드롭스다. "품절은 원치 않아요. 품절이 되면 돈을 까먹죠! 다음 주에는 이 문제를 해결하기 위해 휴스턴으로 날아가야 해요." 뒤파르가 짜증을 냈다.

이 와중에, 뒤파르는 케냐의 호텔에 있는 멘토에게서 문자 메시지를 받았고, 즉시 전화를 걸었다. "실수가 너무 많아서 상황이 안 좋아요. 너무 단기간에 주문이 몰렸어요." 뒤파르는 악화 일로에 있는 출고 문제를 설명했다.

"글쎄, 이젠 너무 많은 단계가 돌아가고 있어서." 그는 이렇게 대답하면서 애틀랜타의 유통업자와 맺은 새로운 계약이 어떻게 이 과정을 복잡하게 만들었는지 설명하려 했다. "우리가 자체적으로 유통시켰을 때에는 이런 문제가 없었는데 말이지."

"하지만 이제 우리는 세 배나 커졌다고요!" 뒤파르가 쏘아붙였다. 그리고 목소리가 빠르게 높아지더니, 뒤파르는 사실상 전화기에 대고 소리를 질러댔다. 그러고서 전화를 끊었다.

"그가 소규모 주문을 해결해주지 못한다면, 이제는 내가 해결해야죠. 나는 의리 있는 사람이에요. 하지만 일을 이따위로 하면, 여기서 일하는 모두에게 개판치는 거잖아요." 뒤파르는 머리를 흔들고는 잠시 말을 멈추고 숨을 깊게 쉬었다. 그러고는 두 손을 기도하듯 모으고 눈을 감았다. 몇 초 후에 그녀는 눈을 뜨고 이렇게 말했다. "이건 내 회사예요. 다른 사람 때문에 내 회사를 희생시킬 순 없다고요. 나한테 의지하는 사람들이 너무너무 많아요. 정말 많죠."

그중에는 뒤파르의 가족과 친구, 다방면으로 지원하는 업계 동료들, 열댓 명의 직원들이 있었다. 직원 두 명은 나이지리아 출신 이민자였고, 그들의 세 자녀는 학교가 봄방학이었기 때문에 헤어살롱 뒤편에서 비디오게임을 하고 있었다. 하지만 가장 중요한 것은 뉴올리언스와 인근의 광범위한 지역사회였다. 그곳 사람들은 뒤파르를 모범적인 창업 사례로 여기고 있었다.

우리가 밖으로 나가 뒤파르의 캐딜락 에스컬레이드(칼레이도스코프 스티커로 도배되고, "BB Judy"라는 자동차 번호판을 달고 있었다)에 다가갔을 때, 차 한 대가 상점가로 들어서면서 미친 듯이 경적을 울려댔다. 젊은 아프리카계 여성 네 명이 차에서 튀어나와 뒤파르에게 달려오더니, 뒤파르를 껴안고 기쁨의 환호성을 질렀다. 휴대전화를 꺼내 '셀카'를 찍으면서, 그들은 들뜬 목소리로 루이지애나주 배턴루지에서 대학교 1학년을 방금 마쳤고, 기숙사에서 짐을 빼자마자 곧바로 뒤파르를 만나러 왔다고 설명했다. 이 여학생들에게 DArealBBJUDY는 유명인들과 유쾌한 퍼포먼스를 벌이고 소셜미디어를 재미있게 운영하여 헤어 제품을 판매하는 전설적인 인물, 그 이상의 존재였다. 뒤파르는 뉴올리언스 출신의 성공한 흑인 여성 사업가로서, 다른 젊은 흑인 여성들에게 자기처럼만 하면 그들도 사장이될 수 있음을 보여주는 증거였다.

눈을 감고 성공한 창업가를 그려보세요

지난 20년 동안, 소수자인 여성(아프리카계, 라틴계, 아시아계 미국인을 포함)은 미국에서 가장 급성장한 창업가 집단이 되었다. 아멕스카드에 따르면, 2007년부터 2018년까지 백인 여성들이 소유한 사업체 숫자는 58퍼센트 증가한 반면, 소수자 여성들이 소유한 사업체 숫자는 그 세 배인 163퍼센트 증가했다. 2018년 유색 인종 여성들은 미국 여성 사업가의 거의 절반에 달하는 약 600만 명을 차지했고 연간 매출 1조 달러의 3분의 1을 담당했다. 창업가의 20퍼센트는 아프리카계 미국인 여성이었고, 그 숫자는 연간 9퍼센트씩 성장하여, 백인 여성 다음으로 높은 비율을 차지했다. 미국 내에서 흑인 여성은 하루에 약 550개, 백인 여성은 약 650개 정도의 신규 사업을 시작하는 것으로 추정된다. 흑인 여성은 미국의 여성 창업가 중에서 유일하게 사업체 소유 비율이 같은 인종 집단의 남성을 넘어선다. 요컨대 미국에서 창업에 대해 가장 폭발적 관심을 보여주는 집단은 제시카 뒤파르와 같은 흑인 여성들이다.

소수자 창업이 증가하는 것은 부분적으로는 미국의 인구구조 변화에 기인한다. 이민으로 노동력과 국가의 단면이 바뀌어가고 있다. 그렇지만 아프리카계 미국인들은 이민을 통해 인구구조 변화를 이끄는 아시아계 미국인이나 라틴계 미국인과는 다르다. 미국 인구에서 그들이 차지하는 비율은 상대적으로 일정하다. 그렇기에 아프리카계 미국인 여성들이 보여주는 창업가적 야심은 매우 인상적인 것이다.

그런데 문제는 흑인 여성을 비롯한 소수자가 오랫동안 성공적인 창업을 가로막는 장애물에 직면해왔다는 점이다. 젠더와 창업에 대한 카우프만 재단의 2016년 보고서에 따르면, 여성들이 신규 사업을 시작할 가능성은 남성의 절반이라고 한다. 여성이 시작하는 사업은 남성의 사업에 비해 규모가 작고, 재원이 부족하며, 이윤이 적고, 성장이 더디며, 집을 근거지로 삼을 가능성이 높고, 뷰티와 같은 여성 관련 업종에 기반을 둘 가능성이 높다. 소수자들에게 이런 격차는 훨씬 크게 나타난다. 아프리카계 여성이 소유한 회사는 연 매출이 2만 4700달러이고, 백인 여성이 소유한 회사는 연 매출이 21만 2300달러다. 이런 엄청난 격차는 미국 내 시스템적 불평등의 핵심을 이룬다.

이것은 경제에 관한 이야기일 뿐만 아니라 문화에 관한 이야기이 기도 하다. 한 줌의 예외가 있긴 하지만, 소수자 창업가와 여성 창업 가는 현대 미국의 창업 영웅담에서 배제되어왔다.

"명백한 계급 차별, 성 차별, 인종 차별이 있어요. 모든 창업가가 차별을 겪습니다." 리인벤처캐피털(Reinventure Capital)의 전무 줄리 안 짐머만이 말했다. 리인벤처캐피털은 소수자의 사업체를 대상으로 하는 임팩트 투자 회사로, 보스턴에 본사를 두고 있다. "강연할 때면 나는 그곳에 와 있는 모든 사람에게 눈을 감고 성공한 창업가를 그려 보라고 합니다. 그러고 나서 이렇게 말하죠. '트리스탄 워커(Tristan Walker, 유색인 남성 대상의 스킨케어 브랜드 베블Bevel과 유색인 여성 대상의 헤어케어 브랜드 폼Form을 생산하는 워커앤컴퍼니Walker & Company 창업 자-옮긴이), 세라 블레이클리(Sarah Blakely, 보정 속옷을 주요 품목으로 하 는 의류 브랜드 스팽스Spanx의 창업자-옮긴이), 리슐리외 데니스 (Richelieu Dennis, 헤어케어·스킨케어 회사인 선다이얼브랜즈Sundial Brands 창업자로, 아프리카 라이베리아 태생-옮긴이), 로빈 체이스(Robin Chase, 세계 최대의 카 셰어링 회사 집카Zipcar의 공동 창업자이자 CEO를 지 낸 여성 창업가-옮긴이)를 생각한 사람이 있나요?' 강연장은 쥐 죽은 듯 고요합니다. 모두가 같은 아이콘을 떠올리기 때문이죠. 스티브 잡 스, 일론 머스크, 마크 저커버그, 빌 게이츠 같은 이들이오. 널리 퍼진 단순한 이야기가 주야장천 재생산되죠. 그러면 무의식적으로 선입견 을 갖게 됩니다. 누구도 그런 이야기에서 벗어나지 못해요. 그리고 창업가를 만나거나 창업가에 대해 생각할 때면, 우리의 편견을 따릅니다. 거기에 맞지 않는 것을 보게 되면, 많은 의문을 갖게 되죠." 짐머만이 말했다.

팰로앨토의 벤처 투자자든 뉴올리언스 은행의 대출 담당자든 투자자들은 누구나 그런 선입견 때문에 자금을 조달하려는 여성 창업가와 소수자 창업가에게 더 많은 질문을 던지고, 더 많은 데이터를 요구해서 그런 선입견을 불식하고 싶어한다. 백인 남성 창업가는 그런 요구를 받지 않는다. 하버드 대학교의 로라 후앙(Laura Huang)과 동료 교수들의 연구에 따르면 벤처 투자자들에게 사업 설명을 하는 경우 여성 창업가는 잠재적 위험과 손실에 관해, 남성 창업가는 잠재적 이익에 관해 더 많은 질문을 받는다. 대개 투자자들은 그들이 기대하는 성공한 창업가의 모습에 걸맞은 CEO를 찾기 때문에 계속 남성들이 대부분의 벤처 투자금을 지원받는다. 실리콘밸리의 스타트업 창업 모델 때문에 더 많은 실리콘밸리 스타일의 스타트업이 등장하면서, 창업가들에 대한 불평등이 강화된다.

"창업의 세계에는 위험할 정도로 획일적인 문화가 팽배해 있습니다. 창업자에 대한, 투자자에 대한, 투자에 대한 단일화된 문화 말입니다. 단일화된 문화는 언제나 문제가 되죠." 짐머만이 말했다.

경제적으로 이는 기회의 낭비를 뜻한다. "여성, 유색인, 이민자가 벤처 투자자들이 대상으로 삼는 인구 집단보다 사업을 시작하고 실제로 계속해나갈 가능성이 높다는 점을 우리는 확실히 알고 있습니다." 짐머만이 말했다.

또한 이들은 다른 이들보다 더욱 공동체 지향적이다. 그들은 사업을 일으켜서 자기들 공동체에 공헌하고, 공동체 내의 관계를 조성하며, 공동체를 강화한다. 제시카 뒤파르처럼 뉴올리언스에서 헤어와 뷰티 사업에 종사하는 흑인 여성들에게, 공동체는 사업을 일으키는 장소일 뿐만 아니라 창업가 정신이 정박하는 항구이기도 하다.

백인 사업가가 의도적으로 회피하는 시장

뉴올리언스는 음악, 역사, 버터 요리가 넘쳐나는 마법 같은 도시다. 하지만 경제적인 관점에서는, 웅장한 대저택과 화려한 레스토랑에도 불구하고 미국에서 가장 가난한 도시들 중 하나다. 특히 아프리카계 미국인들의 거주지가 더욱 가난하다. 올리언스 교구(뉴올리언스 광역권)의 실업률은 미국 전국 평균보다 조금 높은 정도지만, 이 도시의 흑인 남성들은 절반쯤이 실업 상태다. 아프리카계 미국인들이 인구의 60퍼센트가 넘는다는 점을 감안하면, 이런 사실들은 이곳의 창업에 대해, 그리고 창업과 공동체의 관계에 대해 거의 모든 것을 알려준다.

이 때문에 뉴올리언스에서는 창업가로서 흑인 여성의 잠재력이 가장 커지게 되었고, 헤어와 뷰티 사업은 그들의 주요 업종이 되었다. 놀랄 일도 아니다. 헤어와 뷰티 사업은 미 전역의 아프리카계 미국인이 창업하기 쉬운 분야이며, 점점 많은 흑인 여성이 뷰티살롱, 화장품 사업 등을 창업하고 있다. 다른 업종과는 두드러진 차이가 날 만큼 말이다.

이런 현상은 남북전쟁 전까지 거슬러 올라간다. 당시 농장의 거친

육체노동에 내몰리지 않은 노예들은 뉴올리언스 같은 도시에서 생계형 노동에 종사했다. 흑인 남성은 구두를 닦고, 면도를 하고, 머리를 깎아주는 서비스에 종사했고, 흑인 여성은 시장과 부두에서 음식 등을 팔았다. 노동의 대가인 임금은 대개 주인들에게 직접 건네졌지만, 때로 일부는 노예와 그 가족의 자유를 사는 데 쓰였다.

"노예들에게 이발사가 된다는 것은 주인의 철저한 관리 감독에서 한 걸음 벗어나는 일이자 자유를 향해 한 걸음 내딛는 일이었다." 퀸시 밀스는 저서 《흑백 구분선을 잘라내다》에 이렇게 썼다. "이발소는 자유로운 흑인들에게 진입 장벽이나 제한 없이 일자리를 제공했고, 많은 이들이 창업의 기회를 붙잡았다."

노예 해방 이후 자유에 대한 기대는 짐 크로 법(Jim Crow, 미국 남북전쟁 이후 남부에서 흑인을 지속적으로 차별하기 위해 만든 법으로, 흑인은 식당, 화장실, 극장, 버스 등 공공시설에서 백인들과 분리돼 차별 대우를 받았다. 미국 남부 11개 주에서 1876~1965년까지 시행되었다 - 옮긴이)이 내세우는 분리와 규제에 빠르게 자리를 내주었다. 흑인에게는 많은 직업과 상거래가 금지되었으며, 대출은 사실상 중단되었다. 미국 전역의 대다수 백인 공동체에서 흑인 창업가와 함께하는 사업은 거부되었다. 아프리카계 미국인 공동체는 백인 사업가가 의도적으로 회피하는 시장을 상당 부분 점유했기 때문에 두보이스(W. E. B. Du Bois) 같은 아프리카계 정치 지도자는 경제적, 정치적 독립을 쟁취하기 위한 창업의 중요성을 강조하고, 흑인 사업가에게 자기 구역 내에서 창업할 것을 독려했다. 분명 헤어와 뷰티 산업은 백인 창업가가 전혀 관심을 두지 않는 틈새였다.

현대 흑인 뷰티 산업을 일으킨 선구적인 창업가는 마담 C. J. 워커
(Madam C. J. Walker)였다. 그녀는 1867년 루이지애나 농장에서 세라
브리들러브(Sarah Breedlove)라는 이름으로 태어났고, 해방 노예가
되었다. 스무 살쯤에 남편과 사별하고 세 살배기 딸과 남겨진 워커는
세인트루이스에서 세탁부로 일했다. 세탁물을 빠는 고된 노동에 만
족하지 못했던 워커는 야간 학교에서 공부했고, 마침내 애니 말론
(Annie Malone)이란 여성이 만든 헤어 제품을 판매하기 시작했다. 애
니 말론은 스트레이트파마 약 때문에 손상되고 건조해진 머리카락을
손질해주는 헤어크림을 팔았다. 얼마 후 워커는 독립해서 자기 사업
을 시작했고, 이후 말론과 워커는 미국 곳곳 그리고 해외에서까지 헤
어 제품, 헤어살롱, 헤어 교육, 여성 영업사원의 네트워크를 구축했다.

워커는 미국에서 아프리카계로는 처음으로 백만장자이자 스타 창
업가가 되었다. 이후 그녀는 경제적 자립이라는 자신의 신조를 전 세
계 흑인 여성에게 설파했다. 워커의 영업 총회는 물론, 흑인 대상의
신문에 실린 워커의 광고들에는 워커의 제품을 판매하면 "백인이 아
닌 여성으로서, 남의 주방에서 한 달간 일하는 것보다 많은 돈을 하
루 만에 벌 수 있다"는 증언들이 소개되었다. 워커는 그들에게 자유
그 자체를 팔았던 것이다.

"돈과 성공만으로는 충분하지 않았다." 워커의 전기 작가이자 증
손녀인 알릴리아 번들스(A'Lelia Bundles)의 말이다. "성공한 사업가
라는 지위를 다른 목적으로도 활용해야 했다. 정치적 힘을 갖고 다른

이들에게 일자리를 제공해야 했던 것이다." 워커가 남긴 최고의 유산은 아프리카계 미국인의 창업을 공동체에 대한 헌신과 연관 지은 것이었다. "내 생각에, 헤어케어 제품은 아마도 목적을 이룰 수단이었을 것이다." 번들스는 말했다. 워커는 자신의 인지도를 활용해 아프리카계 미국인, 특히 여성을 위한 정치적인 목소리를 냈다. 처음에는 (그전까지 여성은 참여하지 못하고 구경만 했던) 전미 인권 단체 내부에서, 다음에는 다른 곳에서도 발언하면서 기금을 모아 우드로 윌슨(Woodrow Wilson) 대통령이 린치를 법으로 금지하도록 영향력을 행사했다. "사람들에게 널리 알려진 삶 덕분에 워커는 신화화되었고 대중의 주목을 받았다. 워커는 성공했을뿐더러 성공을 한층 돋보이게 할 방법도 알았다. 그것은 상당 부분 독립, 특히 백인 주인으로부터의 독립에 관한 것이었다."

20세기에 들어서면서 미국의 흑인 뷰티 산업은 어마어마하게 성장했다. 아프리카계 미국인 여성은 (시장 조사 회사 민텔Mintel의 추정에 따르면) 해마다 헤어와 뷰티 제품과 서비스에 최대 5000억 달러를 썼으며, 이는 백인 여성의 평균 지출보다 세 배나 높은 수치다. 가장 단순한 커트나 스타일링을 하더라도 흑인 여성이 받는 서비스가 백인 여성이 받는 서비스보다 얼마나 노동 강도가 센지를 지켜본다면, 이런 수치가 놀랍지 않을 것이다. 머리를 땋는 일은 기본적으로 가발을 씌우거나 머리카락을 이어붙이는 등의 일이 포함되는 여러 시간에 걸친 대수술과도 같다. 뒤파르 같은 사람은 일주일에 몇 번씩 머리를 땋는다. 오늘날 이 산업에는 선다이얼(Sundial, 지금은 유니레버 소유다)

같은 수십억 달러짜리 브랜드나 칼레이도스코프처럼 성장세의 제품 제조 회사 등 누구나 아는 대규모 업체들도 포함될 뿐만 아니라 미용 실이나 네일살롱에서부터 집에서 또는 길거리에서 머리를 땋아주는 개인 사업자들에 이르기까지 수만 개의 소규모 사업체들까지 포함되어 있다.

사장의 탄생

제시카 뒤파르가 이 업종의 상층부에 오른 것은 아프리카계 미국인 여성 창업가, 특히 뉴올리언스에서 내가 이야기를 나누었던 이들에게 전형적인 본보기가 되었다. 그녀는 이 도시 7구의 중산층 가정에서 자랐다. 애정 넘치는 아버지였던 제시는 2011년에 세상을 떠났지만, 회계사로서 에너지 기업 쉘(Shell)과 지역 대학교에서 일했고, 주류 판매점과 부동산 임대업을 운영한 창업가이기도 했다. 뒤파르의 어머니 이블린은 우체국에서 일하다 은퇴 후에는 칼레이도스코프의 배송 일을 도왔다.

내가 이야기를 나누었던 다른 여성들과 마찬가지로, 뒤파르가 헤어에 대해 갖는 애정은 매주 미용실을 드나들면서 싹텄다. "나는 머리를 하고 손톱을 손질하고 옷을 차려입는 것이 그냥 좋았어요." 뒤파르는 옛 기억을 떠올렸다. 그녀는 고속도로에서 에스칼레이드를 운전하면서 동시에 두 대의 전화를 왔다 갔다 했다. "나와 여동생은 토요일마다 헤어살롱에 갔어요. 하루 온종일 있었죠. 우린 머리가 길었는데 감당이 되지 않았어요. 아이 때는 헤어드라이어를 좋아하지 않지만, 거기엔 늘 사람들이 있었죠. 어떤 사람은 저녁 식사를 들고 오기도 했어요. 가재나 검보(gumbo, 닭고기에 오크라를 넣어 걸쭉하게 만든 수프 – 옮긴이), 바비큐 같은 거였죠. 나는 머리를 손질받는 것이 좋았어요. 손질 후에 달라진 모습도 좋았고요. 하지만 가장 좋았던 건 그곳의 분위기였어요. 어렸을 때 그건 긍정적인 에너지원이었죠."

일곱 살 때 뒤파르는 이미 인형의 머리카락을 자르고 손질했다. 열두 살에는 방과 후에 친구들의 머리카락을 땋기 시작했다. 뒤파르의 부모는 이 일을 못 하게 말렸다. 그들은 딸이 변호사 같은 전문직을 갖기를 바랐다. "머리 손질은 일이 아니었어요. 취미였죠." 그녀가 말했다. 뒤파르는 친구들을 집으로 몰래 불러서 머리카락을 잘라주었다. 한 번은 화장실에 들어온 어머니 몰래 친구 하나를 샤워 커튼 뒤에 숨기기도 했다. 뒤파르가 열다섯 살에 임신했을 때, 부모는 딸이 미용 일을 하는 것을 허락했다. 그녀는 직업학교로 전학해서 미용학을 전공했다. 그곳은 그전에 다녔던 고등학교보다 훨씬 거칠었지만 (마약 탐지견, 총기 사고, 갱들이 일상이었다), 뒤파르는 그 학교를 정말 좋아했다. "나는 배우려는 열정이 넘쳤어요." 그녀는 특히 회계학 수업을 좋아했다. "커지는 숫자를 지켜보는 게 너무 좋았죠."

뒤파르는 등교 전과 방과 후에 집에서 동급생, 친척, 친구, 이웃의 머리를 손질하면서 충성스러운 고객들을 늘려나갔다. "난 그저 머리 손질만 잘하는 게 아니었어요. 고객 서비스도 잘했죠. 고객은 항상 옳아요. 게다가 나는 일을 마다하지 않았어요. 파티에도, 나이트클럽에도, 마디그라 축제(사순절이 시작되기 전날까지 도시 곳곳에서 화려한 퍼레이드가 열리는 축제로 미국의 타 지역, 전 세계에서 많은 사람들이 모여든다. 축제를 구경하는 사람들이 브라스 밴드의 퍼레이드를 따라 걸으며 춤을 추는 전통이 있다 - 옮긴이)의 세컨드 라인(second line, 뉴올리언스의 축제에서 브라스 마칭 밴드 행렬의 뒤를 따르는 제2열을 가리키는 말 - 옮긴이)에도 가지 않았어요. 난 머리를 하기 위해 존재하는 사람이었어요. 마디그라 축제 동안 20시간을 쉬지 않고 일했어요." 그녀가 말했다. 열여덟 살에, 뒤파르는 두 자녀를 두었고(지금은 셋이다) 돈도 잘 벌었다. 그녀 같은 사람에게 주어지는 최저 임금의 일자리에서 벌 수 있는 것보다 훨씬 많은 돈을 벌었다. 그녀는 곧 뷰티살롱으로 옮겼다.

흑인 뷰티 사업은 창업의 피라미드로 이루어져 있다. 많은 미용사들과 이발사들의 출발점은 '부스 임대'다. 부스 임대는 헤어살롱 소유주가 스타일리스트에게 의자 하나를 세놓는 것이다. 뒤파르는 머리 땋기 전문 살롱, 상류층 대상의 헤어케어 업체, 남성 이발소에도 의자들을 세냈다. "난 어디에 내놓아도 해냈죠. 난 괴롭힘을 이겨내고 내 사업을 계속해나갈 수 있었어요."

2005년 허리케인 카트리나가 뉴올리언스를 강타했을 때, 저지대에 있는 아프리카계 동네들이 홍수 피해를 가장 크게 입었고, 주민들 다수가 일시적으로 다른 도시로 이주했다. 뒤파르는 휴스턴으로 갔다. 연방재난관리청(FEMA, Federal Emergency Management Agency)의 지원을 받을 길이 없었으므로, 그동안 저축해둔 2만 달러를 생활비로 모두 썼다. 그녀는 셋집을 얻어 가게를 꾸리고는 뉴올리언스 출신 다른 이재민들의 머리를 손질하기 시작했다. 그리고 광고를 위해 자신이 꾸민 헤어스타일 사진을 킨코스에서 출력해 휴스턴 전역에 붙였다.

"뉴올리언스 사람들은 뉴올리언스 스타일을 원했어요. 하지만 휴스턴 어디에서도 그런 스타일을 해주지 않았죠. 우린 하드 헤어를 했다고요." 뒤파르가 설명했다.

나는 물었다. 하드 헤어가 뭐죠?

"헤어 제품을 머리에 발라서 모양을 잡는 거죠. 머리카락이 흐트러지지 않고 세워진 채로 있어요. 단단히 고정된 머리 모양이죠. 우리 동네만의 멋진 스타일을 거기선 아무도 못 해주더라고요!"

반년 동안 뒤파르는 두 도시를 오갔다. 주중에는 뉴올리언스에서 생활과 사업을 재건했고, 금요일 밤에는 휴스턴으로 가서 이틀 내내 아이들을 돌보며 머리를 잘랐다. "정말 힘들었어요. 나는 돈, 기회, 성장이 좋았어요. 하지만 너무 피곤했어요." 그녀가 말했다.

2007년 무렵 뒤파르는 충분한 돈을 모아, 연애 중이던 로와 함께 자기 가게를 열었다. 로제스(Rojes)라는 이름의 이발소 겸 미용실이었다. 로제스는 이내 두 개 지점으로 확장되었다. 이때 뒤파르는 처음으로 소셜미디어 마케팅에 손을 댔다. 페이스북에 사진과 동영상을 올려서 사람들을 끌었고, 지역의 유명 힙합 뮤지션, 라디오 DJ, 소셜미디어 인플루언서 등에게 돈을 주고 살롱에서 열리는 이벤트에 참석하게 했다. 하지만 곧 경기 침체가 닥치면서, 뒤파르는 자신의 개인적 삶과 직업적 삶을 구분하는 것이 좋겠다는 생각을 했다. 이 생각은 로와의 관계에 영향을 미쳤다. 그녀는 처음 집을 떠나왔을 때부터 쭉 독립을 원해왔다. 그래서 2012년 말에 칼레이도스코프(만화경이라는 뜻-옮긴이)라는 이름을 등록했다. 그녀는 다채로운 색깔을 좋아했기 때문이었다.

"나는 분점을 내기로 했어요." 뒤파르는 인스타그램에 선언했다. "하느님이 제 마음에 경이로운 계획을 심어주셨고, 나는 그걸 그냥 실행할 뿐입니다." 칼레이도스코프 헤어살롱은 (남아 있던 2000달러의 저축액 중에서) 1800달러를 보증금으로 내고 2013년 8월에 개점했다. 이후 뒤파르는 몇 달 동안 쉬지 않고 일해서, 의자, 싱크대, 드라이어 등의 인프라를 구비했고, 헤어컷, 스타일링, 머리 땋기, 붙임머리를 하면서 그 돈을 갚아나갔다. 투자자는 없었다. 대출도 빚도 없었다. 뒤파르는 그런 것은 생각해보지도 않았다. 그저 '모래와 자갈('투지와 짜증'이라는 의미로도 해석된다-옮긴이)'이라 부르는 것을 차곡차곡 쌓아서 창업가가 되었다.

그해 12월, 한 스타일리스트가 고데를 밤새 켜두는 바람에, 살롱 전체가 홀라당 타버렸다. 뒤파르는 로제스에 부스를 세내서 일을 계속했다. 로와의 관계가 끝장난 상황이었는데도 말이다. 칼레이도스코프는 2014년 7월에 재개장했고, 뒤파르는 곧 이 이름으로 헤어 제품들을 판매하기 시작했다. 뒤파르는 슬리크 에지(Sleek Edges, 스타일링 제품)와 미라클 드롭(손상 모발 케어 제품) 같은 제품들을 마케팅하기 위해 소셜미디어에서 점차 창의성을 발휘했다. 또한 살롱에서 메이크업 아티스트로 일하며 수파 센트(Supa Cent)라는 이름으로 소셜미디어에서 활동하는 레이넬 스튜어드와 함께 온라인에서 재미난 상황극을 만들었다.

대부분은 뒤파르가 떠드는 짧은 동영상이었다. 어떨 때는 사무실에서, 어떨 때는 차 안에서, 어떨 때는 행사장에서. 하지만 잘 만든 팝 문화 패러디물도 점점 늘어났다. 그중에는 칼레이도스코프의 스타일리스트 전원이 출연해서 자신들의 '붙임머리'가 얼마나 견고한지 설명하는, 힙합 밴드 NWA('행동하는 흑인들Niggaz Wit Attitudes'이란 뜻의 약자로, 아라비안 프린스, DJ 옐라, 닥터 드레, 이지 이, 아이스 큐브, MC 렌을 멤버로 1986년에 데뷔하여 1990년대 초까지 활동했다-옮긴이)의 랩 타이틀 〈스트레이트 아우타 콤프턴(Straight Outta Compton)〉 패러디물도 있었다. (제리 스프링거에서 따온) 주디 스프링거라는 제목의 동영상 시리즈, TLC와 애틀랜타의 트랩 랩 동영상 패러디물, 〈찰리와 초콜릿 공장〉의 공장장 윌리 웡카(Willy Wonka)와 일꾼들 움파 룸파(Oompa Loompa)들이 부르는 노래를 멋지게 리믹스한 영상도 있었다. 여기에서 뒤파르는 윌리 웡카처럼 실크 모자에 멋진 옷을 차려입고 있고, 여섯 명의 소인들이 그녀 주변에서 트월킹 춤을 춘다. 칼레이도스코프의 헤어 제품이 성장하면서, 뒤파르는 아프리카계 미국인 셀럽들을 무작정 찾아가 미라클드롭을 건네주는 동영상을 올리기 시작했다. 여기에는 모델이자 래퍼인 테일러 힝(Taylor Hing, 차이니즈 키티Chinese Kitty로 알려졌다) 같은 인스타그램 스타뿐만 아니라 가수이자 영화배우 스눕 독(Snoop Dogg), 권투 선수 플로이드 메이웨더(Floyd Mayweather), 코미디언 마이클 블랙슨(Michael Blackson) 같은 유명인도 있었다. 그밖에도 온갖 상황 속에서 다양한 복장을 입은 뒤파르의 사진 수천 장이 더해졌다. 풍성한 드레스를 입거나 털북숭이 분장을 하고 침대에 누워 있는 사진, 운동을 하는 영상, 다이어트 관련 사진, 아기 · 개 · 가족 사진, 더 많은 개 사진들이 있었다. 수파는 DArealBBJUDY의 소셜미디어 포스팅에 계속 등장했다.

이 모든 일이 재미삼아 하는 것처럼 보이지만, 뒤파르의 소셜미디어 활동은 칼레이도스코프의 재정적인 성공에 핵심 역할을 하면서 점차 비용이 늘어났다. 뒤파르는 온라인에서 자신과 자신의 사업을 마케팅하며 대부분의 시간을 보냈기 때문에 번쩍거리는 손톱에서 휴대전화가 떨어질 날이 없다. 제품의 가치가 올라가면서, 비용도 따라 올라간다.

셀럽들이 뒤파르의 동영상에 출연하는 것은 돈 때문이다. 지역의 인플루언서는 1000~2000달러면 충분하지만, 스눕 독 같은 사람들의 출연료는 다섯 자릿수(한화 기준 수천만 원 - 옮긴이)까지 올라간다. 그것도 현금으로 지급해야 한다. 회계사가 애틀랜타에서 찍은 최근 동영상에 대해 세금계산서를 받았는지 물었을 때, 뒤파르는 크게 웃다가 의자에서 떨어질 뻔했다.

"영 지지(Young Jeezy)는 세금계산서에 서명 따윈 절대 안 한다고요!" 뒤파르가 회계사에게 말했다.

내 세금은 약과네요, 더 번창시켜야겠어요

내가 온라인에서 DArealBBJUDY의 상승세를 따라가면서 정말 놀랐던 점이 있다. 뒤파르의 소셜미디어는 칼레이도스코프 제품을 홍보하는 매체에서 마침내는 젊은 흑인 여성들에게 창업가 정신을 불어넣는 공론장으로 발전해갔다는 점이다. 뒤파르는 매출액과 상당히 많은 소득세에 대해 자주 포스팅했고, 발송 중인 제품의 사진도 올렸다. 또한 사업 확장에 대해, 대출을 갚고 새 집과 최고급 승용차를 구매하는 것에 대해서도 포스팅했다. 포스팅할 때마다 뒤파르는 신에게 감사드리는 한편, 여성들에게 스스로를 믿고 자신의 사업을 시작하라고 단호하게 설파했다. 뒤파르는 온라인에서 옷, 여행, 자동차 등 부의 과시물을 보란 듯이 자랑하면서, 다른 흑인 여성들에게 창업을 동경의 대상으로 보여주고 있었다.

"나는 얼마나 많은 사람의 마음을 움직일 수 있는가로 성공을 정의합니다." 뒤파르는 회계사와 미팅을 마치고 칼레이도스코프 사무실로 돌아가는 차 안에서 내게 말했다. "불행하게도 사람들은 성공과 돈을 같은 걸로 생각해요. 나도 벤틀리(가격이 20만 달러에 달하는 최고급 승용차)를 한 대 샀어요. 차를 좋아해서가 아니에요. 사실 난 차 따위에는 조금도 관심이 없어요. 하지만 그런 차를 사면 사람들이 알아봐주고 내 얘기에 귀를 기울이니까요. 내가 버는 돈의 영향력이 막강해서 좋아요. 내가 스눕 독과 함께한 상황극을 보면 나랑 같이 학교에 다녔던 누군가는 이렇게 말하겠죠. '쟤가 해냈잖아? 그럼 나도 할 수 있겠다!' 그게 뉴올리언스 식이죠." 뒤파르는 이렇게 말하면서, 은행 드라이브스루 창구에서 직원에게 엄청나게 많은 수표를 건넸다. 은행 계좌에 입금하려는 것이었다. "나는 보통 사람들에게 돈 버는 비결을 보여주죠. 난 사람들을 자극하죠. 그게 제 영향력이에요."

뒤파르의 인스타그램에서 댓글을 읽다 보면 그런 영향력이 분명히 보인다.

"진짜 인생의 목표!!! 나는 당신 페이지를 보면서 용기를 얻어요. 영감이 넘치는 분!" 뒤파르가 집을 샀다는 포스팅을 올렸을 때, @shebarber89은 이렇게 썼다.

"맞아아아요! 이거야말로 내가 말하려는 거예요! 나는 이런 여성 보스를 찾고 있었다고요!!!" 뒤파르가 래핑한 에스칼레이드 자동차 사진을 올렸을 때, @homes.pho.sale은 이렇게 썼다.

심지어 뒤파르가 국세청에서 받은 17만 8182달러의 세금 납부 고지서를 공유했을 때, @branded_brashay18 같은 여성은 이렇게 썼다. "내 세금은 약과네요. 얼른 내 사업을 번창시켜야겠어요! 유일한 동기를 얻었네요."

이 여성들은 DArealBBJUDY를 섹스 심볼이나 스타일 아이콘으로 보는 것이 아니라, 곤란한 상황에서도 성공을 쟁취한 뛰어난 사업가로 보았다. 미국 사회에서 경제적으로 사회적으로 가장 불리한 집단인 아프리카계 여성들에게는 창업이 가능하다는 사실을 보여주는 롤 모델을 찾으려는 불타는 욕구가 있다. 이런 롤 모델은 C.J. 워커에서 오프라 윈프리까지 경제적으로 엄청나게 성공한 여성 사업가들이 될 수도 있고, 비욘세 같은 문화적 아이콘이 될 수도 있다. 그런 롤 모델들은 아프리카계 여성들에게 돈을 벌어서 손을 높이 들고 인정을 받으라고 권한다.

"여성들은 이제 세력을 형성해나가고 있죠. 이런 자립심이 어느 때보다도 중요해졌어요. 여성들은 스스로를 믿고 의지합니다. 쓸데없이 남자만 기다리지 않는다고요!" 뒤파르가 말했다.

아프리카계 여성에게는 창업을 자신의 권리로 인식하는 것이 갈수록 중요한 목표가 되었다. "뭘 갖는다는 것 자체가 우리한테는 허락되지 않았었죠." 일레인 라스무센이 말했다. 그녀는 중서부 지역의 비백인 창업가 또는 여성 창업가에게 투자받을 기회를 주는 소셜 임팩트 스트래터지(Social Impact Strategies) 그룹의 CEO다. "우리는 뭔가 얻을 때마다, 원래 갖고 있던 모든 것을 잃어야 했어요. 그래서 우리에게는 가진 것을 모두 빼앗길지 모른다는 무의식적인 두려움이 있지요." 경제적 권리를 되찾는 일은 실제로 창업을 커뮤니티의 정체성으로 받아들이는 데에서 시작되었다. "누군가 비백인 여성이나 트랜스젠더에게 다가가 자신이 하고 있는 일을 뭐라고 규정할지 묻는다면…… 대부분은 자기 자신을 사업가라고 하진 않을 겁니다." 라스무센은 사업가가 얼마나 백인들의 단어로 받아들여지는지 지적했다. "저는 묻습니다. '그러면 자기 자신을 뭐라고 불러요?' 그들은 말하죠. 그건 그냥 부업일 뿐이라고, 그저 자기가 하는 일일 뿐이라고요. 저는 그들에게 이렇게 답해요. '제품이나 서비스를 팔아서 돈을 버시죠?' 그렇죠. '그게 사업이에요.' 사업은 멋진 일이고, 신나는 일이에요. 사업을 자기 걸로 받아들여야 해요."

유감스럽게도 미국에서 흑인 창업가가 된다는 것은 단순히 사업을 시작한다는 의미가 아니었다. 자기 사업을 하는 것이 불평등을 개선하는 첫 단계가 될 수는 있지만, 그 자체만으로는 충분하지 않았다. 흑인들의 사업을 가로막는 공공연한 경제적, 정치적 장벽이 언제 어디에나 있었고, 그들의 노고를 깎아내리는 보다 미묘한 차별도 있었다. 짐 크로 법이 적용되던 시절, 린치에 가담한 군중은 한때 급성장한 아프리카계 미국인 창업의 중심지를 파괴했다. 오클라호마주 털사의 블랙 월스트리트는 1921년 폭동으로 철저히 파괴되었다. 하지만 오늘날에도 장벽은 계속 커져가고 있다. 테네시주에서 최근 통과된 법안은 정식 인가를 받지 않은 머리 땋기에 수십만 달러의 벌금을 부과하여, 창업에 갓 발을 들인 젊은 흑인 여성들에게 타격을 입혔다.

흑인 여성들이 미국 창업가 중에서 가장 빠르게 성장하는 집단이긴 하지만, 이들은 다른 집단보다 사업에 실패하는 비율이 훨씬 높다. 2012년 글로벌정책해법센터(Center for Global Policy Solutions)가 보고서에서 인용한 미국 인구조사국 자료에 따르면, 흑인 여성 창업가들은 직원을 두고 사업을 할 가능성이 가장 낮은 그룹이었다. 그들의 사업체 중에 불과 2.5퍼센트만이 직원을 두었다. 그에 비해 백인 여성은 11.9퍼센트, 백인 남성은 23.9퍼센트가 직원을 두었다. 흑인 남성조차도 사업체를 소유하는 비율은 지난 10년 동안 감소해왔지만(같은 시기에 흑인 여성은 증가했다), 흑인 여성 창업가에 비해 직원은 두 배 이상 많이 고용했다. 경기가 바닥을 쳤던 2007~2012년 흑인 여성이 운영하는 사업체는 연간 수익이 30퍼센트까지 하락해서 하락폭이 가장 컸다(백인 여성 사업체의 연 수익은 5.7퍼센트 하락했고, 백인 남성 사업체의 연 수익은 3.9퍼센트 증가했다). 2016년 기업진흥연합 (Association for Enterprise Opportunity)이 발간한 보고서 〈미국의 흑인 사업체 소유의 양상〉에 따르면, 흑인 소유의 뷰티살롱은 평균 1만 4000달러의 수익을 창출하여, 평균 5만 6000달러 이상의 수익을 올린 백인 소유 살롱과 대비된다.

"아프리카계 미국인 여성 창업가를 정형화하고 싶은 마음은 없어요. 하지만 이들은 포부를 실현하려다 좌절하기 일쑤죠." 마야 로키무어 커밍스가 말했다. 그녀는 워싱턴 D.C.의 싱크탱크이자 자문 회사인, 글로벌정책해법센터의 센터장 겸 CEO다. "이들은 자본금을 지원받기 어려운데다가 흑인이면서 여성이라는 이중의 고정관념에 맞닥뜨리죠. 두 그룹 모두 자본을 가늠하고 확장하고 이용하는 능력이라는 측면에서, 큰 난관에 부딪힙니다. 이들에게 포부나 희망이나 꿈이 없다는 뜻이 아닙니다." 로키무어가 말했다. "단지 이들이 좌절을 경험한다는 거죠. 이들이 사업을 시작할 가능성이 가장 높다는 사실은 이들에게 희망이 있다는 거죠. 이들에게는 기술도 있고, 재능도 있고, 시장성 있는 아이디어도 있어요. 기꺼이 고용도 하고 간판도 내걸 의지가 있지만, 성공할 가능성은 희박합니다."

나는 뉴올리언스에서 흑인 여성 창업가들을 10여 명쯤 만나 이야기를 나누었다. 그런데 그중 누구도 은행, 벤처캐피털 등 외부 자금을 지원받으려 하지는 않았다. 그런 것은 자신에게는 꿈 같은 일이라는 생각이 머릿속에 깊이 박혀 있어서, 터무니없다고 느꼈던 것이다. 이는 경제적인 기회의 손실이다. 창업은 아프리카계 미국인들에게 부의 창출에 이르는 가장 획기적인 경로에 해당한다. 특히 가족들을 빈곤으로부터 끌어올려 중산층에 진입시킬 정도의 재산을 대물림해줄 부를 창출할 수 있다. 〈미국의 흑인 사업체 소유의 양상〉에 따르면, 사업체를 소유한 아프리카계 미국인의 순자산 중위값은 사업가가 아닌 경우에 비해 열두 배나 많았다. 또한 미국 내의 백인 가족이 흑인 가족보다 열세 배 많은 가구 자산을 소유하고 있지만, 흑인 가구의 가장이 사업가인 경우에는 순자산 중위값의 차이가 세 배에 그쳤다. 아프리카계 미국인 등 비주류 소수 집단이 인구에 비례하여 창업한다면, 이들은 100만 개 이상의 사업체를 차려야 하고, 그로써 900만 명 이상의 미국인을 추가 고용해야 한다고, 로키무어는 말했다.

"특정 그룹의 창업가들에게는 성공을 허락하면서 다른 그룹에게는 허락하지 않는 것에 대해 우리는 마땅히 숙고해봐야 합니다." 로키무어가 말했다. 그녀는 벤처캐피털의 투자를 받는 것이 창업행 티켓이라는 생각이 널리 퍼져 있지만 이는 아프리카계 미국인들에게는 '엉터리 헛소리'라고 했다. 그들은 대개 그런 돈의 접점, 돈의 네트워크, 돈의 커뮤니티에 접근조차 할 수 없다. 벤처캐피털 업계의 다양성이 형편없기 때문에, 흑인 창업가들은 용케 그 앞에 다다른다 해도 입장이 허락되는 경우가 거의 없다. 그런 자본금이 없기 때문에, 많은 아프리카계 미국인 창업가들은 더 큰 위험을 감수할 수 없고, 자신의 꿈을 온전히 실현할 수도 없다. 로키무어가 보기에는 지나친 역설이었다.

"우리는 이 나라에 돈도 받지 못하는 노동을 하기 위해 왔어요." 로키무어는 이들 공동체가 누군가의 이익을 위해 쇠사슬에 묶인 채로 대서양을 건너와야 했다는 사실을 일깨웠다. "우리는 사람이면서도 한때 재산으로 취급되었죠."

기꺼이 공동체의 얼굴이 되기로 하다

몇 주간 뉴올리언스에 머물며 아프리카계 미국인 여성 창업가들과 이야기를 나누는 동안 나는 같은 단어를 여러 번 들었다. 바로 '공동체(community)'라는 단어였다. 뒤파르는 물론이고 다른 헤어살롱 주인들도 그 단어를 반복해서 사용했다. 이야기는 그들의 첫 사업에서부터 시작됐다. 그것은 그들이 속해 있는 공동체의 필요를 반영한 사업이었다. 그들은 그 시장에서 일하기 위해 사업을 일으켰다. 그들 자신이 바로 그 시장이었기 때문이다. 뷰티 시장의 규모나 구매력에도 불구하고, 아프리카계 미국인 여성들을 고객으로 하는 글로벌 뷰티 산업은 극도로 취약했다. 대기업들은 흑인 여성을 위한 제품의 생산을 꺼려왔다. 흑인 여성들의 피부 톤이나 모발 구조는 립스틱부터 샴푸까지 백인 여성에게 맞춤한 모든 제품과 완전히 상극이다.

이런 문제들에 답답함을 느낀 크리스틴 존스 밀러는 친구 아만다 존슨과 함께 2017년 멘티드(Mented) 화장품을 출시했다. 그들은 다양한 피부 톤에 어울리는 유기농 립스틱을 판매한다. 밀러와 존슨은 하버드 경영대학원에서 만났고 뷰티 업종과 유통 업종에서 경력을 쌓았는데도, 막상 펀딩을 따낼 때는 힘겨운 투쟁에 직면해야 했다. 80명이 넘는 벤처 투자자들은 멘티드 화장품에 대한 투자 설명회에서 한결같이 왜 멘티드가 성공할 수 없는지를 설명하려 했다. "우리가 비백인 여성들의 고충을 해결해주려는, 비백인 여성들이었기 때문이죠. 투자자들은 이 아이디어를 우리와 같은 눈으로 바라볼 수 없었거든요. 저는 스탠퍼드를 졸업한 뒤에 어쩌고저쩌고 하는 모바일 앱을 만들고 있는 백인 남성이 아니니까요. 제가 흑인 여성 창업가라는 사실은 제가 비백인 여성들을 위해 일한다는 사실과 떼놓을 수 없어요. 그건 세상 모든 이들을 위해 사업을 구축하는 것과는 다르죠. 저는 자신들과는 닮은 점이 하나도 없는 시장에서 애쓰는 하버드 동기들에 비해 엄청나게 유리한 입장이에요. 그들은 소비자에 관한 모든 것을 업종 리포트나 조사 자료를 통해 배웠어요. 저는 흑인 여성으로 사는 것에 전문가고, 뷰티 산업이 백인이 아닌 여성을 얼마나 무시하는지에 대해서도 전문가예요. 제가 유리한 입장이라 생각하며 힘을 내죠. 소비자와 그들이 안고 있는 문제는 제가 잘 아니까요." 밀러가 말했다.

어느 오후 뉴올리언스에서 나는 니키 다종과 함께 커피를 마셨다. 그녀의 온라인 붙임머리 사업인 'LA샵 헤어부티크(LA Shop Hair Boutique)'는 한창 성장 중이었다. 28세의 다종은 '레이디 보스(Lady Boss)'라는 글자가 쓰인 작은 금 펜던트를 목에 걸고 있었다. 다종은 로욜라 대학교에서 MBA를 마무리하는 중이었고, 전공은 창업이었다. 1년 전에 그녀는 창업가인 가족을 따라(그의 부모님은 작은 양복점을 운영하면서 합창단복을 만들었지만, 허리케인 카트리나 이후 건설로 업종을 바꾸었다) 사업을 시작하게 되었다. 다종은 졸업 후에 새로운 종류의 화장품점을 열려고 한다.

다종은 화장품점에 들어설 때마다 적대감과 의심을 느끼고는 그런 계획을 세우게 되었다. 그녀는 특히 아프리카계 미국인과 관련 없는 개인이 소유하고 운영하는 (예를 들어, 이 업종에서 특히 두각을 나타내는 한국인들) 가게에서 그런 적대감과 의심을 흔히 느꼈다고 했다. "내가 속한 공동체에서, 왜 나는 존중받지 못하는 걸까요? 왜 아프리카계 미국인이 소유하는 화장품점은 없는 거죠? 왜 그 가게는 나를 알아주지 않는 거죠? 왜 나 같은 고객들은 이런 대접을 받는 거죠?" 그녀는 물었다. 다종의 계획은 자신과 비슷한 여성들을 환영할 뿐만 아니라, 그들에게 자존감과 창업 같은 주제에 관해 멘토링하는 화장품점을 여는 것이었다.

벤처캐피털에 맞춤한 테크 중심의 사업을 구상한 MBA 동기들과 달리, 다종은 자기 자신을 공동체의 모델이자 얼굴로 제시했다. "저는 이 사업을 하고 싶었어요. 흑인 소녀가 공동체 내에서 뭔가를 갖고, 자기 공동체를 받아들이고, 공동체에 갚을 수 있도록 말이죠. 내가 속한 공동체에서, 창업은 성공으로 나아가는 길이에요. (창업가들은) 공동체의 희망이죠. 그들이 자기 일을 통해 공동체의 삶을 향상시키니까요. 사회복지가 잘되어 있는 도시에서 그건 특히 중요하죠.

다른 누구로부터 주어지는 게 아니에요. 그건 자율권이죠." 그녀는 말했다.

아프리카계 미국인이 편안함을 느끼는 공간

뉴올리언스의 흑인 헤어 산업에서 여성 창업가들은 다양한 형태로 공동체에 권한을 부여한다. 그들이 이 공동체에 내놓는 것은 제품과 서비스뿐만이 아니다. 그들은 가게라는 물리적 공간도 내놓는다. 이곳은 사회학자들이 '제3의 공간'이라고 부르는 역할을 한다(제3의 공간이란 유대를 맺고자 하는 공동체의 욕구를 실현하는, 직장도 집도 아닌 공간이다). 아프리카계 미국인들에게 이발소와 뷰티살롱은 오랫동안 제3의 공간 역할을 해왔다. "미용실은 흑인들이 지배력을 갖는 물리적인 공간도 제공합니다." 티파니 질의 말이다. 그녀는 델라웨어 대학교의 역사와 아프리카 문물학 교수로서 흑인 뷰티살롱이 공동체의 허브로 진화한 과정을 기록한 《미용실 정치학》이란 책을 썼다. 그곳은 아프리카계 미국인 여성들이 가장 편안함을 느끼는 곳으로서, 모든 판단이 유보된 채로, 정치, 돈, 성 등 어떤 주제에 대해서든 자유롭게 논의할 수 있는 공간이다. 스타일리스트의 의자에 앉는 순간 모두가 평등해진다.

이 도시의 북동부에 있는 '뷰티 옹드바유(Beauty on de Bayou)'도 제3의 공간 중 하나다. 폰차트레인 호수에서 몇 블록 떨어진, 창문 없는 작은 건물에는 자연 머리(natural hair)를 전문으로 한다는 손 간판이 걸려 있다. 아프리카계 미국인 뷰티 시장의 한 축을 이루는 자연

머리는 스트레이트파마용 화학제품이나 머리를 '길들이는' 제품들을 사용하지 않고, 고데를 기본으로 모발 건강과 자부심을 챙겨준다. 2007년에 다와나 마케바가 이 살롱을 열었다. 원래 아프리카계 미국인을 연구하는 교수였던 그녀는 가수 해리 벨라폰테(Harry Belafonte)와 투팍 샤커(Tupac Shakur)의 투어 매니저를 하다가 부동산 중개인으로 전업하는 등 수년간 여러 직업을 거쳤다. 하지만 그렇게 여러 직업을 거치면서도 마케바는 언제나 사람들의 머리를 만졌다. 대학교 시절 이 일을 시작해 석사 학위를 받은 뒤에는 이 도시의 아주 가난한 변두리에 가게를 차렸다. 9구(뉴올리언스에서 가장 가난한 동네로 주로 흑인들이 거주한다. 도시에서 제일 낮은 지대로 해수면 아래에 있어 허리케인 카트리나 때에도 가장 큰 피해를 입었다 - 옮긴이)에서 살롱을 운영했던 자기 할머니처럼.

회색 레게머리를 틀어 올린 마케바는 자신이 창업가이자 '문화 담지자(culture bearer)'라고 설명했다. 그녀는 자신의 주업이 공동체에 안전한 공간을 확보하는 일이라고 여겼다. 허리케인 카트리나가 인근을 휩쓸고 지나간 후에는 특히 그랬다. "저는 재건 과정에 동참하고 싶었어요. 제가 속한 공동체가 의지할 사람이 되고 싶었죠." 그녀의 말처럼 뷰티 옹드바유에서는 누구나 환영받는다. 고객은 모두 동등한 대접을 받는다. 그들이 정치가든, 경찰이든, 마약상이든, 스트리퍼든, 교사든, 목사든 상관없다. 살롱 안에서는 판사와 변호사는 물론, 곧 재판을 앞둔 사람끼리 옆자리에 앉는 일도 드물지 않았다. 마케바는 2016년 선거 기간에 트럼프 지지자였던 여성의 머리를 손질해준 일을 떠올렸다. 그녀는 그곳에 있던 다른 여성에게 자기주장을 펼쳤다. "사람들은 그냥 이렇게 대꾸했죠. '글쎄, 누군가는 분명 다른 출마자를 지지할 텐데.' 그건 이곳이 안전한 장소란 뜻이에요. 그 사람이 다른 곳에서 다른 흑인 여성들에게 대놓고 그런 말을 하지는 않았을 테니까요."

"여기에선 온갖 대화가 이어지지." 아레타가 말했다. 걸걸한 목소리에 나이가 지긋한 그녀는 모두에게 '빅 레드(Big Red)'라고 불렸다. 한 스타일리스트가 그녀의 머리를 감겨주는 중이었다. "내 말은, 그러니까, 뭐든지! 정치든, 사회든, 성이든." 개인적으로 그녀는 미식축구에 대해, 특히 뉴올리언스 세인츠 팀의 슈퍼볼 진출 가능성에 대해 이야기하기를 좋아했다.

젠틸리와 인접한 동네에서, 허리케인 카트리나로 인한 혼란을 겪은 타냐 헤인즈는 자신의 유명 살롱인 '프렌즈(Friends)'가 이 도시에서 갖는 의미를 명확히 깨닫게 되었다. "저는 프렌즈가 여성 공동체의 구심점이라는 걸 깨달았어요." 헤인즈는 말했다. 프렌즈의 고객은 보수적인 성향을 띠는 중상류층 전문직 흑인들이다. 내가 그곳에 가기 몇 주 전에 선출된 뉴올리언스 시장 라토야 캔트렐(LaToya Cantrell)도 프렌즈의 고객이다. 헤인즈는 소프트 헤어스타일로 머리를 손질하고(뒤파르의 하드 스타일과는 다르다), 스무드 재즈, 가스펠, 알앤비 음악을 틀며, 어린아이들은 가게에 들이지 않는다. 여성들은 그곳에서 온전히 자기 자신일 수 있다. 그녀들은 머리 손질에 필요한 시간보다 몇 시간씩 더 머물면서, 헤인즈가 공들인 환경에서, 잡담을 나누고, 음식을 나눠먹고, 소설책을 읽고, 일을 한다. 마케바와 마찬가지로, 헤인즈도 누군가 돈이 없다고 하면 비용을 받지 않고, 고객이나 고객의 친척이 죽으면 장례식에 대비해 망자의 머리를 직접 손질해준다.

헤인즈에게, 사장이 된다는 것은 공동체 내에서 '자기만의' 어떤 것을 만들고, 공동체가 자기에게 베푼 사랑을 되돌려준다는 의미였다. 사장이 되면 재정적으로 소득이 생기는 것은 물론이다. 하지만 정서적인 보상은 훨씬 더 컸다. 프렌즈를 개업하고 몇 년 지나지 않아, 헤인즈의 아들 재러드가 피살되었다. 뉴올리언스의 흑인 사회에 만연한 총격 사건 때문이었다. 한 달 동안의 애도 기간이 끝나고 헤인즈가 살롱에 돌아왔을 때, 고객들이 무리지어 나타났다. 물론 머리 손질을 위해서이기도 했지만, 주로 헤인즈를 끌어안고 다독이기 위해서였다. 그녀는 그들의 품에서 울었다. "굉장한 일이었어요. 여성들의 사랑이란." 헤인즈는 기억을 떠올리며 울먹였다. "할머니가 아닌데도 우리 할머니 같았어요. 이모가 아닌데도 우리 이모 같았죠. 언니가 아닌데도 제 언니 같았고요." 일과 생활 사이에 아무런 구분도 없었다. 이 여성들은 단순한 고객이 아니었다. 이들은 진정한 공동체였다.

"흑인 창업가들은 다른 창업가들은 느끼지 못하는 부담감을 가져요. 공동체에 대한 어떤 책무 같은 거예요." 티파니 질이 설명했다. 책을 쓰기 위해 미국 전역의 아프리카계 미국인 살롱 주인들과 인터뷰를 하면서, 질은 이 여성들이 자기 사업을 활용해서, 그리고 자신이 벌어들인 돈을 써가면서 공통되게 바라는 것은 자신들의 공동체를 강화하는 일임을 알게 되었다. 창업가들의 상품이나 서비스를 구매한다는 것은 그들을 지지하고 진정한 공동 자금을 조성함으로써 공동체 내부에서 돈이 돌게 한다는 의미다. 그 결과, 창업가들은 지역에 필요한 제품과 서비스로 공동체를 지지하면서 주변 사람들에게 광범위한 도움을 계속 제공하게 된다. 그들은 지역 주민들을 고용하고, 사회적 대의를 지지하고, 정치적 목소리를 내고, 어린이 야구팀이나 마디그라(사순절에 들어가기 전날, 즉 '재의 수요일' 전 화요일로, 참회의 화요일이라 불린다 - 옮긴이) 밴드를 후원한다.

제시카 뒤파르가 공동체에 갖는 유대감은 강력했다. 그녀는 수파 센트(뒤파르와 같은 쇼핑몰 안에서 크레용 케이스Crayon Case라는 성공적인 화장품 회사를 운영하고 있다) 등 부근에서 사업을 하는 다른 사람들을 호출해가며 온라인을 통해 공동체에 끊임없이 자신의 생각을 전했고, 뉴올리언스와 그곳 흑인 여성 사업가들을 대표했다. "나는 우리 공동체에 100퍼센트의 책임감을 느낍니다. 반드시 우리가 바로 나아가게 하고 싶어요." 뒤파르는 오랫동안 이곳에서 자기 사업을 이루었다는 사실에서부터 이야기를 시작했다. "아마 우리는 기껏 몇 안 되는 사람들이 여기서 정말 큰일을 하도록 도울 수 있겠죠. 하지만 나는 모두가 그렇게 되었으면 좋겠어요. 나야 로스앤젤레스나 애틀랜타로 옮겨갈 수도 있지만, 그래도 여기에 남아 그중 몇 명에게라도 좋은 영향을 끼치고 싶습니다."

뒤파르와 나는 '트리나 부 댓 헤어 라이프 스튜디오(Trina Bout

That Hair Life Studio)'라는 살롱에 막 들어섰다. 뒤파르의 가게에서 몇 킬로미터 떨어진 곳이었다. 그 살롱은 뒤파르가 카트리나 해리스에게 머리 손질을 받기 위해 일주일에 몇 번씩 들르는 곳이었다. 살롱은 길고 밝았으며, 벽은 밝은 핑크색이었다. 여섯 여자가 드라이기 아래에 앉아 있었고, 텔레비전에서는 리얼리티쇼가 흘러나왔다. 데이비드란 이름의 젊은 여성은 고데기에 머리를 맡긴 채 나초를 먹고 있었고, 누군가가 데려온 어린 여자아이는 숙제를 하고 있었다. 뒤파르는 의자에 앉았고, 해리스는 새로운 꼬임 머리를 시작했다. 두 시간이 걸린다고 했다. 새까만 머리에 보라색과 파란색 줄무늬를 넣은 머리였다. 뒤파르가 그날 밤 늦게 참석할 행사용이었다. 해리스는 뒤파르의 원래 머리를 꼬아서 단단한 줄처럼 만들고, 머리 양옆과 두피 주변에 접착제를 바르고, 스타일 캡을 씌운 다음 마르도록 내버려두었다.

"이런, 이 헤어피스는 너무 작잖아. 가발 같아 보인다고!" 뒤파르가 말했다. 해리스가 캡 주위에 헤어피스를 붙이기 시작한 참이었다.

"그건 제 잘못이 아니에요. 사장님 머리가 큰 거라고요!" 해리스는 이렇게 말하고 머리를 계속 엮어나갔다.

뒤파르가 정말로 핀잔을 준 것은 아니었다. 어쨌든 뒤파르는 칼레이도스코프에서 2년 동안이나 해리스에게 첫 일자리를 내준 사람이었다. 뒤파르는 2017년 헤어 제품에 집중하기 위해 자기 살롱을 닫으면서, 해리스에게 자기 가게를 내라고 했다. 뒤파르는 그 과정에서 해리스를 코칭해주었고, 재정적인 도움을 주었으며, 소셜미디어로 손님들을 불러모으기까지 했다. 해리스는 수줍음을 많이 타는 성격이었기에, 뒤파르는 온라인 브랜딩이 다음 단계로 나아가도록 해리스를 격려하고 밀어붙여야 했다.

해리스에게는 뒤파르만큼 원대한 포부가 없었다. 그녀에게 성공은 열 살짜리 딸을 키울 만큼의 시간과 자유를 누리고, 매일 아침 일어날 때마다 돈 걱정을 하지 않으며, 편안하게 살아가는 상태를 의미했다. 자기 운명을 통제할 수 있는 상태. 살롱은 이미 해리스에게 그런 성공을 가져다주고 있었다. "매일 문 앞에 차를 대면서 제 이름이 쓰인 간판을 봐요, 그건 제게 큰 의미가 있죠." 그녀는 이렇게 말하면서 뒤파르의 두피에 접착제를 더 발랐다. 뒤파르는 접착제의 열기 때문에 움찔 놀랐다. "제겐 그게 무엇보다 중요해요."

"이 소녀들에게 내가 알고 있는 것을 전해야만 합니다"

데이비드는 밖으로 나갔다가 모두에게 나눠줄 스노볼을 가져왔다. 이 미치도록 달달한 얼음 음료는 더위에 지친 이 도시에서 한껏 늘어지는 살롱에서의 시간에 활력소가 되어주었다. 뒤파르는 드라이어 아래에서 자기 음료를 홀짝거리면서, 두 개의 휴대전화로 소셜미디어를 하고 있었다. 나는 뒤파르에게 해리스 같은 사람들을 돕는 이유를 물었다. 특히 창업은 승자와 패자가 있는 제로섬 게임이라는 사회적 통념이 우세한 시대에, 경쟁이 극심하고 남을 도울 여유가 없는 곳에서 같은 업종이나 같은 고객층을 대상으로 하는 사람들을 돕는 이유 말이다. 그것은 스티브 잡스, 일론 머스크, 마크 저커버그 같은 스타트업의 위대한 영웅 신화에 위배되었다. 이들 영웅들의 권력을 향한 무자비한 상승 과정에는 아무렇게나 버려진 사람들이 많았다.

"사장에게 가장 중요한 일은, 아무리 큰돈을 벌더라도 공감대를 유지하는 거예요. 나는 누가 내 뒤에서 이렇게 말하는 걸 원치 않아요. '저 나쁜 년이 성공하더니 우릴 모르는 척하는구나!' 가난에 시달리는 이런 도시에서는 더욱 그래요." 뒤파르가 말했다. 그것은 인스타그램에 쓰는 확신 어린 말들로 다른 여성들을 창업의 길로 이끄는 일 이상의 의미였다. 그것은 그들이 슬로건의 문구만이 아닌 진짜 성공을 위해 무엇을 해야 하는지(기본적인 세금 전략, 법적 책임, 마케팅 예산 등) 세세히 가르치면서, 그들을 지지하고 멘토링한다는 의미였다. 뒤파르는 그것을 '사람들을 육성하는 일'이라고 불렀다. 나는 뉴올리언스 일대에서 그 단어를 몇 번이나 들었다.

워싱턴 대학교 사회학자인 아디아 하비 윙필드는 《뷰티 사업 하기》라는 저서에서, 아프리카계 미국인 여성의 뷰티 산업에서는 다른 여성들의 창업을 도우려는 의지가 업종 전반에 널리 퍼져 있다고 밝혔다. 그녀는 이 현상에 '부조 관념(helping ideology)'이라는 이름을 붙였다. "간단히 말하면, 사장들은 다른 흑인 여성의 살롱을 열도록 도와주는 능력에 더 큰 가치를 둔다. ……경쟁, 개인주의, 성·인종차별 메시지가 강조되면서 흑인 여성들이 서로를 경쟁자로 보게 하는 미국적인 상황에서, 이런 윤리 규범은 대단히 비범하고 엄청나게 숭고하다." 내가 전화했을 때, 윙필드는 부조 개념을 확장해서, 이것이야말로 아프리카계 미국인 여성들이 창업가로서 맞닥뜨리는 차별에 대한 해결책이라고 말했다. 늘 그들을 가로막는 "지금의 시스템을 무산시킬 틈새를 열어주고 있다"는 것이다.

뷰티 옹드바유에서 다와나 마케바는 자신의 직원인 스타일리스트 요니 '다 헤어 지니'와 모건 '모 뷰티' 딜런에게, 창업을 코칭하고 비용을 대주며 금융 관련 수업을 듣게 함으로써, 부조 관념을 실천하고 있었다. "그녀는 사람들을 끌어들여요. 다와나는 잠재 능력을 키워주는 사장이죠. 돈벌이만 생각하는 사장이랑 일하는 것 이상이죠." 요니가 말했다. 뷰티 옹드바유에서 일하기 전에 요니는 스무디 가판대에서 최저 시급을 받으며 일했다. 이제 그녀는 부분 가발을 파는 가게를 열려고 한다. "다와나는 제게서 능력을 이끌어냈어요. 제가 스스로 보지 못했던 부분이죠." 요니가 말했다. 마케바는 어린 소녀들을 위한 여름 캠프를 만들어서, 자존감, 미용, 창업의 기초를 비롯하여 자신이 "흑인 소녀가 지닌 마법"이라고 부르는 것을 돈으로 바꾸는 방법을 가르쳤다. "나도 제9구 출신이에요." 내가 돈이 되지 않는, 이 일을 하는 이유를 물었을 때, 마케바가 대답했다. "확률적으로 현재의 시스템은 내가 성공할 수 있는 구조가 아니에요. 나랑 비슷한 다른 사람들, 그러니까 요나나 모건 같은 이들에게 손을 내밀어서 그들이 일어서도록 도와야 할 의무가 내게 있죠."

이것은 내가 뉴올리언스에서 몇 번이나 들은 이야기였다. "내 사명은 사람들이 능력을 키우도록 돕는 거예요." 줄리아 클라보의 말이다. 모델인 그녀는 의류, 유통, 화장품 업종의 창업가로서, '스파이시

다크(Spicy Dark)'라는 메이크업 라인을 판매했다. "나는 돈을 좇지 않아요. 나는 마틴 루서 킹이고, 마야 안젤루(Maya Angelou)예요. 그들이 길을 열었기에, 우리가 더 나은 세상을 이뤄갈 수 있는 거예요. 그러므로 나는 이 소녀들에게 내가 알고 있는 것을 전해야만 합니다. 내가 아무리 바빠도 남을 돕는 것이 먼저예요. 그게 내 좌우명이고, 책임이에요. 내가 알고 있는 것을 나눌수록 더 많은 것이 내게 돌아올 테니까요." 니키 다종은 창업이 "자신이 있는 곳과 자신이 가려는 곳을 연결하는 다리이자, 그곳에 가는 방법을 모르는 후배들을 그곳과 연결해주는 다리"라고 내게 말했다. 그 다리를 놓기 위해 그녀는 사장이 되어야 했다.

뒤파르의 부조 관념은 칼레이도스코프 살롱에서 시작되었다. 그곳에서 그녀는 수파 센트나 해리스 같은 직원들이 자기 가게를 열도록 도와주었다. "수파는 완벽한 모범이죠." 뒤파르는 이렇게 말하면서, 이제는 친구인 수파가 자신과 맞먹는 명성과 재산을 가졌다고 했다. "이 아이는 자기가 그런 일을 해내리란 생각을 전혀 못 했어요. 그 애가 해냈을 때, 전 이렇게 말했죠. '이제는 네가 10명의 사람들을 찾아내 그들을 도와줘.' 트리나를 보세요. 그 아이는 내가 힘껏 밀어주기만 하면, 백만장자가 될 거라고요. 그게 내가 내 가게를 열었던 이유이고 그 애들에게 자기 가게를 열라고 하는 이유기도 해요. 나는 모두가 먹고살기를 바라죠."

뒤파르는 자기가 1년에 수백만 달러를 벌 거라고는 상상도 못 했었다. 그녀는 뉴올리언스의 젊은 흑인 여성들이 원하는 것을 원했다.

자신이 주도하는 안정된 생활과 자신만의 공간. 하지만 칼레이도스코프가 금세 인기를 얻자, 뒤파르는 부와 명성을 이용하여 자기와 비슷한 처지의 여성들을 육성하고 창업으로 이끌었다. 이런 일은 몇 년 전에 여성들이 뒤파르의 소셜미디어에 사업 관련 질문들을 올리면서, 자연스럽게 시작되었다. 그래서 뒤파르는 메시징 앱에 '주디의 방'이라는 비공개 그룹을 만들고 여성 창업가들에게 조언을 나눠주었다. 뒤파르는 인스타그램에서 경연대회를 열었고, 대회 수상자들에게는 창업에 대해 개인 교습을 했다. 그리고 다른 여성들에게는 아주 적은 비용만 받고 전화, 이메일, 동영상 대화로 상담을 해주었고, 상담 이전과 이후에 그들의 사업 경과 보고와 매년 벌어들인 수입을 게시물로 올렸다.

이 모든 것은 2018년 초에 뒤파르가 미국 전역을 돌며 '이 무료 강연을 듣는 게 좋아(U Better Get This Free Knowledge Tour)'라는 제목의 무료 순회강연을 열었을 때, 절정을 이루었다. 뉴욕, 애틀랜타, 로스앤젤레스, 시카고, 휴스턴, 배턴루지, 뉴올리언스에서, 뒤파르의 강연을 듣기 위해 몰려든 여성들이 몇 시간씩 줄을 섰다. 매번 강연장에는 5000명 이상의 사람들이 들어찼다. 강연 때마다 뒤파르는 영감을 주는 내용("모든 순간마다 기도하세요")부터 일상적인 내용(합법적으로 사업체를 설립하는 방법)까지 자신의 경험담과 배움을 공유했다. "모든 사람들과 사진을 찍었어요. 플래시 때문에 눈이 아팠지만요." 뒤파르가 말했다. 하지만 그 일은 어마어마한 보람을 안겨주었다. 그녀는 뉴올리언스의 한 교회에서 했던 마지막 강연 동영상을 꺼냈다. 그곳에서 뒤파르는 빨간 트렌치코트를 입고, 금발 붙임머리를 하고는 브라스 밴드의 세컨드 라인에 놓인 흰 왕좌에 앉아 엉엉 울었다.

"처음으로 100만 달러를 벌었을 때, 나는 말했죠. '더 많이 벌 거야.' 하지만 내게서 뭔가를 배우고 싶어하는 사람들이 가득한 방으로 걸어 들어간 순간보다 기뻤던 적은 없어요." 뒤파르가 말했다.

1년 후에 뒤파르는 10개 도시에서 후속 순회강연을 열었다. "내가 모두를 위해 이런 수업을 열고, 내가 가진 모든 기운을 나눠주는 이유는 다른 리더들을 키워낼 리더들을 키우기 위해서입니다." 뒤파르는 인스타그램에 순회강연을 공지하면서 이렇게 썼다. 5분 만에 1만 5000장의 입장권이 매진되었다. "2019년에 부유함과 위대함을 만들어냅시다. 나는 우리 모두가 승자이길 바랍니다." 이 게시물 아래에 한 인스타그램 팬이 댓글을 달았다. "그녀는 우리의 마담 CJ 워커입니다." 이 글을 보자마자 뒤파르는 눈물을 흘렸다(나중에 그녀는 해리스가 만든 가발을 쓰고는 워커의 사진 액자 옆에서 워커처럼 자세를 취한 사진을 인스타그램에 올렸다). 자신이 사장으로서 이룬 모든 것을, 다른 여성들도 이루도록 돕는 일이 그녀의 사명이 되었다. 이는 그녀가 매일 신에게 감사하는 내용이기도 했다. "나는 다른 [사람들의] 회사를 세울 수 있어 좋아요. 내가 도운 사람이 이익을 내면 그게 내 성공이죠. 내가 거기서 한 푼도 건지지 못하더라도 말이에요. 정말 만족스러운 일이죠." 뒤파르가 말했다. 2019년 2월 그녀는 소셜미디어 마케팅에 대한 책을 펴냈다.

뉴올리언스에서 보낸 마지막 날 아침에 나는 시청으로 향했다. 뒤파르가 공동체에 대한 기여를 인정받아 시의회의 표창을 받기 위해 대기 중이었다. 그녀는 어머니와 딸 옆에 앉아서, 휴대전화들을 손가락으로 톡톡 두드리고 있었다. 무지개색 오프숄더 드레스를 차려입고, 오렌지색 구찌 부츠를 신고, 해리스가 붙여준 금발 붙임머리를 하고서 말이다. 시의회가 아티스트, 환경운동가, 푸드트럭 축제 주최자, 부두교 목사 등 공동체에 기여한 사람들에게 상을 주는 동안 나는 뒤파르의 어머니 이블린에게 '남을 도우려는 따님의 열망이 어디에서부터 비롯되었느냐'고 물었다.

"딸아이에겐 남이 함께 성공하는 모습을 보고 싶어하는 마음이 있어요." 이블린은 이렇게 말하고는 딸과 터놓고 그런 이야기를 해본 적은 없다고 했다. 뒤파르의 순회강연, 크리스마스에 아이들에게 선물한 500대의 자전거, 온라인에서 만난 가난한 여성들에게 사준 옷 등은 자신의 행운에 깊이 감사하는 마음을 드러냈다. "그 애는 내게 이러겠죠. '난 누구일까요?' 딸애는 정식 교육을 받은 적도 없고, 대학에 다닌 적도 없어요. 그렇지만 수백만 달러짜리 사업을 일궈냈어요. 사막에 느닷없이 피어 있는 꽃 같은 거죠." 이블린이 말했다.

창업가이자 독지가로서 뒤파르가 이뤄낸 성과에 대한 찬사가 이어진 후에, 뉴올리언스 시장 당선자 라토야 캔트렐이 다가와서 뒤파르가 상징하는 것은 뉴올리언스에서 격차를 해소한, 일종의 "양도 가능한 자산"을 구축하는 능력이라고 말했다. "당신은 이 공동체에 헌신하면서, 당신 같은 여성들을 이곳 경제의 핵심으로 키워냈습니다. 덕분에 창업 정신은 계속 이어져나갈 것입니다." 캔트렐 시장은 뒤파르에게 무엇이든 필요하면 연락하라고 했다.

가족들이 있는 복도로 나왔을 때, 뒤파르는 감정이 북받쳐 있었다. "굉장해요." 그녀가 눈물을 훔쳤다. 전날 밤만 해도 그녀는 표창장 따위는 그저 소셜미디어에 올릴 또 하나의 기념물 정도로 생각하는 듯했다. 하지만 이 도시가 그녀의 공로를 인정했다는 사실이 그녀의 마음에 불을 붙였고, 이 공동체에 더욱 헌신하고자 하는 바람을 키웠다. 그녀와 수파 센트는 이미 크리스마스에 장난감을 나눠주는 대규모 행사를 논의 중이었다. 하지만 시장의 지원도 얻은 참에, 규모를 엄청나게 키워보는 것은 어떨까? 초대형 스타디움에 밴드의 행진도 하고 세인츠팀 선수들도 동원하고! 그리고 장난감만이 아니라, 이 공동체에 진짜 필요한 물건들, 이를테면 세면용품, 의류, 기저귀들도 주고!

8개월 후에 뒤파르는 인스타그램에 동영상과 사진을 올렸다. 수천에 달하는 가족들이 줄을 이루었다. 색종이 조각이 날리는 가운데 악단의 행진이 이어졌다. 미식축구 선수들과 장난감 무더기와 가정용품도 있었다. 뒤파르와 수파는 예닐곱 가지 복장으로 갈아입어가며 자세를 취했다. 물론 산타 모자는 필수였다. 그들은 한 시간 만에 5019개의 장난감을 뿌려서 기네스 기록을 세웠고, 매 순간을 소셜미디어에 기록으로 남겼다(마케팅을 위해 돈을 펑펑 쓴 것이 아니었다). 뒤파르는 내년에는 더 큰 행사를 하기로 했다. 그녀의 플랫폼은 오로지 성장 중이었다. 그녀는 부동산 투자로 사업을 확장했고, 유통업자와 대형 계약을 맺었다. 그리고 이제는 전국적 유통망과 계약하려는 참이었다. 그녀는 창업가의 소셜미디어 마케팅이라는 주제로 〈포브스〉지와 인터뷰했고, 최근에는 텔레비전 프로그램 〈투데이(Today)〉에도 출연해 다른 여성들의 창업을 돕는 일에 대해 대담을 나누었다. 그녀의 행사는 부흥회의 성격을 띠었다. 수천 명이 그녀가 전하는 창업 복음에 귀를 기울이고 각자의 사업이 번창하기를 기원하며, 행사를 마무리했다.

"이런 축복은 나만의 것이 아닙니다." 뒤파르가 말했다. 어떤 젊은 남성이 시청 바깥에서 뒤파르와 함께 셀카를 찍기 위해 자세를 잡을 때였다. "성공한 사람에게는 선행을 베풀 책임이 있어요. 두말하면 잔소리죠! 창업가로서 나는 모두에게 말하죠. 원하는 것은 뭐든 할 수 있다고요." 뒤파르는 속도를 늦추거나 일에 안주할 의사가 전혀 없었다. 그녀의 영향력이 미치는 공동체가 계속 커져가는 가운데 자신과 같은 처지의 여성들, 즉 자신들이 나서야 할 때라는 사실을 아직 알지도 못하고 있는 잠재적인 창업가들이 많았으니까.

2부

성장과 부침의 시간을
통과하는 법

무엇이 그들의 매일매일을 버티게 하는가

5장

사회적으로 깨어 있는 자본주의자

립서비스를 넘어,
가치 있는 사업을 실현하려는 사람들

가치는 시험대에 오르기 전까지는 그리 의미가 없다. 기회에는 비용이 들고, 돈은 거저 생기지 않으며, 이상은 쉽게 희생된다. 뱁슨 대학교의 셰릴 야페 카이저에 따르면, "상황이 긴박해지면, 재정 모델이 개입하면" 그때부터 기업가의 진짜 신념이 시험받게 된다. 그렇게 되면 벽에 써놓은 멋진 슬로건이 지켜지는지 마는지 판가름이 난다.

열댓 명의 남성과 한 명의 여성이 접이식 탁자에 둘러앉아, 인기 있는 주유소 체인점 와와(Wawa)에서 사온 베이글과 도넛에 커피를 마시고 있었다. 펜실베이니아주 서덜튼에 있는 캘버리 교회(Calvary Church) 회의실이었다. 그들은 NCC자동화시스템(NCC Automated Systems)의 직원들이었다. 한가운데 자리 잡은 케빈 모거는 46세의 NCC 소유주이자 회장이었다. 파란 버튼다운 셔츠와 청바지 차림인 모거는 살짝 곱슬곱슬한 머리에 가느다란 염소수염을 기른, 중키의 호리호리한 인물이었다. 시계가 9시를 알리는 순간, 모거는 커피잔을 들고 자리에서 일어나 사람들에게 연설을 했다.

"안녕하세요." 그는 모두와 일일이 눈을 맞춰가며 말문을 열었다. "저는 모든 일은 문화에서 출발한다고 생각합니다." 모거는 말을 멈추고 주위를 다시 둘러보았다. "주인의식이라는 문화를 형성하려면 사람들이 중요한 일에 참여하고 있다고 정말로 느낄 만한 환경을 조성해야 합니다. 그러면 사람들은 달라집니다. 더 많은 시간과 열정을 일에 쏟게 되고, 우리 모두는 일이 정말 좋아질 겁니다. 우리가 직원들에게 위대한 일을 해낼 수 있다는 마음가짐을 갖게만 한다면 말이죠. 일할 때 우리 대부분은 그런 마음가짐이 없고, 몰입도 하지 않으니까요."

이들은 회사가 새로 도입하는 '종업원지주제'를 정착시키기 위해 선발되었다. 모거는 1년 전에 이를 공식적으로 선포하면서 NCC의 지분을 75명 남짓한 직원들에게 넘기기로 했다. 이 위원회의 임무는 완전한 종업원지주제를 만드는 것이었다. 그들은 작업복을 입고 머리에 반다나를 두른 조립 라인 기술자부터 평상복 바지에 구두를 신은 고위 관리자에 이르기까지 다양한 직군을 대표하고 있었다.

"뭔가 중요한 것을 스스로 만들어야 한다면, 그걸 믿고 그 일이 되게 해야 합니다. 여러분이 바라는 방향으로 문화를 바꿔나갈 힘은 바로 여러분에게 있어요." 모거는 부드럽게 되풀이해 말했다. "정말이지 여러분에게 달려 있습니다."

이 연설은 대개 의례적인 발표로 오해받을 만했지만, 나는 그 이상의 의미가 있다고 믿었다. 사실 나는 그것을 듣기 위해 필라델피아 도심에서부터 한 시간 반이나 차를 몰고 왔다. 대개는 사적이라서 잘 공개되지 않는 기업가 정신의 조그만 단편이라도 잠깐이나마 들여다보기 위해서였다.

창업가들은 사업상 결정에 강력한 통제권을 행사하며, 그들의 개인적 가치는 그들의 일에 영향을 미친다. 벤처 투자자나 주주들이 있는 회사에서는 불가능한 방식으로, 자신들이 만들어내고 운영하는 사업, 판매하는 제품이나 서비스, 사업을 조직하고 일을 하는 방법, 함께 일하는 사람들, 돈을 쓰는 방법, 장기적인 관점 등에 영향을 미치는 것이다.

제시카 뒤파르는 공동체에 대한 가치관에 따라, 칼레이도스코프에서 얻은 이익으로 다른 여성을 도왔다. 오볼스키의 경우에는 인생관이 그녀가 만드는 크루아상의 맛에서부터 베이커리 운영 시간까지 모든 것을 결정했다. 알수피 가족은 자신들이 지닌 시리아의 유산을 자신들이 운영하는 레스토랑의 중심으로 삼았다. 그들에게는 그것이 돈벌이보다 중요한 가치였기 때문이다. 니킬 아가르왈과 앤드루 치즈워가 스킴을 세웠던 것은 불리한 입장에 놓인 학생들을 돕기 위해서였다.

최근 몇 년간 실리콘밸리의 스타트업 신화는 기업가의 가치관을 왜곡시켰다. 한편에서는 명쾌한 사명을 내세우는 몹시 주목받는 사회적 창업가들이 출현했다. 그들의 제품은 기본적으로는 가치를 판매하는 것이었다. 다른 한편에서는, 가치는 성장에 따르는 부차적인 것이며(더 나쁘게는, 성장을 달성하기 위해 고안된 마케팅 유행어에 불과하다), 정말 중요한 유일한 가치는 수익을 내는 것이라는 믿음이 커져갔다. 내가 필라델피아 교외 지역까지 찾아간 것은 이들 사이에 빠져 있는 조각을 찾고 싶어서였다. 어떻게 일상의 창업가들이 자기 사업을 통해 개인적인 가치를 실현하는지, 그것이 그들의 창업가 정신에 어떤 의미가 있는지 직접 눈으로 확인할 기회를 찾고 싶어서였다.

리더십과 가장 거리가 멀었던 사람

NCC자동화시스템은 약 15킬로미터 너비의 저지대 산업 지구에 펼쳐져 있다. 시골이라서 농장, 도축장, 칠면조 베이컨 가공 공장이 인접해 있다. 건물은 다닥다닥 붙어 있는 사무실들, 엄청나게 거대한 창고와 생산 현장으로 나뉘어 있다. 생산 현장에는 물 분사 절단기, 용접대, 작은 부품들이 담긴 통들, 철과 알루미늄 강판이 가득하고, 천장을 가로지르는 기둥에는 미국 국기가 몇 개나 걸려 있다.

"여기에서 하는 일은 단순해요." 케빈 모거가 말했다. 우리는 안전모를 쓰고 시설을 둘러보고 있었다. "우리는 금속과 플라스틱 원자재를 자르고 구부려서 컨베이어 시스템을 구축합니다." 함께 둘러보는 동안, 모건은 컨베이어 시스템은 단순한 컨베이어 벨트 이상의 것이라면서 내 말을 몇 번씩이나 바로잡았다. 컨베이어 시스템은 제품들을 조립 라인 한쪽 끝에서 다른 쪽 끝까지 이동시키는 일체의 장비를 말한다. 대개 고리 모양인 컨베이어 시스템은 각각의 장소에 맞게 위아래로 또는 좌우로 움직이는 거대하고 복잡한 장치다. 컨베이어 벨트는 그중 한 부분인 고무나 금속 띠에 불과하다.

무엇이든(냉동식품, 라면, 임신 테스트기, 처방 렌즈 등) 공장이나 창고를 따라 자동화 시스템으로 이동시켜야 한다면, NCC가 그 시스템을 구축해줄 것이다. "그 시스템에는 컨베이어 벨트 자체부터 특정한 일(리즈 피넛 버터 컵Reese's Peanut Butter Cup을 포장재에 담는 등의 일)을 해주는 작은 기계들에 이르기까지 모든 것이 포함되어 있습니다." 모거는 말했다. 식품 제조와 광학 렌즈 조립이 이 회사의 업무 중에 큰 부분을 차지했다.

모거는 NCC의 창업자가 아니었다. 창업자는 컨베이어 벨트 회사에서 영업사원으로 일하다가 1986년에 회사를 시작한 밥 라이언이었다. 인근에서 자란 모거는 대학생 때 회사에 찾아가 라이언을 만났다. 스무 살의 기계공학도는 최근 여자 친구의 임신 사실을 알게 되었고 돈을 벌기 위해 막일을 시작했다. "대학교 3학년 때 저는 기숙사에서 40명의 남학생과 함께 살았지만, 4학년 때는 학교를 벗어나 아기와 함께 살게 되었지요." 그의 사무실에서 이런 이야기를 하는 동안 그는 사진을 몇 장 보여주었다. 아내 대니엘과 성장한 세 자녀, 필라델피아 이글스 팀의 굿즈들, 평범한 사무실용 포스터들("규칙 1번. 우리가 고객을 신경 쓰지 않는다면, 다른 회사에 빼앗길 것이다"), 업계에서 수여받은 상장과 상패들, NCC가 구축한 컨베이어를 따라 테이스티 케이크(Tasty Cake) 제품들이 이동하는 사진들이었다.

여름 내내 일한 뒤에 라이언은 모거에게 졸업 후 일자리를 원하면 자기에게 연락하라고 했다. "저는 금요일에 졸업하고 월요일에 여기로 일하러 왔습니다." 모거가 말했다. 그때가 1994년이었고, 이후 그는 회사를 떠나지 않았다. 당시 NCC는 직원 15명에 연간 매출 3000만 달러인 지금보다는 작은 회사였다. 모거가 회고하는 라이언은 선견지명이 있는 창업자였고, 타고난 영업사원처럼 카리스마를 갖추었으며, 일단 저지른 후에 정당화하는 스타일로 경영을 했다. 모거의 설명에 따르면 라이언의 핵심 가치는 "언제나 방법은 있다"였다. 그는 고객에게 안 된다는 대답은 하지 않았고, 덕분에 종종 NCC 직원들은 라이언의 약속을 지키기 위해 꼬박 밤을 새웠다. "우리는 내내 힘겹게 일했습니다. 우리는 언제나 고객을 위해 해냈어요. 하지만 쉽진 않았습니다." 모거가 회상했다. 회사에 들어가서 처음 15년 동안 모거는 토요일에 단 한 번도 빠짐없이 일했고 야근도 자주 했다. NCC에서 번아웃(burnout)은 매우 심했고, 그만두는 사람도 많았다. "제 생각엔 '그 무엇도 내 앞길을 막아서지 못해'라는 태도는 존중할 만한 것이에요. 하지만 그게 장기적인 성공 비결은 아니죠." 모거가 말했다. 모거는 라이언을 정말 좋아했고, 그가 죽은 후에는 그의 가족들과도 줄곧 가깝게 지내고 있다. 하지만 라이언은 모거가 구현하고 싶지 않았던 가치를 보여주는 예였다.

모거는 NCC에 헌신적이고, 성과를 내며, 만족도가 아주 높은 직원이었다. 그는 단 한 번도 사장이 되겠다는 야심을 품은 적이 없었다. 하지만 1999년에 라이언이 회사를 경쟁사에 팔았고(모거는 "실패한 인수"라고 설명했다) 2006년쯤 NCC는 수백만 달러의 부채와 함께 파산했다. 회사의 도산을 우려한 모거는 이를, 상황을 반전시킬 기회라 느끼고는 NCC자동화시스템을 인수했다. 매입 자금은 주택 담보대출로 충당했다.

부하 직원 한 명 없던 모거는 갑자기 자신이 다니던 유일한 직장의 사장이 되었다. 나는 그에게 사장으로 자리바꿈한 기분이 어땠는지 물었다. "자랑스러웠습니다. 결코 두렵지도, 겁나지도 않았어요. 제가 겪을 위험이나 도전에 대해 아는 게 없었으니까요. 하지만 미래에 영향을 줄 수 있다는 사실에 흥분되었습니다. 회사의 문화를 신뢰와 믿음의 문화로 바꾸려니 신났어요. 하지만 당시만 해도 저는 문화라는 단어조차 몰랐어요. 제가 회사 문화를 좋아하지 않았다는 것만 알았을 뿐이죠." 그가 말했다.

모거는 17명의 직원을 작업장에 모아서, 자신이 회사를 인수했음을 알렸다. 그는 애매모호한 말로 재정 상태를 설명하고는 상황을 진척시키려면 모두가 얼마나 신경 써야 하는지 말했다. 이것이 NCC의 새로운 출발점이었다. "너무 심오하거나 이상적이지는 않았습니다. 그냥 '바로 업무에 들어갑시다'라고 했죠. 솔직히 저는 리더십이 어떤 의미인지도 몰랐어요." 그가 말했다.

모거는 엔지니어링 프로젝트로 NCC의 방향 전환을 시도했다. 적절한 시스템, 프로세스, 절차를 적소에 배치함으로써 문제가 해결될 거라고 생각했다. "저는 일을 어떻게 하면 기술 공정대로 할지에 집중했어요. 그런 흐름으로 계속해나간다면, 저와 50명의 직원들이 서로 돕는 소문난 회사가 될 거라고요." 그가 말했다. 회사의 가치는 그의 머릿속에서 가장 멀리 있는 것이었다. 그는 꿋꿋이 버티면서, NCC의 부채를 청산하고 수익을 내게 되었다. 그리고 2006년에 500만 달러였던 매출은 2018년에는 거의 3000만 달러 가까이 되었다. 회사의 대차대조표는 개선되었지만, 모거는 뭔가를 놓쳤다고 느꼈다. "저는 제가 리더와는 한참 거리가 멀다는 걸 깨달았어요. 그 일은 재미있지도 않았죠." 케빈 모거는 자신이 창업가로서는 아무런 의식이 없다는 사실을 서서히 깨달았다.

가치 경영

유명한 창업가들을 떠올려보면, 그들의 가치가 뚜렷이 드러난다. 토머스 에디슨의 가치는 발명이었고, 헨리 포드의 가치는 효율성이었고, 스티브 잡스의 가치는 아름다움이었다. 성공한 창업가들은 인류애를 내세워서 사업에 접근하지만, 한편으로는 여러 다양한 가치를 가졌다. 앤드루 카네기와 존 록펠러는 가장 악랄하게 노동자들을 탄압하면서도 수백만 달러를 기부하여 세계 곳곳에 도서관과 공원 같은 아주 중요한 공공시설을 설립했다. 워런 버핏은 버크셔해서웨이의 대표로서 투자할 때는 도덕적 제약을 거의 받지 않는 시장 근본주의자이지만, 개인적으로는 모범적인 기부자로서 빌 게이츠나 마크 저커버그 같은 사람들이 상당한 재산을 사회에 내놓는 데에 영향을 미쳤다. 돈을 써서 대기 오염 규제를 없애고 대중교통 프로젝트를 무력화시킨 코크 형제들조차 수백만 달러를 기부해 예술을 지원한다.

그리고 또 다른 유형의 창업가들이 있다. 아프리카계 미국인이자 헤어 업계 거물인 마담 워커 같은 사람들은 회사를 활용해서 자기들에게 소중한 대의명분을 추구한다. 다수의 창업가들은 분명히 자신의 종교적 신념에 기초한 가치를 품고 있었다. 제칠일안식일예수재림교 신도인 채식주의자 켈로그는 콘플레이크를 만들어서 통곡물 식단(그는 이것이 자위행위라는 죄악을 억제하는 데 도움이 되리라 믿었다)을 널리 알렸다. 하지만 오늘날 사람들이 창업의 가치라고 생각하는 것은 대개 베이비부머 세대가 1960년대 말 반문화 운동을 추종하며 창업한 사업들로부터 시작되었다. 베이비부머 세대 창업가들은 자본주의를 이타적인 목적의식과 결합시키려 했다.

이 시대의 대표적인 인물이 아웃도어 의류 회사 파타고니아의 창업자 이본 쉬나드다. 그의 회고록《파도가 칠 때는 서핑을》은 가치 중심 기업의 경전이 되었다. 쉬나드는 캘리포니아의 떠돌이 암벽 등반가이자 서퍼였다. 1960년대 중반 요세미티 국립공원에서 암벽 등반 장비를 손으로 만들면서 그의 사업 인생이 시작되었다. 그곳에서 그는 한 번에 몇 주씩 거대한 바위 아래에서 야영을 했고, 장비를 팔아서 음식과 맥주, 등반 소모품을 샀다. 결국 그 회사는 의류 사업으로 확장했고, 플리스 조끼는 어디에서나 스키어, 여피족 아빠들, 벤처 캐피털리스트들의 유니폼이 되었다.

초기부터, 쉬나드는 파타고니아를 회사의 제품보다 더 위대한 뭔가를 표방하는 회사로 설정했다. "나는 거의 60년 동안 사업가였다." 쉬나드가 썼다. "나는 이 직업을 존중한 적이 없다. 이것은 상당한 비난을 감수해야 하는 사업이다. 자연의 적으로서, 토착 문화를 파괴하고, 가난한 사람의 것을 빼앗아 부유한 사람에게 주며, 공장 폐수로 지구를 오염시킨다는 비난들이다. 하지만 사업은 음식을 만들어낼 수 있고, 병을 치료해줄 수 있고, 인구를 조절해줄 수 있고, 사람들을 고용할 수 있으며, 대개는 우리의 삶을 풍요롭게 한다. 이렇게 좋은 일들을 하면서, 그 정신을 놓치지 않고도 이익을 낼 수 있다."

쉬나드는 자신의 개인적 가치에 맞춰서 파타고니아를 형성했다. 재미있기를(비행기 기내지에 실린 '창백한 얼굴'의 사업가와는 반대로) 바라고, 직원의 복지(높은 보수를 지불하고, 어린이집과 건강에 좋은 음식을 지원하고, 탄력 근무제로 서핑이나 스키를 하고, 가족을 돌보게 하는 등)를 챙기고, 파타고니아의 공급망 전반에서 근로조건(공정 임금, 안전한 공장)을 개선하는 일 등이 그의 가치였다. 쉬나드의 환경보호주의는 파타고니아가 하는 모든 일에 군건히 자리 잡고 있다. 재활용 플라스틱으로 플리스 소재를 개발한다거나, 제품 소재를 유기농 면으로 바꾼다거나, 제품 수선과 보상 판매를 시작한다거나, 다양한 환경 단체에 기부한다거나. 내가 필라델피아에 머물던 바로 그 주에, 파타고니아가 1000만 달러를 기부했다는 기사가 신문에 실렸다. 트럼프 대통령이 환경 단체들에 대해 감세해줄 것으로 예상되는 만큼의 액수였다. 제품의 컬러나 재단 그리고 삐죽삐죽한 산봉우리 모양의 로고 이상으로, 파타고니아는 창설자의 가치가 두드러지는 브랜드다.

베이비부머 세대의 진보적인 창업 가치를 상징하는 또 다른 회사들로는, 초창기의 밴앤제리스, 바디숍, 홀푸드 등이 있다. 하지만 다른 수많은 창업가들은 개인적인 가치를 실현하기 위해 사업을 설계한다. 필라델피아에서 가장 유명한 기업가는 주디 윅스다. 나는 주디의 유서 깊은 벽돌 타운하우스에서 차를 마시며 이야기를 나누었다. 그곳은 예술품, 수집물로 가득했고, 사람을 잘 따르는 두 마리의 개가 있었다. 윅스는 지역 비즈니스의 챔피언이자 비영리 단체 BALLE(지역 생활 경제 연합)의 설립자로서 유명하다. 하지만 주디가 알래스카에서 에스키모와 생활한 후인 1970년에야 가치 중심의 창업을 향한 여정이 시작되었다.

윅스와 당시 남편이었던 리처드 하이네는 필라델피아로 이사하고 프리 피플스 스토어(Free People's Store)를 열었다. 그 가게에서는 히피들에게 인기 있는 상품들(밥 딜런의 음반, 마크라메 화분걸이, 빈티지 의류, 두루마리 등)을 팔았다. 사람들이 물물교환을 하는 무료 수거함들, 반전 운동과 예술 행사를 조직하는 게시판들이 있었고, 가게 전체가 평화 운동과 연관이 있었다. "우리의 가치는 처음부터 거기에 반영되어 있었어요. 우리 가게의 로고가 비둘기였거든요." 윅스가 말했다. 파타고니아의 쉬나드에게 영향을 미친 것과 동일한 반기업 정신, 그리고 현상 유지에 필요한 최소한의 이익만을 취하겠다는 두 사람의 맹세에 맞춰 모든 것이 관리되었다.

몇 년 후에, 윅스와 하이네는 갈라섰다. 하이네는 가게를 좀 더 상업적으로 바꾸면서 윅스를 사업과 결혼에서 밀어냈다. 결국 하이네는 기존의 젊은 문화(롤링 페이퍼나 음반 같은 것들)를 유지한 채로 프리 피플스 스토어를, 다국적 소매업체인 어반 아웃피터스(Urban Outfitters)로 바꾸었다. 윅스는 화이트 독 카페(White Dog Café)를 열고, 지속 가능한 식문화 운동을 개척했다. 그러면서 레스토랑 사업을 통해 자신만의 가치를 어떻게 실현할지 실험을 병행했다.

"그때부터 내가 한 인간으로서 가치 있게 여기는 일을 하는 것이 내 경력에서 중요해졌다." 윅스는 회고록 《뷰티풀 비즈니스》에 썼다. "사람들은 가장 만족스럽고, 의미 있고, 애정 어린 인간관계를 반영하는 거래 방법을 찾아낼 수 있다." 직원들의 임금과 복지는 정기적으로 향상되었다. 카페 사업은 커피 원두를 공급하는 멕시코 커피 농부들을 위한 공정 무역부터 역사적인 주택의 철거를 막으려는 지역 사회 보존 활동에 이르기까지 윅스에게 소중한 여러 가지 이상을 위해 사람들을 모으는 곳이 되었다. 윅스는 오래전부터 재생 가능한 에너지를 이용했고, 친환경 잉크로 메뉴판을 인쇄했으며, 레스토랑의 최고 임금과 최저 임금의 비율을 5대 1로 고정했다.

"그건 결국 의사결정 문제입니다." 윅스는 지역 농부가 생산한 미가공 벌꿀을 티스푼으로 뜨면서 말했다. "단순히 '이렇게 하면 이익을 낼까?'가 아니라 어떤 의사 결정을 내리기 전에 이웃에, 소비자들에게, 환경에, 직원에게 어떤 영향을 미칠 것인가 묻는 거예요. 이런 질문들을 늘 마음속에 품고 있죠." 그녀는 이런 질문들을 창업가로서 그녀 인생의 중심에 놓고 있다. "내게 사업은 세상을 향한 사랑을 표현하는 방법이었어요." 그녀가 말했다. "그건 사업을 멋지게 만드는 방법이죠. 창업가가 인생에 대한 사랑을 표현한다면요."

사회적으로 깨어 있는 자본주의를 표방하는 이 이름은 지난 20여 년 동안 이상화되었다. 창업이 강력한 가치를 품은 개인의 지향점을 달성할 수단으로 여겨지면서 사업의 발전 과정을 광범위한 개발 목표(이전에는 정부나 다국적 기구의 임무였다)와 연관 짓는 식으로 말이다. 아쇼카 재단이나 무하마드 유누스(Muhammad Yunus)의 그라민은행이 사회적 문제(친환경 에너지 기술이나 아마존 특정 공동체의 모성 보호 같은)를 해결하려는 회사와 조직의 설립을 지원하면서, '사회적 기업'이란 용어가 벤처 기업들에 널리 적용되기 시작했다. 2000년대 무렵에는 거의 모든 대학교에 사회적 기업이라는 과목, 전공, 학위가 생겨났다.

"자신이 중요하게 여기는 가치를 퍼뜨리는 일은 DNA를 퍼뜨리는 일과 마찬가지로, 인간의 본성입니다." 마리나 김이 말했다. 그녀는 스탠퍼드 대학교에서 사회적 기업 프로그램을 시작했고 지금은 아쇼카 재단의 프로그램을 교내에서 실행하고 있다. 지난 10년 동안 마리나 김은 학생들, 학교, 사업체에서 가치 주도적인 창업에 대한 관심이 점점 커지는 것을 목격했다. "언제 조직을 만드는지를 보면 창업자의 개인적 특성이 보입니다. 그건 삶에 근본적인 활력을 불어넣습니다. 왜냐하면 창업자가 원하는 대로 세상을 만들어가고 있다는 느낌을 갖게 되니까요."

아프리카의 문제를 해결하고 싶어요

셰릴 야프 카이저(Cheryl Yaffe Kiser)는 뱁슨 대학교에서 사회적 혁신 랩을 운영하고 있다. 그녀의 부모는 자신들이 믿는 가치에 따라 자연식품 사업을 운영했다. 그녀의 부모는 케피어(kepir, 소젖, 염소젖, 양젖 등으로 만든 농축 발효유-옮긴이)와 카무트(kamut, 곡물의 한 종류로 호라산 밀 또는 파라오의 곡물로 알려져 있다. 고대 이집트에서부터 재배되었다-옮긴이)가 히피들에게 알려지기 한참 전부터 팔고 있었다. 그런데 이제는 뭔가가 달라졌다. "우리는 이제 세상을 장악하고 있는 많은 문제들을 최전선에서 마주하고 있습니다. 이런 문제들을 무시하고 사업을 하기는 힘듭니다. 지금도 앞으로도 그럴 거예요. 오히려 계속 심화되겠죠." 그가 운영하는 랩의 학생들은 이런 구조적 문제들(의료 불평등. 소득 불평등. 기후 변화)을 늘 염두에 두고 있다. "사회에서 없어지지 않고 계속되는 문제들을 해결하고, 가치 기반의 회사를 창업하고 싶어하는 수많은 열망과 에너지가 주변에 넘쳐납니다." 카이저는 잠시 말을 멈췄다가 과장되게 물었다. "그들이 이곳을 떠나면, 무엇이 남아 있을까요? 저도 잘 모릅니다."

카이저에 따르면, 1980년대 후반에 부상한 사회적 창업이란 개념은 애자일, 창의성 등 창업의 이점들을 활용해 거대 조직보다도 효과적으로 구조적 문제점을 해결할 수 있다는 믿음에 바탕을 두었다고 한다. 1세대 사회적 기업가들은 비영리 단체와 재단 등 비상업적 조직을 설립해서 이런 장애물들에 맞섰다. 하지만 냉전이 종식된 후에 신자유주의가 주류 정치경제 이데올로기로 등극한 동시에, 닷컴 대유행이라는 최초의 스타트업 열풍이 일어났다. 회사를 홍보하는 모든 사람의 입에서 "세상을 변화시키자"는 실리콘밸리의 주문이 나오기 시작했다. 그 주문은 거의 부족에 입회하는 서약과도 같았다.

그 덕분에 구조적 변화에 초점을 맞춘 하나의 서비스 모델이던 사회적 창업이 착한 소비에 초점을 맞춘 상업적 모델로 바뀌었다. 스티븐 오버먼은 자신의 책《양심 경제》에서 "착한 일을 하는 것은 새로운 지위의 상징"이라고 썼다. 이는 "전 세계적으로 변화를 향한 낙관론을 상징적으로 보여주는 젊은 창업가들이 급증하면서 촉발되었다." 플리스 재킷을 입고 편안한 기분을 느끼는 라이프스타일, 즉 선한 자본주의에 입문한 것을 환영한다.

이렇듯 사실이라기엔 너무나 선한 관행으로는 2006년에 신발 회사 탐스(TOMS)가 시행했던 '하나를 사면 하나를 기부한다(One for One)'가 있다. 여러 가지 사업을 했던 부유한 기업가 블레이크 마이코스키는 가장 최근의 스타트업(하이브리드 자동차를 홍보하는 온라인 운전 교육 프로그램)에서 잠시 손을 떼고 아르헨티나를 방문했다. 그곳에서 그는 마을 아이들이 신발을 신지 않고 돌아다니는 모습을 보았다. "이 아이들을 위해 신발을 제공해줄 영리 사업을 만들어보면 어떨까?" 마이코스키는 자신의 책《탐스 스토리》에 이렇게 썼다. "다시 말해, 해결책은 자선이 아니라 창업에 있다"고. 로스앤젤레스의 범선에서 생활하면서, 마이코스키는 10년 넘게 수많은 스타트업에 영감을 주게 될 단순한 공식을 만들어냈다. 탐스가 신발을 한 켤레 팔 때마다, 그들은 다른 한 켤레를 신발이 필요한 아이들에게 기증할 것이다. 탐스의 성공에는 신발 디자인보다도 이런 자선의 실천이 중요한 역할을 했다. 탐스는 제품을 팔기보다는 가치를 팔았기 때문이다.

　이와 유사한 사업 모델을 만든 회사들로는 와비파커(Warby Parker, 안경을 사면, 안경을 준다), 누리 바(Nouri Bar, 영양바를 사면, 배고픈 아이들에게 음식을 보내준다), 서 리처드(Sir Richard's, 콘돔을 사면, 공짜 콘돔을 제공한다), 비영리 단체 채리티워터(Charity Water) 등을 비롯해서 수백 개의 기업과 단체가 있다. 아프가니스탄의 '여성들에게 스카프를(Scarves to women)'은 어떤가? 뭐, 청바지를 사면 바다가 깨끗해진다고? 힘내! 이런 이야기들은 훌륭한 홍보 거리이며, 대개는 전자 상거래 기반인 이들 브랜드의 웹사이트를 굳건하게 만들어준다. 창업자들은 끝없이 콘퍼런스 패널로 초대받아서, 자기들이 어떻게 세상을 바꾸고 있는지에 대해 이야기하고, 자기들의 신발을 신은 불쌍한 아이들이 웃음 짓는 사진으로 이야기를 완결한다. 이들의 비즈니스 모델은 벤처 투자자들의 기대에도 들어맞는다. 그런 증정 제품들은 브랜드의 성장과 연계되는 마케팅 비용일 뿐이기 때문이다.

옥스퍼드와 예일 대학교에서 사회적 창업을 가르치는 다니엘라 파피 손튼(Daniela Papi-Thornton)은 이런 현상에 '영웅주의 창업(heropreneurship)'이라는 이름을 붙였다. 영웅주의 창업은 사회적 진보의 주역으로서 오로지 개인에게만 중점을 두는 스타트업 신화의 변종이다. 20대일 때 파피 손튼은 캄보디아에 학교를 지을 기금을 마련하기 위해 자전거 여행을 했다. 그녀는 나중에야 캄보디아 마을에 실제로 필요한 것은 교사들이라는 것을 깨달았다. 그리고 자신이 그 지역 사람들에게 이에 관해 물어보지 않았다는 사실도 깨달았다. "건물을 짓는 일은 쉽죠." 파피 손튼이 말했다. 진짜 구조적인 변화야말로 장기적인 영향력을 갖는다. "관계를 맺고 구조적으로 사고하고, 또한 헌신해야 합니다. 외부에서 그냥 들어와서 툭 던지듯 문제를 해결할 수는 없어요." 이는 손튼이 사회적 창업을 가르치면서 실제로 목격한 것이기도 하다. 해결책을 가지고 문제에 접근하는 사람들이 영웅시되는 것 말이다.

"저는 그런 걸 소셜 섹터의 실리콘밸리화라고 부릅니다." 종종 MBA 학생들이 파피 손튼을 찾아와 사회적 창업가가 되고 싶다고, 적당한 사회 이슈와 사업 계획을 찾아내면 된다고 말한다. 많은 학생이 아프리카(대개는 '아프리카'라고 불리는 포괄적 장소로서 대표된다)의 문제를 해결하고 싶다고 말한다. 똑같은 문제가 자신과 가까운 지역에서 벌어지고 있거나 단체 또는 정부가 모잠비크, 소말리아 같은 곳에서 이미 활동하고 있는 경우에도 말이다. "우리는 지금껏 잘못된 일을 해왔어요. 어떤 문제를 상자 하나에서 꺼내고, 비즈니스 모델을 다른 상자에서 꺼내는 게임이라도 하는 것처럼 말이죠. 사람들은 자신들이 사회적 영향력을 만들어낼 수 있다고 주장합니다. 하지만 마음 깊은 곳을 들여다보면 그들은 그저 창업가가 되고 싶은 것뿐이에요. 그게 바로 차이점이죠. 엄청난 단절이 있어요." 파피 손튼이 말했다.

가치가 어떻게 기업가들을 움직이는지 조사한 결과, 이런 종류의 사회적 기업이 가장 일반적인 창업의 경로처럼 보였지만, 나는 이를 계속 뿌리쳤다. 나는 티셔츠를 판매하여 시력 검사 기금을 마련하거나 소비자에게 노동 조건을 공개하는 공장에서 의류를 생산하는 사회적 창업이나 사회적 창업가들에 대해 전문가와 이야기를 나누었다. 하지만 그들은 창업의 심오한 가치를 그저 피상적으로 다룰 뿐이었다. 나는 그 이상의 것을 원했다. 재활용 생수병으로 요가 매트를 만들거나 재활용 요가 매트로 생수병을 만들고, 볼더나 브루클린에 있는 킥스타터(Kickstarter)에서 펀딩받은 회사에 대해 쓰는 일만큼은 피하고 싶었다. 나는 포괄적인 의미의 히피나 여피를 원하지 않았다. 내가 원한 것은 파타고니아 브랜드의 조끼도 아니었다. 나는 세상을 바꾸는 일에 대해 무대 위에서 떠드는 것보다는 좀 더 심오한 것에 흥미를 느꼈다. 그것은 모두 너무 매력적이고 지나치게 정돈된 느낌이었다. 나는 가치를 좇지 않는 사람들과 이야기를 나누지 않고는 창업의 진실에 다가서지 못할 거라고 생각했다. 경쟁력 있는 산업에서 보통의 미국인 사장은 원칙적으로는 육체노동자다. 무슨 일이든 벌어졌어야 했다. 자기가 믿는 가치에 이끌리며, 립서비스와 신조를 넘어서는 희생과 선택이 실제로 존재해야 했다.

회사는 주주 이익을 위해서만 존재해야 하는가

그래서 나는 처음에는 B랩(B-Lab)으로 갔다. B랩은 파타고니아나 밴앤제리스 같은 회사들이 개척한 세 가지 핵심 가치(사람, 세상, 이윤)에 집중하여 급속히 성장하고 있는 조직이다. B랩은 그 세 가지 가치를 공식화하여 감사 과정을 만들어냈다. 이 조직은 60개 국가에서 거의 3000개가량의 비콥(B-Corporations) 회사를 인증했다. 그중에는 뉴욕의 사모펀드부터 코스타리카의 회사에 이르기까지 다양한 일을 하고 있는 소규모의 회사들도 있었고, 아일린 피셔(Eileen Fisher)나 킥스타터와 같은 유명 회사도 있었다.

비콥이 가치를 내세우는 다른 회사와 다른 점은 단순히 주주들뿐만이 아니라 이해관계자들에게도 책임을 져야 한다는 것이다. "사명선언문(mission statements) 이상이죠. 법적인 책임이 따르니까요." 비콥의 공동 설립자이자 관리 파트너인 제이 코언 길버트가 말했다. "'나는 사람들과 세상에 대해 신경을 씁니다'라고 말하는 것과 '나는 사람들과 세상에 대해 신경을 쓸 법적 책임이 있습니다'라고 말하는 것은 아주 다릅니다. 자본주의의 원본 코드에 근본적인 변화가 생긴 겁니다. 단지 주주들에게 책임을 지던 것에서 이해관계자들에게 책임을 지는 것으로요."

필라델피아 교외를 근거지로 하는 비콥은 실제로 코언 길버트와 공동 창업자가 겪었던 부정적인 경험의 결과물이었다. 1993년에 그들은 농구화 회사 앤드원(And1)을 설립했고, 케빈 가넷(Kevin Garnett)과 빈스 카터(Vince Carter) 같은 NBA 스타 선수들을 후원했다. 코언 길버트와 공동 창업자는 앤드원의 수익 중 5퍼센트를 교육 기관에 후원했고, 미국 국내외 공장의 근로조건을 개선했으며, 환경면에서 지속 가능성을 추구했다. 하지만 2005년 앤드원을 인수한 아메리칸 스포팅 굿즈(American Sporting Goods)의 소유주인 제리 터너는 이런 고귀한 관행에는 아무런 관심이 없었다.

"우리는 모든 것이 탐욕에 삼켜지는 것을 지켜봤습니다. 제리는 해외 유통사 관계자들에게 우리의 사명을 이렇게 설명했어요. '마을에 새로운 보안관이 있다'고요. 그리고 나서 그는 자리에 앉아 자기 고기를 썰었어요. 그건 경쟁과는 관계없는 일이었어요. 그냥 돈을 더 벌고 싶다는 욕심과 관계있는 일이었죠. 기분이 엿 같았죠. 하지만 우리가 그 일을 예상하지 못했기 때문에 엿 같은 것이 아니라, 우리가 예상할 수 있었던 일이었기 때문에 엿 같았어요." 코언 길버트가 회고했다. 자신들이 지켜온 가치가 쓰레기통에 버려지는 것을 지켜보았던 코언 길버트와 그의 친구들은 어떻게 하면 사업이 그들의 손을 떠난 뒤에도 가치를 지킬 수 있을지 궁리했다. 그렇게 해서 나온 것이 비콥이었다.

코언 길버트는 창업가의 가치가 어떤 역할을 하는지 알고 싶다면, 1970년대에 나온 두 편의 중요한 글을 읽어야 한다고 했다. 두 저자는 미국의 자본주의에 대해 대단히 상반된 비전을 펼쳤다. 둘 중 유명한 쪽은 〈뉴욕타임스 매거진〉에 발표된 "비즈니스의 사회적 책임은 이윤을 증대시킨다"는 제목의 글이었다. 이 글의 저자는 유명한 경제학자 밀턴 프리드먼(Milton Friedman)이다. 그는 자유 시장의 철저한 옹호자로서 정부의 시장 개입에 반대함으로써 20세기에 가장 영향력 있는 경제 사상가로 부상했다(프리드먼은 1976년에 노벨경제학상을 수상했다). 프리드먼에 따르면, "어떤 사업가들은 비즈니스가 '사회적 양심'이 되어 일자리를 제공하고, 차별을 없애고, 환경오염을 막는 등 당대의 개혁가들이 캐치프레이즈로 내걸 만한 것은 무엇이든 하면서 진지하게 책임을 다해야 한다고 믿는다". 그리고 바로 그들이 공산주의를 설파하고 있다는 것이다. "이런 식으로 말하는 사업가들은 지난 수십 년간 자기도 모르는 사이에 지력(intellectual force)의 꼭두각시가 되어 자유 사회의 기반을 약화시켜왔다."

회사와 기업가들은 고객, 그리고 더욱 중요하게는 주주를 위해 일할 의무가 있다고 프리드먼은 확언했다. 다른 누구도 아니다. 사업에서 얻은 이윤을 이용해서 공무원처럼 행동하는 기업가와 임원들은 재정적으로 무책임하며 더없이 독재적이다. "공유 가치와 개개인의 책임이 아니라면, 아무런 가치도, 아무런 '사회적' 책임도 없다." 프리드먼은 썼다. 어떤 비즈니스든 단 한 가지 책무를 갖는다. 바로 이익을 늘리라는 것이다.

프리드먼의 철학은 로널드 레이건과 마거릿 대처의 규제 철폐를 지지했고, 주주 가치라는 개념을 월가의 주요 목표로 확립시킴으로써 이윤만을 늘리는 회사에 어떻게라도 압박을 가하려는 활동가 투자자들(activist investors)을 배척했다. 게다가 사업과 가치가 양립할 수 없다는 생각을 널리 심어주었다. 사업가들(과 창업가들)은 주주들을 위해 최대한 많은 돈을 벌어야만 했다. 이에 어긋나는 일은 무엇이든 미국 자본주의의 핵심을 배반하는 일이었다.

팰로앨토에서 밀턴 프리드먼은 아인 랜드(Ayn Rand, 소설《아틀라스》는 실리콘밸리에서 아마도《스티브 잡스》다음으로 가장 영향력 있는 책일 것이다)에 비하면, 그저 누구나 아는 이름 정도일 뿐이지만, 프리드먼의 철학은 그 세계에서 사업의 방식을 좌우한다. 실리콘밸리 창업가는 실제로 주주들이 원하는 대로 행동한다. 왜냐하면 각각의 벤처 투자가 시리즈로 진행될 때는 무슨 수를 쓰든 성장해야 한다는 필요성이 커지는 한편, 창업가의 주권, 권리, 가치는 더욱 약화되기 때문이다.

코언 길버트가 추천한, 프리드먼과 상반된 입장의 다른 글은 AT&T의 연구원이었던 로버트 그린리프의《서번트 리더십 원전》이다. 그린리프는 1960년대 후반의 사회 불안과 학생 운동을 관찰하면서 어떻게 정부, 대학교, 회사 같은 기관들이 자신들에게 의지하는 사람들을 배반하는지에 점차 관심을 갖게 되었다. 그는 자기 일의 핵심에 가치를 부여하는 새로운 세대의 서번트 리더들이 출현하기를 바랐다.

"서번트 리더는 우선 섬기는 사람(servant)이다." 그린리프는 썼다. "다른 이들의 욕구 가운데 가장 우선순위가 높은 욕구가 반드시 충족되도록 섬김을 앞세우는 데서 그 차이가 드러난다. 가장 좋은 동시에 가장 까다로운 시금석(test)은 다음과 같은 것들이다. 섬김을 받은 사람들이 제대로 된 사람으로 성장하는가? 섬김을 받는 동안, 그들은 더 건강하고 현명하고 자유롭고 자율적으로 그들 스스로 섬기는 자가 되려는 마음이 커졌는가? 그에 더해, 사회에서 가장 혜택받지 못하는 사람들에게는 어떤 영향이 있는가? 그들이 이익을 얻을까, 아니면 최소한 더 뺏기지는 않을까?"

그린리프의 서번트 리더는 자유의지에 한껏 사로잡혀 있는 동시에 (그린리프와 프리드먼은 개인에 대한 불변의 신념을 공유했다) 사랑, 믿음, 공감, 희망, 공동체의 힘 또한 갖추고 있었다. 세상의 모든 문제는 결국 개인이 자신보다 남을 먼저 생각하지 못하고, 남을 리드하기보다 먼저 섬기지 못하며, 자기들이 믿는 가치를 최우선으로 삼지 못해서 발생한다. "이 모든 것이 한 가지 가설에 기초한다. 바로 사회를 변화시키는 (또는 사회가 제대로 돌아가게 하는) 유일한 방법은 사회를 변화시킬 사람들을 충분히 배출하는 것이라는 가설이다."

프리드먼의 이윤인가, 그린리프의 가치인가? 주주인가, 이해관계자인가? 이런 질문들이 일상의 갈등을 빚어낸다. 그런 것들은 창업가들의 정신과 가치를 지키려는 내적 분투의 전형이다.

공허한 연설로 그치지 않으려면

2012년쯤 케빈 모거는 NCC자동화시스템의 사주 역할에 익숙해졌다. 사업은 거의 두 배로 성장했고, 회사는 잘 운영되고 있었다. 원활하게 돌아가는 컨베이어 벨트를 따라 케이크가 제 길을 찾아가는 듯했다. 모거는 재정적으로 안정되었다. 큰 아이는 대학교에 입학하여 집을 떠났고, 그는 이제 막 40대가 되었다. 하지만 정점에 이른 대부분의 사람들과 마찬가지로, 모거는 자신이 뭔가 더 원한다는 느낌이 들었다.

"그런 느낌이 서서히 커졌어요." 가까운 이탈리아 레스토랑에서 점심을 먹으면서 그가 말했다. "스스로에게 묻게 되었죠. 내 인생이 끝날 때 자랑스러워할 만한 성취가 뭘까? 나는 뭘로 유명해지고 싶은가?" 그는 NCC의 성장을 위해 그곳에 있는 사람들에게 더 깊은 목적의식과 방향성을 심어주었다. 어느 날, 모거는 업계 콘퍼런스에 참석해서 존슨빌 소시지 회사(Johnsonville Sausage Company) 직원의 리더십 관련 발표를 들었다. 그는 파워포인트 슬라이드 어딘가에서 서번트 리더십이라는 개념을 간단히 설명했다. 모거의 머릿속에 불이 반짝 켜졌다. "그건 누구나 감당할 만한 거였어요." 모거는 그 순간이 일종의 자각 같은 거였다고 설명했다. "다른 사람들을 돕겠다는 생각은 원래부터 있던 거고, 그냥 실천하고 있는 거죠."

목적의식이 드러나면서 모거는 강력한 방향 감각을 갖게 되었지만, 처음에는 그저 생각으로만 그칠 뿐이었다. "저는 서번트 리더가 아니었어요. 코치였고, 트레이너였죠." 그는 자신이 붙들고 있는 가치들은 대부분 고등학교 때 풋볼 코치가 심어준 것이라고 했다. 모거는 조용하고, 약간은 수줍어하며, 되도록 남의 눈에 띄지 않으려는 사람이다. 자신의 감정을 거리낌 없이 털어놓지도 않고, 성취한 것을 자랑스럽게 떠벌리지도 않고, 반드시 필요한 경우가 아니라면 주목받고 싶어하지도 않는다. "우리에게는 언제나 가치들이 있었어요. 그것들을 벽에 붙여두었죠. 사람들이 소리 내서 읽도록요. 익숙해지진 않았지만요." 그렇지만 그는 자신이 믿는 가치를 혼자만 아는 것은 아무에게도 도움이 되지 않는다는 것을 깨달았다. "누군가 옹호하는 것을 이해하고 거기 동의하게 된다면, 그들에게 맞서기보다는 그들과 더불어 조화롭게 일할 가능성이 커지죠." 그가 말했다. "그거죠. 그게 바로 가치입니다." 다른 사람들에게 도움이 되기 위해서는 그들에게 자신의 입장을 알려야만 했다.

2012년 말 크리스마스 파티에서, 해마다 NCC 직원들에게 하는 송년 연설 중에, 모거는 회사의 실적과 내년 목표를 모두에게 알렸다. 연설 중간에, 모거는 잠깐 뜸을 들였다가 평소보다 많은 감정을 목소리에 담아 모두에게 말했다. "저는 제 인생과 사업을 키우고 발전시켰습니다. 그러면서 많이 생각하고 제 목표를 깨달았습니다. 제 목표는 여러분 모두를 도와서 가장 긍정적인 삶을 이루어내는 겁니다."

그게 다였다. 모거는 자세히 설명하지 않았다. 그는 자신의 가치가 어떤 것인지, 더 중요하게는 그 가치를 어떻게 실현할 것인지 설명해줄 좀 더 분명한 그림을 만들어갔다. 그는 건강 문제나 재정 문제가 있는 직원들을 조용히 개인적으로 돕기 시작했다. 예를 들어 아내가 생명이 걸린 수술을 해야 하는 직원에게 회사의 복지 혜택을 바꾸어 수술비를 대준다거나, 작업 현장의 젊은 직원에게 중독 치료를 받게 하는 식이었다. 그는 직원 가족들에게서 감사 메모나 이메일을 받는 데에서 기쁨을 느꼈다(내게 몇 개를 읽어주다 그는 목이 멨다). 하지만 이에 대해 아무에게도 말하지 않았다. 다음 몇 해 동안 모거는 연말 연설에 자신의 가치를 조금씩 끼워 넣게 되었고, 2015년에는 처음으로 서번트 리더십에 대해 간략히 설명했다. "제가 할 일은 여러분들의 재능을 선보일 기회를 드리는 겁니다." 그는 연설에서 말했다. "여러분의 지평을 확장하고 여러분이 타고났거나 교육받은 일을 할 수 있게 하는 거죠."

모거가 자신의 가치를 서서히 실현한 것은 그다지 이상한 일이 아니다. 극소수의 사람들만이 근본적으로 세상에 중요하다고 믿는 바에 대해 바위처럼 단단한 감각을 타고난다. 가치는 우리가 살면서 겪었던 경험의 산물이다. 우리가 맺은 관계와 환경 그리고 그것들이 차지하는 시공간에 의해 형성되는 것이다. NCC의 생산 관리자 닉 스와저는 20년 전에 모거가 채용한 사람이다. 그는 지난 20년 동안 모거의 가치가 서서히 드러나는 것을 지켜보았다. 그가 보기에, 모거는 단순한 개인의 이익보다는 더욱 위대한 뭔가에 책임을 느꼈다. "모거가 그런 연설을 처음 했을 때, 지향점이 '나'에서 '우리'로 바뀌었어요." 스와저가 말했다. 우리는 그 교회의 복도에서 이야기를 나누었다. 첫째 날의 종업원지주제 위원회가 마무리된 뒤였다. 그 회사에서 오랫동안 운영 관리자로 일한 제이슨 링크는 마치 누군가 처음으로 신앙을 만난 모습을 보는 것 같았다고 했다.

가치에 관한 연설은 다들 좋다. 하지만 결국 연설은 그저 말일 뿐이다. 몇 해 동안 NCC에서는 실질적으로 아무것도 변하지 않았다. 크리스마스 연설을 하는 동안 사장은 눈물을 글썽이며 리더십에 관해 몇 가지 이야기를 했지만, 작업 현장이나 사무실에서는 컨베이어 시스템을 만들고 설치하는 사업이 착실히 진행되었다. 많은 사업체에는 벽에 붙여놓거나 웹사이트에 올려놓은 가치들이 있다. 어떤 데에는 다섯 가지 가치가 있고, 다른 데에는 열 가지 가치가 있고, 드물게는 열댓 가지 가치가 있는 경우도 있다. 그들은 판에 박힌 듯 엇비슷하며, 팀워크, 서비스, 근면, 투지(grit), 규율 등에 대해 예상되는 그럴듯한 말들을 담고 있다. 〈뉴욕타임스〉에서 여러 해 동안 CEO들을 인터뷰한 애덤 브라이언트(Adam Bryant)는 내게, 대개는 네 번째나 다섯 번째 가치까지 열거하고 나면, 경영진은 비서를 멀뚱히 바라보며 그다음 가치가 뭔지 묻는다고 했다. 가치들에는 별로 돈이 들지 않는다. 그리고 많은 경우에 그 가치들은 공허한 슬로건에 그친다. 맥주 회사가 슈퍼볼 광고에 꾸준히 돈을 쓰면서도 채용 제도를 바꾸기 위해서는 아무것도 하지 않거나, 화장품 제조업체가 샴푸 용기에 핑크리본(유방암 후원 표시 - 옮긴이)을 달고서도 제품에 유해 화학물질을 계속 사용하는 것과 같다.

언젠가 나는 시카고에서 금속 제조업을 하는 창업가를 인터뷰한 적이 있었다. 확고한 가치 중심으로 회사를 설립한 사람이라고 추천을 받았다. 이야기를 나누는 동안 그는 회사가 내세우는 가치들을 줄 줄 읊었다. 하지만 내가 그 가치들이 일상적인 사업 운영에 어떤 변화를 가져왔는지 사례를 들어달라고 하자, 그는 당황하기 시작했다.

그는 몇 초 정도 생각하다가 말했다. "맞아요, 매달 회사에서 가장 일을 잘한 직원을 선정해서 피규어 트로피를 수여합니다."

그리고?

"그리고요?"

그밖에 다른 건요?

"연말에 그 직원들은 콘서트 티켓과 사인한 기타를 받습니다!"

많은 기업가가 개인적인 가치를 고수하면서, 예상되는 그대로 사업을 운영한다. 얼굴을 비추고, 최선을 다해 일하고, 집으로 돌아간다. 창업가의 가치가 반드시 선행인 것은 아니다. 마이클 더글러스(Michael Douglas)는 영화 〈월스트리트〉에서, 탐욕은 일종의 가치, 그것도 아주 강력한 가치라고 했다. 무엇보다도 이윤에 집중하라는 밀턴 프리드먼의 금언이 많은 기업가와 그들이 영위하는 사업을 떠받친다. 하지만 공개적으로 더 광범위한 가치를 천명하고 가치에 따른 삶을 살아가는 사람들에게는 공허한 말과 진정한 가치 주도 창업이 한 가지 점에서 구분된다. 바로 희생이다.

시험대에 오르기 전에는 아무것도 아니다

모거는 NCC가 자기의 가치와 조화를 이루기를 바랐지만 어떻게 해야 할지는 몰랐다. 그러던 어느 날, 그는 종업원지주제(ESOP)에 관해 켄 베이커(Ken Baker)의 강연을 들었다. 베이커는 종업원지주제가 성장의 메커니즘일 뿐만 아니라 회사에 가치를 전파하는 방법이라고 설명했다. 모거의 머릿속에 또 다른 빛이 번쩍 켜졌다. "그건 제게 전략, 직원 정서, 재무 등 여러 면과 직접 관련된 이야기로 들렸어요. 맙소사! 제가 모르는 게 100만 가지나 있더군요. 하지만 그건 제가 정말 알고 싶은 거였어요." 그가 말했다.

종업원지주제의 핵심에는 특정 유형의 퇴직 연금 제도가 있다. 그 제도에 따르면 직원들은 시간이 지나면서 회사의 지분을 취득하게 되어 있다. 거슬러 올라가보면 이는 영국과 초기 미국에서 협동조합식으로 회사를 소유하는 데에서부터 시작되었다. 종업원지주제는 1974년 이후 미국 법에 규정되었고, 세제상으로도 확실한 이점이 있다. 창업가의 관점에서 보면, 종업원지주제는 특별한 형태의 출구 전략이다. 회사를 투자자, 경쟁사 등 외부인에게 파는 것보다, 직원들을 대표하는 신탁인 종업원지주에게 매각한다. 종업원지주제는 일반적으로 외부 부채로 기금을 마련하고, 이를 직원들이 갚아나가는 형태다. 직원들은 현금을 납입할 필요는 없지만, 분담금은 급여에서 공제된다. 종업원지주제를 시행하는 회사로는 사우스웨스트 항공(Southwest Airlines), 킹 아서 제분(King Arthur Flour) 외에도 NCC 직원들이 매일 아침 커피를 사는 주유소 편의점 체인 와와가 있다.

"저는 이 모든 이야기를 듣고는 머리를 세게 맞은 기분이었습니다. 제가 찾고 있던 모든 것이었으니까요. 팀 파워, 주인의식, 자신을 회사의 일부로 느끼는 사람들, 재정적인 손해를 감수하는 이타성 등이 그것이었죠." 모거는 베이커의 강연을 떠올리며 말했다.

모거는 결국 베이커와 만남을 가졌고, 종업원지주제에 대해 배웠다. 베이커가 뉴에이지 인더스트리(NewAge Industries)에서 해온 일에 대해서도 더 많이 알게 되었다. 뉴에이지 인더스트리는 베이커의 아버지 레이가 창업한 플라스틱 배관 회사로 이제는 그가 운영하고 있었다. 70대 초반인 베이커는 큰 키와 호리호리한 몸매에, 꼼꼼히 빗질한 머리카락과 FBI 국장 같은 자신만만한 태도를 지닌 인물이다. 나는 필라델피아 북쪽에 있는 그 회사의 구내 식당에서 점심을 함께하기로 하고 그를 만났다. 그는 내게 샐러드, 비건 식단의 장점에 관한 책, 홀로코스트 생존자 빅터 프랭클의 책 《죽음의 수용소에서》를 건네며 인사했다. 식사 전에, 그는 뉴에이지 인더스트리의 공장을 견학시켜주었다. 이중으로 밀폐된 멸균실에서 머리끝부터 발끝까지 보호 장비를 착용한 직원들이 스프링클러 장치에 쓰일 길고 두꺼운 호스, 맥도날드의 밀크셰이크 기계에 들어갈 작은 관, 생명공학 회사나 제약 회사에서 사용하는 실리콘 백금 튜브에 이르기까지 온갖 크기와 모양의 관을 생산하고 있었다.

베이커는 여섯 살 때부터 아버지를 도와서, 판매 책자를 스테이플러로 고정하는 일을 했고, 고등학교에 다니는 내내 공장 잡역부로 일했다. 대학교 졸업 후에는 뉴에이지 인더스트리를 유통업에서 제조업으로 전환시키는 일을 도왔다. 1998년에 베이커는 아버지와 형으로부터 지분을 사들여서 회사의 단독 주주가 되었다. 이후 그는 제약

부문에 뛰어들어, 뉴에이지 인더스트리를 키웠다. 2018년 뉴에이지 인더스트리는 직원 165명에 매출 5400만 달러의 회사로 성장했다.

베이커의 가치들은 옳고 그름에 대한 강한 자각에 기초하고 있다. 한때 그는 백과사전 방문 판매를 하다가 그만두었다. 속임수를 써야만 했기 때문이다. "저는 세금을 제대로 내고, 거짓말이나 속임수를 쓰지 않습니다. 사람들을 존중하고 원수지지 않습니다." 베이커가 말했다. 그는 종교가 없었지만 점차 환경에 관심을 가지면서, 공장의 4분의 1을 태양광 발전으로 바꾸었고 뉴에이지 인더스트리의 모든 쓰레기를 재활용하거나 에너지 발전에 썼다. 그는 건강한 식생활과 운동을 장려했고 모든 사람에게 채식 위주의 식단을 전도했다. "난 그저 세상을 구하기 위해 노력할 뿐입니다. 사람들이 계속 살아갈 수 있게 하려는 거죠." 베이커는 가볍게 미소 지으며 말했다.

모거처럼, 베이커는 강연에서 종업원지주제에 대해 알게 되었다. 그는 즉시 생각했다. 바로 이거야! 당시 회사 지분이 10퍼센트뿐이었던 그는 지분을 모두 인수해 종업원지주제를 뒷받침하기 위한(사업이 수익을 내고 부채가 없는 상태라야 한다) 10개년 계획을 시작했다. "내가 제조업을 하겠다고 했더니 아버지가 날 바보 취급하셨지요. 게다가 회사를 직원들에게 판다고 했더니 두 배는 더 바보라고 생각했고요." 그가 말했다. 2000년 그는 전 직원에게 보내는 메일에서 2006년에는 회사 지분의 30퍼센트를 직원들에게 넘기겠다고 넌지시 언급했다. 그는 이렇게 말했다. "다들 남아 계세요. 파티가 2006년에 시작될 겁니다." 베이커는 자신의 말을 지켜서, 2006년에 종업원지주제를 공표하고, 일단 30퍼센트의 지분을 직원들 몫으로 돌렸다. 내가 베이커를 만나고 1년도 채 지나지 않았던 2019년 9월 직원들의 지분은 100퍼센트가 되었다.

베이커가 (그가 설립한 조직인) 펜실베이니아 종업원지주제 센터 (Pennsylvania Center for Employee Ownership)를 통해 다른 창업가들에게 종업원지주제를 끊임없이 전도하는 것은 단순히 직원들을 위한 퇴직 연금 제도를 개혁하기 위해서가 아니었다. 그의 마음을 끈 것은 종업원지주제에 내재된 문화였다. "이건 공유 자본주의의 한 예입니다." 그는 현장 경영(MBWA, 매일 공장 주변을 둘러보는 것이다)을 나와 함께하면서 이렇게 말했다. 그는 직원들을 만날 때마다 일일이 이름을 부르며 인사했다. "종업원지주제는 직원들에게 선물을 주는 것이 아닙니다. 직원들이 열심히 일해서 사업 수익을 높이지 않는다면, 이런 투자는 늘어나지 않을 겁니다." 엄밀히 말해 종업원지주제는 직원들을 회사의 주인으로 만들기 때문에 직원들이 사장과 유사한 방식으로 회사를 바라보게 한다. "주인의식은 직원이 갖는 마음가짐은 아닙니다. 사장은 일을 다르게 처리합니다. 하지만 태어날 때부터 사장이었던 사람은 아무도 없습니다." 베이커가 말했다.

베이커는 종업원지주제가 시행된 이후의 일상적 행동 변화를 알아차렸다. 직원들은 관리자가 챙기지 않아도 회사에 이익이 되도록 능동적으로 행동했다. 한 여성 직원이 몸이 안 좋았던 날, 동료들은 그날만 그 직원에게 좀 더 쉬운 일을 맡기기로 했다. 그 직원의 부담이 줄어들면서 팀은 성과를 지켜냈다. 한 지게차 운전자가 재미삼아 빙

글빙글 돌아대자, 다른 동료가 자기들이 지분을 가진 장비를 함부로 다룬다고 나무랐다. 한 직원은 친구들 중에 직원으로 뽑을 만한 사람을 알아봐주면 수천 달러를 주겠다는 제안을 거절했다. 그는 자신의 친구들과 볼링을 치거나 맥주를 마시는 것은 좋지만, 그들과 함께 공동 사주가 되고 싶지는 않다고 했다. 베이커는 이같이 바뀐 마음가짐 덕분에 회사의 실적이 개선되었다고 했다. 매출은 늘었고, 실수는 줄었고, 이직률은 사상 최대로 낮아졌다.

베이커는 종업원지주제에 엄청난 자부심을 느꼈지만, 그의 가치들은 끊임없이 시험에 빠졌다. 경쟁사들, 투자자들, 사모펀드 회사들이 매일 회사에 매수 주문을 넣고 있었다. 베이커가 여전히 뉴에이지 지분을 다수 보유했기 때문에, 경영권을 방어할 수 있었다. "나는 오늘 오후 5시에 이 회사를 100만 달러에 팔 수도 있었습니다. 하지만 왜요? 사람들은 말하겠지요. '직원들이나 공동체에 대해 누가 신경을 쓰겠어? 그냥 돈만 보면 되지.' 사모펀드가 하는 일은 주주들의 가치를 극대화하는 겁니다. 그게 바로 프리드먼의 기본 원칙이고요. 또한 경영대학원에서 가르치는 내용이기도 하죠. 하지만 사업이 그런 걸까요? 아뇨, 그렇지 않아요! 사업은 살아 숨 쉬는 일입니다. 그러니까 남용하지 말아야 합니다. 누구라도, 비록 사장이라도 말입니다. 그걸 남용한다면, 황금알을 낳는 거위를 죽이는 셈입니다." 그가 말했다. 베이커는 자신의 나머지 지분을 종업원지주에게 팔아서 소유권을 직원들에게 완전히 넘겨주기 전에, 뉴에이지 인더스트리에 비콥 인증을 받아서, (종업원지주제를 포함해서) 미래의 사주가 누가 되더라도 이 회사가 법적으로 이해관계자의 가치에 결속될 수 있게 했다.

　가치는 시험대에 오르기 전까지는 그리 의미가 없다. 기회에는 비용이 들고, 돈은 거저 생기지 않으며, 이상은 쉽게 희생된다. 뱁슨 대학교의 셰릴 야프 카이저에 따르면, "상황이 긴박해지면, 재정 모델이 개입하면" 그때부터 기업가의 진짜 신념이 시험받게 된다. 그렇게 되면 벽에 써놓은 멋진 슬로건이 지켜지는지 마는지 판가름이 난다. 온갖 색깔의 아이스크림 회사는 다국적 대기업에 매각되었다. 주디 웍스의 남편은 사회적 의식이 있는 반자본주의자였다가 공화당을 후원하는 백만장자가 되었다. 구글이 데이터를 불법 수집했다는 사실 앞에서, 국가 정보원이나 민간 군사업체와 협업했다는 사실 앞에서, "사악해지지 말자"는 구글의 좌우명은 빛을 잃는다. 스타트업 모델에서는 급속한 성장, 출구 전략, 주주들의 권리가 무엇보다 우선시된다는 점을 생각하면 그리 놀랄 만한 일들은 아니다. 때로 창업가의 가치들은 불황 속에서 사라지기도 하지만, 대개는 한 가지씩 의사결정을 할 때마다 작은 균열이 쌓이고 쌓여서 서서히 희생된다.

　나는 모거에게 그의 가치가 시험대에 올랐던 적이 있느냐고 물었다. 그는 NCC를 종업원지주제로 전환하는 것은 사실 돈의 문제였다고 대꾸했다. 사모펀드 회사와 경쟁사들이 NCC를 2000만 달러 언저리에서 사겠다고 꾸준히 제안했다. 매출의 몇 배에 달하는 금액이었다. 하지만 종업원지주제를 하는 경우 신탁에 매각하는 금액은 언제나 공정 시장 가치에 기준을 두기 때문에, NCC의 경우 1000만 달러에 매각 대금이 결정될 것이었다. 모거는 기꺼이 그 가치 평가를 받아들이기로 했다. "그만큼을 포기한 겁니다." 그는 포기해버린 1000만 달러에 대해 이렇게 얘기했다. "그런 만큼 이타심이나 팀워크의 가치를 믿어야 하고, 이런 것들이 여러 도전 앞에서 어떻게 깎여나갈지 생각해야 하며, 매일 함께 일하는 사람들을 위해 경이로운 일들을 해야 합니다." 모거가 조금이라도 후회를 했을까? "제게 충분한 돈이 있는데, 수백만 달러가 무슨 소용이죠?" 그가 말했다. 그에게는 집도 있었고 플로리다에 콘도도 있었고 가족과 그들의 미래를 위한 충분한 저축도 있었다. 그리고 가장 중요하게는 자기가 좋아하는 직업이 있었고, 그곳에서 그는 대표로 남아 있었다(모거는 처음에 자기 지분의 42퍼센트를 종업원지주에게 500만 달러에 팔았고, 나머지 지분은 10년간 단계적으로 팔 계획이었다). "이 일에서 제가 가질 수 있는 자그마한 영향력이야말로 제 개인적 필요보다 훨씬 중요합니다."

종업원지주제는 마법 스위치가 아니다

2017년 5월 5일, 모거는 전 직원을 NCC의 작업장에 불러 모았다. 회사 역사상 가장 중요한 날이 될 거라는 말이 미리 있었기 때문에 직원들은 NCC가 새로운 시설을 확장하거나 경쟁사와 합병하거나, 아니면 대형 투자자에 인수될 거라고 추측했다. 어떤 직원들은 모거가 전 직원을 캐리비안해 크루즈 여행에 데려가줄 거라고 기대했다. 작업장에는 DJ, 대형 풍선, 케이터링 업체가 준비한 점심, 직원들의 배우자들이 있었다.

모거는 3개월 전부터 연설을 준비하면서 45분 분량의 연설문을 외웠다. "저는 늘 말해왔죠. 인생은 때로 대답하는 것보다는 질문하는 것이라고요." 그는 정장 차림으로 단상에 서서 이렇게 말문을 열었다. "그리고 저는 적어도 하나의 크고 중요한 질문이 있다는 걸 알고 있습니다. 도대체 무슨 일이 벌어지고 있는 걸까요. 그리고 오늘 저는 그 질문에 답할 겁니다. 하지만 거기까지 가려면 시간이 좀 필요할 것 같습니다." 그는 이 자리에서 가장 중요한 사람들, 즉 자신을 도와서 NCC를 설립하고 매일 힘을 북돋워주었던 사람들이 있다고 말했다. 모거는 켄 베이커(그 자리에 있었다)에 대해 이야기하면서, 그에게서 배운 것을 넌지시 언급했다. 그는 베이커가 가진 사상의 '본질'을 좋아했다. 그건 "NCC의 핵심 가치와 전적으로 일치"했다. 이 새로운 사상은 사업의 성격을 바꿀 것이었다. 독주에서 오케스트라로, 혼자 타는 모터사이클에서 여럿이 타는 밴으로, 강에서 호수로. 그곳에는 새로운 조직을 대표하는 또 다른 그룹이 있었다. 모거는 자신의 요청대로 정장을 차려입고 자기 뒤에 서 있는 친구들에게 고개를 끄덕여 보였다.

하지만 먼저 모거는 회사를 통해 자신이 개인적으로 얼마나 성장했는지를 이야기했다. 그가 이전 5년 동안 했던 연설들을 되새기면서 자신의 가치에 관한 핵심 메시지를 재천명하고 그에 맞는 목적의식을 찾아냈다. "오늘, 여러분은 제가 했던 말에 책임을 지는 모습을 보게 될 것입니다. 이건 그냥 듣기 좋으라고 하는 말이 아니니까요." 이런 규모의 회사들은 대개 급성장하다가 망해버리거나, 창업가가 큰돈을 챙겨서 떠나버렸다. 모거는 떠나지 않을 것이지만(아직까지는 그렇다) 회사 지분의 42퍼센트를 여기 모인 사람들에게 팔았다. 그는 좀 뜸을 들였고, 모두가 그의 뒤에 서 있는 정장 차림의 사람들을 초조하게 바라보았다.

"직원들은 일어나 주시지요." 모거가 마치 졸업식에서 졸업생들을 지도하듯 양손을 들어올렸다. "지금 일어나신 NCC의 직원 여러분, 여러분이 사주입니다." 모거의 친구들이 박수를 치기 시작했고, 어리둥절해하던 직원들도 함께 박수를 쳤다. 모거는 NCC의 새로운 로고를 공개했다. "직원이 회사의 주인이다"라는 글씨가 로고 밑에 굵게 쓰여 있었다. 이제 무슨 일이 벌어지고 있는지 모두가 분명히 깨닫게 되었다. 함성이 일었다. 어떤 사람들은 웃었다. 어떤 사람들은 울었다. 몇몇은(특히 가장 건장한 용접공들과 현장 기사들은) 할 말을 잃었다.

"사람들이 다가와서 저를 끌어안았어요." 모거는 그의 인생을 통틀어서 가장 벅찬 성취를 이루었던 순간을 표현했다. 고등학교 미식축구팀에서 우승을 했을 때만큼이나 벅찬 일이었다. "말 그대로 축하를 주고받는 줄이 늘어섰죠. 결혼식처럼요."

이 회사에서 가장 오래 근무한 닉 스와저는 직원들에게 베푸는 행위에 겸허한 마음이 들었다고 했다. "제가 특별해진 듯한 느낌이 들었습니다. 이 회사의 의미를 새로 느끼게 되었고, 새롭게 감사하는 마음을 갖게 되었습니다." 그가 말했다.

그로부터 1년 이상이 지난 후에, 그러니까 파티의 풍선에서 바람이 빠지고 한참 지난 후에도 모거의 가치를 NCC 문화에 접목하는 어려운 작업은 계속되고 있었다. 퍼즐에서 빠진 조각은 주인의식과 관련된 문화였다. 직원처럼 생각하는 대신 사주처럼 생각하고 그에 따르는 책임감을 갖는 것. 열댓 명의 회사 대표들이 캘버리 교회에 모여 하루 종일 논의를 거듭했다. 필라델피아의 프라시스 컨설팅 그룹(Praxis Consulting Group)에 소속된 종업원지주제 실행 전문가인 매트 행콕이 이들을 도왔다.

행콕의 설명대로, 종업원지주제는 회사의 작동 방식을 순식간에 바꾸는 마법 스위치가 아니었다. 그것은 재무 구조와 연금 제도이며, 많은 회사가 그와 비슷한 일을 한다. 종업원지주제가 저절로 회사에 가치를 가져다주지는 않는다. 사실 가치라고는 심각하게 결여되어 있는 듯한 많은 회사들, 즉 엔론(Enron), 리먼 브러더스(Lehman Brothers), 트리뷴 신문 체인(Tribune newspaper chain), 유나이티드 항공(United Airlines) 등 여러 회사들이 종업원지주제를 채택했다. 이 회사들의 종업원지주제는 회사의 불건전한 문화를 바꾸지 못했고, 회사가 망해버리자 직원 사주들은 빈털터리가 되어버렸다.

"당신의 생각은 당신의 행동에 영향을 미치고 당신의 행동은 우리 모두에게 영향을 미칩니다." 행콕과 함께하는 회의에서, 할리 데이비슨을 타고 다니는 NCC의 현장 기술자 프랭크 카르피넬로가 말했다. "당신이 선행을 베풀면 당신 주변 사람들이 더 많은 돈을 벌게 됩니다." 이 팀의 신참인 데인 던컨(교회 록 밴드에서 연주한다)은 종업원지주제에 대해 알고 나서 어떤 사람의 개인적 가치를 직장에서 공유하는 일이 중요하다는 것을 느끼게 되었다. 그와 관련된 뭔가가 사람들을 "더 많이 일하게 하고, 그것이 바로 주인의식"이라는 것이다.

주인의식 위원회는 브레인스토밍 회의에서 회사 내부의 문화를 정립하고 강화하는 다양한 방법을 고안해냈다. 회의는 어떻게 열어야 할지, 포상은 어떻게 주어야 할지, 어떤 핵심 가치들에 노력을 보태야 할지, 하루하루 그 가치들을 어떻게 실현해야 할지 등. 다음 몇 년 동안, NCC는 '사업이라는 위대한 게임(the Great Game of Business)'이라는 이름을 붙이고 투명 경영에 나설 것이었다. 이는 NCC의 전 직원이 회사의 재정 상태(매출, 이윤, 비용 등)를 검토하고 적극적인 아이디어와 더욱 투명한 경영으로 실적을 개선하도록 독려할 것이다.

미시간 대학교에서 창업을 가르치며, 전에는 이 학교의 '긍정 조직(Positive Organization) 센터'를 이끌었던 스튜어트 손힐(Stuart Thornhill)은 가치에 따르는 건전한 문화가 있는 회사들에서 건강 정보, 이직률, 시간 효율성 등이 거의 모두 개선되었다고 했다. "재무가 건전하려면 조직부터 건전해야 합니다. 사람들은 '우리만 좋은 사람이 될 수는 없지, 그럼 손해를 보게 될 거야'라는 제로섬 게임 방식의 생각에 빠져듭니다. 하지만 연구 결과들은 그 생각이 틀렸음을 항상 보여줍니다. 월급을 받기 위해서만 일하기보다는 가치 있는 일을 하는 곳에서 공동체를 이루고 싶지 않나요? 너무 깊이 생각하지 않더라도 이와 관련된 힘을 이해할 수 있을 겁니다." 손힐이 말했다. 수많은 학술 연구에 따르면, 종업원지주제는 은퇴 저축 이상의 잠재적 이점들(매출 개선, 생산성 향상, 고용 증대, 해고 감소 등)을 갖는다.

이곳에서는 다르다는 걸 보여주고 싶어요

어느 날 오후, 나는 뉴저지의 프린스턴으로 차를 몰아, 지역의 종업원지주제 연합의 모임에 참석했다. 프락시스 컨설팅 그룹의 공동 사주인 앨릭스 모스가 이 회합을 주도했다. 이 회사는 NCC의 종업원지주제 전환을 함께하고 있었다. 매리어트 호텔의 회의실 탁자에는 종업원지주제 회사의 창업가들, 사주들, 임원들이 둘러앉아 있었다. 맨해튼의 보험 중개업자부터 방위산업체 사장까지 다양한 사람들이 있었다. 그들은 공화당 지지자, 복음주의 기독교도, 자유 시장을 신봉하는 근본주의자, 민주당 지지자, 무신론자, 진보 성향의 간섭주의자 등 미국 정치경제 사상의 스펙트럼을 모두 망라하고 있었다. 그러나 모두가 사업의 소유권 공유가 변화를 위한 긍정적인 동력이라고 굳게 믿고 있었다.

"우리 회사는 창업 당시만 해도 히피 회사였습니다." 매스매티카 (Mathematica)의 재무이사(CFO) 앨리슨 바거가 말했다. 이 회사는 정부가 지원하는 복리 증진 프로그램들을 개선하여 사회를 돕는다는 사명을 갖고 있다. 그래서 사회복지 사업에 중점을 두고 정부 계약 사업에 집중한다. 그런 프로그램들은 대부분의 공화당 지지자들이 혐오하는 사회안전망의 핵심이다. "그들은 말 그대로 사회주의자들이었죠. 그래서 저는 왜 이윤이 필수인지 설명해야 했습니다." 바거는 그의 동료들에 대해 이렇게 말했다. "하지만 그게 매스매티카를 지금의 회사로 만들었어요." 이 회사는 2005년에 종업원지주제로 전

환했다. 다른 주체에게 팔거나 주식 시장에 공개할 경우 회사의 비전이 이윤 중심으로 바뀌지 않을까, 창업자들이 우려했기 때문이었다.

탁자 맞은편에는 항공 산업용 정밀 기계 회사인 펜유나이티드(Penn United)의 회장이자 CEO인 빌 존스가 있었다. 그의 아버지는 신앙심이 두터운 이 회사의 세 창업자 중 한 명이었다. "그분들은 사람들에게 물고기를 잡아주기보다는 낚시하는 법을 알려주고 싶어했어요." 존스가 말했다. "아버지는 모든 이익을 독점하고 싶어하지 않으셨어요. 회사는 성장했고, 아버지는 당당하게 말했어요. 우리가 하고 있는 일에 믿음을 가져야 한다고요. 목수였던 예수님처럼 우리 힘으로 만들고 있지 않냐고요." 이 회사의 종업원지주제(존스는 자기 아버지가 그것을 만들어낼 믿음을 가진 것에 대해 예수님께 감사드렸다)는 기독교의 가치 기반과 다를 바가 없었다. 즉 700명 이상의 직원들에게 성경에 등장하는 어부가 될 권한을 주었던 것이다. "우리가 매일 창출하는 부에 사람들이 놀라고 있습니다. 직원 가족들만이 아니라 우리의 공동체 모두가요."

그날 저녁 나는 다시 차를 몰고 필라델피아 북쪽 외곽으로 가서 빌 스톡웰을 만났다. 나는 한 창업가가 깊이 신봉하는 가치, 진실하고 의미 있고 실행 가능한 가치가 어떻게 정치색, 종교, 사상을 초월하는지 알게 되었다. 스톡웰은 키가 크고 호리호리한 70대 남성이었다. 단정한 금발 곱슬머리에 셔츠 소매를 걷어 올린 그는 노먼 록웰(Norman Rockwell)의 그림에 나오는 인물 같았다. 그의 증조부가 스톡웰 탄성중합체(Stockwell Elastomerics) 회사를 뉴저지 차고에서 설립했고, 현재 이 회사는 보잉 항공기의 전기 스위치, 창문 밀폐 실리콘, 스페이스엑스의 로켓 완충재 등등 다양한 용도의 실리콘 주형을 생산한다.

스톡웰은 이 회사에서 종업원지주제를 선포했다. 모거의 NCC와 거의 비슷한 시기였다. 그는 자기 사업을 사모펀드 회사나 경쟁사에 매각한 친구들이 불행해지는 모습을 지켜보고는 스톡웰 탄성중합체에 종업원지주제를 도입하기로 했다. 스톡웰의 친구들은 플로리다에서 빈둥거리며, 25세의 경영 컨설턴트들이 자기와 가족들이 일궈낸 모든 것을 해체하는 모습을 무기력하게 지켜보았다. 대개는 그들과 함께 회사를 일궈낸 직원들의 삶 또한 망가뜨렸다. "자신과 다른 모든 이의 인생을 망치는 거예요." 스톡웰은 그 결과를 한마디로 표현했다. "열쇠를 넣어 돌리고 나면, 다시 그전으로 되돌릴 수 없어요."

나는 스톡웰에게 그가 품은 가치가 어디서 비롯되었는지 물었다. 모거와 마찬가지로, 그는 어떻게 그 가치들이 오랫동안 서서히 생겨났는지 설명했다. "저는 저만의 가치를 키워야 했어요." 스톡웰이 말했다. 많은 것이 그의 아버지가 만든 선례에서 비롯되었다. 그의 아버지는 그가 스톡웰 탄성중합체의 경영권을 승계받은 뒤에 은퇴를 하는 대신 생산 현장으로 되돌아가 다음 세대의 엔지니어들을 가르쳤다. 1990년대에 냉전이 끝나고 방위산업체의 일이 줄어들면서, 스톡웰은 회사의 규모를 줄이고, 자신도 아버지와 다른 노동자들을 따라 생산 현장으로 돌아가야 했다. "당시 그 작업장이 제가 가치를 키운 시발점이 되었습니다. 그 사람들과 함께 땀 흘려 일하면서 저는 그들에게 의지했어요. 그들은 제게 의지했고요. 그건 서로 의존하는 공생 관계였습니다. 우리 모두는 공과금을 내고 가족들을 먹여 살려야 했어요. 그걸 해내야만 했죠. 시련을 견뎌낸 건 위대한 일이었죠." 그때의 경험은 스톡웰의 뇌리에 깊이 박혔고, 점차 분명한 가치로 구체화되었다.

"느끼셨겠지만, 그건 저를 넘어서는 일이었습니다. '내 걸 챙기겠어'라는 생각 이상이었다고요." 그는 대중문화에서 창업가 정신의 핵심으로 묘사되는 지배적인 이데올로기를 설명했다. "제 생각엔 그게 미국에 아주 부정적인 영향을 미치고 있습니다." 그는 정치적 스펙트럼의 양극단에서 부상하는, 인기에 영합하는 경제적 포퓰리즘을 지적했다. "하지만 너무나 많은 사람이 자기 자신에게만 신경 쓰더군요. 글쎄요, 그 이유는 알겠습니다. 그게 자본주의에 대한 신념을 흔들거든요. 저는 순수한 자본주의의 신봉자입니다. 자본주의가 현장 사람들에게까지 확장되어야 한다고 생각합니다. 이곳에 91명의 자본가가 있습니다. 그리고 종업원지주제는 그들에게 좀 더 중요한 인물이 될 기회를 줬죠." 실리콘밸리의 스타트업들이 로또처럼 나눠주는 연봉 인상이나 보너스 또는 투기성 스톡옵션이 아니라 주식 배당과 배당액을 키울 역량 그리고 아메리칸 드림을 통해서였다.

스톡웰은 자신의 가치를 실현하기 위해 힘닿는 모든 일을 하고 싶어했다. 그는 종업원지주제를 실행할 자금을 빚(직원 사주들이 나중에 갚아야 한다)이 아닌, 자신의 개인 돈으로 조달했다. 또한 주로 필라델피아에서 가장 가난한 동네 출신인 회사의 직원들과 그 가족들의 삶을 개선하기 위해 여러 정책들을 도입했다. 정책 중에는 여러 교파의 사제들이 일주일에 두 차례 공장을 방문해서 직원들과 직원 가족들의 삶을 살피고, 약물 중독, 배우자 학대, 아동 감금, 자살 등을 방지하기 위해 상담하는 서비스도 포함되었다. 이 서비스는 24시간 가동되었다.

"비즈니스를 파괴하는 대신에, 이 비즈니스를 지속하고 싶습니다. 우리는 여기에서 훌륭한 일을 하고 있으니까요." 스톡웰은 테이블을 철썩 내려치고는 말을 이었다. "비즈니스가 공동체에 어떤 가치를 갖는지 인식해야 해요. 개인 차원에서, 가족 차원에서, 공동체 차원에서요. 이건 바로 공화주의자의 훌륭한 기본 신념입니다. 지금의 공화당이 아니라, 그 핵심에 있는 가치들 말입니다. 우리는 타다 남은 불씨에 약간의 산소만 불어넣으면 됩니다."

버몬트에 있는 극좌익 원예 회사부터 오클라호마에 있는 뼛속까지 공화당원인 천연가스 회사에 이르기까지, 자신의 가치를 좇아 종업원지주제를 도입한 사장들은 자본주의의 기본 사상으로 회귀하는 중이었다. "자신의 경제적 운명을 통제하지 못하는 사람이라도 이곳에서는 다르다는 원칙 위에 세워진 나라가 미국이었습니다." 앨릭스 모스는 자신들의 회사를 종업원지주제로 전환한 대부분의 사장들에게는 두 가지 동력이 있다고 말했다. 강력한 개인적 가치와 직원들에 대한 가부장적 책임. 이들 사장들은 사업을 함께 일으킨 직원들을 가족처럼 여겼다. 기계의 톱니바퀴처럼 이윤을 위해 얼마든 교체되는 생산 부품이 아니라, 혈육과도 같은 사람들.

어느 자부심 넘치는 사장은 자신의 회사를 종업원지주제로 바꾼 이야기를 하면서 눈물을 훔쳤다. 가치를 단순히 설파하는 것과 그 가치들대로 살아가는 것은 다르다. 이 가치들은 캠페인용 포스터도 자선 기부도 아니었다. 이는 이윤보다는 위대한 목적을 위해 살아가는 개인의 이상이었다. 성공이나 명성이나 부보다는 가치야말로 케빈 모거, 켄 베이커, 빌 스톡웰 같은 사장들을 움직이는 동력이다. 그들은 사회적 창업가들의 모임에서 강연을 하려는 것도, 세상을 구한다는 대의하에 자기들의 제품을 출시하려는 것도 아니었다. 그들은 심장과 영혼 깊숙이에서 그것이 당연히 해야 할 일이라고 믿었고, 사장으로서 그 일을 할 능력이 있었기 때문에 그 일을 했을 뿐이다. "이 세상의 선한 힘과 악한 힘은 개개인의 생각, 태도, 행동에 따라 힘을 얻는다." 로버트 그린리프는 《서번트 리더십 원전》에 이렇게 썼다. "우리의 가치에 무슨 일이 벌어질지, 그리하여 미래의 우리 문명에 어떤 일이 벌어질지는 개개인의 신념에 달려 있다."

6장

가족 사업의 위험과 기회

가족과 함께 일할 수 있는가?
그건 바람직한가?

창업가가 자신의 유산에 쌓아올린 비전, 사상, 위협을 감당할 만한 존재로서 자식들을 받아들이지 못한다면, 자식들의 의견을 무시하거나 경시하기 쉽다. 또한 자식들에게 중요한 정보를 전하지 않음으로써, 그들을 의사결정에서 배제해버리기 일쑤다. "진정으로 성공하려면 가족 사업이 세 부분으로 구성된 시스템이라는 점을 받아들여야 합니다."

트럭이 아르헨티나 멘도사의 보데가 이 카바스 데 와이너트(Bodega y Cavas de Weinert) 정문에 도착했다. 트럭에는 갓 딴 멜롯 품종의 포도가 담긴 플라스틱 들통이 실려 있었다. 트럭이 짧은 경적을 울리자 와이너리의 직원이 재빨리 들통을 내려서 포도를 커다란 금속통에 쏟아부었다. 통 한가운데에서 돌아가는 거대한 나선형 기구가 과육을 줄기에서 벗겨내고 포도를 으깨어 걸쭉한 과즙으로 만들었다. 이것이 와인을 만드는 첫 번째 단계다. 짐을 내리는 사람들은 거의 말없이 재빨리 일했다. 3월의 뜨거운 태양이 포도를 짓무르게 하기 전에 신선한 포도를 으깨어 콘크리트 발효 탱크에 쏟아부어야 했다.

이두나 와이너트가 트럭이 들어오는 소리를 듣고 적재 구역으로 걸어 나왔다. 37세의 이두나는 와이너리 설립자 베르나르도 와이너트의 딸이자 현재 광고 책임자였다. 이두나는 포도 농원 주인인 모타와 아르헨티나 전통 방식으로 한쪽 뺨에 볼키스를 하고 최대한 활짝 웃었다. 그녀는 모타와 지금까지의 포도 수확에 관해 간단히 이야기를 나누었다. 이두나는 통에서 포도를 꺼내 입속에 넣고 씹다가 뱉어냈다. 그러고는 모타의 멜롯 포도를 칭찬했다.

"올해는 당도 14나 15의 카르베네는 없다고 말씀해주세요." 이두나는 그에게 간청하듯 말했다. 그녀는 지난해 포도의 당도가 그들이 바랐던 것보다 훨씬 높았던 것을 떠올렸다.

"맞아요, 올해는 없어요. 제일 높은 게 13.5예요." 모타가 말했다.

"오, 하느님 감사합니다!" 이두나는 이렇게 말하고는 다시 그에게 입을 맞추고 발효 탱크에서 포도즙이 짜지는 것을 확인하기 위해 저만치 걸어갔다.

모타와의 대화는 간단해 보이지만, 그와의 관계는 와이너리의 생존에 대단히 중요하다. 이번 2019년은 보데가 이 카바스 데 와이너트가 사업을 거의 접을 뻔했던 여러 해의 공백기 이후 두 번째로 맞는 수확기였다. 그동안 공급업자와 고객들 사이에서 이 와이너리의 명성은 심각한 손상을 입었고, 모타 같은 포도 재배업자에게 다시 포도를 공급받기 위해서는 엄청난 노력으로 그들의 신뢰를 얻어야 했다. 아버지의 와이너리에 돌아오고 2년 동안 이두나는 와이너리 직원들과 함께 일하면서 해외시장을 다시 복원하고 와이너리 브랜드를 현대화하며 새로운 스타일의 와인을 선보이고 한층 고급스러운 관광 프로그램을 내놓는 등 역사적인 자산을 쇄신할 방안을 마련했다. 이 모든 노력은 한 가지 과제로 수렴되었고, 매일 새로운 노력이 거기 집중되었다. 이두나의 가족 사업인 보데가 이 카바스 데 와이너트를 일으켜 세울 것. 이 와이너리는 여러 해 동안 쇠락을 겪었고, 복잡한 사기 사건이 여전히 법원에서 재판 중이었다.

모타의 트럭이 떠나고 몇 분 뒤에, 낡은 빨간색 랜드크루저가 구내로 들어섰다. 이두나는 어색한 웃음을 지었다. "아, 부모님이 오셨나 봐." 당시 87세였던 베르나르도 와이너트는 운전석에서 내리더니 트렁크를 열었다. 그러고는 와이너리 직원들에게 다양한 물건들을 차에서 내리라고 지시했다. 69세인 그의 아내 셀마는 차에서 가방을 가져왔다. 그들은 사방을 둘러보다가 내가 이두나와 이야기하고 있는 것을 보았다. 나는 손을 흔들었고 베르나르도가 다가왔다. 적재 구역의 다른 편에서 목소리가 들려왔다. 이두나의 남동생 안드레가 딸을 데리고 잔디밭을 가로질러 우리 쪽으로 다가왔다. 이두나의 얼굴에 감돌던 가벼운 미소가 굳은 웃음으로 번졌다. "흥미로울 거야." 이두나는 아버지와 남동생이 다가오는 동안 내게 그렇게 말했다.

이 와이너리에서 그들 가족과 처음 만난 것은 거의 10년 전의 일이었다. 이제 남동생이 나를 포옹해주었다. 아버지(나는 그를 돈 베르나르도라고 부른다. 그분이 좋아하는 격식을 갖춘 이름이기 때문이다)는 악수를 건네며 내게 지금도 캐나다에 살고 있는지 물었다. "기억해두게. 자네는 우리 가족이나 마찬가지라네." 베르나르도가 말했다.

와이너트 가족이 멀어져간 후에야 나는 그중 누구도, 즉 아버지도, 어머니도, 남동생도, 심지어 일곱 살짜리 조카딸조차도 이두나에게 말을 걸지 않았고 어떤 식으로든 아는 척하지 않았다는 사실을 깨달았다. 마치 이두나가 유령이라도 되는 것처럼, 나와 와이너리의 일꾼들 외의 다른 사람들 눈에는 보이지 않는 것 같았다. 나는 상황이 복잡하다는 설명을 들었다. 이두나의 이야기는 단순한 창업 이야기와는 거리가 멀었다. 하지만 나는 모든 것이 얼마나 망쳐졌는지 전혀 몰랐다.

내가 무슨 일인지 묻자, 이두나는 "본 그대로지"라고 말하면서 어깨를 으쓱했다. "아무도 서로에게 말을 걸지 않아."

시대에 뒤떨어져 보이는 사업

실리콘밸리 스타트업 신화에서 가족은 별 볼일 없는 존재다. 스타트업은 한 세대 안에서 일어난 현상으로서 개인 또는 파트너들이 사업을 만들어내는 과정이다. 반면에 가족은 그저 창업가의 집에 있는 존재일 뿐이다. 흔히 가족은 부속품이나 거추장스러운 존재로 묘사된다. 일론 머스크나 스티브 잡스의 첫 번째 아내들처럼, 사업에 요구되는 역할을 충분히 해내지 못한다고 여겨질 경우 헌신짝처럼 내쳐지는 존재다. 아니면 가족은 창업가의 성공에 완벽한 조연의 역할(운 좋은 두 번째나 세 번째 아내들)을 한다. 스타트업 신화에서 가족들이 그 이상의 역할을 맡는 경우는 없다.

실리콘밸리 모델이 사업에서의 투자 회수(exit)를 직접적인 목표로 삼기 때문에, 사업가의 이야기는 시작과 중간과 분명한 끝이 있는, 한 세대 내에 벌어지는 이야기로 소개된다. 반면, 여러 세대에 걸친 창업은 시대에 뒤떨어진 진기한 것으로서, 가족 사업 창업가는 역동적인 현대 경제에는 전혀 어울리지 않는 역설적인 용어이자 사상이다. 창업이 어느 정도는 핏줄을 타고 이어진다 하더라도, 후손에게 세습되는 사업보다 위험 회피적이고, 변화가 더디고, 반기업가적인 것이 또 어디 있겠는가?

그렇지만 창업이 가족들 안에 굳건히 뿌리내리고 있는 것이 현실이다. 가족기업협회(Family Firm Institute) 연구소에 따르면, 전 세계의 사업체 중 약 3분의 2는 가족이 소유하고 운영하는 기업이다. 미국의 가족 기업은 전체 사업체의 절반 이상이고, 그중 절반은 주식시장에 상장되어 있다. 그 가운데는 월마트, 마스(Mars, 미국의 다국적 식품 기업으로 스니커즈, 엠앤엠즈 등으로 유명하다 – 옮긴이), 피아트(Fiat, 이탈리아 토리노에 거점을 둔 자동차 회사로, 2014년 크라이슬러에 합병되었다 – 옮긴이) 등 다국적 우량 기업도 있고, 앞서 소개했던, 토론토에서 가족이 운영하는 시리아 레스토랑 알수피, 필라델피아에서 4대째 첨단 제조 사업을 하고 있는 스톡웰 탄성중합체 회사 등도 있다.

와인 사업은 가족 창업이 남아 있을 뿐만 아니라 여전히 활발하게 이루어지는 분야다. 이탈리아의 안티노리(Antinori), 프랑스의 샤토 라피트 로쉴드(Château Lafite Rothschild), 오스트레일리아의 얄룸바(Yalumba), 독일의 한스 비르징(Hans Wirsching), 미국 캘리포니아의 웬티 빈야드(Wente Vineyards) 등 세계 어느 곳에서든 와인 한 병을 골라 보면, 2대째, 4대째, 또는 12대째 이어지는 가족 사업체에서 생산된 제품을 흔히 발견하게 된다. 테이스팅 노트나 브루고뉴의 섬보다도 와이너리에 담긴 가문의 이름 자체가 브랜드의 핵심이다. 다시 말해 전통으로 자리 잡은 혈통, 축적된 가치, 품질 표시, 수십 년이나 수백 년 이상 이어온 헌신 등이 핵심이다.

가족 창업은 전 세계적으로 대단히 보편적이다. 하지만 창업가 개인이 뭔가 새로운 것을 만들어내는 보통의 창업과는 너무나 다르기 때문에 첫 세대를 넘어선 가족 창업을 인정하지 못하거나 가족 창업의 중요성을 인식하지 못하는 경우가 허다하다. 안타까운 일이다. 가족 창업가들의 경험을 무시한다면, 창업에 관한 가장 중요한 몇 가지 질문들, 그리고 우리 삶에서 떼어놓을 수 없는 두 가지 요소(일과 가족)를 완전히 무시하는 셈이 된다. 창업가들은 가족이 필요로 하는 것과 일이 필요로 하는 것을 어떻게 통합하는가? 당신이 중간에 그만두려는 경우, 당신이 만들어놓은 것은 어떻게 되는가? 당신은 그것을 누구에게 믿고 넘길까? 또는 당신이 어떤 것을 이어받는 입장이라면, 당신에게 맡겨진 유산이나 사람들을 다치게 하지 않고서 어떻게 그것을 온전히 자기 것으로 만들 것인가? 오랫동안 사업을 소유하려면 이런 질문에 대답하는 것이 핵심이다.

내가 정말 이해하고 싶었던 것은 이런 유산의 무게였다. 이는 가족 사업체에서 일하는 사장들만이 아니라 창업가 집안 출신으로서 어느 정도는 그렇게 살고 싶다는 열망을 가진 나 같은 사람들과도 관계가 있다. 나의 아버지는 창업가였고, 아버지의 아버지도 창업가였다. 어머니도 창업가였고, 어머니의 아버지도 창업가였다. 이는 동생과 나에게까지 이어졌고, 이제는 내 아내도 그녀의 부모나 조부모와 마찬가지로 창업가다. 하지만 우리 중 누구도 같은 사업체에서 일하지 않았고, 심지어 같은 업종에서 일하지도 않았다. 창업의 혈통이 있었음에도 독립적으로 구분되었고, 겉보기에는 관련이 없었다. 세대를 초월하는 뭔가, 즉 창업가 정신이 유전되는지 나는 궁금했다. 그 유산은 멘도사의 와인 비즈니스에서 창업가들과 그들 가문의 삶에 어떻게 발현되었는가?

어른이 되어도, 부모 눈에는 애들로 보이죠

2004년 나와 이두나(여러 세대에 걸친 가족 사업에 관해 이야기해야 하기 때문에, 이 장에서는 여러 사람들을 성보다는 이름으로 부를 것이다)는 친구가 되었다. 당시 나는 아르헨티나에 살면서 프리랜서 저널리스트로 일하고 있었다. 잡지 〈와인 스펙테이터(*Wine Spectator*)〉에 새로 연재를 시작한 참이었고, 그 잡지의 남미 통신원으로 일하고 있었다. 와인에 대해서는 아무것도 몰랐는데도 말이다. 어느 날, 한 친구가 나를 이두나의 오빠 브루노와 점심을 먹는 자리에 데려갔다. 나는 브루노에게 해마다 열리는 포도 수확 축제에 맞춰서 2, 3주 후에 멘도사에 갈 거라고 했다. 브루노는 여동생의 연락처를 알려주었고, 난 이두나에게 연락해 보데가 이 카바스 데 와이너트를 방문하기로 했다.

나는 별로 좋지 않은 첫인상을 남겼다. 다른 기자들과 함께 와인 시음을 하고는 꽤 취한 상태로 네 시간이나 늦게 점심 식탁에 나타났다. 와이너트 가족은 내게 풍성한 점심 식사를 차려주었지만, 음식들은 모두 식어버렸다. 하지만 이두나는 내내 미소를 잃지 않았고, 손으로 한 대 치는 것으로 내 사과를 받아주었다. 이두나는 정교하게 조각한 와이너리의 나무 문 안쪽으로 나를 안내하며, 보데가 이 카바스 데 와이너트의 이야기를 들려주었다. 와이너리 건물은 1890년에 스페인 가족에 의해 지어졌다. 그 스페인 가족은 보데가스 폰탄 (Bodegas Fontán)을 열어 1920년대까지 운영했다. 그 뒤 몇십 년 동안, 이 와이너리는 여러 번 주인이 바뀌면서 자주 쓰이지 않고 방치되었다. 그러다가 1975년 돈 베르나르도 와이너트가 이를 인수했다. 베르나르도는 아르헨티나 와인 사업의 창업가 같지는 않았다. 독일계 브라질인인 베르나르도는 작은 마을에서 식품점과 낙농 공장을 운영했던 창업가의 아들이었다. 그는 늘 자기 사업을 꿈꾸었다. 대학교 중퇴 후에 트럭 운전을 하다가, 물류 사업을 시작했다. 사업은 빠르게 성장해서 남미 전역의 화물을 취급하게 되었다. 멘도사가 아르헨티나와 칠레 사이에서 화물의 주요 교차점 역할을 했기 때문에, 당시 리우데자네이루에 살고 있었던 베르나르도는 그곳을 자주 들르게 되었다.

멘도사는 와인용 포도를 재배하기에 이상적인 곳이다. 이 지역의 동쪽은 미네랄이 풍부한 토양에 화창하고 건조한 평지인 반면, 서쪽은 안데스 산맥의 봉우리가 포도 농장에 필요한 충분한 수원을 제공한다. 스페인 정착자와 이탈리아 이민자들이 19세기에 포도를 재배한 이후 와인은 아르헨티나 전역에서 생산되었음에도 특히 이 지역이 과거 몇십 년 동안 급부상했다. 멘도사의 대표 품종인 말벡이 성공한 덕분에 멘도사가 특히 인기를 얻었다. 베르나르도 와이너트는 칠레가 엄청난 양의 와인을 브라질에 수출하는 가운데 멘도사는 아주 소량만 수출하는 점에 주목했다. 그리고 여기서 기회를 찾아냈다. 베르나르도 와이너트는 와인에 대해 아는 것이 없었지만 일단 와이너리를 사들였다. 그것이 와인 사업을 시작하는 가장 손쉬운 방법이었기 때문이다.

보데가 이 카바스 데 와이너트는 와인 양조자 라울 드라 모타와 동업하여, 전통적인 방식으로 오크통에서 오랜 기간(2년, 5년, 10년) 숙성시킨 와인을 만들었다. 1990년대 멘도사의 와인 산업이 현대화되면서 유럽이나 미국의 트렌드를 좇아 숙성 기간은 줄이고 신선한 오크향을 강화시켰다.

보데가 이 카바스 데 와이너트의 와인은 더욱 그윽하고 미묘했다. 그 향미는 독특하면서 인근의 다른 와이너리들보다 전통에 가까웠다. 이 와이너리가 첫 번째로 생산한 와인은 1977년산 말벡이었다. 40여 년 전에 병입되었지만 여전히 이 지역 최고로 손꼽힌다.

와이너리를 함께 돌아다니고 유명한 카바(와인 저장고), 즉 이 와이너리에 이름값을 더하는 지하 와인 저장고로 내려가는 동안 이두나가 이 모든 이야기를 들려주었다. 19세기에 유럽 장인이 지은 아치형의 벽돌 저장고는 이 와이너리의 심장부였다. 멘도사의 타는 듯이 뜨거운 여름과 얼음장같이 차가운 겨울에도 이곳은 연중 충분한 습도와 서늘한 기온을 유지했다. 저장고를 지나면 다시 저장고. 저장고는 끝도 없이 이어지는 듯했다. 벽돌 아치를 지날 때마다 천장의 높이가 7, 8미터나 되는 방이 계속 나왔다. 보데가 이 카바스 데 와이너트는 높이가 4, 5미터인 거대한 나무 오크통에서 와인을 숙성시켰다. 이 통들에는 150만 병 이상의 와인이 담겨 있었다.

이두나의 아버지가 이 와이너리를 사들인 것은 이두나와 오빠 브루노가 태어나기도 전의 일이었다. 이 가족의 트럭 운송 사업은 리우데자네이루에 근거지를 두고 있었다. 이두나는 그곳에서 영국 사립학교에 다녔고 국제학교 학생답게 세련된 영어(와 완벽한 아르헨티나식 스페인어)를 구사했다. 하지만 짙은 얼굴색(어머니는 브라질의 북부 열대 지방 출신이다)에, 바다에 대한 깊은 애정과 늦은 밤까지 삼바춤을 추는 열정 등 여러 면에서 그녀는 뼛속 깊이 브라질 사람이었다. 이두나의 어린 시절, 이 와이너리는 아버지의 투자처이자 가족의 별장이었다. "우리는 그곳에 몇 주씩 머물곤 했어. 그곳에서 와인을 만들던 돈 라울은 아주 진지한 분이었고, 어린애들이 주변에 돌아다니는 걸 좋아하지 않았어. 그래서 우리는 와인 사업에는 전혀 관심을 갖지 않았지."

1990년대 후반 베르나르도는 트럭 운송 사업을 그만두었고, 가족은 부에노스아이레스로 이사했다. 당시 고등학생이었던 이두나는 변화가 두려웠지만, 곧 와이너리에 관심을 갖게 되었다. 이두나는 멘도사를 방문할 때면, 휴고 웨버의 연구실에서 시간을 보냈다. 휴고 웨버는 그 무렵 와인 양조장을 인수한 스위스 사람으로, 포도의 당분이 서서히 알코올로 발효되는 화학 작용을 관리 분석했다. "나는 그 연구실이 정말 좋았어." 이두나가 말했다. 아버지는 이두나에게 대학에서 화학공학을 전공하고 와인 양조를 도와달라고 했다. 하지만 대학을 2년 다니는 동안 이두나는 몹시 불행했다. 그녀는 다른 일을 하고 싶었다. 무엇보다 브라질로 돌아가고 싶었다. 그녀는 대학을 중퇴하고 영어를 가르치며 부모님 집에서 살았다. 그리고 장차 무슨 일을 해야 할지 고민했다. "와인 사업에 개입하고 싶지 않았어. 난 다른 뭔가를 원했지. 적어도 와인 사업에 뛰어들기 전에 다른 경험을 해보고 싶었어." 그녀가 말했다.

어느 날, 베르나르도는 이두나에게 뉴욕에서 열리는 대규모 와인 시음회에 함께 가서 자신을 도와달라고 했다. 베르나르도의 와이너리는 늘 수출에 주력해왔고, 미국의 아르헨티나 와인 시장은 급속히 성장하고 있었다. 베르나르도는 영어를 거의 못 했기 때문에 이두나가 통역을 해주기로 했다. 이두나는 와인에 관해서는 아무것도 몰랐고, 현장에서 처음부터 흥미를 잃었다. "모두가 와인들을 칭송하고 있었어." 그녀는 그 시음회에서 참을 수 없을 만큼 가식적인 사람들을 처음으로 만났다고 했다. "나는 생각했지, '이 업계는 나랑 맞지 않아'라고."

우연히 이두나는 레바논의 소규모 와이너리 대표를 만났다. 그의 와인은 독특했고, 흥미로운 이야기와 연관되어 있었다. 그는 아주 당당하게 자신의 이야기를 팔았다. "나는 와인 시음이 연극 같다는 걸 깨달았어." 그녀는 짓궂은 미소를 지었다. "고등학교 때 연극을 공부했거든." 이건 아무리 봐도 극도로 절제된 표현이다. 이두나는 공인받은 연극의 여왕이다. 낭랑한 목소리의 그녀가 어디에든 나타나면 시선이 그쪽으로 쏠린다. 그녀는 청중 자체를 좋아한다. 그녀는 와인 시음회에 참석할 때면 '이두나 와이너트'라는 캐릭터를 만들어서 가

우초(아르헨티나의 목동 - 옮긴이) 복장의 백작 부인과 과일 모자를 쓴 카르멘 미란다(Carmen Miranda, 포르투갈 출신으로 가족과 함께 브라질로 이주해 삼바 댄스 가수와 배우로 큰 인기를 누렸고, '브라질의 섹시 폭탄'이라는 별명으로 불렸다 - 옮긴이) 사이를 오가며 와인을 홍보했다. 이렇게 이두나가 전달한 아버지의 와인 이야기는 전 세계적으로 와인 판매에 도움이 되었다. "이두나는 뛰어난 영업사원으로 변신했어. 특히 해외시장에서 탁월한 수완을 보였지." 돈 베르나르도가 말했다.

아르헨티나로 돌아온 후, 이두나는 서류 정리, 번역, 보도 자료 작성 등 이 사업에서 자신을 필요로 하는 모든 영역에서 일했다. 그녀는 와인 제조를 철저히 공부했고, 소믈리에 초보 과정을 이수했을 뿐만 아니라 수출과 물류 수업도 들었다. 차츰 그녀는 부에노스아이레스 부근에서 와이너리 시음회를 열었다. "난 자연스럽게 합류한 셈이야." 그녀는 자신이 너무 사교적인데다가 여성은 와인 사업에서 여전히 희귀한 존재였기 때문에, 지역이나 외국 기자들과 빠르게 관계를 맺고 가족 브랜드를 대표하는 눈에 띄는 얼굴이 될 수 있었다고 말했다. "난 마스코트 같은 존재였지."

시간이 흐를수록 이 사업에서 가족의 역할이 더욱 구분되었다. 돈 베르나르도는 와이너리 운영(와인의 맛을 포함)과 재무를 책임지는 소유주이자 회장이었다. IT를 공부하고 2003년에 합류한 브루노는 국내시장을 책임졌다(이두나는 오빠와 지금도 가까운 사이지만, 성격은 완전히 정반대다). 이두나는 해외시장과 홍보를 맡았다. 안드레는 결국 멘도사로 이사 와서, 생산을 맡았다. 셀마와 돈 베르나르도가 전남편과 전처와의 사이에서 얻은 자식들(그들은 아르헨티나가 아닌 외국에 살았다)은 이 사업에 관여하지 않았다.

이두나는 10년 동안 부에노스아이레스에 있는 회사 사무실 외부에서 일했다. 그녀는 1년의 절반은 여행을 다녔다. 유럽의 와인 행사나 아시아의 수출 시장에 갔다가, 캐나다와 미국을 거쳐서 다시 남미로 돌아왔다. 그렇게 돌아다니면서 새로운 시장을 개척하고 오랜 시장을 확장했다. 어느 날은 루이지애나 배턴루지의 유람선에서 카지노 대표들을 위한 시음회를 열었고, 이틀 뒤에는 서울의 연회에서 와인을 제공하는 식이었다. 이두나는 이 일을 사랑했다. 그녀는 시음회나 와인을 곁들인 저녁 자리에서 자신감에 넘쳤으며, '이두나 와이너트' 캐릭터로 딱딱하고 고루한 와인 사업의 분위기를 떨쳐냈다. 그녀는 이 사업에 어울리지 않는 것들을 찾아내는 재주가 있었다. 그녀는 동료들과 함께 테이블 위에서 웃고 춤추다가도 밖에 나가 먹고 마실 때는 시음회장에 모인 애스콧 타이 차림의 과묵한 사람들을 비웃곤 했다. 난 뉴욕 포시즌스 레스토랑에서 열린 시음회에서 이두나를 본적이 있다. 그때 그녀는 풀장이 있는 연회장에서 큰 소리로 떠들면서 막 잔을 비운 참석자에게 와인을 따라주고 있었다.

그렇게 몇 년간 일하면서도 이두나는 한 번도 자신을 사장이라고 생각하지 않았다. "마음속으로 난 직원이었어, 완전히. 사람들한테 '저는 아버지 회사에서 일해요'라고 말했어. 하지만 덫에 걸린 기분이었지." 이두나가 말했다. 아버지는 보데가 이 카바스 데 와이너트가 '자기' 회사라는 점을 분명히 했다. 그는 모든 일을 아들딸과 상의

했지만, 최종 결정은 자신이 내렸다. 차츰 남매는 불만이 늘었고, 경영 방식에 심각한 결함이 있다고 느꼈다. 브랜드는 40년 이상 바뀌지 않았고, 회계 장부는 엉망이었다. 판매, 마케팅, 데이터베이스 관리 시스템이 있었음에도 베르나르도는 활용하지 않았다. 서서히 그들은 다른 와이너리들이 앞서 나가는 것을 지켜보아야 했다. 글로벌 시장에서는 상황이 더욱 심각했다. 베르나르도는 전통적인 라틴아메리카식 '후원자(patron, 주인)'였다. 이두나는 아버지가 이 사업을 그저 자기 개인 사업처럼 운영한다고 느꼈다. 아버지는 마음 내킬 때 이두나와 브루노에게 보수를 주었다. 대개는 그들이 아버지에게 급여를 달라고 요청한 직후였다. "좋아, 얼마나 받고 싶은 거냐?" 아버지는 마치 용돈을 달라고 하는 10대들처럼 자식들을 대했다. 그건 엄청나게 실망스러웠다.

"때로는 자식들을 독립적인 존재로 생각하기 어렵습니다." 밴쿠버의 가족 사업 자문가이자 교수인 웬디 세이지 헤이워드의 말이다. 그녀는 와인 업계의 수많은 고객들과 일했다. "보통은 자녀들을 아이들로 생각합니다. 프로젝트도 마찬가지죠. 자녀들이 어른이 되어도, 부모 눈에는 그저 아이들로 보이죠. 사람들이 부모 대 자식의 관계에서 빠져나와 어른 대 어른의 관계로 접어드는 일은 매우 어렵습니다. 또한 자신이 창업한 사업에 대해 주인의식이 너무나 강한 탓에, 손을 떼거나 책임을 나누기가 어렵지요. 그런 까닭에 다음 세대가 사업에 혁신을 더하는 모습을 제대로 평가받기 어렵습니다. 자녀들에게서 강점을 발견해 그것을 발휘하게 하고 자녀들을 끌어들여 몫을 나누지 못한다면, 아주 힘든 역학 관계에 접어들게 됩니다."

창업가가 자신의 유산에 쌓아올린 비전, 사상, 위협을 감당할 만한 존재로서 자식들을 받아들이지 못한다면, 자식들의 의견을 무시하거나 경시하기 쉽다. 또한 자식들에게 중요한 정보를 전하지 않음으로써, 그들을 의사결정에서 배제해버리기 일쑤다. "진정으로 성공하려면 가족 사업이 세 부분으로 구성된 시스템이라는 점을 받아들여야 합니다." 마이클 맥그랜이 말했다. 그는 필라델피아에 있는 텔로스 그룹에서 가족 사업을 컨설팅하고 있다. 가족 사업의 세 가지 핵심은 사업과 가족 그리고 그 안에 있는 개인들이다. 많은 기업가가 가족 사업을 가족으로부터 완전히 분리하거나 차단함으로써 사업의 전반적인 상태를 투명하게 공개하지 않는다. "가족을 끌어들이지 않아야, 사무실 문을 닫고 집으로 돌아갈 수 있지." 맥그랜에 따르면, 창업가는 사업 주위에 벽을 두르고는 사업으로부터 가족들을 보호하고 있다고 믿는 경우가 종종 있다. 하지만 장기적으로 이는 사업과 가족을 망치는 길이다. 모두가 아무것도 모르는 상태가 되고, 어떤 장벽도 가족을 가족 사업으로부터 완전히 분리할 수는 없기 때문이다.

로리 유니언은 뱁슨 대학교에서 가족창업 연구소(Institute for Family Entrepreneurship)를 운영하고 있으며, 예전에는 노스캐롤라이나에서 할아버지의 파형 강판 사업을 성장시켰다. 로리 유니언은 그 때문에 결국 가족 내에서 창업 역량을 잃게 되었다고 말했다. 성장 기회를 빼앗긴 자녀들은 사업에서 억눌리고 숨 막히는 답답함을 느끼게 된다. 그들의 아이디어는 사장되고, 결국 그들은 가족 사업에서 멀어진다. "뭔가를 꿈꾸고 새로 만들어내는 젊은 세대의 능력은 자신의 지배력을 지키려는 기성세대 때문에 빛을 잃습니다. 그건 손해죠. 균형을 유지하려면 가족들은 어떻게 해야 할까요? 젊은 세대가 자기들만의 비전을 만들도록 고무해야겠죠. 그렇게 되면, 다음 장이 열립니다. 그들이 50세가 되도록 앞길이 가로막혀 있다면, 그건 억지로 빼앗긴 거나 마찬가지죠." 로리 유니언이 말했다.

가족 사업은 숨 막히기만 한 일일까

가족 사업에 뛰어든다고 해서 저절로 창업가가 되는 것은 아니다. 가족 사업을 단순히 일자리나 유산 정도로만 생각하는 경우도 있고, 제아무리 성공적인 사업이라 할지라도 자기 가족 소유의 사업에 끼어들고 싶지 않은 경우도 있다. 하지만 가족과 사업이 뒤섞이는 것을 감수하면서, 많은 사람이 가족의 뒤를 이어 사업에 뛰어든다. 경제적으로나 지적으로 기회를 감지하거나, 해당 사업에 정서적인 유대감을 느끼거나, 유산을 형상화하고 싶어서 등등의 여러 가지 이유로 그렇게 한다. 유산은 와인 사업에서 높이 평가하는, 아주 강력한 단어다. 겉으로는 같은 제품처럼 보이더라도 샤토 라피트 로쉴드 한 병이 보데가 이카바스 데 와이너트 한 병보다 열 배 이상 비싸게 팔리는 이유도 거기에 있다. 하지만 가족 사업의 창업가들에게 유산은 여러 의미를 가질 수 있다. "저는 유산이 살아 움직이는 것이라고 봅니다." 가족 사업 연구소 창업자인 프레다 헤르츠 브라운의 말이다. "어떤 가족들은 유산이 죽어서 움직이지 않는 것이라고 생각합니다. 하지만 유산은 늘 바뀌어요. 그리고 기회와 부담을 만들어내죠. 누군가에게는 유산이 극심한 부담이 됩니다." 유산은 과거일 수도 있고 미래의 본보기일 수도 있으며, 개인적인 것일 수도 있고 집단적인 것일 수도 있다. 제약일 수도 있고 해방일 수도 있다.

멘도사에 있는 다양한 가족 소유 와이너리에서 창업가들과 이야기를 나누고 나니, 유산이 그들 각자를 얼마나 다른 방향으로 이끄는지가 분명해졌다. 에르난 피멘텔은 어머니 메르세데스 디아스, 여동생 콘스탄사와 함께 보데가 캘럼(Bodega Caelum)을 운영했다. 이 와이너리는 가족 공동의 유산이었다. 1990년 피멘텔의 부모가 이곳에 0.6제곱킬로미터의 땅을 구입했을 때, 그들은 와인 사업에 대한 배경지식이 없었고, 멘도사에 대해서도 전혀 몰랐다. 그들은 부에노스아이레스에서 대형 제분소를 운영했다. 하지만 메르세데스는 식물 재배에 열정이 넘치는 농학자로서 이 땅에 토마토, 마늘, 양파를 기르기 시작했다. 3년 후, 아르헨티나의 와인 사업이 전 세계적으로 인기를 얻게 되자, 메르세데스는 모든 작물을 뽑고, 말벡과 카르베네 쇼비뇽을 재배해서 인근의 와이너리에 판매했다.

14년 동안 메르세데스는 포도를 재배해서 다른 와인 제조업자들에게 제공했다. 그동안 자녀들은 부에노스아이레스에서 직업을 구했다(에르난은 유니레버에서 생산 공학자로 일하면서 바디 스프레이 액스AXE를 만들었다). 2009년쯤에 메르세데스는 이혼했고 멘도사에서 점점 불행하다고 느꼈다. 포도 재배는 수익성이 좋은 사업이긴 했지만, 결국 생산품에 대해 거의 통제력을 발휘하지 못한다. "포도 판매에는 협상도 가격도 없죠. 와이너리가 모든 걸 결정합니다. 특히 품질이 아주 우수한 포도를 재배하고 있는 경우라면요. 바람직하지 않은 일이죠." 피멘텔은 설명했다. 우리는 현대식 와이너리의 조그만 시음실에서 가족이 운영하는 잘 손질된 포도 농원을 함께 바라보았다. 그들은 가족이 생산하는 제품이 판매처인 와이너리들에서 정당한 평가를 받지 못한다고 느꼈다. 와이너리들은 종종 이들 가족의 포도를, 품질이 떨어지는 다른 포도 농원의 포도와 섞기도 했다. "포도를 직접 재배해 자기만의 와인을 만든다면, 최상의 포도만 재배하겠죠. 하지만 단지 포도를 팔기만 한다면, 양에 신경 써야 해요. 무게에만요. 그게 전부거든요."

분명한 것은 그들이 한 팀으로 와이너리를 만들어야 한다는 사실이었다. 이 가족에게는 어머니가 관리하는 포도와 포도 농원이 있었고, 아들은 생산 시설을 어떻게 만드는지 알았으며, 딸은 소믈리에가 되었다. 메르세데스는 포도를 심음으로써 그들의 공동 창업에 씨앗을 뿌렸다. 이제 메르세데스의 자녀들은 그녀와 함께 일하면서 그 포도로 와인을 만든다. "우리 일에서 가장 중요한 면은 우리 와인에는 우리 포도를 쓴다는 겁니다." 피멘텔은 그렇게 말하면서 오크통에 코를 들이밀고 킁킁 냄새를 맡았다. 그러고 나서 고개를 돌려 구멍에 귀를 가져다 댔다. "와인이 발효되는 소리가 들려요." 그 말에 나는 몸을 기울여 효모가 포도즙을 소화해내는 미묘한 쉿 소리를 들었다.

많은 사람이 가족 사업은 숨 막히는 일이라고 여긴다. 부모, 형제,

조부모, 자녀들과 매일 함께 붙어 있다고 상상해보라. 아침에 함께 일어나 함께 차를 타고 함께 출근해서 함께 일하고 함께 점심을 먹고 함께 회의에 참석하고 함께 돌아다니다가 함께 퇴근해서 집으로 돌아오고 함께 저녁을 먹고 같은 집에서 잔다. 그것도 평생. 피멘텔은 부에노스아이레스에서는 한 달에 한 번 여동생을 만나다가, 이제는 일주일에 6일 동생과 만난다. 그것도 하루 온종일. 그러다 보니 그도 인정하는 것처럼, 늘 서로 신경을 긁는다.

"어머니는 내게 인생을 주셨지만, 인생은 감정적인 충돌도 가져다주죠. 하지만 이곳의 규칙은 우리 모두 최대한 열심히 일해야 한다는 겁니다. 바깥에서는 어머니고 아들이고 딸이지만, 여기에서 우리는 동료들이죠. 내가 컴퓨터 앞에 앉아 있을 때 어머니가 들어와서 뭔가를 묻는다면, 그리고 내가 그 대답을 선반 위에 있는 설명서에서 찾을 수 있다는 사실을 알고 있다면, 난 이렇게 말할 겁니다. '선반을 찾아보세요, 저 방해 마시고.'" 피멘텔이 말했다.

매일 불만과 마찰이 일어나지만, 그럼에도 보데가 캘럼이 가족으로서 함께 유산을 만들어가는 것은 대단히 가치 있는 일이다. "신뢰 문제죠. 동생은 내 얼굴만 봐도 나를 알아요. 그리고 나는 동생에게 뭐든 중요한 일을 100퍼센트 온전히 맡길 수 있고요. 그냥 직원이라면 아무리 보수를 많이 주더라도 어떻게 통제할지 고민해야 합니다. 예를 들어 관광객들에게 와인을 판매한 현금을 관리해야 한다면 어떡하죠? 하지만 동생이 맡는다면, 그런 고민이 필요없죠." 그가 말했다. 어머니에 대해서도 마찬가지다. 그는 포도 농원을 어머니에게 완전히 맡겼다. 그런 확실한 신뢰 덕분에 그들 모두는 눈앞의 일에 집중할 수 있다. 모두의 동기는 명확하고 동일하다. 그들이 공동 유산을 만들어냈기 때문이다.

와이너트 집안이 공유한 목적의식은 2010년에 흐트러지기 시작했다. 그때 이두나는 아버지가 와이너리의 포도 재배자들에게는 적절한 보수를 지급하지 않으면서 파타고니아에 소유한 포도 농원에는 와이너리를 계속 짓고 있다는 이야기를 들었다. 자신과 브루노가 참석했던 이전 회의에서 그러지 않겠다고 했으면서 말이다. "난 이렇게 말했지. '됐어요! 이제 끝장이에요!' 회사에서 무슨 일이 벌어지는지 모르고, 또 회사에서 벌어지는 일이 마음에 들지도 않는데, 어떻게 회사를 대표하겠어." 이두나는 리우데자네이루행 비행기에 올랐고 아버지에게 전신으로 자신의 사직을 알렸다(아르헨티나 법에 따라 필요한 절차였다). 브루노는 6개월 후에 이 사업을 그만두었다. 두 사람은 되돌아보지 않았다.

베르나르도 와이너트도 똑같이 불만스러웠다. 그는 자녀들에게 스스로 배우고 원하는 직업을 찾을 기회를 주었다. 또한 와이너리 사업에 발판을 마련해서 일을 통해 능력을 발휘하게 해주었다. "아버지란 사람들은 늘 자기 자식에 대해 환상을 갖고 있지." 그는 가족 사업으로 자녀들의 기대를 충족시키기는 어렵다는 점을 인정했다. 자녀들은 자신에게 자격이 있다는 것을 입증하기 위해서라도 누구보다 열심히 일하고 누구보다 똑똑해야 하기 때문이다. "열쇠를 아이들 손에 쥐여주면 안 되네. 이건 꾸준히 이어지는 과정이지." 그가 말했다. 하지만 그는 이두나가 얼마나 간절히 독립을 바랐는지, 브루노가 얼마나 이 와이너리에 자신의 IT기술을 접목하고 싶어했는지 점차 알게 되었다. 베르나르도는 그들이 더딘 변화 속도에 안달 내는 것을 이해했고 자녀들이 자기들의 꿈을 좇아야 한다는 사실을 받아들였다. 하지만 그들이 이 사업을 떠나게 두는 것은 개인적으로는 타격이었다. "세상의 모든 아버지는 자기 아이들이 스스로 꿈을 정립하지 못하면 불만스럽겠지. 가족을 관리하는 것은 너무 어려운 일이네. 모든 자식들이 똑같지도 않고. 어떤 아이는 리더가 되겠지만, 어떤 아이는 그러지 못하지. 그게 가장 어려운 부분이라네." 그가 말했다.

가족 사업이 2세로 이어지는 경우는 드물다. 3세 이후까지 이어지는 경우는 더더욱 드물다. 가족, 개인, 사업이 중첩되는 방식은 자칫 불건전해지기 쉽다. 특별 대우에 대해 사적인 감정이 싹트고, 형제자매가 경쟁에 휘말리고, 사업체 내에서 사랑은 소진된다. 흔히 창업자의 자녀들은 부모의 발자취를 따르는 일에 흥미를 보이지 않고, 다른 직업을 선택하거나 자기 사업을 시작한다.

잠재적 이점들

하지만 여러 세대로 이어지는 창업에는 또한 수많은 잠재적인 이점이 있다. 우선 경제적인 안정이 지속되며 가족의 정체성에 정박할 곳이 생긴다. 또한 가족 창업이 아니라면 실현되지 못했을 선택지들이 새로운 세대에게 열릴 수도 있다. 멘도사에서 와인 사업을 하는 많은 가족들에게, 이는 충분한 횟수의 제비뽑기 그 이상이다.

어느 날 아침, 나는 한 시간 반 동안 차를 몰아 멘도사 남부의 와인 농장 지역인 우코밸리로 갔다. 주카르디 가족을 만나기 위해서였다. 그들은 그 지역 가족 창업가의 대표격이다. 주카르디 가족은 과거 세대의 유산을 기반으로, 최신식 (그리고 가장 장대한) 와이너리를 세웠다. 피에드라 인피니타(Piedra Infinita) 와이너리는 '끝없이 펼쳐진 돌무지'에 세워진 콘크리트 건축물로, 2017년에 문을 열었다. 그곳에서 나는 호세 알베르토 주카르디와 그의 아들 제바스티안을 만나 엄청나게 멋진 스테이크와 와인으로 점심을 먹었다.

주카르디 가족의 사업은 1960년대에 시작되었다. 당시 호세 알베르토의 아버지 알베르토 '티토'는 멘도사에 와서 농장과 포도 농원의 관개 시설을 구축했다. 그리고 자신의 기술을 보여주기 위해 땅을 조금 사서 자기만의 포도를 키웠다. 호세 알베르토는 1970년대 중반에 아버지의 사업에 합류하여 와인 제조에 집중했다. 특히 그는 경쟁력 있는 가격으로 해외 수출용 와인을 만드는 데 주력했다. 그는 아르헨티나 말벡 와인을 세계 시장에 내놓으면서 니콜라스 카테나와 같은 대형 가족 와이너리 소유주만큼 신망을 얻었다. 이제 70대인 호세 알베르토는 주카르디 가족 3대가 어떻게 함께 일했는지 자랑스럽게 이야기했다. 그는 회사의 경영 전반을 감독했고, 세 자녀는 창업가적인 기질을 발휘했다. 미구엘은 품질이 뛰어난 올리브 오일 브랜드를 만들었고, 줄리아는 주카르디 집안의 두 개 와이너리에서 관광 프로그램을 개발했으며, 30대 후반의 제바스티안은 와인 제조를 완전히 다른 차원으로 끌어올렸다. 당시 93세였던 호세 알베르토의 어머니 엠마는 여전히 와이너리에 매일 출근했다. 베르나르도 와이너트는 주카르디 집안을 각기 독립적으로 함께 일하는 가족 사업의 모범 사례라고 칭찬했다.

작은 키에 회색 머리카락, 약간 지저분한 턱수염, 활짝 웃는 얼굴의 호세 알베르토는 개인의 창업과 세대를 이어 전수되는 창업의 차이점은 시간에 있다고 말했다. "한 세대는 이전 세대의 발자취를 기반 삼아 새로이 만들어갈 수 있죠. 하지만 와인 사업에는 정말 긴 시간이 필요합니다. 1년 만에 되는 일은 아무것도 없어요. 이 사업에서 5년, 10년은 짧은 시간입니다. 가족 사업에는 장기 투자라는 기회가 있습니다. 우리는 다함께 상황을 진전시키는 데 전념할 수 있습니다. 그냥 회사라면 할 수 없는 일이죠." 그가 말했다.

호세 알베르토는 내게 2017년산 콘크레토 말벡(Concreto Malbec)을 한 잔 따라주었다. 이 와인은 2년 전에 수확한 포도로 만들었다. 수십 년간 개간한 포도 농원에 10여 년 전에 심은 포도나무에서 수확한 포도 말이다. 50년 된 (그러나 여전히 전 세계 와인 산업에서는 신참으로 여겨지는) 회사가 진화하는 방식이었다. 와인 제조는 속도를 자랑하는 실리콘밸리의 제품·사업 모델과 자금 회수와는 상반된다. 그것은 마치 포도나무와도 같이, 해마다 서서히 더욱 강하게 자라나고, 결국에는 사업의 근간과 가족의 창업가 정신을 깊어지게 한다.

그렇게 전념하려면 변함없는 독립성이 담보되어야 한다. 이 가족도 독립성을 핵심 가치로 여겼다. 와이너리가 회사 소유라는 것은 주주에게 빚을 지고 있다는 의미여서, 그들의 투자에 대한 수익을 연간 단위로 또는 분기별로 제공해야 한다. 그에 따라 어떤 프로젝트에든 주어지는 시간이 단축된다. 전날, 국제적인 대규모 투자 그룹이 파밀리아 주카르디(Familia Zuccardi)를 방문했다. 그들은 1000만 달러(또는 그 이상)의 예상 가치를 매기고는 이 사업의 지분을 사들여서 대주주가 되고 싶다고 제안했다. 경제적으로 불확실한 아르헨티나 같은 나라에서, 이것은 결코 사소한 거래가 아니었다. 하지만 제바스티안은 그들의 제안을 생각해보기는커녕 들어보려고도 하지 않았다.

"우리는 투자자나 외부 도움을 바라지 않습니다." 제바스티안이 말했다. 멘도사의 살인적인 태양에 갈라진 입술에는 보라색 와인 얼룩이 져 있었다. "유일하게 중요한 것은 자유예요." 왜 그렇죠? "가족 사업에서 내려지는 의사결정은 그냥 경제적인 것만이 아니에요. 철학적인 거죠. 단기 의사결정은 장기적으로는 이롭지 못해요. 우리는 장기적인 의사결정을 내리죠. 왜냐하면 어떤 것도 제가 주인이 아니니까요. 저는 우리 가족의 유산을 보살피고 있습니다. 중요한 것을 물려받아 잘 보살피다가 다음 세대에 넘겨줘야 하죠."

유산을 지킴으로써 변화에 저항하는 정체된 회사를 만들었는가?

호세 알베르토 주카르디는 오히려 그 반대라고 말했다. 변화는 그들 가족의 최우선 목표라고. 각 세대는 다음 세대가 자기들만의 방식으로 이 사업을 쇄신할 여지를 남겨두어야 한다고. 그런 쇄신이 이루어지지 못한다면, 이 사업은 시들시들하다가 결국 사라지게 된다고. "상황을 고민하는 창업가에겐 자기 역량을 발전시킬 여지가 필요합니다. 아이들이 진행하는 프로젝트들에서 제 역할은 조력자이자 조언자입니다. 하지만 실제로는 프로젝트들에 생기를 불어넣는 일이죠." 그가 말했다. 호세 알베르토의 부모는 그가 전 세계에 와인을 팔게 했고, 그는 자식들과 함께 그 일을 해냈다. 그 과정에서 제바스티안의 야심찬 노력이 성과를 거두어, 주카르디 집안의 와인 생산 방식을 완전히 바꾸었다.

제바스티안은 호세 알베르토가 이 와이너리에서 자신과 남매들에게 기회를 주었다고 했다. 하지만 아버지는 결코 자식들에게 자기를 도와 일하라고 강요하지 않았다. 그들은 이 사업에 그들이 필요했을 때, 자연스럽게 사업에 합류했다. 제바스티안은 고등학교 때까지만 해도 공식적으로는 아버지와 함께 일하지 않았다. 그는 스파클링 와인이라는 프로젝트를 진행하고 싶었다. 스파클링 와인은 당시에는 이들 가족이 생산하지 않던 제품이었다. "그래서 저는 스파클링 와인을 만들어봐도 되는지 아버지에게 여쭤봤죠. 아버지는 이렇게 말씀하셨어요. '좋아, 포도에서 시장까지 무엇이든 네가 키울 수도 있고 팔 수도 있어'라고요." 제바스티안은 회상했다. "그러니까 이 사업에서 저는 창업가로 출발한 셈이죠. 열아홉 살에 친구 세 명과 함께 독립 부문을 만들고 스파클링 와인을 팔았어요. 부모님은 거래처를 알려주고 자원을 제공해주셨죠. 하지만 처음부터 저는 이 사업 내에서 독자성을 가질 수 있었습니다."

몇 년 후, 제바스티안은 외부 재배자들로부터 포도 매입을 맡게 되었고, 우코밸리의 포도 농원들에 푹 빠져들었다. 그 농원들은 훨씬 북쪽에 이들 가족이 소유하고 있는 포도 농원보다 훨씬 고지대에 있었다. "저는 아버지께 말씀드렸죠. '미래는 우코에 있습니다. 우리는 이곳에 땅을 사야 해요.' 그러자 아버지는 제게 조사해보라고 하셨죠." 제바스티안은 다른 포도 품종들을 실험하고, 고도를 지도로 그리고, 제곱미터 단위로 특별한 토질 구성을 목록으로 만들었다. 그렇게 탄생한 것이 피에드라 인피니타였다. 수백만 달러 상당의 이 와이너리는 이들 가족이 와인을 제조하는 방법을 완전히 바꾸었다. 제바스티안은 일반적 통념을 뒤엎고 새로운 포도 변종을 심었다. 개개의 포도들은 토양 구성이나 비바람에 노출되는 정도에 따라 필요한 물의 양과 수확 기간이 달랐다. 그는 이들을 첨단 기술로 추적 조사했다. 그는 포도 농원에 대한 유기농 인증을 받았고, 다공성 콘크리트 탱크에서 포도를 발효시켰다. 효모를 별도로 넣지 않아서, 포도의 진액이 빛을 발하게 했다. 이 와인들은 흥미롭고 도전적이고 파격적이고 낯설고, 그리고 비쌌다. 특히 아르헨티나에서는 그랬다. 10년 만에, 파밀리아 주카르디는 소량의 와인을 팔던 와이너리에서 마흔 가지 제품을 내놓는 와이너리로 바뀌었다. 2018년에 권위 있는 와인 잡지 〈디캔터(Decanter)〉에서는 제바스티안을 올해의 남미 와인 제조업자로 선정했다.

"다음 세대는 좀 더 개방적이죠." 칠레 대학교 교수 클라우디오 밀러(Claudio Müller)가 말했다. 그는 멘도사 접경 지역의 가족 회사들을 연구했다. 그리고 칠레의 가족 소유 와이너리들이 가족 사업이 아닌 경쟁사들보다 환경적으로 지속 가능한 방법을 활용할 가능성이 얼마나 높은지를 증명했다. 뮐러는 이것이 그들이 쌓아온 창업가 정신 덕분이라고 믿었다. "이들은 신기술을 공정에 추가할 수 있고, 시장에 더 빠르게 더 잘 적응할 수 있습니다. 이들은 새로운 포도 품종이나 바이오다이나믹 농법/유기농 농법 같은 새로운 공정을 받아들이는 등 오래된 산업에 신선한 아이디어를 도입합니다." 기본적으로는 더 넓은 세상에 맞춰서 유산에 대한 이해를 구축하게 된다. 오직이윤에만 주력하기보다는 그렇게 하는 편이 장기적인 비전에 들어맞는다.

인도의 사무실에서, 보스턴컨설팅그룹(Boston Consulting Group)의 가족 사업 관련 업무를 맡고 있는 바이크럼 브할라는, 인도나 아르헨티나와 같은 개발도상국에서 가족 사업체들은 대개 일반 사업체보다 더 공격적으로, 더 많은 부채를 지고, 더 많은 인수 합병을 하여 더 많은 성장을 이룬다는 점(세대가 바뀌면서 리스크 감수 성향이 커진다는 점)을 입증했다. 이는 가족 와인 산업을 연구한 뉴질랜드 학자 폴 우드필드(Paul Woodfield)가 '세대 간의 지식 공유'라고 명명한 것에서 비롯되었다. 지식은 축적되어, 다음 세대 창업가의 아이디어와 그 아이디어를 밀고 나가는 자신감의 기반이 된다.

1999년 페데리코 카소니와 남매들은 할아버지가 50년 전에 사두었던 포도 농원 바로 옆에서 보데가 파밀리아 카소니(Bodega Familia Cassone)를 시작했다. 포도, 토양, 기후 조건에 관한 50년간의 지식을 전수받은 그들은 와이너리가 성장해가면서 새로운 것을 시도하고 지속적으로 위험을 감수할 자신감을 얻었다. 예를 들어 몇 년 전에 페데리코는 포도 농원의 토양을 바꾸기로 결심했다. "글자 그대로 우리의 테루아를 바꾸는 일이었죠." 그는 유칼립투스 나무 껍질을 과일나무 줄기나 과일 껍질과 같은 유기 물질과 함께 뿌리 덮개로 쓰는 과정을 설명했다. 이는 더 좋은 포도를 수확하기 위해 가족의 땅을 적극적으로 개조하는 일이었다. 그들이 그럴 수 있었던 것은 이미 이 땅에 대해 정통한 지식을 가졌기 때문이었다. 내가 시음해본, 과일향이 풍부한 카르베네 쇼비뇽 로제 와인에서 느꼈던 그대로, 그 결과물은 대단한 것이었다. "우리가 이렇게 했던 것은 '우리'가 그걸 믿었기 때문입니다." 페데리코는 가족이 이 사업에 대해 갖는 정서적 유대감이 그들의 창업 정신의 동력이라고 말했다. "저는 사람들에게 이 와인이 카소니라고 얘기할 수 있어요. 카소니 가족이 바로 이런 맛을 원했으니까요. 다수 시장이 요구하는 맛이 아니에요. 그 누구도 우리보다 이 와인을 더 잘 설명할 수는 없습니다. 이 와인들은 다른 무엇보다도 우리 가족에게 내재한 본질이니까요."

나는 비슷한 이야기를 루카스 피스테에게서도 들었다. 이 젊은 와인 제조업자는 우코밸리와 멘도사 사이, 주 고속도로에서 살짝 벗어난 핀카 소피아(Finca Sophia)라는 소규모 가족 포도 농원을 관리했다. 부에노스아이레스에서 의사로 일했던 피스테의 아버지는 2004년에 투자 목적으로 이 농원을 사들였다. 비행기에서 만난 베르나르도 와이너트와 친구가 된 후의 일이었다. 몇 년 후 피스테는 이 농원을 관리하기 시작했다. 유럽에서 와인 제조를 공부하고 이탈리아에서 일한 후였다. 그리고 최근에는 그만의 아주 파격적인 방식, 즉 기계가 아닌 발로 포도를 으깨서 포도 자체의 자연 향을 더 많이 살린 와인을 병입하여 피스테 가족에게서 새롭게 생겨난 유산을 선보였다. 이 유산은 그 토양에 뿌리를 두고 있었다.

"이곳과 근방 50킬로미터 이내에 있는 포도 농원은 제 것이 아니에요." 우리는 향후 몇 주 동안 선별될 포도 상태를 확인하기 위해 그가 고른 농원들 사이의 먼지투성이 도로를 차로 이동 중이었다. "저는 이곳에서 복잡한 뭔가를 만들어야만 해요. 제가 원하는 건 '우리' 포도예요. 그것뿐이에요. 제가 우리 가족의 포도를 와인으로 바꾸는 것은 우리 가족에게 엄청난 기쁨이 되죠. 그러니까 그것을 소중히 돌보고 그것을 기반으로 발전시켜나가야죠. 그러면 언젠가 또 다른 세대가 그것을 계속 이어나갈 거예요. 음, 정말 아름다운 일이잖아요."

늦은 오후 태양 아래, 우리가 포도 농원을 차로 지나는 동안, 반바지에 지저분한 티셔츠 차림인 피스테는 포도 덩굴이 쪼그라들고, 초록색 싹이 몇 개만 나 있는 구역에 차를 세웠다. 그는 거의 10년 가까이 휴경 상태였던 포도나무들이 어떻게 복원되었는지 설명했다. 보데가 이 카바스 데 와이너트가 피스테의 아버지를 속여서 돈을 뜯어냈지만 사실 그들에게는 포도나무를 관리할 능력이 없었다고 했다. 그와 그의 아버지는 와이너트 집안에 대해 아무런 원한도 품지 않았지만, 이두나는 이 일을 계기로 가족 사업을 떠나게 되었다고 했다.

"우리 가족의 전통은 창업가가 되는 겁니다"

2010년 이두나는 엄청난 호황이던 리우데자네이루로 돌아갔다. 당시 브라질 경제는 수백만 명을 빈곤에서 벗어나게 할 만큼 활황이었고, 올림픽과 월드컵 유치는 이 도시에 엄청난 낙관주의와 투자를 불러일으켰다. 그녀는 로스쿨에서 몇 달을 보낸 뒤에, 다국적 식품 재벌인 네슬레에 취업했다. 네스프레소 커피 제품을 브라질 전역의 고급 레스토랑과 호텔에 판매하는 일이었다. 일은 재미있고, 수익도 좋았다. 이두나가 와인을 판매하면서 익힌 기술이 온전히 발휘되었다. "굉장했어. 자동차와 휴대전화가 제공되었고, 매일 근사한 레스토랑에 갔지. 무엇보다 매월 29일에 월급을 받는 것이 가장 좋았어. 마술 같았지. 화려하게 번쩍이는…… 그 돈이 내 계좌에 딱 꽂히는 건!" 그녀가 말했다. 그녀는 아버지와 거의 매일 이야기를 나누었고, 아버지는 딸의 성공에 대해 듣고 싶어했다. 하지만 아버지에게 와이너리에 관해 묻자 베르나르도는 그냥 모든 것이 순조롭다고만 했다.

2012년 크리스마스 연휴를 멘도사에서 보내는 동안 베르나르도는 와이너리 지분의 절반을 부에노스아이레스 출신의 성공한 사업가 미구엘 로페즈에게 넘길 것이라고 이두나 남매에게 알렸다. 그러면서 그날 밤에 그가 저녁을 함께하러 올 것이라고 했다. 해외 수출은 줄어들고 있었다. 아르헨티나의 정치 경제적 환경 때문에 수출은 비용이 많이 드는 힘든 일이 되었고, 와이너리의 부채는 갈수록 늘어나고 있었다. 로페즈는 파트너로 합류하여 부채를 떠안기로 했다. 그렇게 해서 돈 베르나르도는 자신이 사랑하는 와이너리의 책임자로 남을 수 있게 되었다. 내가 파트너십을 체결한 이유를 묻자 베르나르도는 "난 지쳤다네"라고 대답했다. 크게는 이두나와 브루노가 이곳을 떠나면서 벌어진 일이었다. "내 부담을 덜어줄 파트너를 찾았지." 이두나는 애석하게도 자신이 할 수 있는 일이 아무것도 없었다고 말했다. 당시만 해도 그녀는 정서적으로 그 사업과는 멀어진 상태였다. 이두나는 브라질로 돌아갔다.

하지만 네슬레에서 몇 년을 일하다 보니, 이두나는 지루해졌다. 보수가 괜찮았고 자유 시간도 많아서 그녀는 바다 수영 같은 새로운 취미에 빠져들었다. 하지만 회사 생활은 너무 뻔했고, 사내 정치가 치열하게 벌어졌다. 이두나는 와인 사업이, 그리고 자신의 이름과 사업 간의 개인적인 연관성이 그리웠다. "내가 와이너트의 일부였다는 사실을 잊고 있었어." 그녀가 말했다. 네슬레에서 이두나는 그냥 또 한 명의 직원일 뿐이었다.

2014년 이두나는 직장을 그만두고 브랜드 대행사인 '와인에센스'를 시작했다. 그리고 브라질 시장에서 성장을 원하는 아르헨티나와 칠레 와이너리를 홍보했다. 와이너리들, 수입업자들, 유통업자들과 함께 일하면서, 와인 사업과 브라질 음료 시장에 대한 지식을 모두 활용했다. 내가 마침내 창업가가 된 느낌이 어땠느냐고 물었을 때, 그녀는 "딱 내 일이었어! 평생 처음 내 인생이 나만의 것이 되었어"라고 말했다. 베르나르도는 이두나가 결국 자기 사업을 시작할 것임을 알고 있었다고 했다. 아버지나 할아버지처럼 이두나는 독립을 갈

망했고, 그것은 자기 사업을 해야만 가능했다. 창업은 필연적이었다.

우리 가족 중에 창업가가 되겠다고 결심하고 사업을 시작한 사람은 거의 없다. 우린 그냥 창업에 끌려 들어갔다. 우리는 회사(스웨터 공장, 하드웨어 유통업체)를 차리고 직원들을 고용했거나 변호사, 작가, 임시 매장 소매업자로 독립했다. (이민 컨설팅 사무실을 운영하는) 사촌 에릭은 "우리는 어디 고용되기 힘든 사람들이야!"라고 말하곤 했다. 그건 사실이었다. 우리 중에 큰 조직에서 일자리를 얻은 사람들은 종종 자발적으로 퇴사하거나 아니면 해고되었다. 조직 내의 제약을 참을 수 없었기 때문이다. 우리에게는 너무 많은 아이디어가 있었고, 우리만의 방식으로 일을 하려는 열망이 너무 컸다. 아버지는 마지막으로 면접을 봤던 법률 회사에서 "당신은 사업가 기질이 너무 강해서 여기서 일하기 어렵겠네요, 색스 씨"라는 말을 듣고, 본인이 회사를 직접 차리셨다. 그들이 옳았다. 우리는 고용 면에서 야생 동물같이 길들여지지 않는 존재들이었다.

이두나는 자기도 모르게 아버지를 따라 창업가가 되었다. 나와 비슷했기 때문에, 나는 궁금해졌다. 창업 자체에 뭐가 있어서 세대를 따라 이어지는 것인지, 일종의 유전적인 창업가 정신이 가계를 따라 이어지는 것인지. 가족이 사업을 함께하든 말든 상관없이 말이다.

"우리 가족에게는 아무 전통도 없어요. 과거를 이상화하지 않는다는 전통 말고는요." 내 질문에 제바스티안 주카르디가 말했다. "우리의 전통은 새로운 일을 하는 거예요. 우리 가족의 전통은 창업가가 되는 겁니다. 우리를 움직이는 에너지는 언제나 새로운 프로젝트를 하는 거죠." 지금 그는 산후안 지역에서 버려진 포도 농원들을 재건하고, 베르무트를 처음부터 만들고 있다. 그의 남매들, 아버지, 할머니까지도 모두 그들이 공들여온 사업과 비슷한 부가 사업을 마음에 품었다. 내가 이야기를 나눠본 다른 와이너리 소유주들과 창업가들도 마찬가지였다. 무엇보다도 창업이야말로 주카르디 가족의 유산이었다. 그들의 사업, 그들의 자산, 그들이 생산한 와인의 풍미도 아닌, 독립적인 창업가가 되는 일의 가치. "우리 가족에게 편안한 생활은 가치가 없어요. 그건 오히려 불편한 일이죠. 이 전통은 좋지도, 나쁘지도 않아요. 그냥 있는 그대로죠." 호세 알베르토 주카르디가 말했다.

2015년 〈벤처 사업 저널(*Journal of Business Venturing*)〉에는 흥미로운 글이 실렸다. 그 글에서는 가족들이 '과거의 창업에 따른 성취나 회복'을 미화하여 다음 세대가 온전히 자신들의 노력으로 창업가가 되도록 독려하는 현상에 '창업가적 유산'이라는 이름을 붙였다. 그 글은 창업가적 유산을 같은 가족 사업 내로 한정했지만, 사실 이 개념은 창업가적 성향을 물려받은 나 같은 사람에게도 적용된다. "가족 창업은 그 가족의 유산과 관련 있는 것입니다. 바로 창업이라는 유산 말이죠. 반드시 가족이 같은 사업을 이어가거나 같은 방식으로 또는 영속적으로 창업을 해야 하는 것은 아닙니다. 가족이 창업가적 유산을 갖는다는 것은 그들이 과거에 창업가였고, 자기 자손들이 창업가답기를 바란다는 겁니다." 뱁슨 대학교의 로리 유니언이 말했다. 창업가적 유산은 창업가의 후손들이 타고난 것으로서 그들이 어떤 인생 경로를 택하든 그들에게 남아 있다.

"저는 창업가 집안에서 태어났죠." 소피아 피스커모나가 말했다. 내가 그녀를 만난 것은 그녀가 여동생 루실라와 함께 경영하는 와이너리 보데가 라가르데(Bodega Lagarde)에서였다. "기업가 집안에서는 당신이 새로운 일을 벌여도 대수롭지 않게 받아들이죠. 절대로 나쁘거나 이상하다고 생각하지 않아요." 아무도 피스커모나에게 어떻게 창업가가 되는지 알려주지 않았다. 이탈리아 출신 이민자였던 할아버지는 1969년에 보데가 라가르데를 사들였지만, 그녀는 2001년에야 와인 사업에 뛰어들었다. 당시 그녀는 30세였고, 와이너리는 문을 닫기 직전이었다. 소피아는 와인 사업에 경험이 전혀 없었기 때문에(부에노스아이레스에 있는 거대 통신 회사에서 근무했다) 사업을 해나가면서 배워야만 했다. "아버지가 저를 곤경에 빠뜨렸죠." 피스커모나가 말했다. 하지만 그녀는 멘도사에서 건설 엔지니어링 사업을 하며 창업가로서 정착했던 가족들 덕분에 자신감과 함께 위험을 감수하는 태도를 갖게 되었다. 또한 새로운 것에 대한 갈망도 갖게 되어, 결국에는 성공에 이르게 되었다.

"창업은 일종의 라이프스타일이죠." 그녀는 몇 년 전에 자신이 만든 유기농 채소밭 사이를 나와 함께 걷고 있었다. 그 밭에서 나는 신선한 채소는 소피아가 개업한 레스토랑의 식자재로 쓰였다. 수상 경력이 있는 그녀의 레스토랑은 그늘에서 천천히 점심을 즐기는 관광객들로 가득했다. "창업가의 라이프스타일에서는 자유가 중요합니다. 아이들은 이것을 보고 자라고, 인생에서 그 자유를 추구하게 됩니다. 그들에게 그건 평범해 보이는 일이죠. 밤에 일하고 주말에 일하고……그런 건 별문제가 되지 않아요. 창업가라면 새벽 3시까지도 창업가죠. 그건 중단되는 일이 아니에요. 이제 10대에 접어든 제 아이들은 제 인생의 긴장된 순간들을 목격합니다. 좋은 일도 보고, 나쁜 일도 보죠."

1년 반 전에 내 아내 로렌은 집에서 하는 일을 시작했다. 나는 우리 부부가 두 아이(나는 인터뷰를 진행하는 동안 아이들을 데리고 다녔다)에게 창업가가 된다는 것에 관해 어떤 이야기를 들려주게 될지 궁금했다. 이 아이들은 어떤 배움을 얻게 될까? 바라건대 우리 부모님이 물려주신 창업가적 유산과 비슷한 것이기를. 나의 어머니는 절친한 파울라 아주머니와 함께 우리 집에서 1년에 두 번씩 여성 의류 도매 사업을 하셨다. 무려 20년 동안. 우리 집의 지하 놀이방에는 두 분이 몬트리올의 공급업자들로부터 사들인 수많은 드레스, 블라우스, 액세서리들이 놓인 선반들이 가득했다.

동생 대니얼과 나는 친구의 엄마들이 브라 차림으로 돌아다니고 엄마가 현금을 챙기고 있는 동안 선반들 사이에 숨었다. 가난하게 성장한 아버지는 어떻게 토론토에 법률 회사를 세우고 중국인 지역 공동체를 대상으로 서비스했는지, 어떻게 개인 투자자로서 어디서든 기회가 보이면 재빨리 붙잡았는지 우리 형제에게 자랑스럽게 들려주시곤 했다. 계약서에 사인을 받기 위해 곧바로 비행기를 타고 홍콩에 갔던 일, 결국 레스토랑 주방에서 고객들과 계약을 마쳤던 일, 새벽 5시에 전화번호부를 벽에 던져서 어떤 페이지가 펼쳐질지 내기했던 일 등을 특히 즐겨 말씀하셨다. 아버지는 좋은 일도 나쁜 일도 모두 들려주셨다. 1980년대에 호황을 누리다가 10년 후에는 가라앉은 부동산 시장이라든지, 빵 터졌지만 완전히 망해버린 거래라든지. 아버지는 살아 있는 창업 교과서였다(지금도 그렇다). 창업이 당신에게 가져온 모든 것에 가치를 두었고, 우리 아들들이 그 가치를 알아보길 바라셨기 때문이다.

"가족 사업의 사장들 중에는 의도적으로 그 사업에 대해 이야기하는 분들이 있어요. 그들이 성장, 위험, 기회에 대해 어떻게 생각하는지를 말하는 거죠." 마이클 맥그런이 말했다. 맥그런은 아버지를 통해 내가 처음 만났던 가족 사업 컨설턴트였다(아버지는 가족 사업 자문을 맥그런의 도움으로 공부했다). "창업은 가르칠 수도 있고 조장할 수도 있는 겁니다. 그건 마음가짐이니까요."

하지만 아버지가 계약서 분석, 거래 심사, 전략적 사고 등 몹시 유용하고 구체적인 기술을 가르치거나, 아버지의 뒤를 이어 법률이나 경영에 관심을 갖도록 여러 노력을 했음에도 내가 물려받은 것은 창업에 대한 깊은 애정뿐이었다. 기회를 발견한 순간에 분출되는 아드레날린, 또는 (그런 경우는 많지 않지만) 기회가 예상과는 다르게 흘러가면서 어렵게 얻은 교훈들. 자기 사업에서 얻게 되는 자유와 독립성. 그것이 얼마나 얻기 힘들고 귀중한 것인지 아는 것. 부모님이 물려주신 창업가적 유산은 내가 프리랜서 작가로서 발전하는 바탕이 되었다. 더욱 자신감 있게 거래를 밀어붙이고, 계약 조건을 협상하고, 나 자신을 마케팅하고, 네트워크를 구축하고, 기회를 기다리기보다는 직접 찾아 나서게 하는 힘이 되었다. 그게 바로 창업가적인 마음가짐이다. 가능한 일을 살피고 그 일에 집중하는 세계관 말이다.

물론 많은 창업가가 그런 유산을 이어가는 데는 아무런 관심이 없고 오히려 가족들에게 일에 대해서는 말하지 않는다. 어머니는 외할아버지 스탠리 데이비스가 경영하는 공구 유통 회사가 있는 몬트리올의 창고에서 여름 한철 일하곤 했다. 하지만 외할아버지는 어머니가 그곳에서 계속 일하는 것을 바라지 않았다. 장인어른 하워드는 선대의 트럭 부품 유통 사업을 이어받은 2세였지만, 집에서는 사업 얘기를 전혀 꺼내지 않았고, 자녀들이 사업에 관심을 갖기를 바라지도 않았다. 그는 트럭 부품에 열정이 없었다. 장인어른은 그저 그 사업에서 상당한 수익이 났기 때문에 그 일을 했을 뿐이었다. 장인어른이 59세에 돌아가셨을 때 모든 지분이 동업자들에게 넘어갔다.

사실 장인어른은 장모님과 마찬가지로 자기 사업을 하고 싶어하셨다. 결혼 초기에 두 분은 함께 일하셨다. 두 분은 필리핀에서 위커(고리버들) 가구, 멕시코에서 꽃 화분을 수입해서, 토론토 인근의 벼룩시장에서 파셨다. 로렌은 벼룩시장 가판대 아래, 아기 바구니에서 잠들곤 했다. 하지만 로렌의 여동생이 태어난 뒤에 안정적인 직장이 필요해지자 장인어른은 가족 사업에 합류했다. 그런 희생과 그에 따른 경제적 안정 덕분에, 장모님은 임시 매장에서 액세서리를 팔며 창업가 경력을 이어갔다. 이런 집안 분위기 덕분에 로렌은 창업에 나서게 되었다(로렌은 대학 졸업 후 2년 동안 장모님의 일을 도왔다).

"그건 내내 아버지의 목표였어." 최근에 내가 창업에 관해 물었을 때 로렌이 대답했다. "모든 일은 아버지의 희생 덕분에 가능했어." 장인어른은 자식들에게 자신처럼 안정적인 직업을 얻으라고 다그친 적이 없었다. 오히려 자기 자신의 일을 하라고, 자신이 열정을 느끼는 일을 추구하라고 권했다. 그가 자녀들에게 베풀어준 경제적 안정(심지어 사후에까지도) 덕분에 로렌은 자신감을 얻고 커리어 코치로 자기 일을 하게 되었다. 사람들은 창업과 특권에 관해 이야기할 때, 이런 재정적 지원에 대해 말하고 싶어한다. 그리고 로렌과 나는 모두 부모님의 성공과 희생 덕분에 그런 혜택을 입었다. 우리가 신혼집을 구할 때 부모님이 도와주셨고, 집을 살 때는 계약금을 내주셨다. 하지만 그런 특권을 누리면서도 우리는 그 사실에 대해 자랑스러워하거나 부끄러워하지 않았다. 그 점을 솔직하게 인정해야 한다.

이제 우리는 우리 가족의 유산을 함께 이어가고 있다. 창업이라는 야망을 아이디어, 격려, 자금 등으로 서로 지지한다. 로렌이 헤드헌터로 일하는 동안 나는 책을 쓰느라 끙끙거렸다. 로렌은 나를 위해 그 일을 했다. 그리고 이제 내가 좀 더 안정되었기 때문에, 로렌이 사업을 시작하고 나는 아내를 돕는다. 우리가 창업가적 가족이 되는 데에는 서로에게 해보라고, 견뎌내라고 격려하는 정서적 지지가 경제적 지원보다도 훨씬 도움이 되었다. "당신이 은행에서 근무하는 그저 그런 사람이었다면, 내가 이런 일을 해낼 거란 생각을 하지 못했을 거야." 아내가 말했다. 우리가 아주 드물게 함께하는 평일 점심 식탁에서였다(애석하게도, 아내는 여전히 책상에서 정어리 통조림을 먹는다). "그게 내겐 허락이었지. 당신은 아니라고 하지 않았을 테니까."

사업, 가족, 그 안의 개인들이 사는 법

이두나 와이너트는 모두가 예상하지 못했을 정도로 빠르게 변하는 상황에서 가족에게 돌아왔고, 아무도 예측하지 못했던 결과를 가져왔다. 2012년 로페즈가 보데가 이 카바스 데 와이너트를 일부 소유하게 되었던 운명의 밤 이후에 와이너리는 빠르게 무너져 내렸다. 이두나의 아버지에게 소유권이 있었는데도 로페즈는 교묘한 재무적, 법적 책략을 동원해서 이 사업을 완전히 지배했다. 그는 회장 자리를 차지하고는 와이너리, 집, 파타고니아의 자산, 심지어는 부에노스아이레스에 있는 베르나르도와 셀마의 아파트까지 담보로 잡아 대출을 받았다. 로페즈의 지시에 따라 보데가 이 카바스 데 와이너트는 2013년 수확 이후 와인 생산을 중단했다. 대신, 저장고에 보관해둔 엄청난 양의 와인을 병입했다. 로페즈는 부에노스아이레스에 있는 자기 창고로 이 와인들을 보냈다. 그곳에서 팔린 와인은 현금화되어 로페즈의 주머니로 들어갔다. 사실상 이 사업은 내부에서부터 소진되었다.

"너무 고통스러웠어. 해외 판로는 막혔고, 농원에 풀만 무성했지. 풀을 베는 사람이 없었거든. 와인 제조업자가 이곳에 오더라도 하루 30분을 넘기지 못했지. 난 휴가 때마다 여기에 왔어. 이곳이 없어지기 전에 볼 수 있는 마지막 기회란 생각이 늘 들었으니까." 그런데도 이두나는 이곳에 관여하지 않았다. 브라질에서 사업도 순조롭고, 삶도 행복했기 때문이다.

2016년 연말, 이두나는 크리스마스 휴가를 맞아 집으로 돌아왔다.

아버지는 자신을 속이는 로페즈에게 "휘둘려서 기진맥진해" 있었지만 자신에게 힘이 남아 있을 때 뭐라도 구해내고 싶었다. 이두나는 여러 변호사들을 만나서 방법을 알아보기 시작했다. 이두나는 부모님 때문에만 이 일을 시작한 것은 아니라고 했다. 브라질은 심각한 불황에 빠져들고 있었고, 리우데자네이루에는 강력 범죄가 퍼져나갔다. 이두나의 사업도 영향을 받았다. 하지만 보데가 이 카바스 데 와이너트와 관련된 복잡한 법률 문제를 해결하는 동안 이두나의 창업가적 본능이 점점 되살아났다. 와이너리는 바닥을 쳤지만, 이두나는 포기하지 않았다. 그녀는 그곳에서 일한 10년간의 경험을 바탕으로 적당한 사람들이 이곳을 맡게 된다면 어떤 일이 벌어질지 알고 있었다. "이곳이 얼마나 많은 잠재력을 갖고 있는지, 나는 알고 있었어."

2017년 3월 베르나르도 와이너트는 부에노스아이레스의 젊은 회계사, 변호사와 함께 일하기 시작했다. 그들은 까다로운 경영 상황에 전문성이 있었다. 가족들 사이에서 '그 녀석들'로 통하는 안토니노 비어지와 레안드로 아리아스는 법원이 파산 직전에 있고 부정행위가 입증된 사업의 지배권을 장악하기 위해 법적 절차에 들어갈 경우, 로페즈는 거의 승산이 없다고 보았다. 그들은 로페즈와의 계약이 거의 사기였다고 믿었다. 하지만 베르나르도에게는 현금이 없었고 와이너리는 엄청난 부채를 지고 있었기 때문에, 그들은 협상에 들어갔다. 비어지와 아리아스가 소송에서 이길 경우 로페즈로부터 돌려받은 자산으로 소송 비용을 충당할 것이었다. 돈 베르나르도는 싸움을 재개할 기회를 얻은 것에 신이 나서 비어지와 아리아스를 이두나에게 열정적으로 소개했다. "아버지는 회사를 되찾을 기회라고 생각했지. 그리고 회사가 할 수 있는 모든 것을 하는 방법이라고도 생각했고. 그래서 실제로 행동에 들어갔어." 이두나가 말했다. 뜻밖에도 판사는 법적 절차를 승인했다. 와이너리의 모든 지분은 동결되었고 베르나르도와 로페즈는 일시적으로 회사에서 손을 떼야 했다. 2주 동안 법원이 지정한 변호사가 이 사업을 맡았고, 법원에 제출할 보고서를 준비했다.

한편 이두나는 2주 동안 변호사와 와이너리 팀을 도와 보고서를 준비했고, 보데가 이 카바스 데 와이너트가 자신의 미래라는 사실을 곧 깨달았다. 그즈음 이두나는 브라질의 커피 회사와 멘도사의 다른 와이너리로부터 일자리를 제안받았다. 하지만 선택은 분명해 보였다. 이두나는 7년 전에 아르헨티나와 이 와이너리를 떠났을 때처럼 재빨리 되돌아왔다. "우리가 되찾을 수 있었거든!" 이곳에 돌아온 결정적인 이유가 무엇이었느냐고 묻자 이두나는 이렇게 대답했다. "이 장소는 와인 업계의 디즈니랜드야. 어느 시점엔가 스스로에게 물어야만 하지. '안으로 들어갈 거야, 아니면 밖에 있을 거야?' 브라질에서 다른 와이너리의 와인을 팔거나 네슬레 커피 캡슐을 파는 것보단 엄청나게 더 재미있는 일이잖아." 이두나는 창업가는 무엇보다도 도전을 즐기는 사람이라고 설명했다. "나한테는 이곳으로 돌아온 게 이 일을 되찾겠다는 도전이었어." 베르나르도는 딸에게 이곳에 돌아오는 것은 자유지만, 자기 사업을 하던 때의 자유를 포기하고 다시 (지금은 법원이 지배하고 있는) 와이너리의 직원으로 일해야 한다고 말했다. 물론 그에 따르는 압박감도 감당해야 했다. "이두나는 자기 영혼에 충실한 독립을 꿈꾸었네. 난 그 점이 기뻤고." 그가 말했다.

그다음 1년 동안 법원의 개입이 진행되었다. 이두나는 비어지와 아리아스를 도와 와이너리를 되살리기 위해 노력했다. 처음에는 가족들이 이두나를 도왔다. 하지만 2018년 3월 법적 개입이 종료되고, 마침내 베르나르도가 보데가 이 카바스 데 와이너트의 소유권을 되찾게 되자(로페즈의 지분은 이제 비어지와 아리아스에게 넘어갔다), 와이너트 가족의 역학 관계가 첨예해졌다. 돈 베르나르도는 법적 개입이 종결되면 자신이 만들고 40년 이상 경영한 와이너리의 사장으로서 영광스러운 복귀가 이루어질 거라고 여겼다. 하지만 법원은 그의 지배를 허락하는 대신, 그가 회장직에 복귀하는 것을 금지했다.

"아버지는 그 결정을 받아들이기가 너무 힘들었지. 회장직을 잃어버리는 것은 아버지에게 참담한 일이었지. '내가 창업자라고.' 아버지는 이렇게 말했어. '내가 회장이 아니면, 뭐지?'"(베르나르도는 이 이야기를 반박했다. 회장 직함 말고는 자기에게 바뀐 것은 아무것도 없다면서.) 이두나가 말했다.

뱁슨 대학교의 로리 유니언은 이런 감정이 종종 주요 장애물이 되어 창업 1세대가 자녀에게 창업의 횃불을 넘기지 않으려 한다고 말한다. 이것은 극복하기 어려운 감정이다. "사업을 만들어낸 사람이 이 사업을 '나의 정체성'으로 정의한다고 합시다. 그럴 경우 내가 아랫세대에게 사업을 넘겨주고 나면, 나는 누구인가요? 그건 사망 선고죠." 로리 유니언이 말했다. 프레다 헤르츠 브라운은 진정한 승계란 창업가가 자기 게임이 끝났음을 인정하는 것과 연관되어 있다고 말했다. "사업에서 손을 떼는 것은 인생에서 어느 지점에 있는지를 받아들이는 일입니다. 창업가가 이렇게 말하기는 상당히 힘든 일이죠. '나는 이제 인생의 내리막길이야. 내가 이 사업을 세웠지만, 이제는 넘겨줄 때야'라고요." 브라운이 말했다.

거부해도 소용없었다. 멘도사에는 유산을 움켜쥐고 그대로 사멸해 버린 가족 와이너리들의 잔재가 널려 있었다. 와이너리의 창업자들이, 한때는 자기 자신을 정의 내렸던 와이너리들의 변화를 꺼렸기 때문이었다. 소피아 피스커모나에 따르면 창업자 세대가 완강하게 자리를 내놓지 않는 와이너리들에서, 날마다 이런 일이 벌어진다. "가장 높은 자리에 있는 인물이 너무 완강할 경우 문제가 심각해요. 나무가 지나치게 크면, 그늘을 드리워서 그 아래에서는 아무것도 자라지 못하죠." 그녀가 말했다.

와이너트 가족과 와이너리의 상황은 점점 더 복잡해져만 갔다. 법적 개입이 시작되고 몇 달이 지난 후부터 이두나는 회계사 비어지와 데이트했다. 비어지는 이제 와이너리 지분 4분의 1을 이두나 몫으로 갖고 있으며, 매일 와이너리를 운영한다(따라서 비어지가 이두나의 보스였다). 많은 라틴아메리카 국가들과 마찬가지로 아르헨티나에서도 여전히 부계 혈통을 따라 가족 사업이 이어지는 것이 일반적이다. 이두나의 오빠 브루노는 완전히 사업에서 손뗀 상태였지만(부모에게 거의 말도 하지 않았다), 남동생 안드레는 여전히 와이너리에서 생활하고 일하고 있었다. 그래서 남매는 곧 충돌하게 되었다. "이두나가 돌아오면서 가족에게 많은 골칫거리가 생겨났지. 그 아이의 불같은 성정과 일하는 스타일이 많은 사람들한테는 이해되지 않을 거야." 베르나르도는 한숨을 내쉬었다. 모든 가족 간의 불화에는 여러 측면과 수많은 층위가 있다는 점을 고려하면, 전체 상황은 내 친구 이두나가 내게 설명해준 것보다도 틀림없이 훨씬 더 복잡할 것이었다. 하지만 최종적인 결과는 딸이 가족 사업에 뛰어들었다는 것, 그리고 이 가족이 딸을 이제는 인정하지 않는다는 것이었다.

언짢은 일이지만 가족 창업에서는 흔한 현실이다. 감정, 관계, 해묵은 적대감이 개인적으로, 직업적으로 흘러넘쳐서 가족 내부에 있던 창업 유산은 종종 갈등을 일으키며 사업과 가족에 균열을 불러온다. 와인 사업도 예외가 아니다. 불화와 소송이 캘리포니아의 몬다비나 갈로 왕조 같은 전설적인 가문까지도 해체시켜버린다. "이렇게까지 나빠질 거라고는 생각도 못 했어." 와이너리에서 부모와 남동생을 어색하게 마주친 직후 이두나가 인정했다. "법적 개입 초반만 해도 아버지는 내가 돌아왔다고 기뻐하셨거든." 하지만 이제 그들은 이두나를 일종의 친위 쿠데타를 벌인 강탈자로 여긴다. 부모는 크리스마스 저녁 모임에 이두나를 초대하지도 않는다.

"끔찍한 일이네." 돈 베르나르도에게 가족의 상황을 물었을 때, 그는 이렇게 말했다. "불화가 생기면, 가족의 유산, 창업의 유산이 뒤틀리고 꼬여버리지. 그리고 이건 궁극적으로 중요한 유산이야. 모든 가족이 불화의 시기를 겪지. 그리고 창업가는 가족들이 함께하길 무엇보다 바라고. 가족들이 돌아와서 함께 일하기를, 다음 세대에서라도.

당분간은 그 창업가가 사업을 완수할 시간이 있겠지만, 언젠가는 그가 없을 수도 있지." 그는 이제 자기 나이가 여든일곱이라고 말하면서 한숨을 쉬었다. 자기는 여전히 열정적으로 일하고 있지만, 시간을 멈출 수는 없다는 것이었다.

"이게 내가 직면한 현실이지. 좀 더 쉬울 수도 있었을 텐데. 아마 내가 몇 가지 잘못을 저질렀겠지. 하지만 어떤 일을 하면서 성장시키는 동안에는 아무도 뭐가 잘못인지 몰라. 실수는 백미러로만 보이니까." 그는 자기 와이너리를 세워서 50년 이상 키워왔다. 그리고 가족에게 교육과 기회를 제공해서, 그 유산을 지속해나갈 잠재력을 주었다. 그리고 자기 정체성의 중심으로 삼고 있는 창업이라는 가치를 조성했다. "요즘 난 여러 가지를 반성하고 있네. 하지만 내가 이 일을 해낸 것은 만족스러워. 최선을 다했으니까." 그가 말했다.

그렇다면 왜 이두나 와이너트는 자신과 가족을 희생하면서까지 계속 그곳에 있는 것일까? 돌아오고 2년이 지났지만, 이두나에게는 이 사업에 대한 지분이 없었다(아버지는 자기가 살아 있는 동안에는 지분을 넘기지 않겠다고 했지만, 결국 이두나는 자기 몫을 물려받게 될 것이었다). 와이너리에서 급여를 받긴 했지만, 다른 곳에서 일자리를 구할 경우보다는 훨씬 적은 액수였다.

처음에 이두나는 자기가 떠나면 부모에게 어떤 일이 생길지 두려웠다고 한다. 로페즈와의 소송은 진행 중이었고, 법원의 결정에 따라 그들은 모든 것을 잃을 수도 있었다. "부모님이 길거리에 나앉았을지도 모르는데, 내가 뭘 할 수 있었겠어?" 나는 고개를 끄덕이며 한 점의 의심도 없이 이두나를 바라보았다. 지난 15년간 이두나는 내 친구였다. "봐." 그녀는 아무것도 숨길 것이 없다는 듯이 손바닥을 펴 보였다. "나는 이미 너무 깊이 관여했어. 어쨌든 이 회사는 순조롭게 회복되고 있고. 그걸 지켜보기만 해도 엄청난 보상이 돼. 직원들, 수입업자들, 포도 재배자들 모두 이제 우리를 신뢰해. 우리는 힘들게 노력해서 그런 신뢰를 다시 얻었지. 그냥 떠나버린다고 해서 가족 관계를 회복하지는 못할 거야. 이성적이지 못한 일이지. 하지만 우리가 모든 것을 잃게 된다면, 나도 어떻게든 비난받겠지. 그건 중요하지 않아. 나는 기회를 봤어. 함께 일할 사람들이 좋았고, 여기에서 뭔가 중요한 일을 할 수 있었으니까." 이두나가 말했다.

2년 전에 이두나가 돌아왔을 때, 해외 거래처는 노르웨이의 영세 수입업자 한 곳과 영국의 와인 클럽 한 곳밖에 없었다. 2019년 3월 이 회사의 와인은 10개국에서 판매되고 있다. 이두나가 해외를 한 번 방문할 때마다 한 곳씩 거래처가 늘어난 덕분이었다. 와이너리의 무성했던 풀은 깎였고, 건물들은 보수되었다. 관광객들이 더 자주 방문해 더 많은 돈을 썼다. 가장 중요한 것은 보데가 이 카바스 데 와이너트가 와인을 다시 생산하고 있다는 사실이었다. 커다란 오크통에서 숙성시킨 빈티지들로 와인을 제조하는 전통적인 방식은 와인 업계에서 시대착오적인 구세대의 유물이었다가 이제 트렌드가 되면서 재유행하게 되었다. 이두나는 그해 연말쯤이면 보데가 이 카바스 데 와이너트가 15개 해외시장에서 판매되고, 신규 레스토랑이 개장되며, 여러 종류의 입문용 와인도 생산될 것으로 기대하고 있었다.

이두나는 그중 어느 것도 혼자 힘으로 이룬 것이 아니라고 했다. 다만 그녀는 리더십을 발휘했다. 보데가 이 카바스 데 와이너트의 차세대 주자로서 미래 지향적인 관점을 갖고, 팀원으로서 점점 더 전문성을 갖추어갔다. 그럴수록 가족 내에서의 역할은 줄어들었다. 저항이 만만치 않았다. 보데가 이 카바스 데 와이너트는 이미 10년을 잃어버렸기 때문에 이전의 성장 속도를 되찾기 위해서라도 몇 년간 연간 15~20퍼센트는 성장해야 했다. 경쟁자들이 사방에서 덤벼들면서 이 와이너리를 사들여 빚을 청산해주겠다고 공격적인 제안을 내놓았다. 변화가 밀려들었다. 유산을 새롭게 하기엔 너무 늦은 건지도 몰랐다.

"내 목표는 이 일을 성공시켜서 다시 와인 업계에서 뛰는 거야. 여기에서보다 더 도전적이거나 흥분되는 프로젝트는 어디에도 없어. 우리는 유일무이하지. 이곳 멘도사의 다른 와이너리와는 다르게 만드니까. 그건 이 장소와 관련된 거야. 여기가 그냥 현대식 와이너리였다면 난 일찌감치 '잘 있어'라고 했겠지." 허공에 키스를 보내며 이두나가 말했다. "하지만 이 장소는 특별해."

보데가 이 카바스 데 와이너트의 강점인 유일무이함은 이두나의 아버지가 쌓아올린 유산이었다. 그 유산에는 돈 베르나르도가 40년쯤 전에 상상했고 병에 담았던 첫 빈티지도 포함되었다. 이두나는 태어나기도 전이었다. 그는 평생 위험을 헤쳐 나가면서 사업을 일군 창업가였다. 이두나는 아버지가 여생을 파타고니아에서 낚시를 하고 자기가 만든 와인을 마시면서 편하게 지내길 바란다. 그녀는 아버지를 위해 일하고 있었다. 결국 그녀는 와이너리의 소유권을 일부 갖게 될 것이고, 아버지가 시작한 일을 계속 이어나갈 것이었다.

일이라는 도전, 가족이라는 도전

실리콘밸리의 창업 스타트업 신화에서 가족은 직장일에 끌어들이지 않고 근무 외 시간에 관리하는 대상이었다. 직장에서는 싸구려 포장 음식을 먹고 사무실 바닥에서 자면서 성공적인 투자 회수를 달성할 때까지 열심히 일해야 한다. 이런 희생은 신화에 반드시 뒤따르는 내용이다. 더 중요한 진실은 모든 창업가가 가족과 일이 교차되는 지점을 스스로 결정할 자유가 있다는 점이다. 누군가는 아이들을 키우기 위해 좀 더 서서히 자기 사업을 해나갈 수도 있고, 가족 구성원을 사업에 동참시킬 수도 있다. 배우자와 동업하거나 자식들을 고용해서, 투자 회수보다는 자신의 사후에도 지속될 유산을 만드는 일에 집중하는 것이다.

가족 창업가가 된다고 해서 저절로 더 간단한 인생이나 더 나은 가족 관계에 이르는 것은 아니다. 가족 창업가가 된다는 것은 오히려 일이라는 도전을 가족이라는 도전과 결합시키는 것이다. 형제자매 간의 균열이 일에 영향을 미칠 수도 있다. 매출 부진이 저녁 식사를 망칠 수도 있다. 유산 상속에 실패할 수도 있다. 다음 세대를 위한 유산을 준비하다가 잘못을 저질러서 가족이 완전히 해체될 수도 있다. 하지만 다른 면에서, 주카르디 가족은 최상의 형태가 어떤 모습인지 보여주고 있다. 세대 간의 끈끈한 유대관계, 목적의식의 공유, 다른 식으로는 불가능할 확실한 자유.

"나는 처음부터 다시 할 거야." 이두나는 가족들에게 벌어진 일들을 되돌리고 싶으냐는 질문에 이렇게 말했다. "전혀 후회하지 않아. 낙담하지도 않고. 사실 난 정말 정말 만족해." 이두나는 유산에 이끌렸다. 그건 아버지가 만들어놓은 와이너리라는 유산인 동시에 돈 베르나르도 바이너트가 딸에게 가르쳐준 창업가 정신이라는 더 큰 유산이기도 하다. "가끔 나는 내가 아버지를 빼닮았다고 생각해. 아버지는 우리에게 말씀하셨지. '인생은 정글이란다. 살아남기 위해서라면 뭐든 해야 해.' 글쎄, 뭐가 되었든."

7장

21세기 카우보이는 무엇으로 사는가

미리 알았더라도,
다른 선택을 하지 않았을거야

나는 창업가의 영혼에서 어두운 면을 알아보고자 했다. 그들이 영예롭고 영감 어린 순간이 아니라 개인적인 고난의 순간들에 어떠했는지. 나는 창업가가 실패에 직면하는 것을 보고 싶었다. 성공의 발판으로 삼을 이상화된 실패가 아니라 진짜 누군가의 생계와 자기 정체성이 걸린, 인생을 뒤흔들 만한 위협을.

세스 니치키는 몸을 숙이고 작은 금속 부품 상자를 들여다보았다. 조금 늦은 아침 시간, 캘리포니아 털록의 샌와킨 밸리에 있는 로우스(Lowe's) 매장 복도였다. 그곳은 니치키가 두 번째로 들른 철물 매장이었다. 무너진 축사 담장에 철사들을 연결해줄 만한 것을 찾고 있었지만 운이 없었다. "제기랄. 자기 사업을 하려면, 바보 같은 일에 필요한 4달러짜리 부품을 찾기 위해 한 시간 반 동안이나 헤매야 한다고." 그가 말했다.

니치키는 아침 내내 카운티 이곳저곳으로 소 운반 트럭을 힘겹게 끌고 다녔다. 그가 소를 키우는 마리포사 농장은 마리포사카운티의 네 개 구역(이곳 요세미티 국립공원 남서쪽에 자리한 털록의 작은 언덕에 그가 키우는 200여 마리의 소들이 방목된다), 털록(그는 이곳에 작은 축사, 사무실, 창고를 임차했다), 인근에 있는 도시 머데스토(이곳의 육가공 시설에서는 그의 소를 도축하고 고기를 보관한다)에 흩어져 있었다. "나는 물건을 옮기느라 시간의 30~40퍼센트를 쓰지, 그런 일로는 한 푼도 벌 수 없는데도 말이야." 우리가 그의 닷지램 픽업트럭으로 되돌아가는 길에 그가 말했다. 우리는 또 다른 철물점에 가봐야 했다. 트럭 운전석에서는 그의 애완견들인 태그와 블루가 시끄럽게 짖어댔다. 니치키는 소나 물건을 싣고 집에서부터 사무실, 축사, 농장을 돌아, 다시 돌아오는 시간을 합하면 하루에 네 시간씩 운전을 한다.

마흔둘인 니치키는 군살 없이 아담한 체구에 뻣뻣한 붉은 수염을 길렀다. 그는 미국 카우보이의 유니폼인 랭글러 진에 단추 달린 셔츠를 입고 청재킷을 걸쳤다. 그리고 가축 심사에서 상으로 받은 벨트 버클에 카우보이 밀집모자를 썼다. 그는 자신이 총을 가진 시골 노동자이지만, 캘리포니아 사람이라고 농담을 했다. 이 말은 그가 컨트리 뮤직은 듣지 않고(그는 영국 밴드인 더 클래시the Clash를 숭배하다시피 했다), 틈날 때마다 서핑을 하며, 짓궂은 유머 감각을 가졌고, 성경보다는 로마의 장군들과 빅터 프랭클 같은 현대 철학자들의 말을 인용한다는 뜻이었다. 그는 인근 프레즈노 외곽의 농촌 공동체에서 자랐다. 그의 부모는 농부가 아니었지만 니치키는 고등학교 시절 목장에 마음이 끌렸다. 그는 미국 농업교육진흥회(Future Farmers of America)가 주최하는 소 품평회의 심사위원을 했다. 그는 대학에서 가축육종학을 공부했고, 그곳에서 아내 미카를 만났다. 그리고 4년 동안 거대 농업 회사 카길(Cargill)의 소 구매 담당자로 일하면서 하루에 4000마리의 가축을 취급하기도 했다.

2006년에 니치키는 집으로 돌아와 소고기 회사를 차렸다. 목초를 먹인 소를 키운다는 의미에서 처음에는 '녹지소고기(Open Space

Meats)'라는 이름을 붙였지만 최근에는 '마리포사 농장'으로 브랜드를 바꾸었다. 그즈음 미카는 첫아이 헨리를 낳았고, 니치키는 2500 달러로 세 마리의 소를 사고 웹사이트를 구축했다. 많은 사람들이 목초를 먹이는 목장이 동물에게나 환경에 더 좋고, 방목한 소가 축사에서 자란 소보다 더 맛있고 건강에 좋은 소고기를 생산할 거라고 믿는다. 니치키는 이 사업 모델이 정말 단순하다고 말했다. 소들은 풀을 먹었고, 살이 쪘고, 스테이크가 되었다. "소 한 마리를 700달러에 사면 나중에 그 값이 네 배가 되지."

회사를 시작하고 13년이 지나자, 헨리는 멀쑥한 10대 초반이 되었고 여동생을 둘 두었다. 엘은 열 살, 샬럿은 네 살이었다. 사업은 초반에 꾸준히 성장해서 그의 소고기는 소비자, 정육점, 캘리포니아 부근 시장에서 직접 판매됐고, 스탠퍼드 대학교나 구글 같은 곳과 거래하는 대형 급식업체들에도 판매됐다. 이같이 전도유망하게 출발했지만, 마리포사 농장은 몇 년 전에 성장을 멈추었고, 사업 주체인 카우보이 사업가 니치키는 이러지도 저러지도 못하는 교착 상태에 빠져버렸다.

그가 처한 문제는 누가 봐도 분명했다. 가장 큰 문제는 땅이었다. 니치키 소유의 땅이 없었다. 그는 방목할 목장을 얻기 위해 네 명의 땅 주인에게 임대료를 냈고, 그 때문에 매일 소, 말, 장비, 사람들과 함께 이리저리 옮겨 다녀야만 했다. 시간과 연료와 에너지가 소진되는 일이었다. "내가 여기 산다면, 이런 바보 같은 일을 할 필요도 없을 텐데." 우리가 임대한 농장들 중 한 곳을 향해 차로 이동하는 동안 니치키가 말했다. 틸록에서 한 시간 이상 걸리는 길이었다. 그는 최근에 목장을 살 기회를 놓쳤다. 북부 캘리포니아 부동산 시장은 진정될 기미가 없었고, 그가 땅을 취득할 기회는 줄어만 갔다.

기후 변화로 인해 샌와킨밸리의 농업은 점점 더 위태로워졌다. 마지막으로 비가 내린 지 6개월이 흘렀고, 바싹 말라버린 농장 주변의 까맣게 타버린 나뭇가지에 화재의 상흔이 눈에 띄게 남아 있었다. 여기에 더해, 정부 규제와 세금 부담, 정치인들의 무관심, 구인난 등 사장들의 대표적인 불평거리가 쌓여 있었다. 그동안 니치키는 영업사원들, 소치기들, 운전사들, 시간제 인부들 때문에 속 뒤집히는 일을 몇 번이나 겪었다. 가장 최근에는 목장 노동자 하나가 그의 트럭을 휘발유 대신 경유로 채웠고, 트럭은 곧바로 못쓰게 되었다. 니치키는 여력이 없었지만 새 트럭을 사야만 했다.

"이런 바보 같은 카우보이 일거리는 내가 어떻게 해볼 수나 있지." 작은 개울로 이어지는 언덕을 내려가며 니치키가 말했다. 지난주에 그곳에서 갑작스러운 홍수가 나서 울타리 한쪽이 유실되었다. "이게 부서지면 난 그걸 고치지. 내가 어떻게 해볼 수 있는 일이니까. 내가 손볼 수 없는 것은 울타리를 고치겠다고 말만 해놓고 일은 하지 않는 직원이야. 그들은 단 10분도 스냅챗을 손에서 놓지 못한다니까."

마리포사 농장이 2006년 사업을 시작했을 때만 해도 목초 먹인 소고기는 미국에서 새로운 개념이었다. 하지만 브라질, 우루과이, 뉴질랜드에서 수입된 목초 먹인 소고기가 싼값에 시장에 넘쳐나게 되었다. 충분한 자금을 확보한 실리콘밸리 인사들, 유명인들, 전직 헤지펀드 매니저들, 거기에 니치키의 매형까지, 미국 국내의 목초 먹인 소고기 사업에 뛰어들었다. 이렇게 늘어난 공급과 경쟁 때문에 소고기의 가격이 떨어졌다. 소를 사고 재고를 관리하고 토지를 임차하면서 발생한 부채와 경비를 제하고 나면, 마리포사 농장의 농장주가 집으로 가져가는 돈은 3만 달러 정도였다. 많은 농부들과 마찬가지로, 니치키는 소 사료를 판매하는 일을 파트타임 부업으로 하면서 간신히 생계를 유지했다.

"〈비즈니스 인사이더(Business Insider)〉에서 목초 먹인 소로 떼돈을 벌었다는 사람의 기사를 본 적이 있어?" 니치키는 울타리를 수리한 후에 도랑 밖으로 올라오며 말했다. "절대 기사로 나온 적이 없거든. 누군가 그걸 벼락부자가 되는 길로 생각한다 해도 금세 현실을 깨닫게 되지." 그는 잠시 멈춰서 숨을 고르고 모자를 벗어 이마를 닦았다. 섭씨 37도의 뙤약볕 아래였다. 그건 고되고, 덥고, 먼지를 뒤집어쓰는 일이었다. "이게 될지 안 될지 여전히 모르겠어. 13년 후쯤 되면 결론이 날지." 그는 그렇게 말하고는 선언이라도 하듯 말했다. "타코나 먹으러 가자고."

처음 이 책을 구상할 때만 해도 나는 창업가가 된다는 것의 의미에 집중하려 했었다. 경제적인 의미 말고 좀 더 심오한 의미. 창업가로 산다는 것은 어떤 것일까? 나는 그것이 동쪽으로 향한 언덕(실리콘밸리)이나, 기타 수익성 높은 다른 밸리에서 출현했던 스타트업 신화보다는 훨씬 더 복잡한 양상을 띠고 있음을 이해했다. 그것은 때로 정신적으로 고통스럽고 연속적으로 변화하는 경험이다. 그것은 일하는 방식, 아니, 사실은 삶의 방식이라는 걸 알았다. 그 삶에서 유일하게 확실한 것은 불확실성이라는 점도. 창업은 멋지지만 끔찍하기도 하고, 유쾌하지만 무섭기도 하고, 영혼을 고양시키기도 하지만 갉아먹기도 한다. 대개 같은 날에 한꺼번에 이런 일들이 일어난다.

나는 이 모든 것을 이해했다. 나에게 일을 시키는 유일한 사람, 즉 내가 직접 겪은 일이었기 때문이다. 친구들이 내게 "종일 뭐 하고 지내?"라든지 "어디에서 일해?"라고 물을 때, 그들이 궁금해하는 것은 내가 어떻게 그 일을 하는지였다. 성공이 보장되지 않고 보상도 알 수 없는데, 어떻게 스스로 일어나서 일하러 가지? 그건 어떤 거지?

스스로 일하는 것은 언제나 대단히 어렵다. 충분한 일감이 없으면 어쩌지 하는 두려움과 너무 많은 일에 따르는 스트레스 사이를 왔다 갔다 한다. 창업은 자아로 무장하고 매일 전쟁터로 나가는 경험이다. 아침에는 극도로 낙관적인 생각에 빠져들었다가("이건 굉장한 아이디어야!"), 오후쯤엔 짙게 드리운 자기혐오에 휩싸인다("이 엉터리 사기꾼 같으니라고").

창업가에게 모든 일은 개인적이다. 너무나 개인적이라서 어렵기만 하다. 이 같은 불편한 진실은 실리콘밸리 스타트업 신화에서는 간과된다. 스타트업 신화는 창업을 이상화하면서 실패를 포용하라는 식의 허세 어린 구호로 위험을 감수하는 행위를 미화한다. 하지만 그로 인해 감수해야 하는 희생은 거의 인정하지 않았다. 이것이 바로 창업가가 된다는 것의 의미다. 온갖 매력에도 불구하고 왜 그렇게 소수의 사람들(미국인 10명 중 한 명)만이 창업가가 되는지를 설명하는, 경제적인 이유 그 이상의 진짜 이유다.

나는 창업가의 영혼에서 어두운 면을 알아보고자 했다. 그들이 영예롭고 영감 어린 순간이 아니라 개인적인 고난의 순간들에 어떠했는지. 나는 창업가가 실패에 직면하는 것을 보고 싶었다. 성공의 발판으로 삼을 이상화된 실패가 아니라 진짜 누군가의 생계와 자기 정체성이 걸린, 인생을 뒤흔들 만한 위협을. 나는 스탠퍼드 대학교에서 동쪽으로 두 시간 정도 떨어진 샌와킨밸리에서 스스로를 창업가로 느끼는 농부들을 찾아냈다.

질 줄 모르는, 동시에 항상 지쳐 있는

"샌와킨밸리는 옛날식으로, 수많은 개떡 같은 일들이 벌어지는 곳이지." 니치키는 칙칙한 주유소에 딸린 오아시스 식당에서 소페, 부리토, 타코 등을 나와 함께 먹으며 말했다. "로스앤젤레스처럼 재미난 동네도 아니고, 샌프란시스코처럼 복잡한 동네도 아니고, 실리콘밸리처럼 혁신적인 동네도 아니라고." 그렇지만 샌와킨밸리는 딸기, 케일, 스테이크, 아몬드 등 미국 내에서 소비하고 또 해외로 수출하는 식품 대부분을 생산하는, 캘리포니아 농업의 중심지다. 안개 긴 해안선이나 눈 덮인 시에라 산맥을 따라 차를 몰고 지날 때면, 끝없는 갈색 평지에 초록이 점점이 박혀 있고, 픽업트럭, 농기구, 농부들의 용수권을 인정하는 현수막이 풍경의 일부를 이룬다.

샌와킨밸리는 인간이 자연을 상대로 거둔 승리다. 그곳은 좀처럼

비가 내리지 않아, 모든 지표면이 밝은 갈색 먼지로 뒤덮여 있는 사막 지대다. 이 사막은 19세기 말부터 20세기 초에 건설된 광대한 용수로 시스템에 의해 되살아났다. 용수로는 건조하지만 비옥한 토양에 물을 대어 곤궁하고 궁핍한 가족들에게 약속의 땅을 만들어주었다. 1930년대에 건조 지대를 떠났던 니치키 가족에게도 그랬다. 그렇지만 대규모 기업식 농업을 경영하면서도 샌와킨밸리는 가난에 시달렸다. 머데스토 인근의 털록과 프레즈노 같은 곳은 범죄, 노숙자, 마약 중독 등의 사회 문제들이 충격적일 만큼 높은 비율을 보인다. 주 정부나 연방 정부 정치인들은 인구와 돈이 몰려 있는 해안 지역에만 관심을 집중했다. "여기 있는 우리들은 나중에 잠깐 생각나는 정도지. 우린 식량을 재배하면서도 그걸 사먹을 능력은 없지. 여긴 가난한 사람들의 밸리니까." 니치키가 말했다.

니치키에게는 커다란 집 한 채와 차 두 대 그리고 건강하고 행복한 세 아이들이 있었다. 그리고 충분한 먹을 것(그중 상당량은 흠이 있어 판매가 불가능한 스테이크였다)과 휴가 때면 디즈니랜드나 해변에 다녀올 정도의 돈이 있었다. 하지만 그들은 더 이상 성장하지 않으면서 변화를 위한 선택지라고는 전혀 없는 사업에 매여 쩔쩔매고 있었다. 2018년 7월 처음 통화했을 때, 니치키는 나더러 9월 말에 찾아오라고 했다. 그는 그때쯤이면 마리포사카운티의 오아시스 부근에 자신들의 농장을 구매했을 것으로 기대하고 있었다. 70만 달러에 농장을 사들이면 상황을 바꿀 수 있을 거란 기대를 품고서. 농장을 소유하게 되면 다양한 작업 공간(목초지, 사무실, 창고, 집)을 하나의 장소로 통합해서 시간과 비용을 절약하고 가족들의 생활과 사업을 병행하면서, 자산을 쌓을 것이다. 봄과 여름에 은행은 이를 적극적으로 추진하라고 권했다. 그래서 그들은 가계의 재정과 생활 방식을 목장 구매에 맞춰 재정비했다. 마을에 소유한 집을 세로 내주어 (교외에 임차한 집으로 이사하기 위한) 자금을 마련하고, 아이들을 전학시키기 위해 학교도 그만두게 했다.

내가 도착하기 3주 전에, 은행이 갑자기 입장을 바꾸었다. 니치키에게 목장을 구입할 능력이 없다면서 주택 담보대출을 승인해주지 않았던 것이다. "다된 거래였어. 그들이 대출을 거절하기 전까지만 해도. 우리한테는 계획이 있었어. 이제는 위태로워진 계획이지만. 그때는 일이 계획대로 흘러갔기 때문에 우리는 잠깐 일상을 멈췄었다고." 니치키가 말했다. 임차한 집은 계약을 재조정해야 했다. 아이들은 마지막 순간까지 틸록의 학교를 알아봐야 했다. 그들은 꾸려놓은 짐들을 다시 풀어야 했다. 인터넷도 다시 연결해야 했다. 희망은 산산이 부서졌고, 모든 것이 원점으로 되돌아갔다.

"심하게 좌절해본 적이 있나, 데이비드?" 대출이 막혔을 때 어떤 기분이었느냐고 물었더니, 니치키가 이렇게 대답했다. "그런 기분이었어. 돌부리에 걸려 넘어져서 머리를 세게 부딪히고 뇌진탕을 일으켰는데, 정신을 차리고 보니, 모두가 나한테 화를 내고 있는 듯한 기분."

창업가로 살아온 13년 동안 니치키는 상당한 기복을 겪었다. 그는 남부 캘리포니아에 처음 고기를 배달하러 갔던 일을 떠올렸다. 사람들은 문 앞까지 나와서 그를 반겼다. 그리고 차를 몰고 돌아오는 길에 빈 아이스박스들이 쏟아져서 고속도로 곳곳에 흩어졌다. '절대로 안 될 거야!' 그는 그렇게 생각하면서 고속도로의 차들을 피해가며 아이스박스를 모았다. 사업을 하면서 겪은 온갖 시련(주문은 잘못 들어오고, 소들은 병들거나 죽고, 단골은 갑자기 사라지는 등등)으로 그에게 불확실성은 더욱 커졌다.

"내가 대체 뭔 짓을 하고 있는 거지? 제정신이 아니야!'라는 생각이…… 그러다 보니 걱정이 현실이 된 느낌이랄까? 그래, 하루에도 두 번씩은 그런 생각이 들어." 그가 말했다. 농장을 놓치면서 니치키와 그의 가족 그리고 그의 사업에 힘든 시기가 닥쳐왔다. 그리고 그는 이 시기를 어떻게 딛고 일어설지 자신이 없었다. 그저 그래야 한다는 것을 알았을 뿐이었다. 그는 자기 자신을 노르망디 해안에 상륙한 군인에 비유했다. 모래언덕 뒤에서 살아남아야 하는데, 바다와 나치의 기관총 중간에 꼼짝없이 놓여 있는 군인. "앞으로 움직여 나아갈 수도 있고, 이 자리에 멈춰 서서 결국 총에 맞을 수도 있지." 털록으로 되돌아오는 긴 여정을 시작하면서 그가 말했다. 그는 너무 많은 것을 투자했고 너무 열심히 일했기 때문에 이제는 포기할 수 없었다. "목장을 놓치는 일이 앞으로도 절대 생기지 않으리란 보장은 없었어. 하지만 확실한 것이 있었지. 그런 일이 곧 생기지는 않을 거란 사실이지." 그가 말했다. "그러니까 우리는 털록에서 살고 나는 목장까지 매일 한 시간씩 운전해야 한다는 거지. 괴롭기는 하지만 버틸 수 있어. 나는 아버지니까!"

버텨라. 꿋꿋이 견뎌라. 미친 듯이 파고들어라. 죽고 나면 그때 자라. 이런 것들은 목장 주인들이 힘든 일을 견뎌내기 위해 쓰는 단순히 마초스러운 말들이 아니다. 이런 말들은 한 세대의 창업가들에게 점차 주문이 되어갔다. 스타트업 신화가 이야기들, 키노트 연설, 베스트셀러(책상에서 자고, 휴가 없이 일하고, 절대로 포기하지 않는다고 자랑스럽게 내세우는 일론 머스크 같은 인물들의 전기) 속에서 지속적으로 퍼뜨리는 것은 바로 그런 주문들이다. 〈뉴욕타임스〉에 기고한 글에서, 에린 그리피스(Erin Griffith)는 커져가는 이런 현상에 대해 '고된 일의 매력(toil glamour)'이라는 이름을 붙였다. 이 말은 기업가들이 '월요일이 너무 좋아(T.G.I.M!)'와 같이 열광적인 표어를 경쟁적으로 소셜 미디어에 내걸거나 공용 업무 공간에서 공간 이용자들을 응원하는 '더 분발하자(#HustleHarder)'와 같은 표어를 네온사인으로 걸어놓는 업무 문화를 가리킨다. 에린 그리피스는 어느 위워크 공간에서 그레이프푸르트와 오이들로 거의 채워진 음료수 냉장고에서 공들여 새겨 넣은 문구를 목격했다. "피곤하다고 멈추지 마라, 일을 끝내고 멈춰라." 누군가 북한식으로 메시지를 내걸라고 요청한 것처럼. "영속적인 활기(Perpetual Hustle)라는 예배당에 모여든 군중에게, 업무가 아닌 다른 일에 시간을 쓰는 것은 죄의식의 이유가 되었다." 그리피스는 썼다.

내 동생 대니얼이 부동산 투자 회사를 시작한 지 1년 반이 지났을 때, 나는 이런 서사가 동생을 사로잡고 있는 것을 보았다. 동생은 끊임없이 전화통을 붙들고 있었고(식사 중에도 예외가 없었다) 이메일과 소셜미디어를 점검했다. 우리 집 근처에 살았지만, 점심을 먹거나 커피를 마시러 오라고 또는 아이들을 데려오라고 초대해도 너무 바쁘다고 거절할 때가 많았다. 대니얼은 전날 밤에 말도 안 되게 늦은 시간, 그러니까 1시, 2시, 3시까지 일했다고 말했다. "그런 걸 창업가라고 하는 거야, 형." 내가 이유를 물을 때마다 그는 방어적으로 말했다. 11시면 잠자리에 드는, 똑똑한 척하지만 게으른 형에게 들으라고 하는 말이었다. 대니얼은 이런 이미지를 경쟁사 사람들에게 투영했다. 그들 역시 환경적으로 스타트업 테크 기업만큼 젊고, 적극적이고, 고된 일의 매력에 쉽게 빠져들었다. "창업가가 된다는 것은 지칠 줄 모르는 동시에 항상 지쳐 있는 것이다." 특별히 긴 밤을 보낸 후에 그는 트위터에 이렇게 썼다.

그 트윗을 쓰기 전날, 대니얼과 나는 토론토 서쪽으로 한 시간쯤 차를 몰고 가서 아버지가 투자한 회사의 연례 회의에 참석했다. 우리는 아침 7시 반에 출발해, 아침을 먹지 못했다. 내가 중간에 뭐라도 먹자고 했더니, 동생이 쏘아붙였다.

"먹을 시간이 어디 있어, 형! 창업은 배고픈 거라고."

"진짜 배고픔은 아니잖아, 대니얼."

"아냐 형, 진짜 배고픔이라니까."

우리는 그것과 더불어 숨 쉬고 먹고 자요

어느 날 아침, 나는 털록 시내 커피점에서 크리스토퍼 오니스를 만나이에 관한 이야기를 들었다. 상담사인 오니스는 최근에 가까운 머데스토에서 상담소를 인수했다("이제 저도 공식적으로는 창업가네요"라고 그가 농담을 했다). 여러 해 동안 오니스는 여러 문제(수면 부족, 배우자와의 갈등, 재산 문제 등)로 찾아온 많은 창업가들, 특히 농부들을 상담했다. 그런 문제들은 그들이 일을 대하는 방식을 드러내는 징후였다. "우리가 가진 모든 재능에는 나름의 약점이 있어요. 하지만 우리는 쉽게 재능에 취해버리죠." 떡갈나무 그늘에 앉아서 이야기를 나눌 때 오니스가 들려준 이야기다. "창업가들은 자기 일 속에서 자기 자신을 잃어버리죠." 자기를 잃어버린다는 것은 일, 가족, 직업, 개인 생활 사이의 경계가 희미해진다는 뜻이다. 그건 밤에도 주말에도 일하고, 휴대전화를 끼고 살며, 항상 대기 중이고, 늘 일을 생각한다는 뜻이다.

소방관, 경찰, 간호사, 의사도 직장에서 자기 정체성을 잃어버리기 쉽지만 창업가들은 훨씬 심각하다는 것이 오니스의 생각이었다. 창업가란 정체성의 한 형태로서 개인의 자아감을 직업적인 성취에 가차 없이 옭아맨다. 따라서 성과가 기대에 미치지 못할 때(기대를 충족하는 경우는 많지 않다), 창업가들은 정신적인 덫에 걸려들고 고통받는다. "창업가는 대개 진짜 행동가입니다. 행동하라! 행동하라! 행동하라!" 그가 말하기를, 이런 것이 활동 편향(일하고, 힘껏 돈을 벌고, 자신을 갈아 넣는 것)을 가져오고, 일이 풀리지 않을 때마다 정서적으로 기대는 버팀목이 된다고 했다. 그렇게 악순환이 생겨나면 창업가는 개인적인 문제가 있을 때마다 일에 더욱 의존하게 되고, 스트레스와 탈진 상태가 심해지며, 개인적인 문제는 더욱 악화된다. 그러면 그들은 더욱 일에 빠져들게 된다. "사람들은 자기 행동에 중독되기도 해요." 오니스는 나쁜 습관이 마약보다 강력하다고 말했다. "내가 창업가들에게 이런 이야기를 해주면, 그들은 말합니다. '내가 하고 있는 일을 그만둔다면, 모든 게 무너져 내릴 겁니다.' 그들은 은연중에 두려움에 사로잡혀 있어요. 사람들이 화려한 창업 이야기를 사실로 받아들이고 싶어해서겠죠."

오니스는 이런 순환 고리에 빠져든 창업가들에게 뭐라고 말했을까? "저는 이렇게 말합니다. '절대로 모든 일을 끝낼 수는 없습니다.' 일이란 끝이 없으니까요."

마을까지 먼 길을 되돌아오는 동안, 나는 니치키에게 오니스와 그날 아침 나누었던 이야기를 들려주고 그의 의견을 물었다. "내가 걸려든 정신적인 덫은 내가 이걸 만들었고, 시작했고, 돈을 댔다는 거지." 그가 말했다. "나도 알아. 내가 직원을 고용하지 않으면 나 혼자할 수 있는 일에는 한계가 있다는 걸." 하지만 직원을 고용하는 것은 쉽지 않았다. 다른 사람을 고용하면, 항상 그를 실망시켰기 때문이다. 권한을 넘겨주는 것은 거의 불가능했다. "자기 자신만큼 멍청한 상사가 없지. 내 상사는 멍청이야. 의사 전달도 제대로 하지 못하고. 자기 방식에서 벗어나지 못하면서 계획을 세우고 거기서 빠져나오지 못해. 남한테는 인정머리가 없어. 내가 견딜 만하다고 말했을 때 아마내 주변 사람들은 전혀 그렇게 느끼지 않았을 거야." 그가 씩 웃으면서 말했다.

우리는 털록 외곽의 농지 내에 있는, 니치키가 임대한 주택 앞에 차를 세웠다. 태그와 블루는 뒷마당에서 빙빙 뛰어다녔고, 니치키는 샬럿의 장난감 몇 개를 발로 치우고는 잠시 앉아 쉬었다. 도로 건너편 낙농장에서 어마어마한 양의 거름을 배출하는 탓에 파리가 사방으로 날아다녔다. 나는 마리포사에 거는 그의 꿈이 무엇인지 물었다. "한 가지 목표만 말할 수 있으면 좋겠는데." 그가 펩스트블루리본(Pabst Blue Ribbon) 캔맥주를 길게 들이켜면서 말했다. "지금 목표는 살아남는 거야. 우리는 지금 하고 있는 일에 익숙하고, 좀 더 노력하면 두 배로도 일할 수 있어. 하지만 어떻게 그럴 수가 있지? 낙관적인 만큼만 유지할 수 있는 거지. 창업가는 모두 비현실적인 낙관주의자 아니냐고? 계속 앞으로 나아가게 만드는 분위기만큼은 늘 있지. 하지만 그러다가 연말이 되어 재정 상태를 확인하면 이런 말이 저절로 나와. '그렇게 열심히 일했는데 이게 다야?' 얼마나 더 지속할 수 있을까? 3만 달러를 버는 것치곤 너무 힘든 일이거든."

바로 그때 개들이 짖으면서 앞문 쪽으로 달려갔다. 미카가 차를 세우고 아이들과 함께 내렸다. 차에는 식료품이 실려 있었다. 헨리와 엘이 부모를 도와 식품을 부엌으로 옮기는 동안, 샬럿은 롤러스케이트를 신었다.

"엄마, 우리 이번 주말엔 뭐 할 거예요?" 헨리가 미카에게 물었다. 미카는 마리포사의 다진 쇠고기 꾸러미를 싱크대에서 해동하면서, 저녁으로 스파게티와 미트볼을 준비하기 시작했다.

"아마 아빠를 도와서 목장 일을 하겠지." 미카가 말했다.

"또 다른 일은요?" 헨리가 물었다.

"모르겠네. 아마 교회에 가겠지." 미카는 냄비에 물을 끓였다.

"그럼, 새로운 일은 없다는 거네요." 헨리가 말했다.

"그래."

밖에서는 세스가 맥주를 마셨고, 샬럿은 주변에서 롤러스케이트를 탔다. 그는 전화로 고객을 응대했다. 고객의 주문 내역은 무게까지 정확히 기억하고 있었다. 그는 고객과 배달 약속을 잡았다. 그러고는 얼마 뒤에 지나가는 샬럿에게 자신의 휴대전화를 넘겨주었다. "애야, 네 전화야. 국세청이란다."

마리포사 농장은 가족들이 정식 직원은 아니지만, 기본적으로는 가족 사업이다. 막 씻은 아이들의 싱그러운 얼굴이 회사 브로셔와 웹사이트에 자랑스럽게 올라가 있다. 아이들은 함께 포즈를 취하고는 밝고 사랑스러운 미소를 짓고 있었다. 사진 속의 헨리는 커다란 카우보이 모자를 쓰고 있었다. 그들은 건전한 미국 농부들이었다. 양심적인 소비자들은 목초 먹인 소고기를 이들에게서 사고 싶어한다. 처음 몇 년간 미카는 사무실에서 세스와 함께 일하면서 주문과 장부 정리를 도왔다. 하지만 가족이 커지면서, 미카는 집에서 아이들을 돌보았다. 이제 샬럿이 유치원에 들어갈 때가 되었고, 미카는 최근 대학에 돌아가 교사 교육을 받고 있다. 하지만 몇 년 전에 기분 좋게 찍은 사진은 이 사업으로 인해 가족이 치르는 희생을 가리고 있었다.

나는 저녁 식사 후에 여기에 대해 미카에게 물었다.

"이건 세스가 낳은 아기죠." 미카는 사업에 대해 이렇게 말했다. "그이의 첫아이. 그이에겐 전부나 다름없죠. 그는 그것과 더불어 숨 쉬고 먹고 자요. 이건 그이의 정체성을 규정하죠. 쉬운 길은 아니에요. 우린 이 사업을 하느라 많은 희생을 치렀어요."

어떤 희생?

"재정, 시간, 주거 환경…… 제 말은 우리의 거의 모든 것이 이 사업을 중심에 두고 있다는 거예요. 이 사업은 우리 생활의 방향타 같은 거예요." 그릇에 남은 샐러드를 포크로 쑤시면서 미카가 말했다. "그러니까, 우리는 이제 40대이고 여전히 아무것도 가진 게 없단 얘기예요. 이제 더는 아이가 아니잖아요. 아시다시피 우리는 이 사업을 위해 여러 가지를 포기했죠. 그 때문에 어떤 문제들이 생겼는지 당신도 알 테죠. 가난하지만 행복하다면 멋진 일이죠. 하지만 가난하고 불행하면 최악이죠. 그리고 아이들이 '엄마랑 아빠랑 짜증 안 냈으면 좋겠어요'라고 말한다면 진짜 최악이죠."

미카는 최선을 다해 스트레스에 대처했다. 성경 공부 모임에 나가서 가까운 친구들의 지원을 받고 있으며, 그들이 함께 사업을 시작했을 때를 혼자 떠올리곤 했다. 세스와 미카는 둘 다 목초 먹인 소고기가 식량을 생산하는 올바른 방법이라고 믿었었다. 세스는 세스대로 매일 아침 일하러 나가면서 명상 팟캐스트를 청취했다. 하지만 창업 때문에 가족이 치르는 희생을 미카는 뼈저리게 자각하고 있었다. 미카의 아버지는 로스앤젤레스에서 환경 컨설팅 사업을 하다가 결국 파산해버렸다. 그에 따른 스트레스로 부모님은 이혼했고, 미카는 수십 년이 지나도록 그 트라우마를 안고 있었다. "저는 절대 창업가가 되고 싶지 않았어요. 세스도 그걸 알고 있었고요." 그녀가 말했다.

창업가들은 자기 사업을 가족의 일원으로 본다는 이야기가 오래전부터 있었다. 2019년 핀란드 연구자 그룹이 이를 증명하기로 했다. 창업가들이 사업상의 모험에 대해 이야기할 때와 자녀들에 대해 이야기할 때 뇌가 어떻게 활성화되는지를 비교했다. 그들은 창업가, 가족, 사업 간의 정신적 접합이 꽤 동일하다는 사실을 발견했다. 하지만 사업은 가족이 아니다. 사업은 감정도 없고, 애정을 필요로 하지도 않으며, 창업가에게 사랑을 되돌려줄 수도 없다. 하지만 수많은 창업가 신화는 사업에 최우선순위를 두는 것을 미화한다.

"미디어에 나오는 창업가 이미지를 생각해보세요. 그들은 모든 것을 희생하는 외톨이 늑대와 같습니다. 인스턴트 라면을 먹고, 다섯 명의 남자들이 함께 아파트에서 살고, 자신이 가진 모든 것을 내놓고 희생합니다. 그래야 성공할 수 있는 거죠!" 남아프리카에서 컨설턴트로 활동하는 빌럼 구스의 말이다. 그는 창업가들이 자기 삶을 좀더 잘 통제할 수 있도록 도와준다. "글쎄요, 그건 창업가가 아닙니다. 우리는 대부분 집도 있고, 차도 있고, 아이들도 있죠. 하지만 그들은 그걸 이상화해요. 그런 식으로 사는 게 가능한가요? '그래, 다 신경 꺼. 빌어먹을 아내고 아이들이고 신경 쓰지 말라고. 그들이 기다리면 되잖아'라고요. 아뇨, 그럴 순 없어요! 아이들은 당신에게 되돌아오지 않을 테니까요." 크리스토퍼 오니스는 창업가가 우선순위의 균형을 잃어버리면 관계에 균열이 생겨난다고 했다. 그건 자신이 창업가이기 이전에 아내나 남편이나 부모나 파트너라는 점을 망각하는 것이라고.

어느 날, 나는 팰로앨토에서 소프트웨어 창업가와 함께 커피를 마셨다. 50대 초반인 그는 아내와 이혼했고, 신생 벤처 금융 투자사의 파트너와 결별했고, 심근경색에서 회복 중이었다. "나는 가족을 잃었어요. 창업가로서 고점과 저점을 오가는, 부침이 심한 상황 때문이었죠. 가장 최근의 사업이 치명타였어요. 그리고 대단원이기도 했고요." 그가 말했다. 사업이 잘나가던 시절 그는 끊임없이 여행을 다니고, 일을 하고, 부산하게 움직이면서 투자자와 투자 예산을 확보하느라 시간과 에너지와 주의를 가족들에게 쓰지 못했다. 사업이 풀리지 않던 시절에는 스트레스와 걱정으로 가족의 경제적 상황을 위험에 빠뜨렸다. 그는 사업의 성공에 너무 집중한 나머지 공과금을 내거나 학교에서 딸을 데려오는 것을 깜빡 잊기도 했다.

목장을 놓친 쓰라림이 니치키의 집안에 감돌았다. 마치 샌와킨밸리의 건조한 토양에서 흩날리는 미세한 갈색 먼지와도 같아서, 너무 오래 들이마시면 질식할 수도 있었다. 미카와 세스는 탁자 반대편에 앉아 있었다. 그들의 보디랭귀지가 모든 것을 말해주었다. 미카는 팔짱을 끼고 다리를 꼬고 앉아 있었고, 그녀의 상체는 남편에게서 멀찍이 떨어져 있었다. 세스는 의자에 털썩 주저앉아 머리를 가슴에 파묻고 있었다. 잠시 침묵이 이어졌다. 헨리가 엑스박스를 하면서 온라인에서 함께 게임을 하는 오스트레일리아 친구와 주고받는 농담이 간간이 들려왔다. 세스가 자기 가족에 대해 이야기를 시작했다. 세스의 가족은 독일인 이민자들로, 캘리포니아의 건조 지대와 KKK단을 피해 아칸서스에서 토지를 경작했고, 이주 노동자 합숙소에서 딸기를 땄다. "내 가족은 여기에 소작인으로 왔지. 그리고 나도 여전히 빌어먹을 소작인이고!"

창업이라는 롤러코스터에 올라타는 일

미카는 세스가 자기 에너지를 쏟을 만한 일자리를 구해야 할지 모른다고 지적했다. 나는 '진짜' 일자리를 찾으라는 그런 제안이 창업가의 자아에 어떻게 작용하는지 알고 있었다. 그건 수류탄이나 마찬가지였고, 나는 그게 터지는 순간 주변에 머물고 싶지 않았다. 나는 이미 모든 면에서 너무 오래 머물러서 민폐를 끼치고 있었다. 그날 밤은 거기까지였다. 나는 저녁 식사를 잘 먹었다는 인사를 하고 자리에서 일어섰다. 그리고 내일 보자고 말했다.

"데이비드, 정말 형편없는 타이밍에 여기 왔네요." 미카가 문을 열어주면서 내게 말했다.

주초에 나는 틸록에 있는 교회 목사 사무실에 앉아서 시련에 직면한 창업가들에게 건네는 조언에 대해 이야기를 나누었다. 그때 놀라운 이야기를 들었다. 실패에 직면하면 창업가의 영혼은 종종 길을 잃었다. 하지만 대부분의 사람들이 예상하는 대로는 아니었다. "성공하고 있을 때 오히려 창업가 정신이 더욱 고립되는 것으로 보입니다. 성공에서 고립을 더 많이 보게 되는 것은 성공이 자만심으로 이어지기 때문입니다." 목사가 말했다.

나는 그 말을 듣고는 몇 달 전에 크레이그 카나리크와 나눈 대화를 떠올렸다. 그는 마우스(Mouth, 특선 식품 전문 온라인 상거래 회사)를 운영하다가 최근에 파산 선언을 했다. 나도 내 아버지도 마우스에 투자했었다. 하지만 우리가 실패에 대해 대화를 시작했을 때, 카나리크는 창업가로서 가장 힘들었던 순간은 자신의 성공이 최고조에 달했던 1990년대 말이었다고 했다. 당시 그는 레이저피시(Razorfish)라는 디지털 마케팅 회사를 공동 설립했다. 레이저피시는 9개국에 2300명의 직원을 거느린 회사로 성장했고, 최고 시가 총액 40억 달러를 찍었다. 하룻밤 사이에 카나리크는 닷컴 스타트업 열풍을 상징하는 대표적인 창업가가 되었고, 잡지 〈와이어드〉와 텔레비전 프로그램 〈60분〉에 소개되었다. 그는 파란 머리에 자극적인 옷차림을 하고 유명 인사들과 파티에서 어울렸고, 정기적으로 사회면에 기사가 나왔다. 이런 외형상의 성공 이면에는 내면의 투쟁이 숨겨져 있었다.

"창업가의 여정은 양극단을 오가지. 좋은 일들이 모두 벌어지는 느낌이 들다가도, 동시에 사람들이 나한테서 뭔가 훔쳐내려고 하는 건 아닌가 의심이 들지. 해외를 돌아다니는 여행은 전혀 매력적이지 않아. 형편없는 비행기와 호텔을 이용하고, 시차 때문에 피곤하고. 모든 게 뒤죽박죽이지. 회사, 직원, 브랜드에 대해 견딜 수 없을 정도의 스트레스와 걱정거리를 처리해야 하고. 내가 길에서 술 취한 상태로 직원 하나랑 마주치기라도 하면 어떻게 될까? 게다가 창업가 정신을 내세우는 건 경쟁적인 스포츠 같은 거야. 회사를 시작하고, 나머지 세상과 경쟁하고, 그것을 성공시키기 위해 일하고. 경쟁자들을 의식하면서 정말 힘들게 일하지, 경쟁에서 이기려고! 약간은 피해망상에 걸릴 수밖에 없다고." 카나리크가 말했다.

　이 모든 것이 뒤섞이면서 외로움으로 흘러넘치다가 카나리크가 정점에 이르렀던 바로 그 순간에 그를 강타했다. "기업 공개 당시 나는 장부상 2000만 달러를 가진 부자가 되었지. 하지만 그 이야기를 들어줄 사람이 아무도 없었어. 내가 누구한테 이야기할 수 있었겠어? 고등학교 친구들? 여자친구?" 그가 말했다. 고급 시계를 사기도 했지만 너무 창피해서 아무에게도 알리지 못했다. "내 생각에 창업에는 외로움이 내재되어 있어. 창업가는 자아가 강하고 자기 힘으로 문제를 해결할 수 있다고 생각하지. 살짝 제정신이 아니거나 자기중심적이지 않은 사람은 창업가가 될 수 없어. 남들이 알아보지 못하는 면에서도 자기가 옳다고 믿어야 하니까. 그러지 않으면 사람들이 실패할 거라고 말할 때 성공할 수 없잖아." 이것이 바로 창업이라는 롤러코스터(또는 니치키의 표현에 따르면, "브리토 하나에 맥주 네 캔을 마시고 나서 롤러코스터에 올라타는 것")다. 그리고 모든 창업가가 거기 올라타고 안전벨트로 자기 몸을 고정시킨다. 그들이 원해서든 아니든.

　"자존감을 결과물에 결부시킬 경우 롤러코스터의 움직임이 더욱 강력해집니다. 하지만 그건 대다수 창업가들에게 문제가 되는 특징적인 성격이지요." 제리 콜로나가 말했다. 그는 리부트(Reboot)라는 회사를 설립해서 테크 업계의 많은 CEO들과 창업가들을 대상으로 경영자 코칭을 하고 있다(카나리크의 소개로 그와 연락이 닿았다). 콜로나는 경력 초기에 벤처 투자자로 일했다. 하지만 중년의 우울증을 겪으면서 자기 일과의 관계를 변화시키고 싶었다. 더불어 다른 사람들이 일과의 관계를 변화시키는 것도 돕고 싶었다. 실리콘밸리의 스타트업 신화는 창업가의 나쁜 습관들을 미화했다. "[스타트업의] 전형에서 비롯된 시련 중에는 '전장에서는 모든 것을 잊어야' 하고, 성공하기 위해서는 피를 흘려야 하며, 자기를 소진해야 한다는 엉터리 같은 신념 체계가 있습니다. 그것이야말로 수치와 굴욕의 근원입니다. 그러고도 망한다면(스타트업의 89퍼센트가 창업 2년 만에 망한다), 한 인간으로서도 실패한 거라고 여기게 되죠. 그 자리에 주저앉아 이렇게 말하게 되는 거예요. '대체 나는 누구지?'라고요." 콜로나가 말했다.

콜로나의 진단은 정확했다. 나도 내 일을 하면서 이런 실패담에 여러 번 넘어갔던 적이 있었다. "당신이 최근에 출간한 책이 얼마나 팔리는지를 잣대 삼아 인간으로서의 자기 존재를 판단한다면, 망한 거예요. 당신은 롤러코스터를 탄 거죠. '난 쓰레기야. 아니면 도대체 내가 뭐겠어? 그래, 난 절대 괜찮지 않아. 나도 안다고. 난 그냥 그런 척하는 것뿐이야. 그런데 이제 세상 사람들 모두가 이걸 알아차리기 시작했어.' 그렇지만 복잡한 마음이 들면서 당신 잘못이 아니라는 걸 알게 되죠. 하지만 그건 쓰라린 상처예요. 자아가 작동하나요? 물론이죠. 자책이라는 덫에 심하게 걸려들면 안 됩니다. 자아가 작동 중이니까요." 그가 말했다.

고점을 찍는 동안도 저점을 찍는 동안과 마찬가지로 창업가들에게 위험하다. 콜로나와 이야기를 나누기 며칠 전에 나는 콜로라도에 있는 소프트웨어 창업가를 인터뷰했다. 그는 풀콘택트(Full Contact)라는 회사의 CEO이자 벤처 투자자인 바트 로랑이었다. 로랑은 창업이 매일 자신에게 어떻게 상해를 입히는지 이야기하고 싶어했다. "자기 사업을 하는 경우엔 책임을 떠넘길 데가 없어요. 조직에서 일어나는 모든 문제나 실수가 결국 거슬러 올라가보면 당신 탓이죠. 매일 거울을 들여다보는 것처럼 매일 당신이 저지른 실패와 대면해야 해요. 모든 잘못은 실제로 당신 몫이니까요. 규모가 더 큰 회사라면 피해를 입은 척하면서 비난을 떠넘길 수도 있을 텐데 말이죠." 그가 말했다.

나는 창업이라는 롤러코스터에 올라타는 일에 대해 물었다. 로랑은 자신의 저점은 "말 그대로 바로 지금"이라고 털어놓았다. 로랑은 풀콘택트의 수익을 네 배로 올리려고 노력 중이었다. 그런데 이렇게 공격적으로 밀어붙이려니 오히려 사기가 떨어졌고, 다수의 직원이 그만두었다고 했다. "지난 6개월 동안 매일 아침 일어나면서 말했죠. '사무실에 나가서 하루 종일 시답잖은 소리나 지껄이다 오고 싶은 거야?' 아내는 제가 이렇게까지 스트레스 받는 것을 몰라요. 2주 전에는 대상포진에 걸렸어요. 몸이 엉망이죠. 그게 제가 요새 겪고 있는 일이에요. 저는 이런 시기를 받아들이고 즐기는 법을 배웠습니다. 하지만 힘든 일이죠. 우울했고 자살 충동을 느낀 적도 있습니다. 그리고 자문했죠. '이게 정말 하고 싶었던 일이야?' 많은 창업가가 이런 일을 겪습니다. 자기들이 만들어낸 일에 얽매인 기분이 드는 거죠. 그런 생각이 걷잡을 수 없이 밀려듭니다." 나는 실패가 아닌 성공이 몰고 오는 이런 사이클에서 벗어나기 위해 어떻게 해야 하는지 물었다. 로랑은 우선 자신의 회사를 유니콘 기업(가치가 10억 달러 이상인 회사)으로 키워야 한다고 대답했다. 그다음에는? 그는 성공적으로 투자 회수를 하고 "살고 싶은 대로 살고" 싶다고 했다. 나는 이게 말도 안되는 소리임을 알았다. 롤러코스터는 멀미가 나고 무서운 것이다. 하지만 사람들은 거기에서 내리면, 숨을 가다듬고서 곧바로 다시 줄을 선다.

콜로나는 내게 스타트업 신화가 온라인에서 반향을 일으키면서 롤러코스터의 흔들림이 더 심해졌다고 했다. "롤러코스터에 올라타고 있을 때 그 움직임이 더 거세져요. 그건 우리가 창업을 둘러싼 특정한 전형을 떠받드는 것과 관계가 있어요. 높이 이끌었다가 낮게 이끌면서 더욱 멀미 나는 상황을 만듭니다. 저도 신생 창업가지만, 일이 숙련되었다거나 친절을 베풀었다거나 어제보다 오늘 더 많은 돈을 벌었다거나 직원들이 생활을 꾸려갈 방편을 제공했다는 자부심으로 저 자신을 재단하지는 않습니다. 이 모든 것이 가치 있고 고결한 일이긴 하지만요. 우리는 그런 것에 자부심을 갖기보다는 끊임없이 자기 자신을 평가해서 일종의 이상에 도전합니다. 그리고 실패하죠." 그가 말했다.

돈은 이런 감정을 증폭시킬 뿐인데도 대의명분보다 더욱 자주 잣대가 되었다. 숫자로 표시되는 잣대 말이다. 캘리포니아에서 지내던 어느 날, 나는 동생에게서 문자 메시지를 받았다. "형 책에 인용할 만한 문구가 있어. '창업의 핵심은, 은행 계좌를 확인할 때마다 빠르게 사라지는 자산에 대한 극심한 두려움이다.'" 비슷한 시점에 로렌은 자기 은행 계좌에 1000달러밖에 남지 않은 것을 보고 충격을 받았다. 정규직으로 일했던 2년 전만 해도 10만 달러가 들어 있었던 계좌였다. "무시무시해." 로렌이 말했다. 몇 달 뒤에, 그것 때문에 로렌은 자신감을 상실했다. 아내의 사업은 첫해엔 성장했지만, 지금은 정체기다. 고객들은 아내의 코칭을 좋아했지만 그 일이 우리에게 경제적인 도움이 되려면, 훨씬 더 많은 고객이 생기거나 대규모의 청중과 접촉할 새로운 방법이 있어야 했다. 아내는 다음으로 무엇을 해야 할지 확신하지 못했다.

"이 방법이 통할지 모르겠어." 내가 캘리포니아에서 돌아왔을 때 로렌이 말했다. "솔직히 제대로 해내고 있는 건지도 모르겠어. 그래서 진이 빠져. 짜증도 나고. 내가 제대로 팔지 못하는 것일 수도 있고, 사람들이 사고 싶어하지 않는 것일 수도 있고. 아니면 그냥 쓰레기 같은 건가? 빌어먹을 전혀 모르겠다고. 그게 최악이야. 그게 통할지 어떨지 알 수가 없다는 거."

창업과 정신 건강을 결부시키는 연구들이 진화하고 있다. 어떤 연구는 자영업과 건강의 상관관계를 밝혀냈고, 또 다른 연구는 창업가들과 연관된 강박관념을 규명했다. 정신 의학 교수로서 기업가들을 코칭하기도 하는 마이클 프리먼(Michael Freeman)은 최신 연구에서 창업가들이 (일반인들에 비해) 여러 정신 건강상의 문제를 겪을 확률이 높다는 사실을 밝혀냈다. 우울증은 거의 두 배, ADHD(주의력 결핍 과잉 행동 장애)는 여섯 배, 중독은 세 배에 달했다. 많은 사람이 이런 조건들과 기업가적인 성공 사이의 상관관계(이를테면, ADHD를 겪는 사람들은 타고난 창업가인가?)를 밝혀내려 애써왔으며, 창업가들에 대한 부정적인 함의가 실재한다.

대부분의 사람들이 일하면서 어떤 식으로든 스트레스를 겪는다. 하지만 창업가들은 경제적으로나 정신적으로나 일의 주체이기 때문에 스트레스는 더 악화된다. 스트레스가 반드시 나쁜 것만은 아니다. 아버지는 스트레스가 창업가에게 필요하다고 믿었다. 스트레스는 창업가들을 정직하게 하고, 잠자리에서 일어나게 만들고, 현실에 안주하지 못하게 하는 힘이라는 것이었다. 런던 킹스칼리지에서 창업을 연구하는 우트 스테판(Ute Stephan) 교수는 기업가들이 직면하는 스트레스가 어떤 종류냐가 중요하다고 했다. '도전적 스트레스'는 성장 기회와 함께하기 때문에 기업가들이 말하는 최고 수준과 연관되어 있다. "단기간 그런 종류의 스트레스를 받으면 꽤나 동기부여가 됩니다. 특히 조절이 가능한 상태라면요." 내 동생이 이런 경우였다. 동생은 밤늦게까지 일하면서도 어느 때보다 행복해했다. 하고 싶었던 일을 마침내 하고 있었기 때문이었다. 로렌의 경우에는 새로운 아이디어나 기회가 있을 때면 흥분에 사로잡혔다.

하지만 스트레스에는 어두운 면도 있다. 그것을 스테판은 '방해하는 스트레스'라고 불렀다. 이는 경기 침체, 직원·고객·사업 파트너와의 갈등, 규제 변화 등을 기업가가 조절하지 못하는 데에서 오는 스트레스다. "거기엔 긍정적인 면이 없어요. 그냥 스트레스가 많을 뿐이죠." 스테판이 말했다. 아버지는 스트레스에 가치를 두셨음에도 스트레스와 긴장 관계에 있었다. 아버지는 잠을 못 이루셨다. 사업과 돈 걱정을 하느라 한밤중에 자다 깨기 일쑤였다. 혈압 문제가 있는 데다 가족력까지 있어서 특히 걱정스러웠다. 아버지의 아버지, '파파' 샘 색스도 역시 창업가였지만, 끝내 성공하지 못하셨다. 평생 몬트리올 의류 업계에서 연달아 실패하셨다. 나는 할아버지가 돌아가신 것은 결국 훈제 소고기 샌드위치 때문이라는 이야기로 첫 책을 시작했지만, 사실 할아버지를 돌아가시게 만든 심근경색은 '방해하는 스트레스'가 직업적으로 쌓여가는데도 손을 쓰지 않고 방치한 결과였다는 것이 진실이었다. 영웅담과는 거리가 먼 진실이었다. 창업가는 실패로 인해 최후의 대가를 치를 수도 있다.

경제적 어려움보다 더 힘든 것

틸룩에 있는 니치키의 집에서부터 남쪽으로 수백 킬로미터가량 펼쳐진 아몬드, 건포도 등 환금 작물 재배지를 지나면 핸퍼드 마을 외곽에 자리한 디 후프 가족 농장인 네덜란드 낙농장(Holland's Dairy)이 나온다. 네덜란드 출신의 낙농 농부들인 디 후프 가족의 아름다운 농장 주택에 들어서는 순간, 그들의 유산이 한눈에 들어온다. 나막신이 놓인 선반, 액자에 넣은 네덜란드어 기도문, 네덜란드 전원 풍경을 형상화한 집 주변의 예술품, 자기부터 목욕 타월에 이르기까지 모든 물건에 그려진 풍차. 엘리(그녀는 저녁 식사를 위해 대여섯 가지 요리를 준비하느라 분주했다), 엘리의 남편 아트, 그들의 아들인 21세 애리, 애리의 누나인 25세 카타리나가 그들의 향기 나는 부엌에서 나를 맞이했다(나머지 세 명의 자녀들은 다른 주에 살았다).

　이 가족은 양가 모두 네덜란드에서 '낙농인'이었다. 일가족이 1950

년대에 미국으로 이민 온 이래 50명의 친척들이 여러 주에서 낙농일을 했다. 아트와 엘리는 1990년부터 네덜란드 낙농 목장을 경영했다. 당시 엘리의 아버지는 그들에게 결혼 선물로 이 사업을 넘겨주었다. 애리와 아트 부자와 함께 가축 사육장을 차로 지나면서 수백 마리의 소떼를 지켜보다 보니, 네덜란드 낙농장 운영이 니치키가 운영하는 초원 목장과 어떻게 다른지 확연히 눈에 들어왔다. 그곳은 3600마리의 소를 키우는 중간 규모의 낙농장이었고, 하루 두 번씩 소젖을 짰다. 소들은 여러 개의 길고 그늘진, 콘크리트 바닥의 축사에서 살았다. 소들은 금속 문틈으로 머리를 들이밀어 여물통에서 사료를 먹었다. 소의 사료에는 옥수수, 알팔파, 수수, 쌀, 아몬드 껍질, 심지어 말린 닭똥에 이르기까지 온갖 것이 뒤섞여 있었다. 이것들은 산더미처럼 쌓여 있다가 트랙터로 옮겨 실어졌다. 트랙터들은 또한 많은 시간을 들여 축사에 끝없이 쌓이는 배설물을 처리했다. 그것들을 옮기고 말리고 다시 옮겨야 했다. 축사 너머에는 사료를 재배하는 밭과 조그만 태양광 발전소 그리고 2만 4000그루의 아몬드 나무가 있었다. 디 후프 가족이 수입을 다각화하기 위해 5년 전에 심은 나무들이었다. 그들 농장의 두 번째 아몬드 수확이 막 시작된 참이었고, 아트는 트럭에서 내려 늘어선 나무들을 점검했다.

"저것 봐!" 그는 땅에 떨어진 아몬드 한 움큼을 주워 올리며 어이없다는 듯 웃었다. "아몬드가 주렁주렁 달린 나무 좀 보라고! 정말 돌아버리겠네!" 아몬드를 수확하기 위해 고용한 사람들은 별로 일을 잘하지 못했다. 그들이 10퍼센트 이상의 아몬드를 수확하지 않고 나무에 남겨둔 바람에 손익 계산이 안 맞았다. "이봐, 저 나무에 달린 아몬드 좀 보라고! 어서 일하라고. 내가 저런 꼴 좀 안 봐도 되게!" 우리가 픽업트럭으로 돌아왔을 때 아트가 애리에게 말했다. "열매를 털어내지 않은 나무는 일은 안 하면서 월급만 받아가는 사람 같구나. 여기 좀 봐! 땅에 떨어져 있는 아몬드가 수천 달러어치는 되겠어."

아트 디 후프의 불만은 버려지는 아몬드 때문만은 아니었다. 낙농 사업은 위기에 처해 있었고, 이 농장을 잃을 가능성이 점차 현실로 다가왔다. 네덜란드 낙농 목장은 소비자들(대부분은 치즈 제조업자들)에게 시장가격으로 우수한 품질의 우유를 팔았는데, 가격이 해마다 떨어지고 있었다. 2009년만 해도 100파운드(약 45킬로그램)에 17달러였던 우유 가격이 내가 방문한 2018년 가을에는 14달러 근처에서 왔다 갔다 했다(100파운드에 15.5달러 선이 무너진 지 얼마 지나지 않았다). 미국 낙농 농부들은 소 사육과 우유 생산을 더욱 효율적으로 하게 되었고, 공급이 수요를 초과하게 되었다. 결국 판매가 될수록 더욱 손해를 보게 되었다. 이는 캘리포니아뿐만 아니라 미국 전역의 낙농 농부들에게 벌어진 일이었다. 미국 낙농 농장의 대략 절반 정도가 지난 10년 동안 문을 닫았다.

"우리는 엄청나게 효율적으로 일했어. 하지만 자살골을 넣은 셈이지." 아트가 말했다. 지난 3년 동안 농장은 최고의 생산성을 올렸지만 그 기간 동안 대략 200만 달러의 손실이 났다. 통제 불가능한 다른 요소들이 상황을 더욱 악화시켰다. 캘리포니아의 최저 임금 인상이 임박했고, 선충이 아몬드 나무를 공격했으며, 새로운 환경 규제가 특정 벌판에 미생물인 '투명 민물새우'가 서식한다는 이유로 그 지역의 경작을 금지했다. 캘리포니아의 가뭄이 심해지면서 용수 문제도 심각했다. 게다가 새로 도입될 법안 때문에 바다로 이어지는 샌와킨밸리 용수로가 최대 4분의 3까지 경로를 바꿀 가능성이 있었다.

엘리가 신제품 개발("어떤지 말해줘요. 우린 뭐라도 해야 하니까요"라고 그녀가 말했다)을 위한 실험을 하고 남은 유장으로 라임에이드를 만들어주었다. 라임에이드로 더위를 식힌 후에 우리는 저녁 식탁에 앉았다. 그들이 재배한 것들로 만든 훌륭한 음식이 산처럼 쌓여 있었다. 직접 도살한 소고기로 만든 후추 뿌린 미트볼, 버터 바른 껍질콩 요리, 갓 구운 빵, 구운 감자 요리 등. 모두 손을 모았고 아트가 식전 감사 기도를 올렸다.

"주님, 우리에게 일용할 양식을 만들어주시고, 우리에게 할 일을 허락해주셔서 감사합니다." 아멘.

디 후프 가족은 기로에 서 있었다. 그들 모두가 캘리포니아 낙농 농장의 앞날이 얼마 안 남았다고 생각했다. 하지만 누구도 간단히 빠져나갈 방법을 알지 못했다. 그들은 우유를 더 많이 짤수록, 더 많은 손해를 보았다. 견과류 같은 다른 상품으로 다각화하려면 많은 투자가 필요하지만, 수익을 내려면 5년에서 10년이 걸렸다. 농장을 팔 수도 있지만, 그러고 나면 뭘 하지? "난 4대째 내려오는 낙농 농부일세. 우유를 짜는 일 말고는 아무것도 해본 적이 없어. 그러니 우린 앞으로 뭘 해야 하지?" 아트가 말했다.

"이게 일시적일 거라는 희망을 걸어볼 수는 있겠죠. 하지만 더 나아지지 않을 거란 확신이 들어요." 카타리나가 말했다.

카타리나의 아버지도 고개를 끄덕였다. "우리가 캘리포니아에서 낙농업자로서 생계를 이어갈 수 없다는 사실을 받아들이긴 어렵지만."

엘리가 말했다. "모두가 이런 상황에 처했어요. 지난주에 한 친구가 이렇게 말했죠. '나는 그만둘래! 소들을 팔고 싶어.' 하지만 정부는 그 친구가 소를 팔아 얻는 수익의 30퍼센트를 내라고 했어요. 그러니 계속 맞서는 수밖에 없죠."

엘리는 디저트를 먹자면서 모두를 뒷마당으로 불러냈다. 우리는 작은 닭장 옆의 줄 전구 아래에 모여 앉았다. 머리 위로는 오렌지색 보름달이 걸려 있었고 불과 100미터도 안 되는 곳에 젖소 외양간이 있었다. 디저트는 네덜란드 자기 그릇에 담긴 우유 푸딩이었다. 엘리가 만든 우유 푸딩 위에는 신선한 딸기가 얹혀 있었다. 우유 푸딩과는 어울리지 않게 유압식 착유기의 쉭쉭대는 소리가 계속 이어지고 공기 중에는 쇠똥 냄새가 떠다녔다. 목장 노동자들이 고함을 치고 호루라기를 불고 동물들에게 스페인어 노래를 불러주는 것이 이 대단한 장면에 딱 들어맞았다.

디 후프 가족이 상황을 굳세게 견뎌내느라 치르는 대가는 경제적인 것 이상이었다. 아트는 최근에 재정 실패를 겪으며 거의 죽을 뻔했다. 2010년에 우유 가격이 떨어지고 불경기가 확산되면서, 주거래 은행이 네덜란드 낙농 농장의 운영 자금 대출을 회수했다. 농장은 '특별 관리 자산'으로 분류되었다. 일종의 파산이 예정된, 위험 신호를 보이는 업종이라는 뜻이었다.

"1년 정도 몸이 미쳐 날뛰었지." 아트는 스트레스 때문에 겪었던 신체적 증상을 이렇게 설명했다. 불면증과 고혈압으로 그는 자주 의식을 잃었다.

"아버지는 마치 좀비 같았어요. 의사가 언제든 심장 마비가 올 수 있다고 경고했죠." 카타리나가 말했다.

은행은 이들의 자산 가치를 더 낮게 책정하면서 대출 이자를 세 배로 올렸다. "이미 쓰러져 있는 사람한테 다시 발길질을 한 셈이지." 엘리가 말했다. 이들 가족은 농장을 팔려고 내놓았다. 하지만 엘리의 오빠들이 은행과 협의를 시작했고, 30일 동안 대출을 재조정했다. 은행 빚을 갚는 데에만 3년이 걸렸고, 사업 손실을 회복하는 데에 다시 3년이 걸렸다. 그다음 3년 만에 다시 원점으로 되돌아갔다. 2016년에 아트는 계곡열(Valley Fever)에 걸렸다. 샌와킨밸리에서 농부들 사이에 퍼지고 있던 균류에 의한 폐 감염병이었다. 그는 기운이 하나도 없었다. 두 달 동안 그는 하루에 20시간을 잤다. 의사는 센트럴밸리를 떠나지 않으면 죽을 거라고 했다. "나는 내가 개자식이라서, 아무도 날 멈춰 세울 수는 없다고 생각했었지. 하지만 의사의 말을 듣고 멈췄어. 실제로 바닥을 쳤든 아니든, '더는 할 수 없겠다'는 걸 깨닫는 순간이 있지." 아트가 말했다.

나는 그날 아침 일찍 애리와 함께 축사를 돌아다닐 때 보았던 장면을 떠올렸다. 소 한 마리가 헐떡거리며 바닥에 누워 있었다. 파리 떼가 몰려들었지만 소는 움직이지 못했다. 그 소는 며칠째 앓고 있었다. 나는 애리에게 이 소가 회복하지 못하면 어떻게 할 거냐고 물었다. 그는 몸짓으로 픽업트럭에 있는 라이플총을 가리켰다. 보살펴야 하는 소는 수천 마리였고, 고통받는 동물에게 총알을 쓰는 편이 수의사에게 데려가는 것보다 값싸고도 덜 잔혹하다고 했다. 때로는 가망 없음을 인정해야만 할 때도 있었다.

실패에 직면한 농부는 디 후프 가족만이 아니었다. 기후 변화, 물가 폭락, 트럼프 대통령의 무역 전쟁, 중소 규모 가족 농장의 합병 등이 미국 농업에 한 세대 만에 최악의 위기를 불러왔다. 캘리포니아 농민연합 회장인 69세의 낙농 농부 호아킨 콘텐테는 "지독한 일입니다"라고 했다. "우리 농장 반경 8킬로미터 범위 내에서 최소 25개 이상의 낙농 농장이 2009년 이후에 없어졌어요. 그들은 결코 다시 살아나지 못할 겁니다. 몇 군데 농장은 괜찮은 모습으로 떠났어요. 재산이 있었고, 그걸 팔았으니까요. 하지만 다른 곳들은 그렇지 못했습니다. 농장의 소유권을 빼앗겨버렸거든요."

우리는 핸퍼드의 작은 식당에서 아침을 먹는 중이었다. 식당 안에 가득 찬 농부들이 커피 경작(이곳의 많은 사람들이 '커피 숍'이라고 불렀다)에 대해 이야기하고 있었다. "매주 우연히 다른 농부와 마주칠 때면, 나는 늘 '우리가 뭘 해야 하지?'라고 묻습니다." 콘텐테는 우유와 크림 네 스푼을 컵에 넣어 저으면서 말했다. 미국 농부들 대다수가 남성이고, 자부심이 강하며, 보수적이기 때문에 자기감정을 잘 드러내지 않는다. "농업 하는 사람들은 가장 독립적인 창업가입니다. 그래서 다른 사람들이 구렁텅이에 빠졌을 때 위로도 잘 못합니다. 거기에는 내재된 고독감이 있어요." 그가 말했다.

농장의 위기 확산에 동반되는 그런 고독감은 미국 곳곳의 농업 공동체에 명백한 결과물을 남겼다. 늘어나는 약물 남용, 부부 갈등, 가정 폭력, 건강 문제, 그리고 걱정스러울 만큼 급증하는 농민 자살 등. 최근 몇 년간의 공식 통계에 논란의 여지가 있긴 하지만, 분명히 미국에서(캐나다와 오스트레일리아, 인도 등 다른 나라들에서도) 농민은 다른 어떤 직업군보다도 높은 자살률을 보이고 있다. 다른 요인들이 이 암울한 진실을 악화시킨 것일 수도 있다. 농부들은 정신 건강을 악화시키는 것으로 알려진 농약과 기타 화학물질에 노출되며, (독약, 총, 밧줄 등) 치명적인 도구들을 도시인들보다 쉽게 손에 넣을 수 있다. 콘텐테, 디 후프 가족 등 모두가 자신들이 아는 낙농업자 중에 최근 자살한 사람들이 있다고 말했다.

아이오와의 농부이자 심리학자인 마이클 로스만(Michael Rosmann)은 농업인들의 자살 충동을 억제하기 위한 국가적 지원 프로그램을 돕고 있다. 그가 말하기를, 농업인들은 어려운 시기에 다른 창업가들보다 더 열심히 일하고 더 많은 위험을 감수하면서도, 스스로 고립된다고 했다. "그런 것들은 농업에서 거두는 성공과 연관된 특성이죠. 하지만 스트레스에 대처하는 문제와도 관련되어 있습니다." 로스만이 말했다. 이게 심화되면 다른 창업가들은 거의 경험도 하지 못할 만큼 사업과의 정서적 유대감이 깊어지게 된다. 농부들은 자기 땅에서 살고, 자기가 키우는 동물들을 사랑한다. 그들의 사업은 그들의 집이기도 하고, 자연의 순환 주기는 생활의 모든 것을 좌우한다. 언제 잘지, 언제 일어날지, 무엇을 먹을지, 언제 일할지, 어떻게 세상과 관계를 맺을지 등. 날씨, 강수, 해충, 질병, 무역 협정, 멀리 떨어진 수도에서 작성된 규제 등 너무나 많은 것들이 통제 불가능하다. 하지만 땅은 늘 같은 땅이다. 그들이 땅에 갖는 애착은 세대를 거듭할수록 깊어진다. 로스만은 많은 농부들이 땅을 잃는 경우, 이를 자녀나 배우자의 죽음과 동일시한다고 말했다.

"한 농부가 도산할 경우, 그는 부모, 조부모, 증조부모까지도 실망시켰다고 생각할 겁니다." 미네소타 농촌보건국 국장 테드 매튜가 말했다. 그는 최근 몇 년 동안 최전선에서 농가의 자살 위기를 다루었다. "치러야 할 대가가 이것인지 아닌지 또는 그런 일이 일어났는지 아닌지는 정서적으로 중요하지 않습니다. 중요한 것은 그들이 농장을 잃었다는 겁니다. 그들은 5대째 대물림한 농장을 잃었습니다. 그들에겐 그게 전부예요. 그들은 완전히 망했다고 생각합니다. 왜 그렇게 되었는지 이유는 중요하지 않아요."

농장을 잃어버리는 데 대한 두려움은 돈보다 존재가 걸린 문제다. "농부의 개인적인 정체성이 그 땅에 강하게 결속되어 있기 때문에, 농장을 잃는다는 것은 사지가 절단되는 거나 마찬가지입니다. 다른 파산에서는 찾아볼 수 없는 특성이죠." 샌와킨밸리 일대의 농부들을 상대하는 파산 전문 변호사 라일리 월터의 말이다. 그는 최근 자살 상담 전화 서비스를 만드는 일에 조력했다. "낙농인들은 낙농인이라는 정체성에 너무 얽매여 있어서, 그들의 정체성 전부가 가축에 딱 달라붙습니다." 그들이 다른 낙농장에서 일하게 될 때조차도, 정서적

으로 피폐해진 나머지 누구나 알아볼 만큼 그들의 얼굴에 다 드러난
다는 것이었다.

"성공할 때까지 실패하라"는 헛소리

행복한 결말이 불가능해 보이는 상황이라면, 죽음도 판타지가 될 수
있다. 첫날 함께 점심을 먹을 때, 니치키는 자신이 놓쳐버린 가장 큰
기회는 1년 전에 자신이 키우는 버블이란 이름의 말 등에서 떨어졌을
때 죽지 못한 거라고 농담을 했다. "사업적 결정으로는 그게 최선이었
는데. 나는 수염이 덥수룩한 채로 죽었을 테고, 빚을 전부 탕감받았을
텐데." 그건 니치키가 늘 하는 빈정대는 농담이었지만, 어느 정도는 진
심이 담겨 있었다.

실패는 창업가들에게 매우 흔한 일이다. 미국 정부 통계에 따르면,
사업체의 3분의 2만이 2년 이상 살아남고, 절반만이 5년 뒤에도 살
아남는다. 10년 이상 지속하는 사업은 절대 일반적이지 않은, 특이한
경우다. 이런 비율은 창업가 1인이 하는 가게든 수백 명의 직원을 거
느린 회사든, 업종과 상관없이 동일하다. 하지만 실패는 실리콘밸리
스타트업 신화에서 특히 이상화되어왔다. 그 동네에서 실패는 명예
훈장이나 통행권 또는 최종 성공에 이르는 전제 조건인 것처럼 말이
다. 벤처 투자자들과 존경받는 스타트업 인사들은 확신에 차서 사람
들에게 실패를 두려워하지 말고, 적극적이고 당당하고 열정적으로
실패를 받아들이라고 이야기한다. 빨리 실패하라. 실패를 딛고 전진

하라. 실패를 발판 삼아 상승하라. 실패의 잔재로부터 다시 일어나 성공할 때까지 실패하라.

하지만 현실 세계에 나와 보면, 창업가에게 실패는 인생을 뒤흔드는 끔찍한 경험이며, 아무리 찾아봐도 영광이라고는 없다. 창업가는 사업이라는 모험에 뛰어들 때, 자신의 재산과 집, 건강과 가족, 자존심과 정체성, 궁극적으로는 인생 전체에 대해 위험을 무릅쓰는 것이다. 사업이 실패하면, 모든 것이 영향을 받을 수 있다. "사업 실패는 수많은 창업가의 인생을 뒤바꾸는 대사건입니다. 실패는 좋은 거라고 말하는 사람들은 실패로부터 배울 수 있다는 암묵적인 가정을 만듭니다. 하지만 쓰나미처럼 밀려든 사업 실패로 무엇 하나 남김없이 쓸려나가 버린다면요? 거기에서 뭘 배울 수 있겠습니까?" 사업 실패가 창업가의 건강에 미치는 영향을 연구한 스테판 교수는 이렇게 말했다.

실리콘밸리에서 실패한 창업가들은 다른 회사를 시작할 수 있다. 그리고 많은 이들이 아주 쉽게 두 번째, 세 번째 자금을 지원받는다. "실리콘밸리에서 그런 건 OPM 파산입니다. 타인의 돈(Other People's Money)이란 뜻입니다. 회사 차원의 실패일 뿐, 개인 차원의 실패가 아니죠. 그런 실패는 훨씬 쉽게 받아들여집니다." 파산 전문 변호사인 라일리 월터가 말했다. 하지만 그런 소수만의 세상과는 동떨어진 농부들을 비롯해서 대부분의 다른 창업가들에게는 그와 같은 선택권이 없다. 은행은 더는 돈을 빌려주지 않을 것이다. 평판은 땅에 떨어져버린다. 창업가로서 그들에게는 한 번의 성공 기회밖에 없다. "농부들은 실패에서 회복하지 못합니다. 창업 비용이 너무 비싸니까요." 월터가 말했다.

테크 산업 내에서도, 이상화된 실패는 폐해를 가져왔다. "저는 실패를 둘러싼 신화들이 이 단계에는 전혀 도움이 안 된다고 생각합니다." 브래드 펠드의 말이다. 그는 지난 몇 년간 창업가들이 맞닥뜨리는 정신 건강 문제(그 자신도 여기에 포함된다)에 관해 광범위한 글을 써온 유명한 벤처 투자자다. "실패는 창업의 중요한 요소입니다. 실패는 괴롭죠. 실패하면 힘들어요. 하지만 실패를 창업의 한 부분으로 인정하는 게 핵심입니다. 실패가 좋은 거라고 미화하면 도움이 되지 않습니다."

제리 콜로나는 실패가 가져오는 정서적 타격이 몹시 중요한데도 모든 창업가가 이를 과소평가한다고 했다. 경력에서 피할 수 없는 정서적 시련(실패도 여기에 포함된다)에 맞서 자기를 지키려면, 창업가는 사업과도 인생과도 건강한 관계를 구축해야 한다. 창업가들에게는 수면, 운동, 훌륭한 식사 등 건강에 좋은 습관들이 필요하지만, 무엇보다도 공동체가 필요하다. 창업은 고독한 작업이다. 그것은 정신을, 그리고 때로는 영혼까지 고립시킨다. 그렇게 함으로써 자유롭게 해방될 수도 있지만, 또한 위험에 빠질 수도 있다. 창업가들은 자기가 혼자가 아니라는 사실을 알아야 한다. 그들에게는 두려움과 경험과 문제를 함께 공유할 공동체가 필요하다. 디 후프 가족 같은 사람들은 그들이 다니는 교회에서 공동체를 찾는다. 그곳에는 다른 네덜란드식 낙농인들이 있었다. 테크 산업의 창업가들에게, 공동체는 다른 창업가들, 고문들, 멘토들로 이루어진 일종의 '생태계'다. 그리고 운이 좋다면 투자 대상에게 진정한 관심을 기울이는 투자자들을 만날 수도 있다.

하지만 대부분의 창업가들에게, 그들의 공동체는 가족과 친구들이다. 하지만 가족과 친구들에게 사업을 운영하면서, 또는 혼자 일하면서 겪는 어려움을 밝히기는 쉽지 않다. 나약함을 약점으로 취급하고 비난하는 문화라면 더더욱 그렇다. 2017년 인터뷰에서, 개리 바이너척은 자기 팬들에게 "실패하는" 친구(상황이 얼마나 안 좋은지 불평만 하는 친구)를 끊고, 대신에 "이기는" 친구를 사귀라고 조언했다. 이 조언은 개리 바이너척의 경우처럼 친구 관계를 뭉개버리라는 뜻이었다. 하지만 나는 그것이 절실히 도움을 필요로 하는 창업가들의 생명을 뭉개버리지 않을까 두렵다.

어느 날 밤 털록의 호텔방에 앉아 있다가, 나는 동생 대니얼에게 전화를 걸어 잘 지내는지 물었다. 내가 알기에 동생은 힘든 시기를 겪고 있었다. 대니얼은 순조롭게 사업을 시작하려 애썼지만 우여곡절 속에서 큰 타격을 입고 있었다. 그 전날 밤에도 새벽 2시까지 일하느라 늦게까지 자지 않고, 포장 음식을 먹어가며, 노트북에 매달려 있었다. 운동도 하지 않았고 미팅 외에는 집에서 한 발짝도 나가지 않았다. 나는 대니얼에게 형인 내가 걱정하고 있다고 말했다. 곧바로 몇 시간 동안 솔직하게 마음을 터놓고 애정 어린 대화를 나눴다. 나는 몇 달 동안이나 동생과 이런 이야기를 하고 싶었지만 너무 두렵기도 하고, 일에 매달려 있다 보니, 말을 꺼내지 못했다.

동생은 이 사업을 자기가 얼마나 꿈꾸었는지 자세히 설명했다. 그러면서 스트레스를 받긴 하지만, 마침내 뭔가 자신이 진정으로 믿는 것을 만들어내게 되었기 때문에 어느 때보다도 행복하다고 했다. 동생은 치러야 하는 대가를 알고 있었음에도 앞으로 일이 년은 기꺼이 뒤로 물러서야 할 때까지 계속 나아갈 생각이었다. 동생은 영원히 롤러코스터를 타고 싶어하는 것이 아니었다. 그는 인생과 가족을 원했고, 일에서 한 발 물러서도 될 능력을 바랐다. 그는 내가 이에 대해 물어보자 기뻐했다. 그래서 나도 기뻤다. 내가 한 거라고는 동생에게 마음을 쓰고 있다는 걸 알려주는 게 전부였지만.

미리 알았더라도 다른 선택을 하지 않았을 거야

"일어나라, 헨리." 세스 니치키는 픽업트럭 문을 열면서 말했다. 트럭 안에서 잠든 아들의 무릎 위에는 아침으로 먹다 남은 맥도날드 햄버거가 놓여 있었다. "소들을 모아올 시간이잖니."

토요일 아침, 그들의 집에서 식사를 했던 다음 날이었다. 우리는 동트고 나서 한 시간 뒤에 마리포사카운티의 작은 언덕으로 돌아왔다. 공기가 차가웠다. 흰머리독수리가 우리 머리 위로 날아다녔고, 한 쌍의 사슴이 근처에서 지켜보고 있었다. 세스는 카우보이 부츠에 박차를 달고서 자기 말인 버블에 올라탔다. 헨리는 ATV(사륜 오토바이-옮긴이)에 탔고, 나는 ATV 뒷자리에 위태롭게 앉았다. 우리는 소떼를 찾아 언덕을 달리기 시작했다. 10분 후, 우리는 건초를 씹고 있는 12

마리의 소들과 마주쳤다. 세스는 배수로로 가서 나머지 소떼를 몰아올 거라고 했다. 그동안 헨리와 나는 소떼를 울타리 쪽으로 몰고 가야 했다.

"언덕 아래로 소들을 몰자고!" 세스는 이렇게 말하고 전속력으로 시야에서 사라졌다. 헨리가 크랭크를 돌리자 ATV가 앞으로 질주했고, 나는 죽을힘을 다해 매달렸다. 소들은 왼쪽 오른쪽으로 내달렸고, 헨리는 그때마다 방향을 바꾸어 측면을 포위하려 했다. 하지만 소떼는 계속 양쪽으로 갈라졌다. "한 사람이 소들을 모으는 건 정말 어려워요." 헨리가 말했다. 그는 갑작스럽게 (그리고 무시무시하게) 앞뒤로 요리조리 왔다 갔다 하더니 몇 분 후에 멈춰 서서 먼 곳을 살피며 아버지를 기다렸다. 몇 분 뒤에 세스는 언덕 너머에서 올라왔고, 그 앞에는 단 네 마리의 소가 있었다.

"나머지 소들은 어디에 있니?" 그가 헨리에게 물었다.

"제 생각엔 시냇가에 있는 것 같아요." 헨리가 대답했다.

"장난 아냐. 소들은 그냥 사라져버린 게 아냐." 세스는 잠시 안장에 양손을 얹고서 땅을 내려다보며 말했다. "여름이 소들에겐 가장 힘들지. 요전 날에 내가 저기에서 꺼내 올린 암소는…… 죽었어. 코요테들이 엄청 좋아하면서 뼈까지 핥아먹었지."

그는 다시 말에 올라탔고, 우리는 언덕 꼭대기에서 그가 돌아오기를 기다렸다. 나는 헨리에게 아버지랑 일하는 게 좋으냐고 물었다. "예." 그는 마른 소똥을 최대한 멀리 걷어차면서 말했다. "아빠가 하는 일은 재미있어요. 저는 그 일이 좋아요. 하지만 제가 하는 일은 주로 앉아서 빈둥거리거나 아무 일도 안 하는 거예요." 갑자기 우리는 소란스러운 함성에 이어 발굽 소리를 들었다. 모든 소떼가 우리 앞으로 한 줄로 행진하고 있었다. 니치키와 그의 개가 맨 뒤를 따르고 있었다. 햇볕을 온몸에 받으며 안장에 앉은 세스 니치키는 카우보이란 이런 것임을 보여주었다. 헨리와 나는 ATV에 다시 올라탔고 소들을 우리 안으로 몰아넣는 것을 도왔다.

"잘했다, 헨리. 소들은 쉬게 하고 타코나 먹으러 가자." 세스는 아들과 하이파이브를 했다.

우리가 오아시스에서 돌아왔을 때, 미카와 딸들이 거기에 있었다. 샬럿은 유니콘이 그려진 잠옷 차림에 카우보이 부츠를 신는 중이었고, 엘도 아빠를 몹시 돕고 싶어했다. "좋아, 그러면. 일하러 가자." 세스가 엘에게 말했다. 그는 딸을 외양간으로 데려가서 커다란 쇠막대기를 쥐여주고는 각각의 우리를 분리하는 문 가까이에 서 있으라고 했다. "천천히 움직여. 항상 천천히 움직이라고." 그가 말했다. 수십 마리의 소들이 닫힌 공간 주변에서 우렁차게 울어댔다. "똑바로 서. 구부정하게 있지 말고. 머리를 바로 들고. 알았니? 이런, 엘. 너 매 맞은 강아지 꼴이구나." 그가 딸에게 말했다.

세스는 다시 말에 올라타고는 소 한 마리 한 마리를 무리에서 몰아냈다. 소들은 한 마리씩 엘에게 달려들었다. 세스는 문을 닫을지 말지, 각각의 소를 지나가게 둘지 아니면 더 작은 우리로 옮겨야 할지 신호를 보내 알려주었다. 더 작은 우리는 트레일러에 실려서 다른 목장으로 옮겨질 예정이었다. 그의 "응" 또는 "아니"라는 신호를 제외

하면 조용하고 긴장된 일이었다. 몸무게가 45킬로그램도 되지 않는 작은 여자아이가 무게가 1톤이나 나가는 동물들을 상대하는 것은 조용하고도 긴장된 일이었다. 미카와 헨리는 울타리에서 보고 있었고, 샬럿은 부츠를 다시 신느라 끙끙대고 있었다. 열기가 피어오르는 가운데 샬럿은 애원하고 있었고, 세스는 집중하고 있었다. 전날의 대화가 남긴 무거운 분위기가 감도는, 긴장된 상황이었다. 하지만 마지막 소마저 우리 안으로 들어가고 나자, 엘의 주근깨 박힌 얼굴에 웃음이 활짝 피었다. 세스는 딸을 안장 위로 끌어올려서 함께 말을 타고는 방목장 주변을 돌았다. "네가 맡아서 하고 싶은 거냐, 딸?" 그는 자랑스럽게 활짝 웃으며 엘에게 물었다. "네가 이 소들을 실어주겠다면, 난 오아시스에 가서 맥주나 마셔야겠구나."

나중에 미카가 집으로 아이들을 데려간 후에, 니치키와 나는 소 24마리를 트레일러에 싣고 15분 정도 차를 몰아 그가 빌린 또 다른 목장으로 갔다. 이미 기나긴 하루였지만, 아직 끝나려면 한참 멀었다. 짐 끄는 소를 챙기고, 트레일러를 창고에 넣고, 청소를 하기까지, 니치키는 14시간 이상 계속 일할 것이다. 하지만 특별히 가족들과 함께하는 좋은 날이었다.

"나는 거의 늘 혼자 일해. 어떨 땐 이 일에 신경 쓰는 사람이라고는 나뿐인 것 같아. 고립감은 매일 느끼는 거라서, 혼자 있어도 그다지 나쁘진 않아. 하지만 개인적인 문제 또는 사업상의 문제가 있다면, '누군가 내가 이 결정을 내리도록 도와주었으면 좋겠다'는 생각이 들지." 니치키가 말했다.

창업가로서, 세스 니치키는 분명히 성공한 것도 아니고, 그렇다고 실패한 것도 아니었다. 자기 사업을 시작하는 대부분의 사람들처럼, 그는 자기가 정말로 좋아하는 일을 하고 있었고, 그것으로 생계를 유지했다. 하지만 한편으로 어떻게 앞으로 나아가야 할지 분명한 길이 보이지 않고 꼼짝달싹 못 하는 기분이었다. "모르겠어. 그저 모르겠다고. 그냥 절망적이랄까. 벽에 글씨가 쓰여 있다면, 아마 우리는 그걸 읽어야겠지. 우리는 그걸 키워낼 방법을 찾아내야 해. 아니면 빠져나갈 전략을 발견하거나. 목장 운영을 그만두겠다는 뜻은 아니야. 하지만 소고기 판매는 그만두고 다른 사람의 소를 키우는 일만 할 수도 있겠지." 그가 말했다. 어떻게든 결정을 내려야 했다. 더 많은 위험 부담을 안고 더 많은 빚을 지거나, 아예 농장을 접거나. 그것은 내가 핸퍼드에서 디 후프 가족에게 들었던 것과 똑같은 이야기였다. 그들도 연말까지는 중요한 결정을 내려야만 한다는 점에 동의했다. 그대로 둘까, 아니면 치고 나갈까? 계속 싸울까, 아니면 농장을 팔까?

모든 경제 논리가 가리키는 방향은 니치키도 디 후프 가족도 항복해야 한다는 쪽이었다. 그들이 치러야 하는 대가는 커져만 갔지만, 소고기와 우유 가격은 하락했다. 낙농업의 통합은 확실히 계속될 것이었고, 환경 문제에 따른 규제와 제약도 더 큰 어려움을 불러올 것이었다. 그리고 그들이 (재산, 가족, 삶에 대해) 견뎌야 할 위험 부담도 분명 가중될 것이었다. 하지만 양쪽 모두가 내린, 결국 끝까지 버티겠다는 결정이 내게는 놀랍지 않았다. "우리 가족은 기본 태세를 갖추고, 힘든 고난을 견뎌내고 있어요." 5개월 후에 카타리나 디 후프

가 내게 이메일을 보냈다. "낙농은 우리 핏속에 흐르고 있습니다. 그건 우리 존재 자체를 이루고 있어요. 쉽게 포기할 수 있는 게 아닙니다."

니치키도 다르지 않았다. "나는 내 일을 엄청 좋아해." 그는 트레일러 문의 빗장을 열어 소들을 작은 임시 우리로 들여보냈다. "나는 이 동물들과 땅을 보살피는 게 좋아. 내 말을 타고 하루 종일 밖에 있는 것도 좋고. 우리를 믿고 가족들이 먹을 걸 사가는 고객들과 이야기를 나누는 것도 정말 좋아." 무엇보다도 그를 앞으로 계속 나아가게 하는 것은 창업 이전의 삶으로 돌아가는 것에 대한 두려움이었다. 니치키는 파트타임으로 사료를 판매하는 일을 "상상할 수 있는, 가장 따분한 일"이라고 설명했다. 파산보다 더한 악몽은 교외 불모지의 여피가 되어 폴로셔츠와 카키 바지를 입고 오렌지카운티에서 생명 보험을 영업해야만 하는 상황이었다. "문제는 이거야. 나는 따분한 게 엄청 싫어. 롤러코스터든 아니든 어쩔 수 없어. 다른 사람 밑에서 일하는 상황으로 돌아가고 싶지 않아."

니치키는 버블에 올라탔다. 모든 일이 그의 사업, 가족, 삶에 어떤 영향을 미칠지 안다면 처음부터 모든 걸 다시 시작했겠는지 나는 물었다. 그는 턱수염을 긁고 나서 대답했다. "다른 선택을 할 수도 있었겠지. 하지만 나는 지금 행복하고 정말 운이 좋았다고 생각해." 누가 21세기에 진짜 카우보이가 되어서 그걸로 생활을 꾸려나갈 수 있겠어? "바보 같은 일이지! 내 말은, 나를 봐봐. 틀림없이 지독한 바보 같겠지. 난 시골 촌뜨기야! 그래, 난 다시 또 할 거라고." 그는 그렇게 대답한 후에 내게 물었다. "넌 어쩔 건데?"

"나도 물론이지." 나는 한순간도 망설이지 않고 대답했다. 스스로 일하는 것은 생각보다 어려웠다. 책을 쓰는 일은 극도로 외로운데다 성공보다는 실패할 가능성이 컸다. 그래서 정신적 긴장은 절대 완화되지 않았다. 확실한 급여와 분명한 임무가 주어지는 다른 인생을 동경했던 시절도 있었다. 아침에 출근해서 내 일을 하고, 그 일자리가 존재하는 동안은 안전하다고 느끼는 인생. 물론 그것은 직장 생활의 현실과는 동떨어진, 이상화된 신화다. 직장은 직장대로 스트레스와 곤란한 상황이 있기 마련이다. 하지만 때로는 그런 환상이 머릿속에 떠오른다.

그러고 나면 나는 내가 가진 것을 돌아보고 실감한다. 내게는 원하는 것을 원하는 때에 할 자유가 있었다. '나의' 이상을 좇고, '내가' 즐거운 곳에 가고, 내가 영원히 기억할 경험을 해볼 자유. 내가 좋아하는 방식으로 일할 자유. 대담함을 빼면 아무 자격도 없는 사람이 뉴올리언스에서 헤어살롱을 찾아가고, 뉴욕에서 서핑과 크루아상을 즐기고, 아르헨티나에서 와이너리를 탐방하고, 캘리포니아에서 카우보이를 도우면서 1년이라는 시간을 쓰는 것보다, 더 바보 같은 일이 있을까? 우리는 창업의 성공과 실패를 다른 사업의 경제적 기준, 즉 이익과 손실에 맞춰서 정의하곤 한다. 하지만 창업은 그보다 훨씬 많은 것을 담고 있다. 그것은 우리가 모든 것을 선택하는 삶의 방식이며, 그에 대한 보상은 창업으로 벌어들이는 돈만큼이나, 자기만의 방식으로 삶을 대하는 것과 관련이 깊다. 당당하게 자기만의 운명을 지배하면서, 더 나은 미래와 그에 수반되는 모든 것을 낙관한다는 뜻이다. 반드시 논리적인 건 아니었지만, 왠지 완전히 이해가 되었다.

"그 길을 따라가다가 어이없는 아이디어가 떠오르면, 친구, 우린 그걸 추진해버리지." 그날 오후 니치키가 말했었다. 이제 또 실리콘밸리 너머로 해가 저물어갔고, 니치키는 말 위에서 달관한 듯, "입증되지 않은 진실을 받아들이는 능력이야말로 인간 존재의 핵심이지"라고 말했다. "내가 내 이야기를 더 이상 믿지 못한다면, 이 사업은 내일 중단되겠지. 우리가 우리 안에 있는 중요한 것을 진실로 믿지 못한다면, 뭘 믿을 수 있겠어?"

그러면서 세스 니치키는 소떼에게 고함을 치고 박차를 가하여, 해가 지는 쪽을 향해 말을 몰았다.

8장

인생 마지막 창업에 도전하는 70대 노인

내게는 쓸 수 있는 시간보다 훨씬 더 많은 아이디어가 있어요

창업가들은 부자일 수도 가난할 수도 있고, 흑인일 수도 백인일 수도 있으며, 젊을 수도 나이 들었을 수도 있고, 고학력일 수도 글을 전혀 못 읽을 수도 있다. 그들은 자기 사업을 시작한다. 기회에 끌려서일 수도 있고 불가피한 상황에 떠밀려서일 수도 있다. 그들은 저축이나 빚으로 자금을 마련하기도 하고, 외부의 투자자에게 투자를 받기도 한다. 기업을 단기간 또는 장기간 운영할 수도 있다. 그들은 성공하기보다는 더 자주 실패한다.

뜨겁고 습한 오후였다. 나는 보스턴에서 렌트카를 찾아서 북쪽으로 두 시간 떨어진 뉴햄프셔주 제퍼슨시로 향했다. 소나무숲 구간을 통과하는 동안 갑작스럽게 안개가 밀려들었다. 먹구름이 하늘을 가득 채우고 엄청난 폭우가 차체를 두드려댔다. 곧이어 굵은 우박이 탕탕 내려치더니, 겨울눈처럼 길 위에 쌓였다.

고속도로 위의 모든 차들이 길가에 멈춰서, 경고등을 깜빡이며, 폭풍이 지나가기를 기다렸다. 차량 계기판에 표시된 온도가 33도에서 17도로 급격히 떨어졌다. 3분 만에 벌어진 일이었다. 삽시간에 여름이 가을로 바뀌었다. 사나운 날씨에 관해 말을 걸었더니, 주유소 직원은 어깨를 으쓱했다. "기후 변화 때문이겠죠." 그는 그렇게 말하고는 영수증을 건넸다.

한 시간 뒤에 나는 윈드하버로 난 자갈길로 차를 몰았다. 그곳은 워싱턴산 북부에 있는 존 헨리 클리펑거의 농장이었다. 서쪽으로 굽은 현관 앞의 테라스에는 클리펑거가 친구 피터 허시버그와 함께 고리버들 의자에 앉아 있었다. 연못가에는 닭 몇 마리와 말 한 마리가 돌아다니고 있었고, 그 너머로는 산들이 자리 잡은 풍경이 미국의 조그만 외딴 지역을 이루고 있었다. 허시버그는 청바지에 운동화와 집업 플리스 차림이었지만, 클리펑거는 내가 예전에 봤던 차림 그대로 등산 바지와 물 빠진 버튼다운 셔츠 그리고 낡은 블레이저에 양말 없이 편한 신발을 신고 있었다. 건장한 체구의 클리펑거는 두툼한 손과 우렁찬 목소리에, 가느다란 수염이 넓적한 얼굴을 덮고 있었다. 두 사람은 맹렬하게 노트북에 뭔가 입력하고 있었다. 배경에 깔린 풍경 소리와 고운 새소리를 제외하면 손가락이 자판을 두들기는 소리만이 유일하게 들려왔다. 거의 1분마다 허시버그는 비음 섞인 목소리로 "와, 이거 흥미로운데"라든지, "으, 망했군!" 같은 말들을 해댔다. 그리고 클리펑거는 일종의 호기심이 담긴 끙 소리를 냈다. 허시버그는 방금 받은 이메일을 중얼중얼 요약하고, 알았다는 표시로 ("음으음은" 같은) 콧소리를 냈다. 그러고 나서 그들은 다시 자판을 두들겼다.

두 사람은 클리펑거가 공동 창업하고 허시버그가 돕고 있는 회사 스위치(Swytch)의 ICO(Initial Coin Offering)와 관련된 최종 활동을 부산하지만 효율적으로 진행하는 중이었다. 스위치는 블록체인 기반의 플랫폼으로서, 전 세계의 재생에너지를 효과적으로 측정하고 인증함으로써 손쉬운 거래를 가능하게 한다. 이런 아이디어와 원천 기술은 엄청나게 복잡하고 끊임없이 진화한다. 클리펑거의 구상이 실현된다면 스위치는 화석연료 기반의 경제로부터 벗어나는 과정을 가속화할 것이다.

이번 ICO는 이 회사가 암호화폐를 일반 투자자들에게 최초로 공개하는 행사였다. 한 달간 이어진 판매가 오늘밤 11시에 종료되고 나면, 얼마나 많은 돈을 은행 계좌에 쌓아두고 스위치가 자기들의 기술을 구현하게 될지 클리핑거와 허시버그를 비롯한 회사의 모든 사람들이 알게 될 것이었다.

"이제 우리는 말 그대로 골라인에 서 있네." 클리핑거가 말했다. 허시버그는 집 안으로 들어가서 푸에르토리코의 암호화폐 큰손 투자자가 애매하게 약속했던 수백만 달러의 투자금을 마감 전까지 이체해달라고 애써 설득하는 중이었다. "하지만 우리는 리셋해야 할 역사적인 시점에 이르렀습니다. 그러면 어떻게 리셋하실 건가요? 해결책을 찾았다는 믿음이 있다면, 어떻게 방관만 하고 있겠어요? 행동에 옮겨야 할 도덕적 의무가 있습니다."

클리핑거는 자신이 설립한 최신 테크 회사를 통해 세상을 변화시킬 수 있다고 충분히 확신에 차 있었다. 물론 그렇다고 해도 스탠퍼드 대학 주변에서 자신의 스타트업 홍보에 열을 올리는, 세상 물정 모르는 젊은 천재들과는 거리가 멀었다. 스위치는 클리핑거가 여섯 번째로 창업한 벤처로서(어쩌면 다섯 번째일지도 모른다. 그가 세다가 잊어버렸다) 그가 75세 생일을 맞이하는 그해 늦가을에 모습을 드러낼 예정이었다. 이는 기술적으로나 지적으로나 철학적으로나, 클리핑거가 평생 해온 일의 정점이었다. 이 점에 이끌린 나는 실리콘밸리로부터 미국 반대쪽 끝에 있는 외진 농장까지 그를 찾아갔다. 흔히 창업은 젊은이의 영역으로 오인된다. 창업을 온전히 이해하기 위해서는, 창업가가 일생일대의 마지막 프로젝트에 들어가서 창업가가 된다는 것이 어떤 의미인지 알아볼 필요가 있었다.

70대 나이에 테크 회사를 시작하다

"젊은이들이 더 영민합니다." 마크 저커버그가 2007년에 했던 이 말은 널리 알려졌다. 그때 그는 23세에 불과했지만, 이미 억만장자의 길로 접어들었다. 빌 게이츠, 스티브 잡스, 일론 머스크, 세르게이 브린, 래리 페이지, 그리고 물론 저커버그 자신까지…… 실리콘밸리 스타트업 신화에 등장하는 대부분의 유명한 창업가들은 20대에 자기 회사를 차렸다. 대학을 갓 졸업했든 창업 이후 대학을 중퇴했든. 테크 산업에는 나이 든 사람에 대한 차별이 만연해 있고, 실리콘밸리의 젊음 숭배는 할리우드만큼 강력했다. 벤처 투자자들은 통계적으로 젊은이들이 창업한 회사에 우선적으로 투자한다. Y콤비네이터의 창업자 폴 그레이엄은 창업의 한계 나이는 32세라고 생각한다. 그 나이가 넘으면 새로 시작하기엔 너무 회의적이 돼버린다는 것이다. 벤처 투자자 비너드 코슬라는 "35세를 넘지 않은 사람들은 변화를 만들 수 있는 사람들"인 반면, 45세가 넘은 사람들은 "기본적으로 새로운 구상이라는 면에서는 죽은 사람들"이라고 생각한다. 피터 틸의 벤처 학교와 같은 스타트업 인큐베이터와 액셀러레이터들은 전 세계의 대학교에서 집단적 창업 프로그램을 늘려나가면서, 이런 젊은이 편향을 재강화한다.

하지만 2018년 초, 미국 국민경제연구소(National Bureau of

Economic Research)에서 발간한 〈나이와 고성장 기업가 정신〉이라는 보고서에는 놀라운 진실이 담겨 있다. 젊은 창업가일수록 더 훌륭하고 더 성공적인 회사를 만든다는 널리 퍼진 믿음은 사실 완전히 틀렸다는 것이다. "우리는 나이가 실제로는 성공의 예측 변수라는 것을, 그것도 상당히 뚜렷하게 예측한다는 점을 발견했다. 많은 평가자나 투자자들의 주장과는 반대였다. 창업 성공률이 가장 높은 것은 중년 이상이다." 급성장하는 신생 회사들(특히 테크 업종)의 경우 창업자의 평균 나이는 중년의 딱 중간에 해당하는 45세였다. "우리는 가장 젊은 창업자들을 살펴봤지만, 상당히 성공한 회사들이 특별히 젊은 창업자들로 채워져 있는 것은 아니었다. 고성장 회사의 중요한 특징으로서 젊음을 떠받드는 일반적인 통념은 잘못된 듯하다."

이 연구 결과가 발표되고 8개월 후에 나는 클리펑거를 만났다. 우리는 둘 다 서울에서 열린 테크 콘퍼런스의 연사였다. 어느 아침 우리는 함께 아침 식사를 하면서 대화를 시작했다. 곧바로 나는 클리펑거와 그가 창업을 준비 중인 회사에 매혹되었다. 그 회사는 다름 아닌 기후 변화라는 전 세계적 문제에 대한 해결책을 약속했다. 그는 내가 늘 창업가들에게 끌렸던 자질을 갖추고 있었다. 가식 없는 태도와 지칠 줄 모르는 호기심이 결합된 끈질긴 열정과 낙관주의. 하지만 다른 것이 더 있었다. 바로 그의 나이. 솔직히 70대의 나이에 새로운 사업을 시작하는 창업가를 만난 것만도 놀라운데 스위치처럼 야심만만한 사업이라니 더더욱 놀랄 일이었다. 최신 연구 결과가 젊은 창업자 신화가 대체로 잘못되었다는 사실을 밝혔다면, 폭 넓게 현실을 체현하여 인생 전체가 창업가로 정의되어온 사람이 여기에 있었다.

존 헨리 클리펑거는 신시내티의 부유한 집안에서 자랐다. 아버지는 검사였지만, 클리펑거에게는 반항적인 면이 있었다. 12세에 다른 소년들과 자동차를 훔치기 시작했다. "우린 열쇠 대신 철사로 시동을 걸었지. 경찰들이 나를 쫓아왔고. 내 평생 가장 짜릿한 일이었지." 그는 미소 지으며 말했다. 우리는 현관 앞에서 위스키를 마시고 있었고, 허시버그는 집안에서 전화로 업무 중이었다. "전두엽(전두엽은 주의력과 충동 조절에 중요한 역할을 한다 – 옮긴이)이 충분히 발달되지 않았던 때였지."

클리펑거는 나중에 예일 대학교에 입학해 1966년에 졸업했다. 처음에는 예술에 끌렸지만("나는 화가와 철학자가 되고 싶었지"), 구조주의 인류학을 전공하며 언어가 어떻게 작동하는지 공부하게 되었다. 그리고 컴퓨터와 컴퓨터의 정보 처리 방식에 대해 빠르게 열정을 키웠다. 1964년에는 베트남전쟁에 반대하는 학생들의 초기 모임 중 하나인 '극동 정책 재평가를 지지하는 미국인(Americans for Reappraisal of Far Eastern Policy)'을 결성했고, 1965년에는 셀마와 앨라배마 등에서 마틴 루서 킹 박사와 함께 시민권 행진을 했다. 이후 그는 여러 해 동안 도심의 깡패들에게 폭력을 멀리하라고 설파하고 다녔다.

클리펑거는 펜실베이니아 대학교에서 공부를 이어갔고, 사이버네틱스 석사와 박사 학위를 받았다. 그는 새로운 디지털 유기체에 적응하는 한편, 컴퓨터 시스템 디자인이라는 새롭게 부상하는 분야에도 발을 담갔다. 클리펑거의 연구는 컴퓨터가 자연 언어를 이해하고 조직하고 사용하게 하는 데 집중되었다. 오늘날 각광받는 인공지능(artificial intelligence)과 머신 러닝(machine learning)의 원조 격이었다(그의 실험은 정신 분석 전문의가 환자에게 들려주는 대답을 컴퓨터가 대신하게 하는 것과 관련이 있었다). 클리핑거의 마음을 사로잡은 것은 협력 시스템(하나의 컴퓨터 네트워크, 한 무리의 사람들, 또는 좀 더 복잡한 어떤 것)이 적절히 작동하기만 한다면 스스로 조직하고 운영한다는 개념이었다. "사람들이 다양한 신념 체계를 어떻게 테크놀로지로 모델링하고, 테크놀로지가 그 신념을 어떻게 형상화하는지가 흥미로웠다네." 그가 말했다.

E. F. 슈마허의 책 《작은 것이 아름답다》와 '전원생활로 돌아가라'는 반문화 운동에 영감을 받은 클리핑거는 1974년에 농장을 구입하고는, 그 지역에 흔한 매과의 새와 시 제목(19세기 영국 시인 제라드 홉킨스가 1877년에 쓴 시-옮긴이)을 따서 윈드하버 농장이라는 이름을 붙였다. 그는 헛간을 짓고, 전기를 가설하고, 스스로 배수관을 ("아주 형편없이") 연결했다. 그러고는 닭들과 말들을 샀고, 희귀한 품종의 소를 키우려다가 실패했고, 건초용 풀을 키웠다. 지금도 그는 1.14제곱킬로미터의 땅에서 경작을 이어가고 있다.

클리핑거는 시간을 쪼개서 뉴햄프셔와 케임브리지, 매사추세츠를 오갔다. 그곳에서 그는 아이디어를 사업에 접목하기 시작했다. 1982년 그는 첫 회사인 브래틀스트리트리서치(Brattle Street Research)를 설립했다. 〈월스트리트 저널〉 기사에서 추출한 단어와 어구들로부터 머신 러닝을 이용해서 검색 가능한 데이터베이스를 생성하는 회사였다. 그는 이 스타트업에 주택 담보대출로 15만 달러의 자금을 댔다 (당시로서는 엄청난 도박이었다). 그리고 당시의 무용담을 여전히 즐겨 말한다. 그는 "괴짜 행크"라는 별명을 지닌 월가의 증권 중개인을 찾아가 자신의 시스템이 정말로 주식 시장을 예측해줄 거라고 설득해야 했다. 그들이 자신을 "머리는 좋지만 순 헛소리만 늘어놓는 녀석"이라고 면전에서 흉보는데도 말이다.

"내겐 창업가가 된다는 것이 특별한 의미가 있네." 내가 창업가라는 단어를 어떻게 생각하는지 물었을 때 클리펑거는 이렇게 대답했다. 신시내티의 이웃들이나 예일 대학교 동창생들은 금융권이나 법조계에 일자리를 구하고는 한결같고 편안한 삶을 선택했다. 하지만 그는 그런 삶을 거부했다. "지겨워 죽을 지경"이었기 때문이다. 하지만 클리펑거는 누군가 자신을 창업가라고 불렀던 첫 순간, 자신이 무시당했다고 느꼈다. "나는 어떤 종류의 일이든 만들어내서 돈을 대는 일이 즐거웠지. 창업가라면 일반인들은 갖고 있지 못한 잠재적인 기회를 갖고, 다른 누구도 보지 못하는 제품이나 시장을 보고, 기꺼이 개인적인 위험을 감수해서 아이디어를 실현하네. 기술을 통해 미래의 대안을 만들어내고 미래를 발명하는 거지." 그는 결국 창업이란 자기 자신의 상사가 되는 것이라고 했다. "좋건 나쁘건, 그게 핵심이네."

브래틀스트리트리서치는 성공을 거두었고, 클리펑거는 4년 후에 회사를 팔았다. 그는 일류 회계법인인 쿠퍼스&라이브랜드(Coopers & Lybrand, 현재 프라이스워터스쿠퍼스PricewaterhouseCoopers로 이름을 바꾸었다)에 들어가 첨단 기술 분야에 대한 컨설팅을 책임졌다. 자식이 태어난데다, 조직에서 배워보고 싶었기 때문이었다. 보수가 좋고 혁신적인 회사에서 몇 년간 일하고 나자, 다시 자신의 아이디어를 추진하고 싶어 몸이 근질거렸다("나는 다른 사람에게 고용되어 일하는 걸 좋아하지 않아"). 1995년 그는 콘텍스트미디어(Context Media)라는, 주어진 주제를 중심으로 자동으로 웹사이트를 구축하는 퍼블리싱 플랫폼을 출범시켰다.

"나는 존의 기업가적 행동이 세상을 변화시키려는 열망의 산물이라고 봅니다." 클리핑거와 쿠퍼스&라이브랜드에서 만나 함께 콘텍스트미디어를 창업했던 헨릭 샌델의 말이다. 결과적으로 콘텍스트미디어는 몇 년 뒤에 망했다. "그의 신념에 따르면, 뭔가를 새롭게 만들지 않는 것은 뭔가를 바꾸기 위해 노력하지 않는 것이죠. 문제는 생각이 계속 앞으로 나아갔다는 거죠. 사업을 일으키려면, 전진을 멈추고 기존 상황을 기반으로 삼아야 합니다."

다음에는 또 하나의 언어 기반 검색 회사인 렉심(Lexim)을 창업했다. 이 회사는 1990년대 말 닷컴 열풍에 힘입어, 빠르게 3000만 달러를 조달했지만, 나스닥 거품이 꺼지면서 그만큼 빠르게 모든 것을 잃었다. "그런 시기에는 금이 쇳덩어리로 바뀌지." 클리핑거는 웃으며 말했다. 그렇게 창업을 이어가는 내내 그는 가르치고 연구하는 자리를 지켰고, 창업가적 아이디어를 학계에 접목하기 시작했다. 인터넷과 사회를 연구하는 하버드 대학교의 버크먼클라인센터 개설을 도왔고, MIT에서 ID3(혁신과 데이터 기반 디자인) 연구소(Institute for

Innovation & Data Driven Design)라는 이름의 싱크탱크를 공동 설립했다. 두 연구소 모두 법, 행정, 테크놀로지가 맞물리는 지점을 고찰했고, 그곳에서 클리핑거는 비교적 자유롭게 자기 아이디어를 구현해볼 수 있었다. 그는 또한 세계은행(World Bank), 아스펜 연구소(Aspen Institute, 워싱턴D.C.에 본부를 두고 있는 교육 및 정책 연구 비영리 기관 - 옮긴이), 산타페 연구소(Santa Fe Institute, 복잡계 연구 기관으로 전통적인 분야 간의 장벽을 허물고 새로운 학문 간의 협업 촉진, 실제 응용을 장려한다 - 옮긴이) 등에서 정기적으로 일하는 한편 다양한 회사들의 자문을 맡았다.

수익을 내든 손실을 보든, 영리 기업이든 비영리 연구소든 각각의 벤처 사업은 클리핑거가 이전에 했던 벤처에서 축적한 경험, 지식, 철학을 바탕으로 했다. 그리고 이 모든 것은 스스로 구조화하는 시스템을 설계하려는 목표를 중심으로 이루어졌다. "우리에게는 거추장스럽고, 종잡을 수 없고, 정치적으로 취약한 시스템이 있지." 그는 자신이 내내 품었던 주요 의문에 대해 설명했다. "그렇다면 어떻게 해야 책임감 있고 분권화된 조직을 만들어, 그런 시스템에 저항할 수 있겠나?" 어떻게 하면 숭고한 목표를 테크놀로지에 끼워 넣어서 지속 가능한 진짜 변화를 이끌어낼까?

"디지털 세계에서는 실재 세계의 범위와 규모를 넘어서는 실험이 가능하고, 그 결과물은 쉽게 측정되고 수집되고 해석된다." 클리핑거는 2007년에 출간한 책 《하나의 군중: 개인 정체성의 미래》에 이렇게 썼다. "이런 일을 테크놀로지가 보장한다. 테크놀로지는 우리가 우리 자신에 대해 새롭게 배울 기회를 준다." 클리펑거가 2017년에 편집한 미래의 테크놀로지와 사회에 대한 에세이집 《비트코인에서 버닝맨 그리고 그 너머까지》에서는 이 개념이 더욱 확장된다. "인간사에서 되풀이되는 주제는 공정하고 도적적인 사회를 완성하려는 뿌리 깊은 갈망이다. 우리는 어떻게 더 실질적이고 더 투명하고 더 책임감 있고, 더 자기 회복력이 있는 기구를 설계할 수 있을까?" 그는 썼다.

평생 창업가였던 사람

클리펑거의 딸 에마는 자기 아버지의 신념이 거의 집착에 가깝다고 했다. "아버지에겐 그게 전부예요." 에마는 창업에 대한 아버지의 야망에 대해서도 말했다. "그건 아침에 커피를 사는 방법같이 가벼운 게 아니에요. 그게 전부가 되어버리죠. 더 큰 신념 체계의 모든 부분이고요. 항상 새로운 테크놀로지, 새로운 내러티브, 새로운 시사 문제를 담습니다. 아버지는 당신의 위대한 열정을 그대로 드러낼 수도, 최신 버전으로 드러낼 수도 있어요." 창업에 인생의 모든 것을 거는 탓에 클리펑거의 가족과 친구들은 몇 번이고 같은 이야기를 듣고 또 들어야 했다. 에마는 아버지에게 자신이 하는 벤처(르완다의 영양 문제를 다루는 비영리 기구 '가든 포 헬스Gardens for Health')에 대해서는 이야기할 수도 없었다고 했다. 아버지가 딸의 벤처에 자신의 사상, 철학, 해법을 결부시켜 버렸기 때문이었다.

에마는 창업가인 아버지의 대박과 쪽박을 함께 경험해야 했다. 회사를 처음 차릴 때의 설렘, 돈이 들고날 때의 압박감…… 그런 반복되는 롤러코스터를 타고 또 탔다. "거의 다 왔어. 조금만 더 가면 된다고. ……아, 모두 날렸네. ……망할 놈의 직원들! 망할 놈의 투자자들! 다 꼴도 보기 싫어." 에마는 자신이 어린 시절부터 주워듣던 대화를 이렇게 요약했다. "저는 매번 파도타기를 했죠. 그 패턴을 익히는 데는 시간이 걸렸어요. 이런 것들은 모두 사람들이 삶과 시간을 쏟아붓는, 사활이 걸린 일이죠." 존은 에마의 엄마와 이혼한 것도 어느 정도는 그런 롤러코스터 탓이었다고 했다.

클리펑거의 창업은 돈을 벌거나 잃거나 단기간에 부유해지는 일에 맞춰져 있지 않았다. "나는 재정적으로 성공한 기업가였던 적이 없었지." 다음 날 아침, 이슬 맺힌 풀들 사이로 농장을 산책하면서 그는 내게 털어놓았다. "평생 사업에서 큰돈을 벌어들인 적은 없었지. '오, 저기 존의 전용 제트기가 오는군.'" 그가 농담을 했다. "어떤 회사들은 돈을 벌고, 어떤 회사들은 돈을 잃지. 어떨 때는 영향력이라고는 전혀 없는 일을 하면서도 돈을 벌고, 어떨 때는 사회에 엄청나게 큰 영향을 미치면서도 돈은 벌지 못하지." 클리펑거는 창업가에 대한 집착을 경멸했다. 스타트업의 외로운 영웅 신화, 벤처 자금에 대한 숭배, 자유방임적 자본주의에서 위대한 인물이 세상을 완전히 바꾸리라는 기대("아인 랜드의 헛소리"). 그는 자신이 실리콘밸리(그가 "더없는 속임수와 탐욕"을 목격한 곳)에서 지켜본 것을 바이마르 공화국 시절 베를린의 부도덕한 타락에 견주었다. 탐욕에 절은 젊은 창업가들이 바보 같은 앱을 만지작거리는 동안 세상은 불타버렸다. 창업은 세상에서 자기 자리를 찾으려는 것인 동시에, 자기 주도적인 방식으로 자기 재능을 펼침으로써 세상을 개선하는 것이었다. "거기에 출구 전략 따위는 없네." 그는 저 너머의 산과 들판을 손으로 훑으며 말했다. "우리가 이 지구 밖으로 빠져나갈 수는 없잖은가!"

동년배들이 대부분 골프를 치고 손자들을 돌보던 시기에 존 헨리 클리펑거는 창업가로서 자기가 추구하는 목적의식의 정점에 다다랐다. 그는 기후 변화 문제로 방향을 잡았다. 그는 기후 변화를 자기 생에서 가장 긴급한 문제로 여겼다. 최근 몇 년 동안 클리펑거는 워싱턴산에서 불어온 강한 바람에 열려 있던 자동차 문짝이 뜯기는 장면을 목격했다. 마치 책에서 페이지를 찢어내는 것 같았다. 한때는 넘쳐나던 무스(미국 북부에 서식하는 큰 사슴 - 옮긴이)가 진드기와 라임병에 사라져가고 있었다(그가 이 말을 하던 순간 우리는 무릎 높이까지 오는 풀밭에 서 있었고, 나는 곧바로 바지를 양말 속에 끼워 넣었다). 철새들의 이동 패턴이 바뀌고 있었다. 전날 내가 운전 중에 만난 것과 같은 우박을 동반한 돌풍이 갑작스럽게 몰아닥치기도 했고, 신기록을 경신하는 혹서가 찾아오기도 했다(그 전주에 퀘벡 접경 지역에서는 혹서 때문에 10여 명의 사람들이 목숨을 잃었다). 지구가 위험하게 바뀌고 있었다. 인간이 이런 변화에 책임이 있었다. 그건 그가 윈드하버 농장 밑으로 지나는 송유관에 책임이 있는 것만큼이나 분명한 사실이었다. 뭔가 해야만 했다.

"인류는 이런 생태적 책임에 대비가 되어 있지 않다." 클리펑거는

《하나의 군중: 개인 정체성의 미래》에 썼다. 그는 뭔가 해야 한다는 의무감을 느꼈다. "어떻게 구경만 하고 있겠나? 나는 상황이 제대로 돌아가는 모습을 보고 싶다네." 그가 말했다.

나는 기후 변화에 대처할 방법을 알고 있다네

70대가 경영하는 테크 회사는 스타트업 문화의 젊은 이미지와 맞지 않는 듯하겠지만, 사실 나이 든 기업가는 그리 유별난 것이 아니다. 월마트의 창업자 샘 월튼(Sam Walton), 인텔의 창업자 로버트 노이스(Robert Noyce) 등 미국 산업에서 가장 유명한 일부 창업가들은 중년 이후에 사업을 시작했다. 맥도날드, 이트레이드, 허핑턴포스트, 코카콜라 등을 창업한 창업가들은 40대가 되어서야 햄버거나 블로그 등에 관한 자기 아이디어를 실행에 옮겼다. 선진국들의 인구구조가 점차 고령화되면서, 인생 후반부에 있는 사람들이 더 많이 사업을 시작하고 자기 일을 할 것이다.

보스턴 대학교의 사회복지학부 교수인 칼 핼보슨은 만년에 기업 경영에 뛰어든 사례들을 기록해왔다. 2017년 그의 발표에 따르면, 미국인 가운데 16~49세는 7퍼센트, 60~64세는 16퍼센트, 75~79세는 30퍼센트가 자영업자다. 나이가 들수록 자영업자의 수가 극적으로 증가하여 "75세 이후 일하는 사람의 거의 3분의 1이 자영업자입니다." 핼보슨이 말했다. "많은 수죠." 이런 수치는 다른 선진국들에서도 유사하게 나타난다. 시니어 자영업자의 비율은 몇 년간 증가해왔고 경제적 배경, 인종, 성별 등은 더욱 다양해졌다. 부분적으로는 대침체 기간의 퇴직금 투자 감소와 같은 경제적 환경 탓이다. 대침체를 겪으면서 많은 시니어들이 스스로 새로운 수입원을 만들어야 했다. "많은 사람들이 창업가가 되었습니다. 그럴 수밖에 없었으니까요." 핼보슨이 말했다.

대부분의 시니어 창업가들은 대규모의 자금 회수를 추구하지 않으며, 클리펑거처럼 큰 위험을 감수하지도 않는다. 그들은 부수입과 유연한 근무에 매력을 느끼고, 무엇보다도 사회에 공헌하는 구성원으로서 자신의 정체성을 시험해보려는 일생일대의 목적의식을 실현하고자 한다. 창업가들에게 일은 자기 정체성, 신선한 자극, 아침에 일어나는 이유가 된다. 나의 아버지는 언제 은퇴할 계획이냐고 묻는 사람들에게 "일을 그만두는 날이 죽기 시작하는 날이지"라고 대답했다. 핼보슨은 아이오와에서 치과학 교수였던 자기 할아버지를 예로 들었다. 은퇴 이후 튜바를 배웠던 핼보슨의 할아버지는 튜바가 인기 없는 이유가 작은 체구의 아이들이 들고 있을 수가 없어서라는 것을 알아차렸다. 그래서 튜바시스트라는 이름의 새로운 튜바 받침대를 발명해 온라인에서 판매했다. "할아버지는 돈을 벌지 못하셨어요. 아마 날리셨을 거예요. 하지만 그걸로 특허를 내고는 너무 즐거워하셨죠. 그건 단순히 돈벌이의 문제가 아닙니다. 의미 있는 일을 하면서 목적의식을 갖고 인생을 장악하는 일이죠. 더 많은 돈을 버는 것이 아니라, 뭔가에 도움이 되려는 거죠." 핼보슨이 말했다.

나이 든 창업가들은 자신의 벤처 사업에 평생 축적한 자본을 끌어들인다. 인적 자본도, 사회적 자본도, 재정적 자본도. 이것이 젊은 창업가들과 대비되는 강력한 강점이다. 시니어 사장들은 평생의 경험을 바탕으로 세상을 바라본다. 그들은 트렌드와 시장 변동을 자신들이 살아왔던 과거에 비추어 살펴본다. 그들은 젊은 동료들과는 다른 기회를 포착한다. 자기 동년배들에게 제공할 제품이나 서비스에 대한 욕구 같은 것들이다. 그리고 욕구 해결에 완전히 다른 기술을 적용한다. 그들의 창업 지식은 하나의 회사를 인수하고, 한 건의 거래를 성사시키고, 하루를 보내는 등 한 번 한 번이 반복되어 쌓인 것이다. 클리펑거는 치명적인 실수를 피하는 자신의 최선의 방어책은 과거의 실패에서 얻은 본능적인 쓰라림이라고 했다. "안 돼, 하지 마!" 그는 자기 뇌의 경고 사인을 흉내라도 내듯이 말했다. "그런 느낌이 대뇌피질에 새겨져 있다네."

"인생의 어느 단계에서든 꿈꿀 수 있고 기회를 가질 수 있다는 사실을 깨닫는 것이야말로 중요합니다." 앙코르커뮤니케이션 (Communications for Encore)의 부대표 마르시 알보허의 말이다. 이 회사는 인생 후반부에 일할 기회를 찾도록 격려하고 돕는다. "이제는 시간이 바닥을 보이고 있음을 실감하게 되면서 자신을 괴롭히는 문제에 천착하더라도 더는 잃을 것이 없다는 기분이 들기도 합니다. 뭔가를 하지 않는 것이 뭔가 하는 것보다 더 위험하다는 감각이 있는 거죠. 그들은 이미 많은 것을 배웠고, 꿈을 좇는 것을 크게 두려워하지 않습니다."

산책 후에 클리펑거와 나는 그의 집으로 돌아와 커피를 좀 더 마셨다. 그는 아침 대신 엄청난 양의 블랙커피를 마셨다(그의 검소한 냉장고는 독신 남성의 생활을 보여주는 한 장면이었다). 허시버그는 현관 앞의 테라스로 노트북을 들고 나가 자판을 두드리고 있었다. 허시버그는 클리핑거보다 열 살쯤 젊지만 여러 해 동안 그와 친구로 지내왔다. 그는 창업가로서 또 테크 산업 전문가로서 자신의 경험을 스위치에 불어넣고 있다(그는 애플 초창기에 스티브 잡스와 10년 가까이 일하기도 했다).

스위치는 분명히 가장 복잡하고 위험한 사업이다. 복잡성과 위험에는 인적 요소도 한 부분을 차지한다. 전 세계의 재생에너지 시장을 블록체인과 묶어냄으로써, 이 회사는 하나의 불확실한 기술적 해결책을 또 다른 불확실한 기술적 해결책과 결합시키려 한다. 어떻게든 그들은 자기들의 아이디어가 기술적으로 실현 가능하며 투자에도 적격이라는 점을 세상에 대고 설득해야 했다.

"뭔가가 자연스럽게 받아들여지는 과정이 어떤 패턴을 지니는지 안다네." 허시버그는 그렇게 말하면서도 노트북 화면을 들여다보며 자판을 계속 두들겼다. 그동안 그의 커피는 서서히 식어갔다. 어떻게 시장을 키우고 투자자들을 설득하는지, 왜 그토록 많은 신생 회사가 그렇게 여러 차례 방향을 전환하는지 등을 수십 년간 직접 경험한 후에 그는 패턴을 읽고 거기 대응하는 방법에 대한 후천적 감각을 얻었다. 지난밤에 스위치 토큰의 ICO는 예상보다 적은 돈으로 마감되었지만(3000만 달러가 조성될 것으로 기대했지만, 약 1100만 달러 정도밖에 모이지 않았다), 허시버그는 걱정하지 않았다. 그는 '받은 건 받은 거니까, 그걸로 회사를 만들어야 한다'고 했다. 참을성이 핵심이었다. "스위치는 진짜 빅 아이디어지. 그건 어디에든 쓰일 수 있네." 그는 샌프란시스코에서 40년을 사는 동안 약간 무뎌진 맨해튼 억양으로 말했다. "어떻게 하면 진짜 빅 아이디어를 갖고, 전 세계 수많은 사람들이 그걸 지지하는 것처럼 보이게 할까?"

나는 시니어 창업가가 된다는 것이 어떤 의미인지 물었고, 두 사람은 그 질문에 눈에 띄게 짜증스러워했다. "나는 내가 '60대 기업가'라고 생각하지 않네!" 허시버그가 말했다.

"나이는 정말 사고방식의 문제네." 흥분한 클리펑거는 두 손을 휘저었다. "많은 젊은이들이 너무나 보수적이야. 그건 정말이지 생각이 개방되어 있느냐의 문제거든!"

그들은 창업 덕분에 자신들이 젊음을 유지한다고 느끼는가?

"그럼 당연히 그렇지!" 허시버그가 말했다.

"난 아이디어에 열린 마음을 갖고 있지." 클리펑거가 끼어들었다. "늘 새로운 아이디어에 개방되어 있다고. 그건 라이프스타일의 문제이고, 가치의 문제지. 난 새로운 아이디어를 잘 받아들인다고." 육체적으로는 확실히 힘든 면이 있었다. 비행기를 타고 다니면서, 클리펑거는 염증을 얻었다. 특히 발이 눈에 띄게 부어올랐다. 그런데도 그는 보스턴, 캘리포니아, 독일, 한국, 스페인, 뉴욕, 푸에르토리코 등 전 세계를 돌아다니느라 거의 매주 비행기를 탔다. 내가 윈드하버에서 그를 이틀간 만나기까지 무려 8개월이 걸렸다. 밤을 새우고 아침 식사 대신 여섯 잔의 커피를 마시는 것은 20대 때에나 겪는 자신만한 통과의례다. 하지만 그게 누적되고 거기에 스트레스까지 더해지

면, 자기 나이가 평균 수명에 근접해갈 때쯤엔 건강을 정말 걱정하게
된다.

"그래, 엄청나게 피곤한 일이지." 클리핑거가 인정했다. 닭 세 마리
가 아래쪽 잔디밭을 지나고 있었다. "하지만 나는 정말로 만사가 궁
금해. 내겐 세상이 어떻게 되어야 하는지에 대한 아이디어가 있네.
우리가 겪고 있는, 모든 형편없는 일들에 대한 아이디어 말이지! 나
는 기후 변화에 대처할 방법을 알고 있다네."

세대를 잇는 창업가팀

스위치는 2017년에 출범했다. 클리핑거가 존 레드패스와 블록체인 기
술의 부상에 관해 이야기를 나눈 후였다. 존 레드패스는 클리핑거의
조카딸과 결혼한 텍사스의 에너지 중개인이었다. 그는 클리핑거에게
자사 직원인 30대 중반의 이반 캐런을 소개했다. 이반 캐런은 블록체
인과 재생에너지에 대해 (클리핑거의 표현을 빌리자면) "완전 물건"이었
다. 그들 셋서서 침체된 친환경 에너지 시장에 대한 해결책으로 스위
치를 만들었다.

친환경 에너지에 결여된 부분은, 바람이나 태양열 같은 재생에너
지를 거래하는 투명하고 유동적인 시장이었다. 화석 에너지가 더 싸
고 더 쉽게 거래되는 동안에는 기후 재난을 피하는 것이 불가능하다.
너무나 빠른 속도로 세상은 계속 오염될 테니까. 재생에너지의 결과
물은 추적과 측정이 어려웠고 전 세계적으로 받아들여지는 표준이

없었다. 게다가 정부, 협회, 산업계에서 지난 수십 년간 시행해왔던 다양한 탄소 배출권은 상충되는 규제와 장려 제도로 엉망진창이었다. 이는 새로운 재생에너지 프로젝트와 테크놀로지에 대한 투자를 가로막았고, 재생에너지에 대한 전 세계의 투자액은 2018년에 오히려 7퍼센트 하락했다. 이는 여러 해 만의 첫 감소세로서, 영구적으로 가속될 것으로 여겨졌던 과거의 흐름을 역방향으로 돌려놓았다.

스위치는 일종의 암호화폐 탄소 배출권을 제안한다. 가장 간단한 예를 들면, 지붕에 태양광 패널을 설치하고 그것을 스마트미터에 연결하면, 스위치 앱과 이어진다. 집에서 만들어내는 태양에너지가 쌓이면 (클리핑거가 개발한) 스위치의 알고리즘이 킬로와트당 일정량의 스위치 토큰을 계좌에 입금해준다. 이 토큰은 투자금처럼 저축하거나 다른 암호화폐들처럼 다양한 글로벌 시장에서 거래될 수 있다. 스위치 토큰의 가치는 지역의 재생에너지 수요, 온실가스 배출 감축 등 다양한 요인에 연동해서 자동으로 변동된다.

목적은 투자의 선순환을 일으키는 것이었다. 이론적으로, 더 많은 재생에너지가 만들어질수록 스위치 토큰의 가치가 높아진다. 즉 새로운 토큰을 받기 위해서는 사업체들이 재생에너지 인프라에 더 많은 투자를 하게 하면서 계속 더 많은 재생에너지를 만들어야 한다는 뜻이다. 전체 시스템은 유동적이고 분권적이고 초국가적이다. 따라서 (그해에 미국이 파리기후변화협약에서 탈퇴했던 것처럼) 어떤 나라가 기후 조약에서 탈퇴한다 해도, 시장은 영향을 받지 않는다.

"혁신 주기를 가속화하려면, 비용을 줄여야 해. 목표는 자본을 가장 큰 지역에 끌어들여서 최대한 마찰이 없는 방식으로 다량의 탄소 생성을 분산시키는 거지." 클리핑거가 말했다.

아침 식사를 마치고 우리 세 사람은 클리핑거의 픽업트럭을 탔다. 30분 정도 떨어져 있는 유명한 브레튼우즈 호텔에 가기 위해서였다. 워싱턴산 기슭에 자리 잡은 브레튼우즈 호텔은 현재의 글로벌 금융 시스템을 확립한 1944년 회의가 있었던 장소다. 클리핑거와 허시버 그는 이틀간 '글로벌 이코노믹 비저닝(Global Economic Visioning)' 회담을 살펴보고, 블록체인 기술이 후속 시스템에 어떤 역할을 할 수 있을지 알아보려고 했다.

회담이 진행되는 이틀 동안 나는 클리핑거와 호텔에서 벌어지는 여러 행사를 둘러보았다. 우리는 기후 변화와 인간 절멸 사이의 역학, 브레튼우즈 협정의 역사(국제통화기금 IMF, 세계은행이 설립됐고, 미국 달러가 세계 기축 통화로 지정됐다)를 경청했고, 재즈 피아니스트 에릭 루이스(ELEW)의 열정적인 연주를 들었다. 클리핑거는 10여 명의 사람들에게 스위치를 설명했다. 지난해에 서울에서 처음 만났을 때와 마찬가지로 열정이 넘치는 설명이었다. 그는 잠재 투자자들에게 독일 전기와 푸에르토리코(허리케인 마리아의 여파로 전력 체계가 여전히 제대로 작동하지 않고 있었다)의 NGO, 바르셀로나와 한국의 몇몇 지자체에서 이미 시행 중인 파일럿 프로젝트를 이야기했다.

첫날 점심 식사 후에 클리핑거, 허시버그, 캐런(오스틴에서 비행기를 타고 왔다)은 호텔의 그늘진 발코니에 앉아 스위치의 전략을 빠르게 논의했다. 기술 전문 용어와 해독 불가능한 약어들이 잔뜩 뒤섞인 대화를 듣고 있자니 내 머리가 빙빙 돌았다. "기본적으로, 우리는 스위치를 속성 기반 자산에 대한 인증 프로토콜로 진화시켰죠." 캐런이 내게 설명하려고 했지만, 아주 성공적이지는 못했다. 내가 이해한 것은, 캐런과 클리핑거가 대화를 시작하던 순간 40세의 나이 차이에도 불구하고 둘이 얼마나 비슷하게 보였는지 정도였다. 고학력에 부잣집 출신인 클리핑거는 고가의 엘엘빈(L. L. Bean) 브랜드의 낡은 옷을 걸친 반면, 바로 옆에 있는 캐런은 야구 모자를 돌려쓰고 스케이트보드샵 주인 같은 옷차림이었다. 하지만 두 사람은 동등했다. 엄밀히 말하자면, 캐런은 스위치의 CEO, 클리핑거는 스위치의 CTO(Chief Token Officer)였지만, 그들은 레드패스와 더불어 공동 창업자였다. 그들이 말을 시작하고 끝맺는 방식, 그들의 세계관과 회의론 등 모든 것이 똑같았다. 심지어 캐런은 스위치를 시작한 이후 오스틴 외곽에 주거용 농장을 구입했다. 그곳에서 그의 아내는 구조된 동물들을 키웠고, 그들은 자기들이 먹을 농산물을 재배했다. 윈드하버에서 영감을 얻은 후의 일이었다.

"틀에 박힌 인생을 사느라 더 광대한 것들, 그러니까 지구, 도덕, 우주, 시간 등에 대해서는 생각할 시간을 갖지 않는 사람들이 있어요." 캐런은 창업가인 자신에게 클리핑거가 미친 영향을 설명했다. "누구든 세상일에서 벗어나 있을 수도 있고, 세상일에 관여할 수도 있죠. 저는 존을 만난 뒤로 더 많이 세상일에 관여하게 되었어요."

그들은 세대를 잇는 창업가팀이 이끌어간다는 것이 스위치의 강점이라고 느꼈다. 캐런, 레드패스, 허시버그, 클리핑거는 각자의 아이디어, 에너지, 기술, 경험을 팀에 불어넣었고, 덕분에 그들은 다수의 주목받는 신생 테크 회사들(대개 자신만만한 젊은이들이 이끈다)보다 훨씬 더 넓게 세상을 보는 관점을 갖게 되었다. 이 회사의 세계관에 깃든 성숙함은 클리펑거가 조성한 것이었다.

클리펑거의 권위와 정통성은 이 주제에 관한 평생의 연구, 지식, 경험에서 비롯된 것이었다. 그는 회의에 참석한 여러 젊은 블록체인 기업가들보다 더 장기적인 안목으로 더 참을성 있는 전망을 발표했다. 젊은 기업가들은 당장 해결책을 내놓고 빠르게 끝내고자 안달했다. 자기들의 행동이 미래의 세상에 지독하게 나쁜 결과를 가져오더라도 개의치 않았다. 클리펑거는 이런 본능이 실리콘밸리의 영웅주의 스타트업 신화가 가져온 치명적인 결함임을 알았다. 개인화되고 이기적인 동기가 지속 가능한 영속적 변화에 필요한 협력을 무시해버리기 때문에, '반사회적 인격 장애'와 거의 유사한 행동을 유발하고 만다.

"돈을 벌어들이는 회사를 만들었다는 이유만으로, 권위를 가질 수는 없지." 그가 말했다. 여러 비트코인 옹호자들이 글로벌 금융 시스템의 붕괴를 공공연히 촉구했던 긴장감 넘치는 발표들이 끝난 직후였다. 암호화폐 세상이 손쉬운 돈벌이, 자기중심성, 날치기 전문가들로 얼룩져 있었지만, 장기적으로 세상을 변화시키는 것은 언제나 합의를 이루어 함께 일하는 사람들이 오랫동안 공들여 쌓은 노력이었다. 도시와 사회와 과학과 테크놀로지와 컴퓨터와 인터넷과 월드와이드웹을 만든 것은 팀워크였지, 개인들이 아니었다.

"인생의 어떤 단계에서는 자기가 어떤 사람인지를 인정해야 하지. 자기가 패키지의 일부라는 것을 말일세." 다음 날 아침, 창업가로 산다는 것이 어떤 의미인지 물었을 때 클리핑거가 이렇게 대답했다. 그는 현관 앞에 앉아서 네 잔째 커피를 마시면서 풍광을 바라보고 있었다. 나는 보스턴으로 돌아가기 전에 여러 위험, 건강과 재정상의 부담, 불확실성에도 불구하고 그가 창업가로서 계속 나아가게 하는 힘이 무엇인지 알고 싶었다. "나는 아이디어를 정말 좋아하는 사람이지. 아이디어를 먹고 산다고나 할까. 아이디어가 있으면 신이 나지! 내게 도파민이 솟아나게 하거든. 일을 조합해서 문제를 해결하는 것이 정말 좋아. 시스템, 디자인, 공동체, '작은 것이 아름답다'는 철학, 이 모든 것에 관한 대화들…… 그것들이 내가 여기까지 오고, 내가 공부를 했던 이유라네. 자네는 이 아이디어들이 꽃피는 지금 이 순간만을 보고 있겠지. 나는 해결책을 보고, 내 아이디어가 펼쳐지는 것을 본다네. 드디어 일들이 벌어지는군! 짜릿한 일이지." 그가 말했다.

40년 전에 클리핑거가 첫 회사를 차리고 창업가가 되었던 것은 경제적인 동기가 우선이었다. 그는 각각의 아이디어가 결국 금항아리를 가져다줄 거라고 상상했다. 하지만 아이디어는 그의 자아나 자존감과 어우러졌고, 가족은 붕괴되었다. 그는 자신을 자기만의 일로 이끌었던 지적인 호기심을 잊게 되었다. 이제 평생 아이디어를 좇은 끝에 클리핑거는 창업을 더욱 위대한 목적의식으로 바라보게 되었다. "그건 책무라네." 그가 스위치에 대해 말했다. "내게 1000분의 1 정도의 성공 확률이 있는 아이디어가 있다네. 그렇다면 뭘 해야 하겠나?"

그는 지금 세상에 가장 중요한 한 가지 문제에 변화를 가져올 특별한 기회, 교육 수준, 기술, 인맥 등을 갖추고 있었고, 창업가로서 행동해야 할 의무감을 느꼈다. 시민권을 위한 행진이나 베트남전 반전 시위에 참여했을 때와 같은 의무감이었다. "여기에서 내가 무엇을 할 수 있겠나? 뭔가 특별한 일을 할 수 있지 않겠나? 나는 의무감을 느끼네. 도덕적인 의무감 말이네. 그게 내가 여기에 있는 이유라네." 클리펑거는 말을 멈추고, 커피를 한 모금 마셨다. 그러고는 고개를 들고 박새, 되새, 벌새가 새모이통 주변으로 날아다니며 시끄럽게 재잘대는 모습을 바라보았다. "나는 작은 새들과 제비들을 사랑하네. 예전에 이곳에는 더 많은 새들이 있었지. 나는 살아 있는 것들을 사랑하네!"

에마 클리펑거는 자신의 아버지가 농장에 정착해서 개를 사고 다시 그림을 그리며 은퇴 생활을 즐기기를 바랐다. 그러면서도 자기 아버지가 한 가지 아이디어에서 다음 아이디어로 넘어가면서, 창안을 하고, 이론을 세우고, 자신의 비전을 세상에 널리 알리는 일을 그만두지 않으리란 사실을 알고 있었다. 그는 자신의 일은 타고난 운명과 같다는 깊은 신념과 확신으로 가득 차 있었다. 존 헨리 클리펑거는 창업가였다. 그리고 우리 아버지와 똑같이, 죽는 순간까지 창업가일 것이다. "어떤 사람들은 어느 날 아침 문득, 남들처럼 직장에 가지 않고 자기 일을 만들 생각을 합니다. 도대체 무엇 때문일까요? 직장에 가면 돈도 벌 수 있는데 말이죠. 아버지는 그런 일이 실현될 수도 성공할 수도 있다는 것을 제게 보여주셨죠. 이건 아버지를 행복하게 하는 일이에요. 아버지는 그런 사람이죠. 스스로 경험해야 해요." 에마가 말했다.

클리핑거의 오랜 친구든 콘퍼런스에서 방금 그를 만난 사람이든 상관없이 나는 클리핑거에 대해 이야기를 나누었다. 그러고는 클리핑거에게 쉬운 길이 펼쳐져 있는 것만은 아니란 사실을 알게 되었다. 사람들은 그의 경험을 존중했다. 하지만 내가 만난 블록체인 업계의 젊은 기업가들은 스위치가 지나치게 복잡하고 자금이 부족하며 너무 낙관적이라고 했다. 또 다른 사람들은 클리핑거가 너무 원칙주의자에 이상주의자라서 이런 피 튀기는 경쟁에서는 성공하기 어렵다고 보았다. 그는 풍력발전만으로 세상을 지배하는 완벽한 시스템을 만들겠다는, 자신의 메시아적인 신념을 고집하는 디지털 돈키호테로도 여겨졌다. 하지만 그들 모두 존 헨리 클리핑거가 결코 그만두지도, 주저앉지도 않을 거라고 인정했다. 그는 자신의 아이디어를 머릿속에만 담아두지 않을 것이다. 이 콘퍼런스를 주관한 이스라엘의 블록체인 기업가 갈리아 베나치가 내게 말한 것처럼, 클리핑거는 "자유의 전사"로서 자기 아이디어를 실현하기 위해 끈질기게 싸워온 사람이었다.

클리핑거에게 가장 걱정하는 것이 뭔지를 물었다. "아이디어지. 내게는 쓸 수 있는 시간보다 훨씬 더 많은 아이디어가 있거든. 나는 어떤 일을 성사시키고 싶어. 그럼 또 다른 일도 할 수 있을 테니까. 아예 과거로 돌아가서 예술가가 되고 싶기도 하다네. 소설도 쓰고 싶고. 분명 내게 남은 시간 동안 할 수 있는 일보다 많은 일이 머릿속에 들어 있다네." 창업은 평생 구현해야 하는 아이디어의 연속이었다. 그것은 인생 자체와 같아서, 표준화하려는 시도는 거부되었다. 창업은 그의 인생을 관통한 정신이었다. 존 헨리 클리펑거는 일생을 마치는 순간까지도 계속 창업가로 살아갈 것이었다.

"내가 생각하는 성공은 화석연료로부터 친환경 에너지로의 전환을 용이하게 만드는 금융 상품을 만들어내는 걸세. 거기 내가 역할을 한다면…… 잘해낸다면…… 정말 고마운 일이지. 나는 조물주에게 돌아갈 거네." 클리펑거가 말했다.

허락 구하기를 그만두고 나의 일을 시작하다

창업가란 무엇인가?

내가 이 책의 집필을 시작하면서 스스로에게 던졌던 질문이다. 또한 지난 몇 년간 인터뷰한 수백 명의 사람들에게 던졌다가 매번 완전히 다른 대답을 들었던 질문이다.

어떤 사람이 창업가가 되고 어떤 사람이 창업가가 되지 않는가? 무엇 때문에 창업가들은 서로 연결되는가? 그리고 이런 일이 왜 중요한가?

우리가 실리콘밸리에서 생겨난 신화를 믿는다면, 창업가는 아주 드물고 특별한 개인이다. 조지프 슘페터의 저명한 이론에서처럼 창업가는 혁신과 창조적 파괴에 관여한다. 이것이 바로 잡지 표지나 베스트셀러 전기에서 만날 수 있는 창업가다. 대담한 꿈을 꾸고 완전히 새로운 기술과 업종을 발명함으로써 끊임없이 위험을 추구하는 성향을 지닌 사람들. 그들은 우리를 미래로 이끈다. 창업가는 젊고 대담 무쌍하고 대단히 영민하고 거의 대부분 남성이다. 이 영웅은 자신의 충성스러운 지지자들을 더욱 열심히 밀어붙이면서 절대 포기하지 말라고, 실패를 받아들이라고 말한다.

창업가들은 스스로를 창업가라고, 자기가 만들어낸 사업을 스타트업이라고 부른다. 스타트업은 종종 스타트업을 육성하기 위해 특별히 고안된 인큐베이터와 액셀러레이터에게서 시작된다. 아니면 대학교나 경영대학원에 마련된 창업 프로그램(이들은 창업을 점점 더 좁은 의미로 가르친다)에서 시작된다. 스타트업 창업가들은 잘 다져진 경로를 따른다. 최초의 아이디어를 다듬어 투자자를 유치하기 위한 자료를 공들여 만들고, 투자자와 함께 몇 차례의 자금 조달 라운드를 통해 벤처 자본에 힘입은 급속한 성장을 이룬 다음, 예정된 결승점, 즉 성공적인 출구 전략 또는 빠른 실패로 향한다. 그러고 나서 같은 과정을 또다시 되풀이하면서 연달아 창업가가 된다.

스타트업 신화는 참여자에게는 유효한 창업 이야기이지만 한 부분에서 일하는 아주 소수의 창업가들만을 담아내고 있어서, 세계 경제를 구성하는 대다수 창업가들을 배제한다.

"뛰어난 발명가, 뛰어난 기획자, 뛰어나고 대담한 모험가라는 창업가의 이미지는 사실과 그다지 부합하지 않는다."《기업하는 사람》의 저자들은 이렇게 썼다. "진실은 이보다는 극적인 요소가 훨씬 덜하다." 1964년에 발표된 선구적인 미국 내의 연구에 따르면, 창업가란 자기가 처한 환경의 구성 요소를, 약간의 창의성과 결합시킴으로써 사업을 만들어내는 사람이다.

이와 같은 창업가 정의는 18세기 초에 이 용어를 처음으로 널리 알린 경제학자 리샤르 캉티용의 정의와 유사하다. 농부든 장인이든 상인이든 상관없이 캉티용이 정의한 창업가는 두 가지 요소로 정의된다. 창업가들은 자기 사업을 함으로써 그에 따르는 경제적 불확실성을 받아들인다. 캉티용이 거의 300년 전에 썼던 것처럼, 사회는 "창업가와 고용 노동자"라는 두 가지 계급으로 나뉜다. 고용 노동자는 정기적인 급여를 받고, 상사에게 보고하며, 분명한 규정에 따라 일한다. "그밖에 다른 이들은 모두 창업가들이다. 자본을 출자해서 설립한 기업을 경영하든, 자본 없이 노동만으로 일하는 창업가든 이들은 불확실성을 감수하는 존재다. 이런 분류에 따르면 거지나 강도조차도 창업가들이다."

이제 창업가가 된다는 것이 어떤 의미인지 찾아다닌 지 여러 해가 지났다. 나는 창업가란 말이 처음 쓰였던 시대로부터 바뀐 것이 거의 없다는 사실을 깨달았다. 창업가는 일부 학계와 전문가들이 주장하듯이 사업 규모, 업종 등의 경제적 요인에 의해 정의되는 것이 아니다. 창업가는 소프트웨어 스타트업의 창업자일 수도, 바클라바 제과점을 운영하는 난민일 수도, 고군분투하는 낙농 농부일 수도, 백만장자 제조업자일 수도, 이웃의 헤어드레서나 4대째 이어져오는 와이너리 소유주일 수도 있다. 창업가는 소규모 사업을 소유하거나 중간 규모 사업을 소유하거나 대기업을 소유하고 있을 수도 있다. 창업가는 혼자 일할 수도, 파트너와 함께 일할 수도, 직계 가족과 일할 수도 있다. 아니면 수천 명이 하나의 팀을 이룰 수도 있다. 그들은 정장과 넥타이 차림으로 사무실에 출근할 수도 있고, 추리닝 바지 차림으로 집에 있을 수도 있다. 그들은 동생이나 아버지, 아내나 친구, 공동체의 일원일 수도 있고, 매일 들르는 가게를 운영하는 사람들일 수도 있다. 창업가들은 부자일 수도 가난할 수도 있고, 흑인일 수도 백인일 수도 있으며, 젊을 수도 나이 들었을 수도 있고, 고학력일 수도 글을 전혀 못 읽을 수도 있다. 그들은 자기 사업을 시작한다. 기회에 끌려서일 수도 있고 불가피한 상황에 떠밀려서일 수도 있다. 그들은 저축이나 빚으로 자금을 마련하기도 하고, 외부의 투자자에게 투자를 받기도 한다. 기업을 단기간 또는 장기간 운영할 수도 있다. 그들은 성공하기보다는 더 자주 실패한다. 창업가들을 하나로 묶는 것은 캉티용이 규정한 두 가지 요인이다. 창업가들은 자기 일을 하면서 그 일에 따르는 불확실성을 감수한다.

창업가는 명함에 뭐라고 쓰여 있든, 정기적인 급여를 받는 사람이 아니다. 조직 내부의 혁신 부문장이나 사내 창업가도 아니다. 이런 사람들은 기업 경영에 반드시 뒤따르는 위험이나 자유 등을 겪지 않기 때문이다. 그들은 투자한 것이 없다. 그건 그냥 또 다른 일자리일 뿐이다. 우버 드라이버나 아마존 창고에서 주문을 처리하는 도급업자 같은 온디맨드 노동자들도 창업가가 아니다. 그들은 이름만 다를 뿐, 사실상 고용된 직원이다. 그들은 분명한 규정과 보수를 따르며,

어떤 대리점에서도 그것을 바꾸지 않는다. 창업가가 되려는 사람은 온전히 자기 일을 갖고 일의 방향에 대해 완전한 독립성을 가져야 한다.

내겐 직장도 급여도 상사도 없다. 나는 스스로 일한다. 나는 매일 무엇을 할지, 무엇에 노력을 들일지, 언제 어떤 방식으로 일할지, 언제 컴퓨터를 끄고 패들보딩을 하러 갈지 혼자 결정을 내린다. 나는 미래의 보상을 바라고 얼마나 많은 (경제적, 정서적, 개인적) 위험을 감당할지 결정한다. 나는 내 일에 대해 온전한 자유가 있으며, 일로 인한 모든 즐거움과 두려움도 내 것이다. 나는 내 일을 한다. 이 때문에 일과 관련되어, 어지러울 만큼의 고양감과 역겨울 정도의 무기력감을 느낀다. 나는 모든 일이 내 탓이라 받아들인다. 나는 항상 그래왔고, 앞으로도 항상 그럴 것이다.

나는 창업가다.

만일 당신도 나와 같다면 당신도 창업가다. 이 점을 자각하라. 목소리 높여 말하라. 자부심을 가져라. 당신이 그러지 않는다면, 그래서 창업과 관련된 신화를 받아들여 창업가의 정의와 창업가의 정신을 언제까지고 실리콘밸리에 넘겨준다면, 우리는 창업에서 심화된 불평등을 목도하게 될 것이다. 그렇게 만들어진 이미지에 맞추며 신화로부터 이득을 취하는 극소수와 그렇지 못한 나머지 우리 간의 격차는 크게 벌어질 것이다.

"창업은 멋진 일입니다. 창업하는 사람은 일상에서 자기 자신을 창업가로 여길 수 있어야 합니다." 유잉마리온카우프만 재단의 운영자

웬디 길리스의 말이다. 이 재단은 미국과 전 세계에서 창업을 널리 알리는 데에 앞장섰다. "실제로도 그렇습니다. 매일 사람들은 지역사회에서 굉장한 일들을 하고 있습니다. 그들의 이야기가 신문에 실리지 않을 뿐이죠." 길리스에 따르면, 카우프만 재단이 쟁취하려고 애쓰는 것은 다름 아닌 아메리칸 드림의 핵심이다.

창업은 전 세계 곳곳에서 발생한다. 중국이나 에콰도르에서 사업을 경영한다 해도, 창업가 정신의 본질만큼은 변하지 않는다. 하지만 우리가 창업가를 평가하는 방식에는 우리가 살고 있는 사회의 근본적인 가치가 개입한다. 미국의 건국 신화에서 중요한 부분은, 아무것도 가진 것 없이 야망만 품은 사람들이 간판을 내걸고 사업을 시작해서 성공하는 곳이 바로 미국이라는 사상이었다.

"최근 몇 년간 이 나라의 사회 경제적 분위기가 너무 바뀌고 있어서 신규 사업을 시작하는 기업과 창업가는 과거의 현상이 되어버릴 것이라는 우려가 지속되어왔다."《기업하는 사람》의 저자는 쓰고 있다. 50년도 더 전에 나온 이 책에서 저자는 "창업가와 창업 전통의 소멸은 미국적인 방식의 토대가 되었던 가치 체계가 사실상 사라졌다는 의미"라면서 두려움을 내보이고 있다.

이제 자본주의의 핵심 자체가 위태로워졌다. 나는 자본주의가 많은 사람들에게 무서운 말이 되었음을 실감한다. 그럴 만한 이유가 있다. 자본주의는 기업들이 사회에 휘두르는 통제되지 않는 권력과 걷잡을 수 없는 탐욕을 의미하게 되었고, 기후 변화만큼이나 극심한 골칫거리가 되어버렸다. 하지만 자본주의의 핵심에는 자유시장이라는 경제 체제와 그 체제에 편입되고자 하는 희망이 있기에 누구라도 세상에 홀로 맞서는 위험을 감수하고 사업을 시작하게 한다. 허락을 구하기를 그만두고 창업가가 되는 것이다.

그런 희망은 창업가들이 어디에 있든 그들을 한데 모으는 본질적인 구성 요소다. 자기 아이디어가 가치 있는 것이라는 기대. 그 아이디어가 팔릴 거라는 기대. 자기 운명을 바꿀 수 있을 거라는 기대. 자신을 위해서, 가족을 위해서, 공동체를 위해서, 그리고 어쩌면 온 세상을 위해서. 그런 기대는 끈질긴 믿음이 되어 매일매일 우리가 정신을 차리고 용기를 내어 세상에서 아이디어를 실현시키도록 애쓰게한다. 그런 기대는 모든 창업가들이 감수해야만 하는 개인적인 위험을 버텨내고 관리할 수 있게 한다. 그 같은 위험이 닥쳐와 어찌할 바를 모르는 상황에 빠질 때조차도 그렇다.

사람들이 이야기하는 아메리칸 드림에는 창업가의 기본적인 희망이 담겨 있다. 하지만 그것은 우리를 위험에 빠뜨리는 희망이다. 우리가 창업의 의미를, 표준화되고 규범적인 기업 경영 모델을 그대로따라 하는 소수의 엘리트(대개는 아이비리그 대학원을 졸업한 부유하고 젊은 백인이다)에게 국한시킨다면, 어디에나 있는 다양한 규모의 야심만만한 창업가들이 갖는 희망의 싹을 잘라내는 셈이다. 우리는 그들에게 경험, 아이디어, 사업, 꿈이 가치가 없다고 말하는 것이다. 그들이스타트업 신화의 편협한 모델에 들어맞지 않기 때문이다. 그들은 진짜 창업가가 아니라고 말하는 것이다. 창업 이야기에서 사람들을 배제해버린다면, 모두에게서 가능한 일을 빼앗는 것과 같다.

세상의 99퍼센트, 우리 일상을 채우는 창업가들

이제 창업가 정신을 되찾을 때다. 창업은 선택된 극소수만이 참여해야 하는, 일반인과는 동떨어진 신비로운 것이 아니라 위험을 감수하고 시도하려는 의지만 있다면 어디에서든 누구에게든 개방되어 있는 것이다. 이 단어의 원래 의미를 되찾아 더욱 광범위한 창업가들에게 되돌려줄 때다.

그러기 위해서는 오직 한 가지 창업 모델(고성장이면서 하이테크)만 장려해온 기관들이 한계를 실감하고 자신들의 정의를 확대해야 한다. 대학교들, 전문대학교들, 고등학교들에서도 실리콘밸리의 유니콘 기업과 균질적인 성공 모델을 넘어서는 창업의 세계를 연구하고, 학생들에게 표준화가 불가능한 사업을 해나가는 데에는 실제로 수많은 경로가 있다는 점을 가르쳐야 한다.

"일상의 창업가들은 그들에게 전혀 들어맞지 않는 창업가란 이름을 철저히 거부합니다. 우리는 그들을 주로 연구해야 합니다. 그들의 활동을 이해하고 모형화하고 가르쳐야 하죠." 영국인 교수인 새라 도드의 말이다. 그녀는 대학에서 이런 리셋을 주창해왔다. 그녀가 주창하는 리셋은 창업이라는 학문을 경제학과와 경영대학원(이들은 기업경영을 오직 인풋을 넣어 일자리와 자본을 창출하는 연속 과정으로 바라보는 경향이 있다)을 넘어서서 철학, 사회학, 인류학의 영역으로 확장하여, 창업가가 사회에서 하는 역할을 더 넓은 관점에서 바라보게 하자는 것이다. "우리에게는 미래의 창업가상을 확립해야 할 책임이 있습니다.

우리는 이들 창업가가 어떤 사람이어야 하는지 깊이 생각해보아야 합니다. 그리고 이를 가장 잘 이해하려면 지금 활동하고 있는 사람들, 벤처 투자 자금을 지원받거나 대중 미디어에 노출되거나 텔레비전 프로그램 〈샤크 탱크〉에 출연하지 않고 자기들의 돈 수백만 달러로 소규모 사업을 운영하는 사람들을 살펴봐야 해요. 99퍼센트를 차지하는 일상의 창업가들은 더 깊이 있고, 더 풍부하며, 더 분명한 목적의식이 있어서, 개인적인 삶과 공동체의 삶에 변화를 가져오는 역할을 합니다."

카우프만 재단 같은 비영리 기구부터 은행, 정부 프로그램, 창업 인큐베이터들에 이르기까지 창업가들과 일하는 조직들은 페이스북 같은 기업을 또 만든다거나 일자리를 창출한다는 단순한 기준에만 집중할 것이 아니라 창업 여정의 모든 단계에서 창업가들을 지지하는 도구를 개발해야 한다. 여기에는 벤처 자본보다 공정한 자금 조달 모형과 창업가의 성공 가능성을 높여줄 코칭·교육을 제공하는 일도 포함되어야 한다. 여성, 소수자, 시니어, 농촌 공동체 등 보통은 간과되곤 했던 창업가들에게 더 많은 주의를 기울일 필요가 있다. 그런 창업가들은 점점 늘어나고 있는데도 여전히 거대한 잠재력을 가로막는 장애물에 부딪히기 때문이다.

가장 중요한 것은 창업가들이 공동체를 필요로 한다는 점이다. 이들에게 혼자가 아니라는 확신을 주어야 한다. 위험과 불확실성이 견디기 힘들 만큼 크게 느껴질 때 이야기를 나눌 사람이 필요하다. 특히 다른 창업가들이 자기 경험에 공감해주어야 한다. 그러기 위해서는 정신 건강상의 문제, 실패에 대한 두려움, 재정 문제 등 금기시되는 주제에 관해 장벽을 허물고 모든 기업가들이 필요한 것에 대해 솔직히 털어놓을 수 있는 기회를 마련해야 한다. 그로써 창업가들이 맞닥뜨리는 불확실성과 고립감을 견뎌낼 수 있게 해야 한다.

창업가란 무엇인가?

아마도 창업가에 대해 물어야 할 더 중요한 질문은 '무엇'이 아니라 '왜'일 것이다. 왜 창업가가 되는가? 왜 자기 일을 하기로 선택하는가? 왜 평생 그 일을 계속하는가?

사업을 시작하고 날것 그대로의 아이디어를 채택해서 세상에 선보이는 짜릿함 때문이기도 하고, 아니면 사업이든 인생이든 송두리째 무너진 뒤에라도 창업가는 다시 시작할 수 있기 때문이기도 하다. 창업가는 원하는 라이프스타일에 맞게 사업을 구성할 수도 있고, 그 사업을 중심으로 자신의 공동체를 만들 수도 있다. 개인적인 가치를 실현하기 위해서, 또는 가족의 유산을 형상화하기 위해서. 창업가는 흥망성쇠를 겪어내면서 계속 분투할 것이다. 모든 창업은 기본적으로 평생 자신과 분리될 수 없는 목적의식과 정체성을 구축하는 행위이기 때문이다.

내 경우에 창업가가 된다는 것은 이 모든 것을 포괄하는 행위다. 창업은 내가 가족들로부터 물려받은 가치와 행동 양식이고, 세상에서 나 자신을 자리매김하는 방식이며, 최고의 즐거움과 고통을 모두 야기하는 근원이다.

창업가가 된다는 것은 돈을 버는 방식, 그 이상의 의미를 지닌다.

그것은 매일매일 우리가 올라타는 롤러코스터의 구불구불한 구간 사이에서 흔들리는 복잡한 감정(자부심과 혐오감, 즐거움과 두려움 등)이 한데 얽힌 정체성이다. 그 정체성은 우리가 누구인지와 분리될 수 없는 것이다. 고인이 된 프리먼 씨의 가족이 그의 선택을 무덤 비석에 새겨 넣어 영원히 남긴 것처럼, 창업가가 된다는 것은 우리 정신의 본질에 직조되어 있다. 이 정신은 대개 들떠 있고, 종종 혁신적이며, 지독하게 독립적이다. 이것은 계층, 인종, 지역, 업종, 세대를 초월하며 어떤 형태로든 표준화에 반대한다.

창업은 보통 사람들이 세상에 대해 자기 아이디어를 갖고 그 아이디어를 중심으로 사업을 구축할 때 생겨나는 일이다. 이 아이디어는 생태계 파괴로부터 세상을 구하는 기술적 해결책같이 광대하고 복잡한 것일 때도 있다. 하지만 대개는 존 헨리 클리핑거의 농장 부근에 있는 물방아(Waterwheel) 레스토랑같이 작고 단순하다. 그곳은 내가 지금껏 먹어본 가장 폭신하고 맛있는 블루베리 팬케이크를 파는 곳이었다.

물방아 레스토랑은 뉴잉글랜드 팬케이크 가게에 대한 기대를 모두 충족시켰다. 손으로 쓴 간판, 무거운 도기로 된 커피 잔, 거품 낸 버터, 인근 농부가 만든 메이플 시럽 등. 메뉴판에는 지역 사업체의 광고가 실려 있었다. 냉난방 공조기 수리 기사, 트랙터 판매상 등 지역 공동체를 구성하는 창업가들의 광고였다. 근사한 시럽을 흠뻑 뿌린 팬케이크를 앞에 두고 자리에 앉았을 때, 나는 이 세상에는 기후 변화에 대한 야심찬 해결책을 제공해줄 창업가도, 블루베리 팬케이크를 제공해줄 창업가도 필요하다는 사실을 실감했다. 일상에서 사람들이 일상적으로 접하는 사업 쪽으로 대화의 흐름을 돌려놓을 수 있다면, 어쩌면 창업가 정신을 되찾을 수 있을지도 모른다.

참고문헌

전체

Bronson, Po. *What Should I Do with My Life?: The True Story of People Who Answered the Ultimate Question*. New York: Ballantine Books, 2005.

Collins, Orvis F., David G. Moore, and Darab B. Unwalla. *The Enterprising Man*. East Lansing, MI: Michigan State University, 1964.

Florida, Richard. *The Rise of the Creative Class*. New York: Basic Books, 2019.

Lerner, Josh. *Boulevard of Broken Dreams: Why Public Efforts to Boost Entrepreneurship and Venture Capital Have Failed—and What to Do about It*. Princeton, NJ: Princeton University Press, 2012.

Shane, Scott. *The Illusions of Entrepreneurship: The Costly Myths That Entrepreneurs, Investors, and Policy Makers Live By*. New Haven, CT: Yale University Press, 2008.

Shane, Scott. *Is Entrepreneurship Dead?: The Truth about Startups in America*. New Haven, CT: Yale University Press, 2018.

Terkel, Studs. *Working: People Talk about What They Do All Day and How They Feel about What They Do*. New York: The New Press, 2011.

프롤로그

Aarons-Mele, Morra. "The Dangerous Rise of 'Entrepreneurship Porn.'" *Harvard Business Review*, January 6, 2014.

Additional statistics courtesy of the US Bureau of Labor Statistics (BLS), the Ewing Marion Kauffman Foundation, and the Global Entrepreneurship Monitor(GEM).

Agrawal, Miki. *Do Cool Sh*t: Quit Your Day Job, Start Your Own Business, and Live Happily Ever After.* New York: Harper Business, 2013.

Casselman, Ben. "A Start-up Slump Is a Drag on the Economy. Big Business May Be to Blame." *New York Times,* September 20, 2017.

Dinlersoz, Emin. "Business Formation Statistics: A New Census Bureau Product That Takes the Pulse of Early-Stage U.S. Business Activity." United States Census Bureau Center for Economic Studies. February 8, 2018.

Guillebeau, Chris. *Side Hustle: Build a Side Business and Make Extra Money— Without Quitting Your Day Job.* London: Pan Macmillan, 2017.

Hipple, Steven F., and Laurel A. Hammond. "Self-employment in the United States." US Bureau of Labor Statistics. March 2016.

Hoffman, Reid, and Ben Casnocha. *The Start-up of You: Adapt to the Future, Invest in Yourself, and Transform Your Career.* New York: Crown Publishing Group, 2012.

Kochhar, Rakesh. "National Trends in Self-Employment and Job Creation." Pew Research Center. October 22, 2015.

Lettieri, John W. "America without Entrepreneurs: The Consequences of Dwindling Startup Activity." Testimony before the Committee on Small Business and Entrepreneurship, United States Senate. June 29, 2016.

Porter, Eduardo. "Where Are the Start-ups? Loss of Dynamism Is Impeding Growth." *New York Times,* February 6, 2018.

Samuelson, Robert J. "The U.S. Has Lost Its Entrepreneurial Advantage." *Wall Street Journal,* October 24, 2018.

Vaynerchuk, Gary. *Crush It!: Why NOW Is the Time to Cash in on Your Passion.* New York: HarperCollins, 2009.

Vaynerchuk, Gary. *Crushing It!: How Great Entrepreneurs Build Their Business and Influence—and How You Can, Too.* New York: HarperCollins, 2018.

Wilmoth, Daniel. "The Missing Millennial Entrepreneurs." *Trends in Entrepreneurship.* US Small Business Administration Office of Advocacy. February 4, 2016.

1장 자본주의 사회에서 가장 똑똑한 사람들

Aldrich, Howard E., and Martin Ruef. "Unicorns, Gazelles, and Other Distractions on the Way to Understanding Real Entrepreneurship in the United States." *Academy of Management Perspectives* 32, no. 4 (2017): 458–472.

Alger, Horatio. *Ragged Dick: Street Life in New York with the Boot-Blacks.* Auckland, New Zealand: The Floating Press, 2009.

Auletta, Ken. "Get Rich U." *New Yorker,* April 30, 2012.

Cantillon, Richard. *An Essay on Economic Theory.* Translated by Chantal Saucier. Auburn, AL: Mises Institute, 2010.

Carreyou, John. *Bad Blood: Secrets and Lies in a Silicon Valley Startup.* New York: Random House, 2018.

Clark, Patrick. "Entrepreneurship Education Is Hot. Too Many Get It Wrong." *Bloomberg Businessweek,* August 8, 2013.

Fan, Maureen. "Animating against the Grain." Transcript: Stanford eCorner, October 10, 2018, https://stvp-static-prod.s3.amazonaws.com/uploads/sites/2/2018/10/animating-against-the-grain-transcript.pdf.

Griffith, Erin. "More Start-ups Have an Unfamiliar Message for Venture Capitalists: Get Lost." *New York Times,* January 11, 2019.

"Horatio Alger Association Honors Two California Entrepreneurs and Philanthropists, Elizabeth Holmes and Gilbert Edward LeVasseur Jr., along with Seven National Scholarship Recipients from the State." Horatio Alger Association of Distinguished Americans, Inc. via PR Newswire, March 9, 2015.

Isaacson, Walter. *Steve Jobs.* New York: Simon & Schuster, 2011.

Johnson, Stefanie K., Markus A. Fitza, Daniel A. Lerner, Dana M. Calhoun, Marissa A. Beldon, Elsa T. Chan, and Pieter T. J. Johnson. "Risky Business: Linking *Toxoplasma gondii* Infection and Entrepreneurship Behaviours across Individuals and Countries." *Proceedings of the Royal Society B: Biological Sciences,* July 25, 2018.

Kerby, Richard. "Where Did You Go to School?" *Medium,* July 30, 2018, https://blog.usejournal.com/where-did-you-go-to-school-bde54d846188.

Kidder, Tracy. *A Truck Full of Money.* New York: Random House, 2016.

Landes, Davis S., Joel Mokyr, and William J. Baumol. *The Invention of Enterprise: Entrepreneurship from Ancient Mesopotamia to Modern Times.* Princeton, NJ: Princeton University Press, 2010.

Lidow, Derek. *Building on Bedrock: What Sam Walton, Walt Disney, and Other Great Self-Made Entrepreneurs Can Teach Us about Building Valuable Companies.* New York: Diversion Books, 2018.

Lopez, Matt. "The False Promise of Entrepreneurship." *Stanford Daily,* February 26, 2014.

Lynley, Matthew. "Sense Sleep Tracker Maker Hello Is Shutting Down." *TechCrunch,* June 12, 2017.

Mallery, Alexander. "Searching for Steve Jobs: Theranos, Elizabeth Holmes, and the Dangers of the Origin Story." *Intersect* 10, no. 3 (2017).

Marwick, Alice. "Silicon Valley Isn't a Meritocracy. And It's Dangerous to Hero-worship Entrepreneurs." wired.com. November 23, 2013.

O'Reilly, Tim. "Supermoney." In *WTF: What's the Future and Why It's Up to Us.* New York: Harper Business, 2017.

Ries, Eric. *The Lean Startup: How Today's Entrepreneurs Use Continuous Innovation to Create Radically Successful Businesses.* New York: Crown Business, 2011.

Rushkoff, Douglas. *Throwing Rocks at the Google Bus: How Growth Became the Enemy of Prosperity.* New York: Portfolio/Penguin, 2016.

Schumpeter, Joseph A. *Capitalism, Socialism, and Democracy: Third Edition.* New York: HarperCollins, 2008.

Schumpeter, Joseph A. *The Entrepreneur: Classic Texts by Joseph A. Schumpeter.* Palo Alto, CA: Stanford University Press, 2011.

"Unicorns Going to Market." *Economist,* April 20, 2019.

Vance, Ashlee. *Elon Musk: Tesla, SpaceX, and the Quest for a Fantastic Future.* New York: HarperCollins, 2015.

Wolfe, Alexandra. *Valley of the Gods: A Silicon Valley Story.* New York: Simon & Schuster, 2017.

2장 시리아 이민자 가족의 베이커리

Blau, Francine D., and Christopher Mackie, eds. "The Economic and Fiscal Consequences of Immigration." The National Academies of Sciences. September 2016.

Bluestein, Adam. "The Most Entrepreneurial Group in America Wasn't Born in America." *Inc.*, February 2015.

Cillian O'Brien, "Immigrant-Owned Firms Create More Jobs Than Those with Canadian-Born Owners: StatCan," CTV News, April 24, 2019, www.ctvnews. ca/canada/immigrant-owned-firms-create-more-jobs-than-those-with-canadian-born-owners-statcan-1.4393134?fbclid=IwAR2nQdO5vJpbrd0BU ndcFb-6CybXnbcuDeboH8-eXtbN3qlMy3Sbarj6_Qo.

Fairlie, Robert W. "Immigrant Entrepreneurs and Small Business Owners, and Their Access to Financial Capital." US Office of the Small Business Administration. May 2012.

Fairlie, Robert W., and Magnus Lofstrom. "Immigration and Entrepreneurship." Institute for the Study of Labor (IZA). October 2013.

Herman, Richard T., and Robert L. Smith. *Immigrant, Inc.: Why Immigrant Entrepreneurs Are Driving the New Economy (and How They Will Save the American Worker)*. Hoboken, NJ: John Wiley & Sons, 2009.

John F. Kennedy's "A Nation of Immigrants" speech to the Anti-Defamation League in 1963 via adl.org, www.youtube.com/watch?v=dBVdpH51NyY.

Kerr, William. "International Migration and U.S. Innovation." *National Academies*, 2015.

Kerr, William R., and Sari Pekkala Kerr. "Immigrant Entrepreneurship." National Bureau of Economic Research. July 2016.

Ostrovsky, Yuri, and Garnett Picot. "The Exit and Survival Patterns of Immigrant Entrepreneurs: The Case of Private Incorporated Companies." Statistics Canada. January 2018.

Roberts, Steven. *From Every End of This Earth: 13 Families and the New Lives They Made in America*. New York: HarperCollins, 2009.

Vandor, Peter, and Nikolaus Franke. "Why Are Immigrants More Entrepreneurial?"

Harvard Business Review, October 27, 2016.

Wayland, Sarah V. "Immigrant Self-Employment and Entrepreneurship in the GTA: Literature, Data, and Program Review." Metcalf Foundation. December 2011.

3장 평생 처음 자신을 위해 시작한 일

Atkinson, Robert D., and Michael Lind. *Big Is Beautiful: Debunking the Myth of Small Business.* Cambridge, MA: MIT Press, 2018.

Ferriss, Timothy. *The 4-Hour Work Week: Escape the 9–5, Live Anywhere and Join the New Rich.* London: Ebury Publishing, 2011.

Marcketti, Sara B., Linda S. Niehm, and Ruchita Fuloria. "An Exploratory Study of Lifestyle Entrepreneurship and Its Relationship to Life Quality." *Family and Consumer Sciences Research Journal* 34, no. 3 (March 2006): 241.

Marcketti, Sara B., and Joy M. Kozar. "Leading with Relationships: A Small Firm Example." *The Learning Organization* 14, no. 2 (2007): 142–154.

Pahnke, Andre, and Friederike Welter. "The German Mittelstand: Antithesis to Silicon Valley Entrepreneurship?" *Small Business Economics: An Entrepreneurship Journal* 52, no. 2 (2019): 345.

Schumacher, E. F. *Small Is Beautiful: Economics as if People Mattered.* New York: Harper Perennial, 2010.

Welter, Friederike, Ted Baker, David B. Audretsch, and William B. Gartner. "Everyday Entrepreneurship—A Call for Entrepreneurship Research to Embrace Entrepreneurial Diversity." *Entrepreneurship Theory and Practice* 41, no. 3 (2016): 311–321.

William Wetzel's "lifestyle entrepreneur" definition via p. 342, *Business Alchemy: Turning Ideas into Gold.* Cobb, William R., and M. L. Johnson, ed. Bloomington, IN: AuthorHouse, 2012.

4장 미국에서 흑인 여성 창업가로 살아간다는 것

Asiedu, Elizabeth, James A. Freeman, and Akwasi Nti-Addae. "Access to Credit by Small Businesses: How Relevant Are Race, Ethnicity, and Gender?"

American Economic Review: Papers & Proceedings 102, no. 3 (2012): 102.

Austin, Algernon. "The Color of Entrepreneurship: Why the Racial Gap among Firms Costs the U.S. Billions." Center for Global Policy Solutions. April 2016.

Becker-Medina, Erika M. "Women Are Leading the Rise of Black-Owned Businesses." Census.gov. February 26, 2016.

Fairlie, Rob. "Financing Black-Owned Businesses." Stanford Institute for Economic Policy Research. May 2017.

Gill, Tiffany M. *Beauty Shop Politics: African American Women's Activism in the Beauty Industry.* Champaign, IL: University of Illinois Press, 2010.

Gines, Dell. "Black Women Business Startups." The Federal Reserve Bank of Kansas City. 2018.

Harvey, Adia M. "Becoming Entrepreneurs: Intersections of Race, Class, and Gender at the Black Beauty Salon." *Gender and Society* 19, no. 6 (December 2005): 789-808.

"Kauffman Compilation: Research on Race and Entrepreneurship." Ewing Marion Kauffman Foundation. December 2016.

"Laying the Foundation for National Prosperity: The Imperative of Closing the Racial Wealth Gap." Insight: Center for Community Economic Development. March 2009.

Mills, Quincy T. *Cutting Along the Color Line: Black Barbers and Barber Shops in America.* Philadelphia: University of Pennsylvania Press, 2013.

Opiah, Antonia. "The Changing Business of Black Hair, a Potentially #500b Industry." *HuffPost,* January 24, 2014.

Sibilla, Nick. "Tennessee Has Fined Residents Nearly #100,000, Just for Braiding Hair." Forbes.com. March 13, 2018.

"The Tapestry of Black Business Ownership in America: Untapped Opportunities for Success." Association for Enterprise Opportunity. Aeoworks.org. 2016.

"The 2018 State of Women-Owned Business Report." Commissioned by American Express. 2018. https://about.americanexpress.com/files/doc_library/file/2018-state-of-women-owned-businesses-report.pdf.

Wingfield, Adia Harvey. *Doing Business with Beauty: Black Women, Hair Salons, and the Racial Enclave Economy.* Lanham, MD: Rowman & Littlefield, 2008.

5장 사회적으로 깨어 있는 자본주의자

Bernstein, Jared. "Employee Ownership, ESOPs, Wealth, and Wages." Esca,us. January 2016.

"Blue-collar Capitalists." *Economist,* June 8, 2019.

Chouinard, Yvon. *Let My People Go Surfing: The Education of a Reluctant Businessman.* New York: Penguin, 2016.

Friedman, Milton. "The Social Responsibility of Business Is to Increase Its Profits." *New York Times Magazine,* September 13, 1970.

Greenleaf, Robert K. *The Servant as Leader.* South Orange, NJ: Center for Servant Leadership, 1970.

Hsieh, Tony. *Delivering Happiness: A Path to Profits, Passion, and Purpose.* New York: Grand Central Publishing, 2010.

Kim, Phillip H. "Action and Process, Vision and Values: Entrepreneurship Means Something Different to Everyone." In *The Routledge Companion to Entrepreneurship,* 59-74. Abingdon, UK: Routledge, 2015.

Mycoskie, Blake. *Start Something That Matters.* New York: Random House, 2011.

"The One-for-one Business Model: Avoiding Unintended Consequences." *Knowledge@Wharton.* February 16, 2015.

Overman, Steven. *The Conscience Economy: How a Mass Movement for Good is Great for Business.* Abingdon, UK: Routledge, 2016.

Papi-Thornton, Daniela. "Tackling Heropreneurship." *Stanford Social Innovation Review,* February 23, 2016.

Rosen, Corey, John Case, and Martin Staubus. "Every Employee an Owner. Really." *Harvard Busienss Review,* June 2005.

Spears, Larry C. *Reflections on Leadership: How Robert K. Greenleaf's Theory of Servant-Leadership Influenced Today's Top Management Thinkers.* Hoboken, NJ: John Wiley & Sons, 1995.

Wicks, Judy. *Good Morning Beautiful Business: The Unexpected Journey of an Activist Entrepreneur and Local Economy Pioneer.* White River Junction,

VT: Chelsea Green Publishing, 2013.

Wirtz, Ronald A. "Employee Ownership: Economic Miracle or ESOPs Fable?" Federal Reserve Bank of Minneapolis. June 1, 2007.

Yunnus, Muhammad. *Building Social Business: The New Kind of Capitalism That Serves Humanity's Most Pressing Needs.* New York: PublicAffairs, 2010.

Yunnus, Muhammad. *Creating a World without Poverty: Social Business and the Future of Capitalism.* New York: PublicAffairs, 2007.

6장 가족 사업의 위험과 기회

Atkin, Tim. "South America's Top 10 Winemakers." *Decanter,* March 23, 2019.

Bhalla, Vikram. "Family Businesses Are Here to Stay, and Thrive." TED@BCG lecture. September 4, 2015. https://www.youtube.com/watch?v=suL-HkP-2Ts.

Bresciani, Stefano, Elisa Giacosa, Laura Broccardo, and Francesca Culasso. "The Family Variable in the French and Italian Wine Sector." *EuroMed Journal of Business* (May 3, 2016).

Catena, Laura. *Vino Argentino.* San Francisco, CA: Chronicle Books, 2010.

De Massis, Alfredo, Federico Frattini, Antonio Majocchi, and Lucia Piscitello. "Family Firms in the Global Economy: Toward a Deeper Understanding of Internationalization Determinants, Processes, and Outcomes." *Global Strategy Journal,* December 2018.

F. R. Kets de Vries, Manfred. "Saving a Family Business from Emotional Dysfunction." *Harvard Business Review,* February 1, 2017.

Family Firm Institute. Ffi.org.

Jaskiewicz, Peter, James G. Comb, and Sabine B. Rau. "Entrepreneurial Legacy: Toward a Theory of How Some Family Firms Nurture Transgenerational Entrepreneurship." *Journal of Business Venturing* (January 2015).

Lopez Roca, Daniel. "¿QUIEÉN ES EL NUEVO SOCIO DE CAVAS DE WEINERT?" argentinewines.com. March 13, 2013.

Molesworth, James. "A Sit Down with Bodega y Cavas de Weinert: An Argentine Winery Sticks to Tradition." *Wine Spectator,* November 12, 2009.

Muller, Claudio. "Sustainability in Family and Nonfamily Businesses in the Wine Industry." *International Journal of Wine Business Research* (January 2017).

"Ownership Transitions in the Wine Industry." Silicon Valley Bank. January 2008.

Soler, Ismael, German Gemar, and Rafael Guerrero-Murillo. "Family and Nonfamily Business Behaviour in the Wine Sector: A Comparative Study." *European Journal of Family Business* 7, nos. 1–2 (2017): 65–73.

Tapia, Patricio. "Zuccardi: Producer Profile." *Decanter*, March 20, 2014.

"Wine Enthusiast's 19th Annual Wine Star Award Nominees." *Wine Enthusiast*, September 6, 2018.

Woodfield, Paul. "Intergenerational Knowledge Sharing in Family Firms: Casebased Evidence from the New Zealand Wine Industry." *Journal of Family Business Strategy* (January 2017).

7장 21세기 카우보이는 무엇으로 사는가

Bruder, Jessica. "The Psychological Price of Entrepreneurship." *Inc.*, September 2013.

Carroll, Rory. "Silicon Valley's Culture of Failure…and 'the Walking Dead' It Leaves Behind." *Guardian*, June 28, 2014.

"Drop One Losing Friend." Gary Vaynerchuk Fan Channel. April 21, 2017. www.youtube.com/watch?v=mCElaIhgKeY.

F. R. Kets de Vries, Manfred. "The Dark Side of Entrepreneurship." *Harvard Business Review*, November 1985.

Feld, Brad. "Entrepreneurial Life Shouldn't Be This Way—Should It?" *Inc.*, July/August 2013.

Fisher, Rosemary, Alex Maritz, and Antonio Lobo. "Obsession in Entrepreneurs—Towards a Conceptualization." *Entrepreneurship Research Journal* (2013).

Fitchette, Todd. "Farmer Suicide: The Topic Few Will Discuss." *Western Farm Press*, June 7, 2018.

Freeman, Michael A., Paige J. Staudenmaier, Mackenzie R. Zisser, and Lisa Abdilova Andresen. "The Prevalence and Co-occurrence of Psychiatric Conditions among Entrepreneurs and Their Families." *Small Business*

Economics, August 2019.

Freeman, Michael A., Sheri Johnson, and Paige Staudenmaier. "Are Entrepreneurs 'Touched with Fire'?" michaelafreemanmd.com. April 17, 2015.

Griffith, Erin. "Why Are Young People Pretending to Love Work?" *New York Times*, January 26, 2019.

Hendrickson, Laura C. "The Mental Health of Minnesota Farmers: Can Communication Help?" University of Minnesota. July 28, 2018.

Lahtia, Tom, Marja-Liisa Halko, Necmi Karagozoglu, and Joakim Wincent. "Why and How Do Founding Entrepreneurs Bond with Their Ventures? Neural Correlates of Entrepreneurial and Parental Bonding." *Journal of Business Venturing* (March 2019).

Lerner, Dan, Ingrid Verheul, and Roy Thurik. "Entrepreneurship & Attention Deficit/Hyperactivity Disorder: A Large-Scale Study Involving the Clinical Condition of ADHD." IZA Institute of Labor Economics. October 2017.

LiKamWa McIntosh, Wendy, Erica Spies, Deborah M. Stone, Colby N. Lokey, Aimee-Rika T. Trudeau, and Brad Bartholow. "Suicide Rates by Occupational Group—17 States, 2012." Centers for Disease Control and Prevention. July 1, 2016.

Stephan, Ute, Mark Hart, and Cord-Christian Drews. "Understanding Motivations for Entrepreneurship: A Review of Recent Research Evidence." Enterprise Research Centre. February 2015.

Weingarten, Debbie. "Why Are America's Farmers Killing Themselves?" *Guardian*, December 11, 2018.

8장 인생 마지막 창업에 도전하는 70대 노인

Azoulay, Pierre, Benjamin F. Jones, J. Daniel Kim, and Javier Miranda. "Age and High-Growth Entrepreneurship." National Bureau of Economic Research. April 2018.

Burton, M. Diane, Jesper B. Sørensen, and Stanislav D. Dobrev. "A Careers Perspective on Entrepreneurship." *Entrepreneurship Theory and Practice* (2016).

"Civic Ventures: Entrepreneurship Survey" and "Encore Entrepreneurs: Creating Jobs, Solving Problems." Penn, Schoen & Berland Associates. November 8, 2011.

Clippinger, John H. *A Crowd of One: The Future of Individual Identity.* New York: PublicAffairs, 2007.

Clippinger, John, and David Bollier. *From Bitcoin to Burning Man and Beyond: The Quest for Identity and Autonomy in a Digital Society.* Amherst, MA: ID3 and Off the Common Books, 2014.

Halvorsen, Cal, and Yu-Chih Chen. "The Diversity of Interest in Later-Life Entrepreneurship: Results from a Nationally Representative Survey of Americans Aged 50 to 70." *PLoS ONE* (June 5, 2019).

Halvorsen, Cal, and Nancy Morrow-Howell. "A Conceptual Framework on Self-Employment in Later Life: Toward a Research Agenda." *Work, Aging, and Retirement* 3, no. 4 (October 2017): 313–324.

Schøtt, Thomas, Edward Rogoff, Mike Herrington, and Penny Kew. "Senior Entrepreneurship 2016–2017." *Global Entrepreneurship Monitor* (2017).

"Starting Later: Realizing the Promise of Older Entrepreneurs in New York City." Center for an Urban Future. September 2018.

Yssaad, Lahouaria, and Vincent Ferrao. "Self-employed Canadians: Who and Why?" Statistics Canada. May 28, 2019.

THE SOUL OF AN ENTREPRENEUR

옮긴이 **이승연**

서울대학교 언어학과를 졸업했다. 여러 광고 회사에서 일했다. 프리랜서 번역가, 편집자로 일하고 있다. 《아날로그의 반격》,《생각을 빼앗긴 세계》를 공역했고, 《부당 세습》을 번역했다. 바쁨과 일 없음, 즐거움과 두려움, 자긍심과 무력감을 오르내리는 롤러코스터를 탄 일상 속에서도 좋아하는 일을 계속 찾아서 하고 있다. 누가 시키지도 않았는데.

사장의 탄생
경제적 자유와 인생의 가치를 위해 도전한 사람들의 비밀

초판 1쇄 발행 2021년 2월 10일
초판 2쇄 발행 2021년 3월 8일

지은이 | 데이비드 색스
옮긴이 | 이승연
발행인 | 김형보
편집 | 최윤경, 박민지, 강태영, 이경란
마케팅 | 이연실, 김사룡, 이하영
경영지원 | 최윤영

발행처 | 어크로스출판그룹(주)
출판신고 | 2018년 12월 20일 제 2018-000339호
주소 | 서울시 마포구 양화로10길 50 마이빌딩 3층
전화 | 070-5080-4113(편집) 070-8724-5877(영업) 팩스 | 02-6085-7676
e-mail | across@acrossbook.com

한국어판 출판권 ⓒ 어크로스출판그룹(주) 2021

ISBN 979-11-90030-84-7   03320

만든 사람들
편집 | 강태영
교정교열 | 윤정숙
디자인 | 양진규
본문조판 | 성인기획